레티시아

인간의 종말

Laë titia

레티시아

인간의 종말

이반 자블론카
Ivan Jablonka

김윤진 옮김

Laetitia est hominis transitio a minore ad majorem perfectionem.

기쁨이란 최소한의 완벽함에서 보다 더 큰 완벽함으로 이행하는 것이다.

스피노자, 《윤리학 L'Éthique》

일러두기

1. 차례는 저자의 의도에 따라 권말에 배치했다.
2. ＊각주는 옮긴이 주다.

들어가며

    레티시아 페레는 2011년 1월 18일 밤에서 19일 사이에 납치되었다. 루아르아틀랑티크 지역 포르닉에 거주하는 18세의 서빙 직원인 그녀는 쌍둥이 언니와 함께 위탁가정에서 평범한 생활을 하고 있었다. 살인범은 이틀 후 체포되었지만, 레티시아의 시신을 찾아내기까지는 몇 주가 더 소요되었다.

    이 사건은 전국적으로 엄청난 반향을 불러일으켰다. 프랑스 대통령 니콜라 사르코지는 살인범에 대해 내린 형벌을 비판하며 판사들을 문제 삼았고, 판사들에게 '잘못'이 있다면 엄중히 '징계'하겠다고 공언했다. 대통령의 발언은 사법계 역사상 유례가 없는 파업을 초래했다. 2011년 8월, 사건 속의 또 다른 사건으로서 위탁가정의 양부가 레티시아의 언니를 성추행한 혐의로 조사를 받았다. 현재까지도 레티시아가 성폭행을 당했는지, 당했다면 언니를 성추행한 양부에게 당한 것인지 아니면 살인범에게 당한 것인지 알려지지 않고 있다.

    이 사건은 모든 면에서 예외적이다. 충격의 여파로 보나, 언론의 반응으로 보나, 정치적 반향으로 보나, 시신을 찾아내기 위해 동원된 인원으로 보나, 그 수색에 소요된 12주라는 기간으로 보나, 프랑스 대통령의 개입과 사법계의 파업으로 보나 모든 면에서 말이다. 이것은 단순한 사건이 아니라 국가적 사건이다.

그러나 레티시아가 특기할 만한 사건의 희생자라는 점을 제외하면, 우리는 그녀에 관해 무엇을 알고 있는가? 수백 개의 기사와 보고서가 그녀를 다루었지만 그것들은 단지 그녀가 실종되던 날의 밤과 재판에 대해서만 말할 따름이다. 위키피디아에 그녀의 이름이 나오기는 하지만 살인자에 관한 페이지의 '레티시아 페레의 살인' 항목에 나올 뿐이다. 자신을 죽인 자에게 본의 아니게 안겨준 유명세에 가리어 그녀는 범죄 과정의 종착지에 다다르고 말았다. 즉, 그녀는 악의 차원에서 볼 때 하나의 '성공'이 되어버렸다.

살인범이 자신의 희생자에게 행사하는 힘이란 어떤 것일까? 살인범은 희생자에게서 생명을 앗아갈 뿐 아니라 그 운명을 통제하여 이후에 있을 불길한 만남, 결코 되돌리지 못할 톱니바퀴, 치명적인 행위, 육체에 가해지는 모욕으로 이끈다. 죽음은 생명을 자신 쪽으로 끌어낸다.

내가 아는 모든 범죄 이야기는 희생자를 대가로 하여 살인범에게 가치를 부여하고 있다. 살인범은 이야기를 들려주며, 후회하거나 자랑하기 위해 존재한다. 재판에 있어서 살인자는 주인공까지는 아니더라도 초점의 대상이다. 나는 반대로 죽음으로부터 모든 남녀, 즉 인간을 해방시키고 싶다. 그들의 생명과 인간성까지 앗아간 범죄로부터 그들을 꺼내주고 싶다. 이는 '희생자'로서 그들을 기

넘하기 위해서가 아니다. 그것은 그들을 다시금 종말로 되돌려 보내는 것이 될 테니 말이다. 나는 그저 그들 존재 속으로 그들을 복원시키고자 한다. 즉 그들을 위해 증언하고자 한다.

내 책에는 단 한 명의 주인공, 레티시아가 있을 것이다. 우리가 그녀에게 갖는 관심은 마치 은총으로의 복귀처럼, 그녀의 본모습과 존엄성과 자유를 그녀에게 되돌려줄 것이다.

✳

생전에 레티시아 페레는 어떤 기자나 연구자, 정치가의 관심도 받지 못했다. 그런데 왜 이제 와서 그녀에 관한 책을 쓴다는 것인가? 잠깐 유명했다가 덧없이 사라진 그녀의 운명은 묘하다. 세상 사람들의 눈에는, 그녀는 죽은 순간에야 태어났다.

나는 사건사고*가 역사적 대상처럼 분석될 수 있음을 보여주고자 한다. 사건사고는 결코 단순한 '사건'이 아니며, '다양한' 것 또한 전혀 아니다. 반대로 레티시아 사건은 인간 내면의 깊은 곳에 자리한 무언가와 어떤 사회 상태를 감추고 있다. 무너진 가정, 말 없는 아이가 느끼는 고통들, 일찍부터 사회생활에 들어선 청소년들, 21세기 초의 국가, 빈곤에 빠진 프랑스, 도시 외곽 지역들, 사회적 불평등…. 그리고 우리는 수사기관들, 사법제도의 변모, 미디어의 역할, 행정부의 기능, 기소의 논리와 연민의 수사학을 발견하게

✳   사회면 기사, 혹은 사건사고를 뜻하는 프랑스어 'fait divers'는 그 자체로 직역하면 '다양한 사건, 잡다한 사건'이라는 뜻이다.

된다. 움직이고 있는 사회에서 사건사고는 하나의 진앙震央이다.

　　그러나 레티시아가 중요한 것은 그녀의 죽음 때문만은 아니다. 그녀의 삶 역시 우리에게 중요하다. 그것은 사회적 사건이기 때문이다. 그녀는 자신보다 커다란 두 가지 현상을 나타낸다. 상처받기 쉬운 아이들과 여성들이 겪는 폭력이 그것이다. 레티시아가 세 살일 때, 그녀의 아버지는 그녀의 어머니를 폭행했다. 그다음 양부가 그녀의 언니를 성추행했으며, 그녀 자신도 18년밖에 살지 못했다. 이러한 드라마는 여성들이 모욕당하고 학대받고 구타당하고 강간당하고 살해되는 세상에 우리가 살고 있다는 사실을 환기한다. 여성들이 완벽하게 권리를 가진 존재들이 아닌 세상, 희생자들이 역정과 구타에 체념과 침묵으로 답하는 세상, 언제나 같은 사람들만 죽어 나오는 출구 없는 방.

　　모든 이들로부터 사랑받던 화사한 소녀 레티시아가 종국에 정육점에 걸린 짐승이 되어버린 일은 그렇게 되도록 미리 짜여 있었던 것은 아니다. 그러나 유년 시절부터 그녀는 불안정했고, 동요되고 무시당했으며, 두려움 속에서 사는 것에 익숙해져 있었다. 그 기나긴 쇠약의 과정이 그녀의 비극적인 종말과 아울러 우리 사회 전체를 폭로한다. 평화로운 시절에 누군가를 파괴하기 위해서는 그를 죽이는 것만으로는 충분치 않다. 우선 그를 폭력과 카오스의 분위기에서 태어나게 해야 하고, 그에게서 정서적인 안정을 제거한 다음, 가족 관계를 해체하고, 그리고 나서 슬그머니 사악한 도우미 가족의 곁에 두어야 하며, 마지막으로 모든 일이 끝났을 때 정치적으로 그의 죽음을 착취해야 한다.

내가 레티시아를 몰랐다는 사실을 굳이 밝힐 필요는 없을 것이다. 나는 부모, 친구, 동료 등 그녀를 사랑했던 많은 사람들, 혹은 그녀의 마지막 순간을 재구성했던 재판관, 헌병, 전문가, 변호사, 신문기자를 통해 그녀를 만났다. 나의 조사는 그들에 대한 조사에서부터 생겨났다. 그러므로 나의 조사는 전자의 애정과 후자의 업적에 근거한 메타조사이다. 레티시아라는 존재를 이해한다는 것은 여러 해 전, 그러니까 그녀와 다른 소녀를 구별할 만한 그 어떤 것도 없던 시간으로 되돌아감과 동시에 그녀를 사라지게 했던 납치와 살해의 과정을 되짚어감을 의미한다. 이 글은 범죄수사와 뒤얽힌 삶의 이야기이자, 죽음 이후까지 연장되는 전기다.

학대받은 아이, 잊힌 꼬마, 위탁된 소녀, 소심한 청소년, 자립의 길에 선 처녀로서 레티시아 파레는 살인자의 삶 속에서 돌발적인 하나의 사건이 되기 위해 살아왔던 것도 아니고, 사르코지 시대의 연설문이 되기 위해 살았던 것도 아니다. 나는 타인들의 시선에서 벗어나, 자신의 마음에 드는 곳에 처박혀서 마치 없는 듯이 지내는 레티시아를 꿈꾼다. 내가 죽은 자의 부활과 같은 환상에 빠진 것은 아니다. 그저 수직으로 떨어지는 존재가 수면 위에 남기는 덧없는 원들을 기록하고자 하는 것이다.

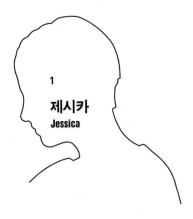

1

제시카
Jessica

2014년 4월, 위탁가정 양부의 재판이 열린 지 얼마 되지 않아 나는 레티시아의 쌍둥이 언니인 제시카 페레의 변호인 세실 드 올리베이라에게 편지를 썼다.

존경하는 변호사님께

역사학자이자 작가이며 파리 13대학의 교수인 저는 레티시아 페레에 관한 책을 쓰고자 변호사님께 편지를 드립니다.

그녀의 사연은 여러 가지 이유로 제 마음에 와 닿습니다. 제가 세 딸의 아버지이기 때문이기도 하고, 또 제가 버려진 아이들과 부모의 품을 강제로 떠나야 했던 아이들, 위탁가정에 맡겨져 때로는 학대받는 아이들을 위한 일을 했기 때문이기도 합니다. 마지막으로 저는 제2차 세계대전 중에 28세와 35세의 나이로 살해된 제 조부모님에 관한 전기를 쓴 적이 있습니다. 그 책에서 저는 그분들의 삶을 되짚어가며 그분들의 평소 생활과 그분들이 실패했던 것들, 그분들이 세웠던 계획과 꿈들, 그리고 그분들의 죽음까지 뚜렷하게 그리고자 했습니다. 그것은 한창 나이에 살해된 두 젊은이를 위한 기념비이자 역사적 연구였습니다.

그때와 똑같은 감정이 레티시아에 관한 글을 쓰라고 저를 떠밉니다. 저는 그녀의 삶을 되새겨 그려내고자 합니다. 그녀의 삶의 여정, 그녀가 겪었던 시련들, 그녀가 꿈꿨던 장래, 그리고 파괴된 삶의 부당함과 공포를 말입니다. 제 조부모님에 대해 쓴 것과 마찬가지로 제 글은 애도의 표시이자, 무엇보다도 정의와 진실의 추구가 될 것입니다.

저는 이 계획(특히 저는 항소심이 어떻게 준비되는지 모르는 까닭입니다)에 있어 당신의 견해와 조언을 얻었으면 합니다. 제 작업 방식을 제시카에게 알리기 전에 당신과 대화를 나눌 수 있다면 무척 기쁠 것입니다. 물론 제시카의 동의 없이 이 일에 착수하지는 않을 것입니다. 변호사님께서 이끄는 싸움에 경의를 표하며, 제 진심을 받아주시기 바랍니다.

첫 만남이 있은 후, 세실 드 올리베이라는 당시 무척 쇠약한 상태였던 제시카에게 나를 소개해주었다. 부모에게서 강제 격리되어 여덟 살의 나이로 위탁가정에 맡겨졌던 그녀는 양부에게 성추행을 당했다. 이후 그녀의 동생은 살해되었다.

2014년 6월, 낭트에 위치한 변호사 사무실. 활짝 열린 창문 밖 푸르른 녹음 너머로 루아르 강이 반짝이고 있다. 나는 제시카와 다시 대면한다는 생각에 마음이 무거웠다. 단지 내 모든 프로젝트가 그녀의 결정에 달려 있기 때문만은 아니었다. 이 젊은 여인이 자신의 쌍둥이 동생을 잃은 데다 22세의 나이에 벌써 두 번의 출석 재판, 즉 레티시아 살인범의 재판과 위탁가정 양부의 재판에 모두 참석해야 했던 생존자이기 때문이기도 했다. 64세인 양부의 재판에서 그의 가족 전체가 똘똘 뭉쳐 가해자는 피해자가 되고, 제시카는 죄인, 조금 지나치리만치 순박한 한 가장을 유혹하는 데 성공한 사건 조작의 장본인이 되어버렸다. 징역 9년에 처해진 양부는 항소를 포기했다. 현재 제시카는 혼자 살며 낭트의 관청 구내식당에서 일하고 있다.

16시에 그녀가 도착했다. 마른 몸매에 짧은 머리, 어두운 색조의 레깅스를 입고 검은 잠바를 걸친 젊은 여인. 세실 드 올리베이라가 그녀에게 여러 가지 소식을 전했다. 레티시아 살인범의 항소심 일자와, 동생의 죽음과 위탁가정에서 겪은 피해로 인해 그녀가 받게 될 배상금 등. 제시카는 거의 겁에 질린 듯한 소심한 모습으로 가급적 내 시선을 피하려고 했다. 변호사가 재판 절차를 설명하는 동안 그녀는 침묵을 지키며 이따금 애써 "예"라고 하면서 고개를 끄덕였다. 그녀의 강렬한 시선은 내가 혹시 잘못하는 것은 아닐까 두려워서 뻣뻣해진 어린 소녀의 태도와는 대조되는 것이었다.

제시카는 질문 목록을 꺼내 들었다. 재판 일정 내내 참석해야만 하는가? 아니다, '사건' 보고할 때를 빼고 하루 이틀 정도만 참석하면 된다. 그런 다음에는 끝나는 것인가? 그렇다, 왜냐하면 아마도 상고까지는 가지 않을 테니까. 자신이 배상금을 받게 되었을 때 친척이 끊임없이 돈을 요구해도 되는 것인가? 세실 드 올리베이라는 화를 냈다. "아니, 그건 말도 안 되지. 네 스스로 널 보호해야 해!" 마지막으로 제시카는 최근에 출판된 자기 동생에 관한 책을 배낭에서 꺼냈다. 그 책은 거짓말투성이여서 그녀는 충격을 받았다.

세실 드 올리베이라가 제시카에게 나를 소개했고, 그녀는 말없이 나를 훑어보았다. 친근감과 존경심이 내게서 그녀에게로 파도처럼 흘러들었으면 했다. 하지만 나는 어쩔 수 없이 빈약한 어휘력과, 속으로 여러 번 되뇌었으나 그럴 때마다 더 거짓처럼 들리는 교수 특유의 문장력으로 내 프로젝트의 역사적이고 기념비적인 성격을 밝혀야 했다. 나는 그녀가 쌍둥이 자매의 유년 시절의 추억, 그녀들이 살았던 장소와 행복했던 일들, 친구들, 놀이, 말다툼, 해변으로의 산책 등을 내게 이야기해주었으면 한다고 말했다.

제시카는 동의했다. 그녀는 동생에 대해 내게 말해주고자 했지만 사건은 언급하려고 하지 않았다. 그녀는 더 이상 아무짝에도 쓸모없는 백색 행진marches blanches*에 끼지 않았다. 또 매달 18일과 19일을 두려워했다.

우리는 핸드폰 번호를 교환했다. 제시카는 변호사에게 고맙다는 인사를 하고 애써 밝은 표정으로 자리를 떴다.

그녀가 떠나자 방이 텅 빈 듯했다. 나는 제시카가 기꺼이 내게 맡긴 책임감의 무게에 짓눌리고, 죽은 아이들의 나라로 여행을

---

* 2004년 벨기에에서 발생한 미성년자 연쇄 납치, 폭행, 살해 사건인 뒤트루 사건의 피해 아동 부모들이 벌인, 어떠한 슬로건도 없는 침묵의 시위를 가리킨다. 이후 유럽 전역에서 유사한 사건이 일어나면 이와 비슷한 침묵의 추모 행진이 벌어졌고, 이를 '백색 행진'이라 부르게 되었다.

떠나야 한다는 불안감에 사로잡혀서 마음이 한층 무거워졌다. 내 앞에 그 나라로 통하는 문이 열려 있었다. 녹음이 파닥이는 창문과 함께. 그 너머로 루아르 강이 흐르고, 은빛 물결은 1793년에 빠져 죽은 남녀들*의 기억을 실어 가고 있었다.

　　이제, 나의 조사가 시작되었다.

＊　　1793년 11월과 1794년 2월에 장바티스트 카리에Jean-Baptiste Carrier가 주도하는
　　낭트의 혁명위원회가 혁명정부에 반하는 성직자 등 수천 명의 사람들을 루아르
　　강에 수장한 사건을 뜻한다.

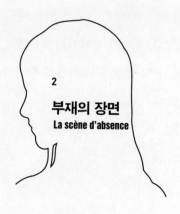

2

부재의 장면
La scène d'absence

2011년 1월 19일 수요일

제시카는 현관문을 닫고 로제르 로﹍로 접어들었다. 7시 15
분, 아직 깜깜했고 살이 에일 듯이 추웠다. 평소처럼 제시카는 일찍
집을 나섰다. 통근 차량은 7시 30분에 원형 교차로 건너편을 지나
간다.

50미터쯤 갔을 때, 그녀는 어둠 속에서 길 아래쪽에 쓰러져
있는 스쿠터를 발견했고 곧 그것이 자기 동생의 것임을 알아보았
다. 스쿠터는 비스듬히 옆으로 쓰러져 있었다. 안장은 차갑게 얼어
붙어 있었으며, 엔진과 라이트는 꺼져 있고, 키는 꽂혀 있었다. 깜
짝 놀란 제시카가 집으로 달려갔을 때 양부는 막 식사를 마친 참이
었다.

"아빠, 아빠, 레티시아의 스쿠터가 땅바닥에 쓰러져 있어
요!"

질 파트롱은 서둘러 옷을 입었고, 두 사람은 밖으로 뛰쳐나

갔다. 스쿠터가 쓰러져 있는 도로에는 가로등이 켜져 있지 않았다. 제시카는 핸드폰 불빛으로 어둠을 비추었다. 스쿠터 옆에 두 짝의 검은색 플랫슈즈가 널브러져 있었다.

"이거, 네 신발이니?" 파트롱 씨가 물었다.

아니다. 레티시아의 신발이다. 그렇다면 그녀는 엄동설한에 맨발일 것이다. 파트롱 씨는 아침의 어둠 속에서 레티시아의 이름을 큰 소리로 불렀다.

제시카는 완전히 패닉 상태에 빠져서 버스 정류장에 도착했다. 그녀는 세 마디 말밖에 하지 못했다. "레티시아, 스쿠터, 신발." 무슨 일인지 전혀 알지 못하는 친구들은 그저 그녀가 뒷좌석에서 우는 모습만 지켜보았다. 레티시아의 핸드폰 신호음은 부재중 음성 메시지로 넘어갔다.

학교 복도에서 제시카는 동생의 남자친구인 케빈의 품에 안겼다. 모두들 레티시아에게 전화가 연결되기를 바랐다. 수업이 시작되자 제시카는 교사에게 자신의 핸드폰을 켜두겠다고 알렸다.

한편 파트롱 부인은 이웃집에서 이웃집들로 뛰어다니고, 포르닉, 마슈쿨, 생나제르, 낭트 등의 지역 병원에 전화를 걸었다. 하지만 밤사이 사고를 당한 소녀를 들인 병원은 한 곳도 없었다. 7시 40분경에 17번*에 전화해 신고했다. 응급상황센터에서 포르닉 헌병대에 도움을 요청했고, 10분 뒤 순찰대가 현장에 도착했다.

8시 15분, 범죄의 현장이 아닌 부재의 현장에 날이 밝았다.

---

*   프랑스 경찰 긴급 신고 전화번호는 국번 없이 '17'이다.

레티시아의 붉은색 스쿠터는 갓길에 쓰러져 있고, 도로 위에는 바퀴 자국과 작은 플라스틱 파편들이 있었다. 헌병들이 도로를 가로질러 노란 띠를 쳤다. 원형 교차로 주변과 포르닉에서 오는 방향의 차량 운행이 차단되었다.

스쿠터와 플랫슈즈는 로제르 로의 자갈밭 위에 놓였다. 잘 손질된 정원과 정자가 딸린 이웃집들은 하얀색의 낮은 울타리로 막혀 있었다. 도로 건너편에서 헌병들이 밭과 공지를 갈퀴로 훑기 시작했다. 새벽의 추위는 살을 에는 듯했고, 풀에는 하얗게 서리가 내렸다. 수색견들은 전혀 방향을 잡지 못하고 있었는데, 그것은 사고가 난 장소로부터 레티시아가 이동하지 않았다는 것을 뜻했다. 그녀는 그곳에서 곧바로 납치된 것이었다. 현장 감식 전문가들이 숫자가 적인 노란 팻말들로 지정해놓은 단서들을 촬영했다. 그 구역 위로 헬리콥터가 선회하고 있었다.

'불길한 결말이 예상되는 실종'이라는 의견이 생나제르 검찰에 전달되자마자, 과학수사대 작전 연락관이 포르닉 헌병대에 도착했다. 검찰청 지휘하에 현장 조사가 이루어지는 동안 가출, 자살, 납치 등 모든 가능성을 열어두었다. 제일 먼저 풀어야 할 의문은 레티시아를 마지막으로 본 사람이 과연 누구인가 하는 것이었다.

파트롱 부부는 한창 수업 중인 학교에 도착했다. 그들은 제시카를 데리고 포르닉 헌병대로 가서 각자 기초적인 정보를 제공했다. 레티시아 페레와 제시카 페레는 18세의 쌍둥이 자매로, 여덟 살 때부터 루아르아틀랑티크의 아동복지시설에 위탁되어 있었다. 성년이 된 자매는 전업 가족도우미로서 아내와 함께 12세 때부터 그들을 키워준 파트롱 씨의 집에 남기로 결정했다. 그리하여 그들은 포르닉의 로제르 로 옆에 위치한 아름다운 집에서 살게 되었다.

제시카는 마슈쿨에 있는 직업고등학교에서 조리직업기술 기초자격증CAP 시험을 준비했다. 레티시아는 집에서 3킬로미터 떨어진 베르느리앙레츠에 위치한 호텔 레스토랑인 낭트 호텔에서 일을 하는 한편, 생나제르 직업훈련센터에서 서빙직업기술 기초자격증을 준비하고 있었다. 낭트 호텔에서의 그녀의 일과표는 다음과 같다. *11시부터 15시까지 중식 서빙을 한다, 18시 30분부터 21시 30분까지 석식 서빙을 한다, 그사이에 몇 시간의 휴식 시간이 주어진다.* 레티시아는 무척 단정하게 생활했다. 그녀는 담배도 피우지 않았고, 술도 마시지 않았으며, 외출이 잦지도 않았고, 스쿠터를 몰 때도 항상 헬멧을 착용하고 과속하지 않았다. 그녀가 결코 가출할 리 없었다. 친구들은 모두 학생이거나 수습생이었다.

레티시아와 가까운 네 명의 젊은이들이 헌병대의 취조를 받았다.

케빈, 18세, 고등학생

레티시아의 남자친구인 케빈은 마슈쿨의 직업고등학교 학생이었다. 두 사람은 하루에도 몇 번씩 통화를 했다. 사건 전날인 1월 18일 화요일에도 그는 레티시아와 두 차례 통화를 했다.

첫 번째 통화는 레티시아가 업무 전에 식사를 하기 위해 낭트 호텔로 돌아간 18시 30분에 있었다. 케빈이 막 학교를 나선 시간이었고, 레티시아는 그에게 해변에서 친구들과 함께 '마리화나'를 피웠다고 고백했다. 케빈은 깜짝 놀라서 버럭 화를 냈다. 이전에도 한 번 레티시아가 여자 친구들과 함께 마리화나를 피우려고 해서 케빈이 못 하게 말린 적이 있었다. 그래서 그녀는 마리화나가 마약이며 결코 손대서는 안 되는 더러운 물건임을 알고 있었다.

두 번째 통화는 일이 끝난 뒤인 21시 40분경에 있었다. 케빈은 그녀 곁에서 속삭이는 누군가의 목소리를 들었다. 누구야? 레티시아는 "서른 살쯤 되는 남자"라고 대답했다. 케빈은 마음이 놓이지 않았다. 그녀는 걱정하지 말라면서 나중에 전화하겠다고 말했다. 그날 밤 케빈은 그녀와 통화하려고 애썼다. "열 번 정도 시도한 끝에 포기했어요. 자고 있었겠지요."

스티븐, 18세, 요리 실습생

스티븐은 레티시아와 함께 낭트 호텔에서 일했다. 18시 30분이 되기 전, 휴식 시간이 끝나 돌아온 그는 험상궂은 얼굴의 노숙자 같은 서른 살가량의 남자가 레티시아 곁에 있는 장면을 보았다. 그 남자는 공격적인 어조로 말하고 있었다. "잊지 마. 오늘 밤 내가 널 찾아갈 테니까!"

평소 같으면 일이 끝난 후 레티시아와 스티븐은 나란히 스쿠터를 타고 귀가할 것이었다. 그러나 그날 저녁 그녀는 평상시처럼 움직이지 않았다. "아니야, 코코. 난 나중에 들어갈게." 집으로 가는 도중 하얀색 푸조 106이 스티븐의 뒤를 쫓았다. 그 차량은 잠시 뒤를 따르다가 곧 속도를 올려 그를 바싹 따라붙고 추월했다가 다시

브레이크를 밟아 스티븐을 앞세웠다. 그런 다음 다시 속도를 올려 나란히 붙어 달리며 클랙슨을 울리고 전조등으로 신호를 했다. 차가 오른편에 바싹 붙자 스티븐은 포르닉의 맥도날드 매장 부근 갓길에 스쿠터를 세웠다.

무척 신경질이 난 듯한 운전자가 차창을 내렸다. 스티븐은 그가 누구인지 바로 알아보았다. 그는 낭트 호텔 앞에서 레티시아와 함께 있던 사내였다.

"너! 넌 누구야? 레티시아는 어디 있어?"

"아직 일하는 중인데요."

"좋아, 그 말이 맞길 바라지!"

사내는 다시 푸조 106을 미친 듯이 몰기 시작했다.

윌리암, 18세, 요리 실습생

윌리암은 레티시아와 속내 이야기도 주고받는 믿을 만한 친구이자 그녀를 좋아하면서도 퇴짜를 맞은, 약간은 헌신적인 기사라 할 수 있다. 두 사람은 낭트 호텔에서 만났고 윌리암은 호텔 주방에서 몇 달째 일을 하고 있었다. 그들은 하루 종일 전화나 문자메시지로 연락을 했는데 그 횟수가 총 82회에 달했다.

16시 30분경, 레티시아는 윌리암에게 자신이 케빈의 가장 친한 친구와 잤다고 이야기했다. 그녀는 만약 케빈이 그 사실을 알게 되면 친구를 해할까 봐 두려워했다. 23시 무렵, 그녀는 윌리암에게 자신이 술을 마셨다고 말했다. 윌리암에 따르면 당시 그녀는 후회하고 있었으며 슬퍼하는 것처럼 느껴졌다. 밤 12시 30분쯤 되었을 때, 그녀는 "심각한 일이 있는데 네게 말하고자 한다"는 문자를 보내왔다. 마지막으로 1시가 조금 못 되었을 때, 윌리엄에게 전화를 걸어와 자신이 강간당했다고 말했다. 그녀는 두려워하는 기색이 확연했으며, 마치 말을 더듬는 것처럼 중간중간 대화가 끊겼다. 멀리서 음악 소리가 들렸는데 카오디오인 듯했다. 레티시아는 배터리가 다 돼간다며 집에 가서 다시 전화하겠다고 하고는 전화를 끊었다.

앙토니, 19세, 군인

앙토니는 라 베르느리앙레츠에 위치한 낭트 호텔 소유주이자 레티시아를 고용한 고용주의 아들이다. 그는 부모 소유의 호텔 레스토랑 옆에 있는 스튜디오에서 살고 있다. 그는 1월 18일 저녁을 친구들과 함께 플레이스테이션*을 하며 놀았다.

새벽 1시경, 그들은 엔진 소리와 차 문이 삐걱거리는 소리를 들었다. 앙토니는 창문으로, 헬멧을 손에 든 레티시아가 하얀색 푸조 106의 열린 차창으로 몸을 숙인 채 화를 내며 운전자에게 뭐라 퍼붓는 모습을 보았다. 자동차의 비상등이 잠들어 있는 작은 거리의 벽면 위로 노란 불빛을 비추고 있었다. "언성을 높인 어떤 남자의 말소리와 레티시아가 대답하는 소리를 들었죠."

레티시아가 스쿠터를 타고 라 베르느리 시청 방향으로 출발하자, 푸조 106은 거리를 '완전히 미친 듯이' 달리더니 유턴을 해서 진입 금지 도로로 들어섰다.

---

* 일본 소니Sony사의 비디오게임기.

헌병들은 어딘지 불안한 느낌의 또 다른 정보를 입수했다. 낭트 호텔에 숙박하고 있는 노동자로 저녁 식사 때 레티시아의 서빙을 받았던 사람이, 22시 30분경에 라 베르느리의 불법 업소인 바르브 블루스 바에서 그녀를 보았다고 말한 것이다. 1시에서 1시 30분 사이에 파트롱 씨와 제시카는 로제르 로에서 자동차 도어가 삐걱거리는 소리를 들었다. 파트롱 씨는 잠옷 바람으로 토치램프를 들고 나가보았지만 아무것도 찾지 못했다. 아침 7시 15분이 되어서야 제시카가 동생의 스쿠터를 발견했다.

따라서 레티시아를 마지막으로 본 사람은 하얀색 푸조 106을 탄 남자였다. 여러 증언들 덕분에 헌병들은 몽타주를 작성할 수 있었다. 키 185센티, 갈색 머리, 건장한 체격, 머리를 뒤로 빗어 넘겼고, 면도를 했으며, 가죽 잠바와 후드 달린 스웨터를 입은 남자.

생나제르 검사실에서 '납치와 감금'에 대한 수사가 시작됐다. 위브셰 대령이 지휘하는 루아르아틀랑티크 헌병대에 비상이 걸렸다. 앙제에 본부를 둔 페이드라루아르 조사반은 부대의 최고참 수사관 중 하나인 프란츠 투셰 준위에게 '인명 피해'에 관해 알렸다. 당시 누군가의 감시를 위해 낭트에 있던 그는 즉각 상황의 심각성을 깨달았다. 레티시아는 자신의 집에서 50미터 떨어진 곳에서 사라졌다. 가출을 하려고 한 것이라면 스쿠터를 탈 수도 있었을 텐데 그러지 않은 데다, 기온이 영하인 날씨임에도 신발을 신지 않았다. '납치 냄새가 심하게 나는군.'

오후에 레티시아의 핸드폰과 신용카드 사용에 대한 감시가 시작되었다. 그녀의 통화 내역 확인을 위해 전화국에 통화 기록을 요청했다. 낭트 세무서의 조사통제과에서는 그녀 명의의 계좌번호를 제공했다. 그렇지만 어떤 움직임도 감지되지 않았다. 15시경, 국립헌병대과학수사연구소IRCGN 소속 비행기 한 대가 지역 공항에 착륙했다.

헌병들은 포르닉 로제르 로에 위치한 파트롱 부부의 가택을 수사했다. 창문도 없이 아주 작은 레티시아의 방은 무척이나 단출했다. 작은 침대 하나, 선반, 그리고 옷 몇 벌이 걸린 옷장 하나가 전부였다. DNA 확보를 위해 그녀의 칫솔과 빗이 수거되어 봉인 처리됐다. 진으로 만든 책가방에서 헌병은 레티시아가 손수 쓴 세 통의 편지를 확보했다. 편지에는 가까운 이들에게 작별을 고하는 마지막 유언이 적혀 있었다.

라 베르느리 중심부에 위치한 낭트 호텔에서 그녀는 2층 방 하나를 탈의실로 사용하고 있었다. 하지만 그곳에서도 수상한 것은 전혀 발견되지 않았다. 그녀의 작업복은 침대 위에 정성스레 펼쳐져 있었다.

16시 53분, 〈웨스트프랑스Ouest-France〉 사이트에서 〈라 베르느리앙레츠에서 발생한 젊은 여성의 불안한 실종〉을 알린다. 한 시간 반 후, AFP통신에서는 '포르닉에서 젊은 여성 실종 후 대대적 수색'이라는 기사를 내보낸다. 인구 2,500명의 작은 읍인 라 베르느리는 인구가 약 14,000명인 포르닉 주거 도시의 일부이다. 라 베르느리는 낭트에서 50킬로미터 정도 떨어진 대서양 연안에 위치해 있다.

초저녁이 되어 바르브 블루스 바 손님들의 증언과 낭트 경찰의 도움으로 헌병들은 흰색 푸조 106 운전자의 신원을 확인할 수 있었다. 그의 범죄 기록은 무려 일곱 쪽에 달했다. 푸조 106은 도난 차량이었다. 핸드폰으로 남자의 위치를 확인할 것인가 아니면 그가 남긴 주소지들을 대상으로 가택수색을 벌일 것인가가 딜레마였다. 주소지들 가운데 하나는 운전자 사촌의 거주지로, 라 베르느리에서 멀지 않은 아르통앙레츠 부근의 르 카스포라 불리는 곳이었다. 헌병들은 그곳에 헛간과 여러 대의 캠핑 트레일러가 놓인 넓은 대지가 있으며, 운전자의 사촌은 현재 그곳에 없다는 사실을 알아냈다. 레티시아를 유폐하기에 최적의 장소였다.

시간이 흘렀다.

23시에 헌병들은 르 카스포 탐색 작전을 실시했다. 관목 숲 한가운데 다섯 채의 집이 따로 떨어져 있는 부락은 어둠에 잠겨 있었다. 영하의 날씨였고 완전한 침묵이 감돌았다. 헌병들은 더듬더듬 전진했다. 집마다 동작감지센서와 연결된 조명 시설이 갖추어져 있었다. 울타리 너머에는 감시견들이 있었다. 헌병들은 발각될 것을 우려해 가던 길을 되돌아왔다. 사내가 무장을 하고 있고 또한 레티시아를 붙잡고 있을 가능성이 있었다. 위브셰 대령은 대테러부대 지젠느GIGN*에 지원을 요청했다.

---

* 1973년 창설된 프랑스의 대테러부대. 1994년에 발생한 에어프랑스 납치 사건 당시 166명의 승객과 승무원 구출에 성공하며 세계적인 명성을 얻었다.

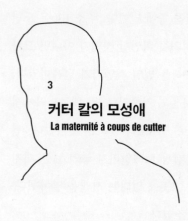

3
커터 칼의 모성애
La maternité à coups de cutter

그녀들은 엄마의 배 속에 함께 있었다.

조산원에서 찍은 사진을 보면 아이 엄마는 신생아인 레티시아와 제시카를 꼭 껴안고 있다. 베개에 기댄 그녀는 분만실에서 여러 시간을 보낸 여느 산모들처럼 행복하고도 피곤한 미소를 띤 채 카메라 렌즈를 바라보고 있다. 또 다른 사진은 입에 젖꼭지를 물고 깜짝 놀라 정면을 쳐다보는 생후 4개월 된 두 아기의 모습을 플래시를 터뜨려서 찍은 것이다. 생후 7개월 된 레티시아는 핑크빛 잠옷을 입고 쿠션 사이에 끼어 있다. 나와 함께 앨범을 넘기던 제시카가 자랑스럽게 말한다. "레티시아는 볼에 살이 없어요. 더 야위었죠. 난 볼에 살이 있어요!"

두 자매는 1992년 5월 4일 낭트에서 태어났다. 제시카는 11시 15분에, 레티시아는 11시 16분에 태어났다. 두 사람은 이란성 쌍둥이로 절반의 유전자를 공유하고 있다.

엄마인 실비 라르셰는 스물네 살이다. 그녀는 교육청 장학부서에서 청소부로 일한다. 아빠인 프랑크 페레는 스물다섯 살로 웨이터다. 두 사람은 1년 전에 만나서 곧바로 동거에 들어갔다. 프랑크는 초음파 영상을 보았을 때 느꼈던 엄청난 놀라움을 기억한다. "한 방에 아이가 둘이라니, 대단하겠네!" 그러나 레티시아의 외삼촌이자 대부인 알랭 라르셰는 반대로 기억한다. 쌍둥이가 태어나는 것이 재앙과 같았다는 것이다. 프랑크 페레는 불평을 늘어놓았을 터였다. "하나는 괜찮아. 하지만 둘이면 어떡하라는 거야?" 아이들이 태어나고 며칠 후에야 그는 두 딸을 받아들였다. 유아 시절에 대해서는 또다시 기억이 엇갈린다. 프랑크 페레의 기억 속에서 그 시절은 행복했다. 쌍둥이들은 온순해서 레티시아는 온종일 잠을 잤고, 제시카는 우는 일이 거의 없었다. 반대로 알랭 라르셰에게 그 시절은 혼돈의 시작이었다. 아이 아빠는 매일 밤 술에 취해 들어와서 아이 엄마와 어린 딸들을 학대했다.

1993년에 아이들의 부모가 갈라선다. 딸들을 데리고 홀로 살아야 하는 실비는 우울증에 빠진다. 프랑크는 가끔 그들을 보러 가곤 한다. 그는 다시 함께 살기를 원하고, 다시 한 번 기회를 갖고자 하는 실비도 그에 응하지만 여전히 프랑크는 술독에 빠져 폭력적인 모습을 보인다. 그는 레티시아와 제시카가 바닥에 주저앉아 노는 모습에 질색한다. "그만! 일어서! 어서 일어나라고!" 실비가 끼어들자 언성이 높아지고 결국 부부싸움으로 이어진다. 행여 누군가 말리려 하면 프랑크는 "내 딸들이니 내 마음대로 할 거요!" 하고 쏘아붙인다.

알랭 라르셰의 기억에 따르면 제시카는 기저귀가 젖으면 울곤 했다. 화가 난 프랑크는 소파에서 그녀를 들어 올려 거실의 낮은 테이블 위로 던져버렸다. 커다란 독일셰퍼드가 몸을 던져 아이를 보호했다. 한번은 멜빵만 붙잡은 채 레티시아를 4층 난간 너머 허공으로 들어 올렸다. 그러면서 그는 누이의 보복을 위해 계단을 올라오는 알랭 라르셰를 협박했다. "가까이 오지 마! 안 그러면 손 놓는다!" 제시카는 자기 엄마의 다리에 매달려서 울었다.

이곳은 낭트 교외에 있는 알랭 라르셰의 아파트다. 그는 딸을 데리고 버스 정류장으로 나를 마중나왔다. 우리는 거실에서 이야기를 한다. 벽난로 위에는 개의 유골을 담은 단지가 있다. 알랭 라르셰는 오랫동안 조리장으로 일했다. 컴퓨터 화면 위로 이어지는 사진들이 우리로 하여금 시간을 거슬러 올라가게 해준다. 브르타뉴에서의 휴가, 딸들을 위한 플라스틱 간이 풀장, 암소의 등에 올라탄 레티시아…. 크리스마스에 레티시아와 제시카는 초록색 마분지로 트리를 만들고 거기에 자기들 초등학교 때 사진을 붙여서 그에게 주었었다. 알랭 라르셰는 자신의 대녀代女가 성인으로서의 삶에 첫걸음을 내디딜 때 자기가 함께 있어주었으면, 그리고 결혼식에 참석했으면 했다. 그러나 그러는 대신, 그는 장례식을 치렀다.

그는 키가 크고 건장한 사내로 푸른 눈에 갈색 스포츠형 머리를 하고 있었다. 각진 얼굴은 여러 번의 실업과 삶의 고단함에 지쳐 있는 듯한 인상이었다. 검은색 셔츠의 벌어진 앞자락 사이로 은제 체인 목걸이가 보였다. 프랑크 페레가 멜빵바지의 멜빵만 쥔 채 레티시아를 공중에 치켜들고 있던 광경을 떠올리며 큰 체구의 사내는 눈물이 그렁그렁해졌다.

"내 공주님이 허공에 들려 있었지요."

알랭 라르셰는 프랑크 페레에게 앙심을 품고 있었다. 내가 그를 취재하기 전에 이미 그는 《파리마치Paris-Match》에 그 마음을 풀어놓은 바 있다. 누이는 온몸이 커터 칼에 베이고 찢긴 상처인 데다 울긋불긋 멍까지 들고 눈두덩이 시퍼렇게 되어서 돌아오곤 했다는 것이다. 프랑크는 그녀가 원치 않을 때 강제로 성관계를 갖기도 했다. 그는 자신의 딸들을 구타했지만 실비는 감히 자기 부모에게 그 사실을 털어놓지 못했다. 그녀가 프랑크와 살림을 차리는 것을 부모님이 완고하게 반대했었기 때문이다. 게다가 실비는 유년 시절에 성폭행을 당한 적이 있었다. 그녀의 아버지도 알코올중독자에 폭력적이었다. 1995년, 결국 그녀는 아버지의 도움을 받아 프랑크를 내쫓는 데 성공했다.

레티시아와 제시카의 불행은 아주 일찍부터 시작되었다. 그들이 강간으로 인해 태어났을 가능성이 있을까? 그리고 자궁 안에 있을 때 고통을 겪었을 수도 있을까? 출생 이후 그들은 함께 가정폭력을 겪었다. 젖먹이와 엄마는 항상 붙어 있는 까닭이다. 집에서는 아무도 안전하지 않았다. 알랭 라르셰는 말한다. "내 누이는 그 전까진 좋은 환경에서 살았습니다. 활동적이고 항상 미소를 띠고 있었으며 사는 것에 행복을 느끼고 있었지요. 만일 그런 학대를 받지 않았다면 우울증에 빠지지도 않았을 것이고 딸들하고도 떨어지지 않았을 겁니다." 여러 차례에 걸쳐 그는 누이에게 눈을 떠 제대로 보라고 말했지만, 사랑에 빠진 그녀는 프랑크에게서 헤어나지 못한 채 딸들의 아빠와 함께 살고자 했다. 어느 날인가 알랭 라르셰는 매제가 일하는 대학 구내식당 밖에서 일이 끝나기를 기다렸다가 그의 코뼈를 주저앉혔다. "다행히도 사람들이 우리를 뜯어말렸지요."

낭트 대심재판소 검사장의 허락하에 조회했던 프랑크 페레의 소송 서류에 의하면 1995년 10월 16일에 프랑크는 딸들이 하교하는 시간에 맞추어 학교로 찾아갔다. 그는 실비를 뒤쫓아가 그녀가 사는 집에 불쑥 들이닥쳤다. 저녁에 쌍둥이들이 잠들자마자 그는 실비의 전화기를 빼앗고 강제로 옷을 벗기고는 행주로 입을 틀어막은 다음 커터 칼로 위협하여 그녀를 강간했다. 이 일로 실비는 팔뚝에 3센티미터의 자상을 입었다. 일주일 후, 그는 같은 짓을 하려 했으나 그녀는 화장실로 피신해 그곳에서 긴급구조요청을 했다. 이웃 사람들이 왔을 때 그녀는 울고 있었다.

실비는 오빠의 도움을 받아 소송을 제기했다. 프랑크 페레는 구속되었고, 2년 뒤인 1997년 9월 16일 루아르아틀랑티크 중범죄 재판소에서 강간 및 강도강간 미수로 유죄판결을 받아 징역 5년에 집행유예 2년이 선고되었다. 실비는 우울증으로 정신병원에 수용되었다.

＊

나는 프랑크 페레를 그의 변호사 사무실에서 만났다. 작달막하고 단단한 몸집에 검은색 정장을 말쑥하게 차려입은 그는 권투선수 같은 코를 가졌고 머리는 스포츠형으로 자른 금발이었다. 양팔과 가슴을 문신으로 도배한 그는 강인하지만 마음씨는 부드러운 사람처럼 보였다. 그가 쓰는 말은 그의 존재만치나 제멋대로여서 엉뚱한 단어가 나오기 일쑤였고 문장도 전혀 두서가 없었다. 임시로 다니는 직장들과 아무 쓸모없는 직업연수교육에 싫증이 난 그는 자신의 딸을 추모하는 인터넷 사이트에서 나름 쓸모 있는 모습을 보이고 있었다. 그는 작가를 찾고 있었기에, 우리의 만남은 제때 이루어졌다.

프랑크 페레는 1967년에 태어났다. 그는 낭트 아래쪽의 쿠에롱에서 자랐고, 위로는 누나 그리고 형 스테판이 있었으며 아래로는 장애를 가진 동생이 있었다. 건물 페인트공인 그의 아버지는 알코올중독자였다. 병원 청소부인 어머니는 프랑크가 어려운 유년 시절을 보냈다고 생각하지만 정작 프랑크는 자신의 유년 시절에 대해 나름 좋은 추억을 가지고 있었다. 형 스테판과 함께 소소한 좀도둑질도 했고, 여자애들 뒤꽁무니도 쫓아다녔고, 당구공이나 나뭇조각 등 별것도 아닌 걸 가지고 시시덕거리곤 했다. 스스로 "언어 장애가 있었다"고 말하는 그는 아홉 살이 되자 기숙학교에 보내졌다. 그곳의 교사들은 엄했다. 교리문답이 의무적으로 행해졌고, 걸핏하면 체벌을 가했다. 열두 살이 되자 프랑크는 낭트에 있는 중학교의 특수교육반에 들어갔다. 열여섯 살이 되면서 건물 페인트공 직업교육을 받기 시작했고, 이후로 연달아 가구 제조 실습생, 제빵제과 실습생, 자동차 정비 실습생, 연수 실습생 생활을 거쳐 연안 지대에 위치한 레스토랑의 '최고급 미식가를 위한 웨이터'가 되었다. 이후 그는 여러 가지 임시직을 전전했다.

그의 형 스테판은 일반 가정에 입양되었다. 그는 직접 사회복지시설을 찾았고 어느 날 부모가 교사로 대체되었다. 스테판이 보기에 프랑크는 좋은 아빠였다. "우리는 아이들과 함께 자전거를 탔죠. 동생은 딸을 하나는 앞에, 하나는 뒤에 태웠어요. 우리는 피크닉도 가고 축구도 했어요. 만면에 미소를 띤 채 자전거를 타던 아이들의 모습이 지금도 눈에 선해요."

프랑크 페레는 제대로 교육도 받지 못했고 쉽게 화를 냈으며 폭력적인 사람으로서 삶의 고초를 많이 겪었지만 나는 그가 적어도 얼마 동안은 자기 딸들을 사랑했다는 확신을 얻었다. 그는 결코 관계를 끊지 않았다. 그는 항상 방문권을 행사했고, 생활비를 지급했다. 20년 전에 했던 말을 그는 내 앞에서 다시 했다. "나는 딸들을 만나는 것이 좋고, 딸들을 무척 사랑합니다." 현재 그는 제시카의 소식을 듣고 있고, 종종 작은 선물을 주기도 한다. 제시카가 라베르느리에 있는 동생의 묘소에 가고자 하면 그도 동행한다.

반면 나는 그가 진정 그 아이들의 어머니를 사랑했다고 말할 수 있을지는 모르겠다. 그러자면 '사랑' '공동생활' '상호 보호'와 같은 표현에 동의를 해야 할 테지만 현재 실비의 눈에는 엄청난 본능적 두려움이 자리하고 있고 그것이 여성을 향한 폭력을 다룬 그 어떤 보고서보다도 더 많은 말을 해주고 있다. 술에 취해 때리는 아버지에 대한 두려움. 칼을 휘두르고, 부당하게 재산권을 강탈하고, 마음 내키는 대로 강간하는 남자들에 대한 두려움. 그리고 타인들에 대한 두려움, 당국에 대한 두려움, 세상에 대한 두려움…. 이는 충격과 기대의 묘한 혼합물로 굳어버린 미소로 나타나는데, 결국 이것은 내가 무언가 잘못하지는 않을까 하는 두려움이자 상대의 분노를 불러일으키지 않으려는 무언의 치열한 노력이다.

알랭 라르셰는 자신의 누이가 매사에 "예예" 하지만 정말로 잘 알고 그러는지는 확신하지 못한다고 말한다. 그녀가 복용하는 모든 약에 놀라지 않는 것처럼 그녀의 그러한 태도에도 그는 놀라지 않는다. 그녀는 욕조에 물이 차기를 기다리는 동안 개를 산책시키는데, 돌아와 보면 물이 넘쳐 소방관들이 와 있기도 했다는 것이다.

✳

앙시앵 레짐Ancien Régime* 체제에서와 19세기에는 성폭력이 대단히 관대하게 다루어졌다. 성폭력은 그저 남성이 자신의 욕망을 표현한 것일 뿐이고, 여성은 그 욕망을 불러일으킨 원인이었다. 이 전도된 유죄성은 '연약한' 성性을 강한 성에, '절반의 존재'를 완전한 존재에 예속시키는 가치판단에서 나왔다. 부부 사이의 성폭력이라는 개념은 상상조차 할 수 없는 것이었다. 나폴레옹 민법에 따르면 아내는 "남편에게 복종"해야만 했다. 남편의 성적 욕망이 배출구를 찾는 것은 당연한 일이었다. 신혼 초야에 순결하고 무지한 젊은 신부에게 남편이 성관계를 강요하는 것은 통과의례였다. 폭력은 남성의 권리의 한 부분을 이룬다.

아주 뒤늦게, 프랑스, 네덜란드, 스위스 그리고 영국에서는 1990년대 초, 아내가 배우자를 성폭력으로 고소하는 것이 허용되

---

*   프랑스혁명이 있기 전 프랑스 사회의 계층구조를 일컫는 말. 현재는 '구체제' '낡은 체제'를 뜻하는 말로 쓰인다.

3   커터 칼의 모성애 La maternité à coups de cutter   35

었다. 2006년에 관련 법이 제정된 후 프랑스에서 남편이나 동거인에 의한 (폭력, 협박, 기습에 의한 삽입 행위로 정의된) 강간은 가중처벌의 대상이다. 그러나 부부 사이에 있어서 폭력은 반복되는 모욕, 위협적인 행동, 희롱, 정서적인 협박, 심리적 압박, 아이들에 대한 위협, 강제적인 성관계, 따귀 때리기, 구타, 가혹 행위 등 매우 다양한 형태로 나타나며 그 목적은 상대를 지배하고 자신에게 예속시키는 것이다.

프랑스에서 여성 대상 폭력에 대한 전국적인 설문 조사가 실시되어 2000년에 공표되었는데, 이에 따르면 혼인한 여성들 가운데 약 10퍼센트가 심리적, 언어적, 신체적 혹은 성적 폭력을 경험했다고 대답했다. 젊은(스무 살에서 스물네 살까지의) 아내들은 분명 그이전 세대들보다 위험에 더 노출되어 있다. 폭행의 절반은 남편이나 전남편에 의한 것이었는데, 고소를 한 경우는 드물었고 소송까지 이른 경우는 더욱 드물었다. 여기에는 모든 사회계층이 속해 있었고, 1996년 루아르아틀랑티크의 일반의를 대상으로 한 설문 조사에서는 절반 정도의 사례가 일회적인 것으로, 그리고 90퍼센트 이상이 술에 의한 것으로 드러났다.

프랑크 페레는 자기 딸들의 생모를 어느 정도까지 망가뜨렸을까? 실비 라르셰는 일종의 심리적 죽음을 맞았다. 다른 여성들은 말 그대로 죽음을 맞기도 했다. 프랑스에서는 교살되거나 총에 맞아 죽은 가정주부들, 밤낮을 가리지 않는 수십 통의 욕설 문자메시지의 표적이 되었다가 끝내 맞아 죽은 전처들, 성관계를 거부했다는 이유로 칼에 찔려 죽은 여성들이 해마다 100명 이상이나 나온다. 제시카의 변호사인 세실 드 올리베이라의 사무실도 이 중 몇 건을 맡고 있다.

＊

　루아르아틀랑티크의 중범죄재판소는 낭트의 지방고등법원에 위치해 있는데, 법정의 크기는 비교적 작지만 천장의 높이는 7~8미터에 달한다. 보르도산 타일의 색조를 띤 빛이 환히 들이치는 그 방에서 나는 작업 중인 세실 드 올리베이라를 여러 번 보았다. 그녀는 청바지와 꽃무늬 블라우스 대신(혹은 그 위에 걸쳤는지도 모르지만) 검은색 법복을 입고 있었다. 그녀는 귀 기울여 듣고, 메모를 하고, 질문을 던지고, 마지막에 변론을 했다. 형사재판의 손해배상 청구인을 대리할 때 그녀는 피고인과 함께 진실에 도달하기 위해 계약을, 일종의 심적 계약을 맺으려고 한다. 그러지 못하면 그녀는 대화를 예기치 못한 방향으로 이끄는 엇갈린 질문들을 던져서 피고인을 흔들고, 그렇게 우회적인 전략을 구사하여 다시금 범죄 사실로 돌아오게 만든다.

　오늘은 직장 여자 동료를 드라이버로 찔러 살해한 혐의로 기소된 베르나르의 재판이 있는 날이다. 치정에 의한 살인이었다. 피해자는 회사 기계실에서 피투성이가 된 채 발견되었다. 베르나르의 차량은 깨끗이 세차가 돼 있었지만 경찰은 설령 씻어냈다고 하더라도 혈흔을 찾아낼 수 있는 약품인 블루스타를 사용해 기어 레버에서 혈액을 검출했다. 피고석에서는 정장 차림의 40대 남자가 고개를 숙인 채 온화하고 순한 모습으로 얌전히 기다리고 있다. 베르나르다. 컴퓨터와 음악, 그리고 영화에 푹 빠진 그는 독신이며 내성적이다. 그의 아버지는 그가 좀 더 자주 외출을 했으면 했다.

재판 시작부터 그는 요리조리 발뺌을 하며 건망증을 핑계로 내세웠다. 그는 한결같이 "잊었다" "더 이상 생각이 나지 않는다" "기억의 '블랙홀'" 따위의 대답을 했고, 마침내 피해자 가족을 대신해 세실 드 올리베이라가 그의 앞에 섰다. 그 장면은 2014년 6월 25일 자 〈웨스트프랑스〉지에 기록되어 있는데 나는 그 신문을 낭트역에 도착하자마자 샀다.

"피가 잔뜩 묻은 운동화를 어디에 버렸나요?"

방청객은 베르나르가 중얼거리는 소리를 들었다.

"쓰레기통이요."

세실 드 올리베이라가 그를 부추겼다.

"나는 당신이 그 장면을 말해줄 수 있다고 확신해요."

그녀는 부드러운 어조로, 그가 '너무 집착'한다며 여자 동료가 관계를 끊었을 때 혹시 버림받은 느낌이었느냐고 묻고, 그날 이후 그의 삶에 아빠와 엄마, 종교 외에 이제는 아무것도 없다는 느낌이 아니었느냐고 물었다. 베르나르는 무너졌다.

"기계실에서 우리 둘은 마주 보고 있었어요. 아직도 겁에 질린 그녀의 비명 소리가 기억납니다."

30분에 걸쳐 세실 드 올리베이라는 그의 절절한 고백을 이끌어냈다.

4
르 카스포
Le Cassepot

처음부터 세실 드 올리베이라(우리는 급속도로 친해져서 이제는 "세실"이라고 부를 수 있다)는 내게 현장에 가보라고 조언했다. 그러면서 차로 태워다주겠다고 했다.

때는 2014년 7월, 날씨는 화창했다. 가는 도중에 우리는 변호사라는 직업에 대해 이야기했다. 변호사 일을 처음 시작할 때 선서를 해야 한다. "나는 품위를 지키며 양심에 따라 자주적으로 성실하게 인간애를 가지고 업무를 수행할 것을 선서합니다." 그녀가 딱 한 번 밤을 새웠던 것은 자신의 고객이 무죄방면이 될지 아니면 중형을 선고받을지가 결정 나는 변론 전날이었다고 한다. 결국 그 고객은 마지막 순간에 유죄를 인정하고 28년 형을 선고받았다. 한 사람의 삶이 몇 시간 만에 결정된 것이다.

1심에서 레티시아의 살인범은 무기징역을 선고받았고, 감형 불가 기간 22년에 보호감금 조치가 추가로 내려졌다. '보호감금'은 니콜라 사르코지 대통령 치하에서 취해진 조치로서 석방이 될 수형자라 하더라도 여전히 위험하다고 판단될 경우 병원이나 감옥에 감금할 수 있음을 골자로 하고 있다. 보호감금은 어떤 면에서 실제적인 종신형을 보장하는 것이기 때문에 이 선고는 프랑스 법에서 구형할 수 있는 가장 무거운 형벌이다.

세실 드 올리베이라는 2014년 가을 렌에서 열릴 항소심에 대해서도 전혀 걱정하지 않았다. 피고가 받을 형이, 예컨대 보호감금 없이 무기징역을 받거나 또는 단순히 30년 형을 받는 식으로 조금이라도 경감되면 그녀는 위안을 받을 것 같았다. 나는 놀랐다.

"아니에요. 사람들은 언젠가는 석방되어야 해요. 그자는 괴물도, 미친 사람도 아니고 그저 끔찍한 범죄를 저지른 가엾은 인간일 뿐이에요. 애초에 그런 범죄를 저지르게 되어 있었던 것도 아니고요"라고 그녀는 대답했다.

게다가 그녀는 만인은, 심지어 테러리스트나 아동 강간범이라고 할지라도 변호를 받을, 그것도 올바른 변호를 받을 권리가 있다고 믿으므로, 피고를 변호하고 로베르 바댕테르Robert Badinter*처럼 원칙에 입각하여 변론하고 싶었을 것이다. 세실 드 올리베이라는 보호감금형을 역겨워했는데; 그것은 법이 금한 행위에 따라 감금하는 것이 아니라 전문가들이 평가한 인간성에 따라 감금 여부를 결정하기 때문이었다.

우리는 대서양을 면하고 있는 작은 해수욕장으로서 여름철이면 피서객들이 우글거리는 라 베르느리에 도착했다. 그리고 3년 전인 2011년 6월 25일에 레티시아의 장례미사를 치렀던 작은 성당

---

* 사형 제도를 반대하여 폐지를 이끌어낸 프랑스의 변호사이자 대학교수, 정치가.

앞을 지나갔다. 업무 시간 이후에 레티시아가 목격되곤 했던 야간 불법 업소 바르브 블루스는 상호가 바뀌었다. 2011년 2월 바의 전 주인이 자신의 동거녀를 목 졸라 살해한 뒤 토막을 내 두 개의 가방에 싣고 물에 버린 혐의로 형을 선고받았기에 그곳은 공포를 불러일으키는 명소가 된 듯했다.

우리는 낭트 호텔에서 점심을 먹었다. 호텔은 카나리아 빛깔의 노란색으로 칠해진 벽에 푸른색 덧창들이 박혀 있는 건물이었다. 식당은 40개의 테이블이 들어갈 정도로 넓고 쾌적했으며, 바닥에는 타일을 붙였고, 키치 스타일로 장식돼 있었다. 류트를 타는 아기 천사, 텅 빈 새장들, 'PARIS'의 'I' 자를 에펠탑으로 형상화하여 파리의 영광을 기리는 포스터, 흰색 나무판자와 시가를 보여주는 쿠바 스타일의 포스터. 호텔 식당에는 가라오케 시설이 구비돼 있었다. 테이블마다 작은 안내문이 놓여 있었는데 거기에는 "이곳, 낭트 호텔에서는 시즌 외 매주 토요일마다 요금 인상이나 할인 없이 댄스파티를 개최합니다"라고 적혀 있었다. 종이로 만든 테이블보에는 일듀 섬의 모습을 담은 카드와, 관광 명소들, 도선 시간표, 세일 광고가 인쇄되어 있었다.

레티시아의 예전 고용주이자 레스토랑의 주인인 들랑드 부인이 우리에게 크레이프를 가져다주었다. 그러고 나서 반은 하소연하는 어조로, 또 반은 엄숙한 어조로 말했다.

"날아다니는 개미들이 습격했어요. 난리가 날 거예요."

"저런!" 세실 드 올리베이라는 즐거워했다.

낭트 호텔은 연중 문을 연다. 레티시아는 이곳에서 2010년부터 서빙 담당 직원으로 있었다. 오프 시즌인 겨울에는 이 지역에 많이 있는 호텔 개보수 공사장의 노동자들을 위해 7 내지 8유로에 세트 메뉴를 제공하는 '노동자 식사'를 판다. 노동자들은 작업이 마무리될 때까지 호텔-레스토랑에서 묵는다. '노동자 식사'는 레티시아가 생애 마지막 날에 접대했던 메뉴다.

2011년 1월 18일 화요일, 해수욕장은 황량했다. 오직 낭트 호텔과 바르브 블루스, 그리고 몇몇 상점만이 문을 열었다. 하지만 살인범의 핸드폰에 있는 레티시아 사진들의 배경에서 알 수 있듯이 날씨는 온화했다. 현재 라 베르느리는 몰려든 피서객들로 북적이고 있다. 바퀴 달린 육상용 요트들과 두 개의 선체를 연결한 쌍동선들이 바람에 펄럭이는 깃발 아래 줄지어 있고, 해변에는 어른이고 아이고 할 것 없이 모두 일광욕을 즐기고 있다.

우리는 언덕 위 모래가 깔린 묘지로 갔다. 장밋빛 대리석 위에는 꽃들이 놓인 아래 비명碑銘이 새겨져 있었다.

레티시아 페레, 1992-2011

해안에 나란히 난 로제르 로는 원형 교차로와 광고판들 사이의 빌라 구역을 가로지른다. 바로 그곳이 파트롱 부부가 사는 곳이자 레티시아가 자기 언니와 살았던 곳이며, 2011년 1월 18일에서 19일 사이 밤 1시경에 레티시아가 납치되었던 곳이다.

우리는 시골 도로를 지나 르 카스포라 불리는 곳으로 출발했다. 작가 루이페르디낭 셀린Louis-Ferdinand Céline*의 이름을 딴 카스포는 마치 '전쟁'이나 '곤봉', 혹은 "비역질을 당하다"라는 표현에 배어 있는 저속함과 불안감을 느끼게 한다.** 세실 드 올리베이라는 비포장도로로 접어들어 엔진을 껐다. 대문 너머는 자동차의 잔해, 기름 투성이의 시커먼 엔진, 블록, 석고 덩어리, 무엇인지 알 수 없는 쓰레기, 뒤집힌 채 놓인 낡은 냉장고 따위가 널려 있어서 마치 잡초 위에 펼쳐진 노천 폐차장 같았다. 쇠사슬과 도르래가 달린 시소 같은 기둥이 동체를 들어 올려 골조를 빼내는 데 사용되고 있었다. 오른편으로는 헛간이 하나 있었다. 그리고 정원 안쪽, 장막처럼 대지를 막고 서 있는 나무들에 맞닿아 있는 닭장과 두 대의 캠핑 트레일러가 보였다.

어떤 여자가 빨랫줄에 빨래를 널고 있었다. 나는 만면에 미소를 띠고 점잖게 다가가 그녀에게 "귀여운 레티시아"를 위해 일하는 사람이라고 말했다. 그녀는 내가 기자가 아님을 확인했다. 우리는 이야기를 나누기 시작했다. 살인자의 사촌인 그녀의 남편은 고철 장수였다. 그는 쓰레기 하치장을 운영하며 폐차를 수집해 분해한 뒤 철, 구리, 놋쇠, 알루미늄 등을 방데에 있는 재활용 사이트에 팔았다. 그런데 그 사건이 그들의 삶을 엉망으로 만들었다. 사건이 벌어졌을 때 그들은 그곳에서 900킬로미터 떨어진 피레네산맥에서

---

*   프랑스의 소설가. 대표작으로 《밤의 끝으로의 여행Voyage au bout de la nuit》이 있다.

**   'cassepot'는 '깨뜨리다' '부수다'라는 뜻의 동사 'casser'와 '단지' '항아리'라는 뜻의 'pot'가 합쳐진 형태로 보이며, '전쟁'을 뜻하는 'casse-pipe(파이프를 부수다)', '곤봉' '망치'를 뜻하는 'casse-tête(머리를 깨다)'와 같이 무엇인가를 부수고 깨뜨린다는 뉘앙스를 준다.

스키를 타고 있었다. 이웃집 여자가 헌병들이 집을 난장판으로 만들고 있다고 그들에게 알려주었다. 돌아왔을 때 집은 봉인이 돼 있었다. 그들은 집세를 계속 내면서도 세 아이를 데리고 여기저기 떠돌아야 했다. 마침내 집에 돌아가도 된다는 허가가 떨어졌다. 하루는 아이들이 사탕을 먹기 위해 봉인이 붙은 캠핑 트레일러에 숨어든 적도 있었다.

✳

<u>2011년 1월 20일 목요일</u>

새벽 4시 30분. 어둠 속 수풀은 얼어붙어 있었다. 대테러부대원들은 르 카스포의 작은 마을에 소리 없이 포진했다. 아르통앙레츠 시장이 한밤중에 토지대장을 제공하기라도 했는지 부대원들은 부근 지형을 완전히 숙지하고 있었다. 그들은 대문을 뛰어넘고 집 주변을 포위한 채 그림자처럼 벽을 따라 전진했다. 용의자는 평소에 잠을 자는 트레일러가 아닌, 저택 1층에 있는 것으로 확인되었다.

정예부대원들이 문을 부쉈을 때, 예기치 않게 집 안으로 쏟아져 나간 세라믹 카트리지가 사내의 머리를 정통으로 맞혔다. 거실 소파 위에 있던 사내는 이마가 피투성이가 되어 의식을 잃었기에 심문할 수도 없었고 구속할 수도 없었다. 대테러부대 소속 의사가 응급치료를 한 뒤 그는 생나제르의 병원으로 이송되었다.

1차 현황 보고. 흰색 푸조 106은 헛간 앞에 주차되어 있었다.

22구경 롱 라이플 한 정과 30여 대의 핸드폰이 700그램의 마리화나와 함께 트레일러 안에서 발견되었다. 그러나 레티시아는 보이지 않았다.

르 카스포로부터 나선형을 그리며 점차 반경을 넓혀가는 달팽이 기법의 수색이 시작되었다.

지문 확인 결과 사내의 신원이 확인되었다. 성명 토니 멜롱. 1979년 8월 14일생. 고철상. 범법 행위 및 범죄로 13차례에 걸쳐 처벌받음. 11시 30분경 병원에서 나온 사내는 구속되었고 체포 시 권리를 고지 받았다. 그는 이렇게 대꾸했다.

"빨리 끝내려면 그 9밀리 권총을 쓰는 게 나을걸."

멜롱은 포르닉 헌병대로 이송되었다. 그의 집안 내력이나 본인의 이력으로 보았을 때 헌병대는 그에게 그리 낯선 곳이 아니었다.

1996년 5월: 절도로 징역 3개월에 집행유예 선고. 몇 개월 뒤 집행유예가 취소되어 16세의 멜롱은 난생처음 수감된다.

1997년 4월: 절도로 4개월 징역. 빗자루로 동료 수감자를 폭행. 그 수감자는 자신의 친여동생을 성폭행한 자였고, 멜롱은 "어린 소녀의 복수"를 하고자 했다고 함.

1998년 3월: 집단 절도로 6개월 징역형.

2001년 3월: 동료 수감자 폭행으로 루아르아틀랑티크 미성년자 중범죄재판소에서 징역 5년 형(이때 멜롱은 1999년 8월부터 미결구류 중이었다).

2003년 8월: 마약 살 돈을 구하기 위해 복면을 쓰고 최루탄과 권총을 소지한 채 상점 세 곳에서 무장 강도. 수백 유로 갈취. 불심검문.

2005년 6월: 루아르아틀랑티크 중범죄재판소에서 징역 6년 선고. 수형 기간 중에도 여러 가지 사건이 있었음. 간수 협박, 감방 창문에서 대마초 재배, 면회실에서 동거녀와 욕설을 주고받음 등등. 그는 패거리를 끌고 다니는 무장 강도였고 그래서 '존중'받았다.

2009년 6월: 판사에 대한 모욕과 협박으로 가중처벌을 받아 1년 징역형에 6개월 집행유예.

2010년 2월: 석방. 멜롱은 우편 주소상 거주지를 낭트사회복지센터로 선택. 세 아이와 함께 영세민 임대 아파트에 살고 있던 형수가 그를 책임짐(멜롱의 형도 수감 중이었다).

그가 구속되어 있는 동안에 행해진 취조에는 일관성이 없었다. 한쪽에서는 무심한 척했다. "넌 종신형이야. 그녀를 찾는 것엔 신경도 쓰지 않는다고." 다른 한쪽에서는 어린 소녀가 있는 곳을 알아내기 위해 그를 다그쳤다. 심문 장면 비디오를 보면 어느 순간 멜롱이 "오케이, 끝났어" 하고 중얼거리는 모습이 나온다. 그는 입을 다물고 시선을 돌린다. 헌병대가 그에게 적용하고자 하는 강간, 납치, 살해 혐의의 시나리오를 접하고 그는 빙긋 웃는다. 이따금 그는 "아무럼 어때" "몰라" 혹은 "이제 내가 살 시간은 얼마 안 남았어"라는 말을 내뱉는다. 그는 음식을 거부하고 진술서에 서명하는 것도 거부한다.

세라믹 카트리지에 맞아 부상당하고 질문 공세에 시달린 멜롱은 악당으로서의 자부심에 상처를 입었다. 1심 재판에서 그도 인정했다. "헌병들이 들이닥치리라는 것은 예상했지만 그렇게 빨리 올 줄은 몰랐다."

13시 30분이 조금 지나 AFP통신에서 수사 상황을 명확히 밝혔다. "대테러부대원 이외에 40명의 헌병들이 수색 작전에 동원되었고, 조사와 심문을 위해 25명의 수사관들이 파견되었다." 그 기사의 작성자는 'axt'라는 서명을 붙였는데, 이는 AFP에서 20년 넘게 기자 생활을 한 알렉상드라 튀르카를 지칭하며 그녀 역시 나중에 나와 친구가 된다. 낭트의 서민 동네에 사는 전 여자친구를 포함해 멜롱의 주변 인물들에 대한 가택수색이 이루어졌다. 수색견, 잠수부, 헬리콥터의 도움을 받아 헌병들이 르 카스포 부근을 수색할 때 범죄수사 전문가들은 사촌의 가택수사를 실시했다. 남자 옷들이 나왔다. 정원 한복판에 있는, 그릴로 사용된 슈퍼마켓 카트 아래에서는 불이 꺼진 화로가 발견되었다. 푸조 106의 트렁크는 말라붙은 피로 가득했다. 많은 피가, 너무도 많은 피가 나왔다.

17시에 생나제르의 검사장 플로랑스 르록은 낙관적이면서도 애매모호한 내용의 기자회견을 가졌다. "그녀가 생존해 있는지 아니면 그 반대인지 사실을 밝혀줄 어떠한 증거도 없다." 납치되었다는 가설이 유력했기에 "반대의 경우를 입증할 증거가 나오기 전까지" 레티시아는 살아 있는 것으로 간주되었다.

앙제 조사반의 '미스터 폭력 범죄 전문가Monsieur Crimes Violentes'인 프란츠 투셰 준위가 파트너인 범죄 분석가와 함께 포르닉 헌병대에 도착했다. 동료들이 멜롱을 취조하고 있을 때 두 사람은 사무실에 처박혀 나오지 않았다. "우리는 모든 정보를 컴퓨터로 처리하여 무슨 일이 벌어졌는지를 이해하려고 합니다. 멜롱의 핸드폰과 레티시아의 핸드폰, 이 두 대의 핸드폰 모두 자정 무렵 아르퉁앙레츠 기지국에 접속되었습니다. 그것은 그가 소녀를 르 카스포로 데리고 왔다는 걸 의미합니다."

늦은 오후가 돼서야 멜롱은 마침내 침묵을 깬다.

2011년 1월 18일 화요일, 라 베르느리에 있는 장외마권 발매 바에서 나온 그는 작년 여름에 만났던 레티시아를 보았다. 두 사람은 해변을 산책했고 그곳에서 마리화나를 피웠다. 레티시아는 쾌활했다. 그는 그녀에게 바르브 블루스에서 한잔하자고 했다. 18시 30분경, 그녀가 다시 일을 시작하자 그는 포르닉에 있는 르클레르크 상점에 가서 그녀에게 줄 장갑을 샀다. 22시경, 그녀가 일을 마치자 두 사람은 바르브 블루스로 다시 왔고 이후 두 명의 손님과 말다툼을 벌인 후 포르닉에 있는 라운지 바인 키46Key46으로 갔다. 가는 도중 두 사람은 합의하에 차 보닛 위에서 성관계를 가졌다. 새벽 1시 무렵, 레티시아는 선물로 받은 장갑을 잊은 채 스쿠터를 타고 떠났다. 멜롱은 장갑을 돌려주기 위해 뒤따르던 중 본의 아니게 그녀의 스쿠터와 충돌했다. 부딪치는 소리가 들리고 스쿠터가 붕 떴다. 차 밖으로 나가 보니 스쿠터가 바닥에 쓰러져 있고, 레티시아는 움직이지 않았다. 그는 시신을 트렁크에 싣고 르 카스포에 있는 사촌의 집으로 돌아왔다. 피가 흥건한 손으로 레티시아를 헛간 판자 위에 뉘고 그녀의 소지품을 확인했다. 그런 다음(그는 "미쳤었나 봅니다"라고 말했다) 공포에 사로잡힌 그는 생나제르 다리에서 시신을 루아르 강에 던졌다.

　이 진술을 수사관들은 믿지 않았다. 레티시아가 죽었다는 점만 빼고.

　20시, TF1은 포르닉 지방에서 일어난 18세 소녀의 '불안한 실종' 소식으로 뉴스를 시작했고, 용의자가 체포되었다고 전했다.

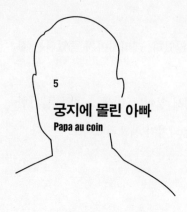

5

궁지에 몰린 아빠
Papa au coin

1995년 11월 프랑크 페레가 투옥된 후, 쌍둥이는 엄마와 함께 낭트에서 살았다. 제시카의 오래전 기억은 이렇다. 화를 내면 찬물로 샤워를 당했고, 바보 같은 짓거리를 하면 나무 숟가락으로 엉덩이를 맞았다. 그녀 앨범의 사진들을 보면 그네를 타는 쌍둥이, 소파 옆에 앉은 알랭 라르셰의 독일셰퍼드, 생일 케이크, 할아버지네 정원에서 부활절 달걀을 찾는 장면이 나온다. 레티시아와 제시카는 머리를 묶은 것이나 오렌지색 털저고리를 입은 모습이 똑같다. 그녀들의 엄마도 사진에 나온다.

"어머니는 다정한 분이셨나요?"

제시카는 빙긋 웃었다.

"그 단어는 쓸 수 없겠네요…."

실비 라르셰는 디스코텍에 가는 것을 좋아했고, 그런 날이면 친구가 와서 딸들을 돌봐주었다. 때로 그녀는 신경 발작을 일으키곤 했다. 그럴 때면 물건을 부수거나 엘리베이터를 막아버리기도 했다. 아이들은 아빠 때문에 악몽에 시달렸다. 이따금 세 사람은 함께 잤다. 1996년 1월, 라르셰 부인은 정신과 의사에게 토로했다. "전 악몽을 꿔요. 특히 아이 아빠가 레티시아를 좋아하지 않기 때문에 그 아이를 죽일까 봐 두려워요."

마침내 아이들 엄마는 우울증으로 병원에 입원했고, 쌍둥이는 집을 떠나 낭트 북부 라 프티트 상시브에 있는 친할머니인 페레 부인의 집으로 가서 살았다. 때는 1996~1997년, 아이들은 네다섯 살이다. 누군가 아이들에게 아빠가 "궁지에 몰렸다"고 말해주었지만, 제시카는 그것이 감옥이라고 이해했다. 면회실 방문, 쇠창살, 사람들이 갇힌 감방에 겁을 먹은 제시카는 할머니에게 딱 달라붙어 있다. 레티시아는 아무것도 기억나지 않는다고 하리라.

둘의 성격이 서로 달라지기 시작했다. 레티시아는 무척 야위고 가냘프다. 훌쩍거리고 있지 않을 때는 구석에 말없이 처박혀 있다. 사람들은 그런 어린 소녀를 신경 쓰지 않는다. 제시카가 그녀를 돌보며 보호한다. 그녀는 자기 동생의 엄마 노릇을 한다.

프랑크와 스테판 페레에 의하면 아이들은 할머니 집에서 행복해했다. 아파트 아래에서 공놀이를 하거나 숨바꼭질도 하고 미끄럼틀을 타고 놀았다. 어른들은 아파트 창문으로 아이들을 지켜보았다. 하지만 알랭 라르셰에 따르면 할머니는 정신이 온전치 않았고, 화를 내고 고함을 지르는 일이 잦았다. 아이들은 말한다. "할머니가 우리 몸을 문지르면 아파요." 적어도 아이들은 규칙적으로 학교를 다녔다.

2014년 7월, 낭트. 세실 드 올리베이라와 함께 르 카스포로 떠나기 전, 나는 제시카를 다시 만나 면담을 했다. 우리는 시내에 있는 카페에 마주 앉았다. 나는 그녀에게 말을 놓자고 했고 그녀도 그러자고 했지만 코미디 영화에서 그러듯 그녀는 계속해서 내게 존댓말을 썼다.

이번 주 제시카는 휴가다. 그녀는 휴가 기간에 느긋한 아침을 보낸다. 오후에는 단짝 친구와 함께 시내를 쏘다니고, 친구 아빠를 따라 멀리 여행을 떠난다. 친구 아빠는 불을 뿜는 곡예로 생계비를 번다. 그의 재능과 예술가로서의 자유분방함에서 두 친구는 일종의 뿌듯함을 느낀다.

제시카는 월요일에 다시 일하기 시작한다. 구내식당에서 그녀는 음식 진열과 접시 닦는 일을 맡아 한다. 이따금 그녀는 채소 손질도 한다. 당근 껍질을 벗기고, 토마토를 얇게 저미고, 오이도 깍둑썰기로 자른다. 분위기는 좋다. 가끔은 동료들이 그녀를 부려 먹는다. "어이, 제시카. 정오에는 홍합이 와!" 셰프는 그녀가 변호사나 정신과 의사를 만나러 갈 때면 일찍 보내준다. 구내식당에는 사무직 회사원, 공무원, 경찰 들이 자주 드나든다.

그녀가 불현듯 말한다. "이런! 요전 날 동생의 유품 상자를 열었는데 당신 생각이 났어요. 우리가 사르코지 대통령에게 건넸던 백색 행진용 하얀 티셔츠가 있더군요. 그 아이 물건을 몇 번이고 만져보곤 해요. 오랜 시간이 흐르긴 했지만 추억이 여전히 남아 있더라고요. 그건 기쁜 일이에요."

제시카는 앞이 파이고 두 개의 끈으로 여미게 돼 있는 검은
색의 작은 블라우스를 가지고 왔다.

"레티시아는 외출할 때 이 옷을 자주 입었어요. 개 냄새가 나
요."

"냄새가 어떤데요?"

"레티시아가 쓰던 향수 냄새인데, 산뜻하고 기분 좋은 아주
특별한 냄새예요. 유품 상자 안에 오랫동안 있던 것이긴 하지만 냄
새는 그대로죠. 그 아이의 삶의 냄새요."

유품 상자에서 제시카는 몇 가지 냄새를 구분해냈다. 레티
시아의 냄새, 자신의 냄새, 레티시아가 사용하던 세제 냄새, 그리고
그녀들 삶의 향기에 뒤섞인 파트롱 씨의 냄새… 그것은 "케케묵고
곰팡내가 나는 냄새"였다.

제시카는 세실 드 올리베이라의 사무실까지 나와 동행했지
만 사무실로 올라가는 것은 거부했다. 나는 그녀가 배낭을 메고 멀
어져가는 모습을 지켜보았다. 도시에서 흔히 볼 수 있는 평범한 여
성의 모습이었다.

라 베르느리와 르 카스포 사이를 오가는 우리의 '멜롱 투어'
중에 나는 세실 드 올리베이라에게 제시카를 위한 글을 쓰고 싶다
고 말했다. 그것은 항소심 재판에서 그녀가 동생의 살인자에게 겁
을 집어먹고 말없이 있다가 결국 그의 앞에서 오열하지 않도록 하
기 위해서였다. 세실 드 올리베이라는 별로 좋은 생각이 아닌 것 같
다고 말했다. 왜냐하면 제시카는 말로 의사를 표현하는 것이 아니
라 태도로 표현한다는 것이었다. 다소곳한 모습, 상냥함, 귀 기울

여 듣는 능력, 동생의 묘를 돌보는 모습 등. 이따금 그녀의 육체는 병이나 피부 발진을 통해 말을 하기도 한다. 교사, 헌병, 판사, 기자 들은 항상 제시카에게 어느 정도 말할 것을 강요한다. 내가 공들여 모은 그녀의 말들은 그녀의 것이기도 하고 아니기도 하다. 그 말들은 때로는 복잡하고 내밀한 일들을 간략하게 표현한 것이기도 하고, 때로는 변호사나 후견인의 조언, 중범죄재판소의 판결문, 텔레비전 르포 기사처럼 다른 출처에서 따온 것이기도 한데, 그때 그 말들은 그녀의 마음을 움직이지도 못하는 보잘것없는 흐름으로서 그저 그녀를 거쳐서 나올 뿐이다.

　제시카는 항상 질문을 받는 쪽이다. 그녀가 주도적으로 말하는 일은 드물다. 발언은 다른 사람들의 몫인 것이다. 그런 까닭에 내가 대화를 이끌어가지 않으면 우리의 대화는 금세 시들해진다. 그러나 나는 제시카 곁에 있는 것이 좋다. 그녀와 같이 있을 때면 다른 어떤 것도 필요 없이 그저 함께한다는 즐거움만으로 시간이 평온하게 흐른다. 거의 비어 있는 그 상태가 내게는 충만한 상태다. 비어 있는 공간을 채워야 할 때 말은 잘못 울린다. 레티시아, 우리는 그녀를 둘러싸고 슬쩍 건드리고 끼워 맞출 수 있겠지만, 그러면 그때 우리의 말은 이미 사라진 문명에 잔존하는 금박과 같은 것이 된다. 그녀에 관해서라면 푸크시아색 반코트, 가볍고 상큼한 향의 향수, 푸른색과 하얀색 아라베스크 무늬가 있는 스쿠터용 헬멧, 작은 금속제 하트가 끝에 매달려 있는 가는 체인 목걸이가 가장 많은 말을 해줄 것이다. 어느 날인가 제시카는 출근할 때 동생의 그 목걸이를 하고 갔다. 동료들은 대뜸 그 목걸이를 보고 말했다. "야,

예쁘네. 어디서 난 거야?" 동료들의 칭찬에 제시카는 기뻤다.

또 9월의 어느 날인가에는, 난파 후의 잔해를 모은 수집품처럼 4분의 3 정도가 비어 있는 그녀의 얄팍한 앨범을 뒤적이고 있었다. 제시카는 내가 겨우 한 달 동안 찍은 내 딸들 사진의 양 정도밖에 안 되는 유년 시절의 사진을 가지고 있었다. 대화는 그녀와 레티시아의 닮은 외모에 관한 것으로 흘렀다. "당신이 볼 때 이게 나인가요, 아니면 레티시아인가요?" 하지만 나는 혼동하지 않았다. 레티시아는 더 호리호리하고 더 놀란 듯한 모습을 하고 있었기 때문이다.

6

매우 '희박한 가능성'
Une 'toute petite chance'

<u>2011년 1월 21일 금요일</u>

국립헌병대과학수사연구소의 전문가들이 르 카스포 해수욕
장을 샅샅이 뒤졌다. 그들은 캠핑 트레일러, 가옥, 헛간에서 섬유와
체모와 지문, 그리고 벽과 바닥과 시트에 남은 의심쩍은 흔적들을
채취했다. 그들은 아주 작은 혈흔이라도 찾기 위해 모든 표면에 블
루스타를 뿌렸다. 정원 한가운데 있던 화로의 재를 체로 거르던 중
에 그들은 칼날, 집게, 큰 가위, 금속 절단용 톱, 청바지 리벳과 브
래지어의 후크로 보이는 파편, 헬멧의 턱 끈 그리고 귀걸이 하나를
발견했는데 모두 검게 타 있었다. 현장 작업은 멜롱 사촌 소유의 독
일산 사냥개인 로트바일러 때문에 지연되었다. 이웃 사람이 임시로
개를 맡아주기로 했다.

멜롱이 훔쳐서 타고 돌아다닌 푸조 106은 쓰레기통이나 다
름없었다. 운전석 바닥은 감자튀김, 바나나 껍질, 피스타치오 껍데
기, 맥주 캔 들이 널려 있었다. 차 문 안쪽의 수납공간과 글러브 박

스는 사용한 휴지와 키친타월, 라피도 즉석 복권 다발로 넘쳐났다. 좌석 시트는 찢겨 있었고, 앞 좌석 안전벨트는 끊어졌던 것을 다시 묶어놓았다.

몇 가지 수사관들의 주의를 끄는 것이 있었다. 우측 범퍼에 칠이 벗겨지고 균열이 생긴 부분이 있었다. 우측 전조등 위쪽에서는 긁힌 자국과 붉은색 잔여물이 발견되었다. 뒷좌석 시트는 없었는데 나중에 순회 쓰레기차인 시트로엥 트럭 뒷자리에서 발견된다. 자동차의 트렁크 역시 몇 리터나 쏟아부었는지 말라붙은 피로 뒤덮여 있었다.

어둡고 축축하며 휘발유 냄새가 진동하는 헛간에는 사촌 소유의 잡동사니들이 쌓여 있었다. 합판으로 만든 망가진 가구, 액체로 얼룩진 반쯤 빈 용기, 1미터 높이에 달하는 플라스틱 쓰레기통, 진흙이 들어찬 구멍 난 타이어, 가스통, 플라스틱 용기, 궤짝, 철망 들. 그곳은 혼돈과 황폐함이 지배하는 우주로서 금속 골조, 녹슨 권양기, 분해된 무개無蓋 자동차, 트레일러의 잔해 따위가 눈에 띄었다.

무개 자동차 아래로 물이 고인 커다란 웅덩이가 있었다. 이는 현장에서 세차를 했거나 혹은 지하에서 물이 스며 나온 것으로 볼 수 있었다. 플라스틱 용기와 적갈색 가구 위에서 혈흔이 확인되었다. 1심 재판에서 재판장은 수사관들 가운데 한 명에게 질문을 던진다.

"르 카스포에서 당신은 실제로 가구 위에서 혈흔이 발견되었다고 지적했습니다. 당신 말로는 '피가 튀었다'고 했지요. 우리에게 설명을 해주시겠습니까?"

"작은 핏방울들을 발견했습니다. 피가 흘러서 생긴 것이 아닙니다. 충격을 받거나 절개할 때 튄 것입니다."

특수 카메라의 도움으로 헌병들은 헛간을 3D 모델로 만들수 있었다. 가택수사 후에 30개가량의 봉인된 증거물이 국립헌병대 과학수사연구소로 보내졌다.

같은 시각, 포르닉의 로제르 로에서는 현장검증이 이루어졌다. 스쿠터가 놓여 있던 장소에는 완벽한 어둠을 확보하기 위해 검은색 보호 덮개를 덮은 두 개의 커다란 천막이 설치되었다. 블루스타 검사로 혈흔이 드러나지 않았으므로 스쿠터에서 떨어졌을 때 레티시아가 피를 흘리지 않았다는 것을 알 수 있었다.

전문가들은 플라스틱 파편과 염료, 고무의 잔여물을 수집해 모두 봉인했다. 아스팔트 위에서 타이어의 접지면 무늬와 일치하는 긴 스키드마크가 발견되었다. 수사관들은 다시 스쿠터를 일으켜 세웠다. 동체 오른쪽으로 길게 자국이 나 있었다. 왼쪽으로는 금이 가 있었다. 지지대는 부서졌지만 미등에는 손상이 없었다.

혈흔이 없고 스쿠터 동체와 라이트, 백미러는 온전했다. 전체적인 느낌은 충격이 그렇게 크지 않았다는 것이었다.

안장 아래에서 헌병들은 도난방지 장치, 상표가 붙어 있는 새 장갑 한 켤레, 스쿠터 등록 서류를 둘둘 감고 있는 셔츠, 스쿠터 구조 요원 카드, 20유로짜리 지폐 한 장, 그리고 이런 문구가 적힌 포스트잇을 찾아냈다.

거기에는 전화번호 세 개가 적혀 있었는데 파트롱 부부의 집 전화와 두 사람의 핸드폰 번호였고, 포르닉 로제르 로의 주소도 함께 적혀 있었다.

20시에 TF1 방송은 "여전히 행방불명"인 레티시아의 실종 소식으로 또다시 뉴스를 시작했다. 생나제르의 검사장 플로랑스 르 코크는 단호한 얼굴로 선언했다. "가능성이 아주 희박하더라도, 그 가능성을 염두에 둡시다."

르 카스포에 어둠이 내렸다. 나뭇가지들이 헛간과 캠핑 트레일러 너머 하늘로 솟아 있었다. 전문가들은 밤늦게까지 분주히 일했다.

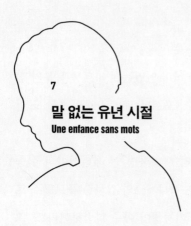

7

말 없는 유년 시절
Une enfance sans mots

그녀들의 유년기에는 유년기를 이루는 요소가 없다. 지표가 없기 때문에 모든 것이 상실되었다. 레티시아와 제시카의 이야기는 구타, 충격, 혼란으로 점철되어 있고, 추락한 상태에서 다시 일어나더라도 또다시 추락하고 만다. 그녀들의 삶에서 초기 몇 년은 도저히 이해할 수 없는 격동의 연속에 지나지 않는다. 왜 그렇게 계속 이사를 다녀야 하는지, 왜 엄마가 병원에 있고 아빠는 '궁지에' 몰려 있는지 그 이유를 설명해주는 사람이 없었다. 사람들은 전혀 말해주지 않았다. 외르 주의 사회봉사활동에 대한 연구에서 쥰비에브 베송Genevièv Besson은 유년 시절에 학대를 당한 한 성인의 증언을 인용하고 있다. "아이를 파괴하고자 한다면 벽에 대고 아이를 집어던질 필요가 없다. (…) 젖먹이를 침대에 처박아두고 혼자 우유를 마시게 내버려둔 채 눈길을 주지도 않고 말도 걸지 않으면, 이미 아이는 존재하지 않는 것이다. (…) 아이의 내면에서 무엇인가가 영원히 '깨져버리게' 되는 것이다."

레티시아를 상대한 교사들과 심리학자들 모두가 강조하는

것은 그녀가 언어 구사에 어려움이 있었다는 것이었다. 제시카는 이렇게 덧붙인다. "레티시아는 아무것도 기억나지 않는다고 말하곤 했어요." 어린아이로서 그녀가 겪었던 정신적 외상은 기억 속에서 지워졌다. 그녀는 좋은 것이라곤 전혀 떠올릴 수 없는 과거를 거부하고 숨겼다. 청소년사건 담당 판사가 요구한 보고서는 "불안에 매우 떠는" 소녀의 "유기 공포증에 걸린 프로필"과 "애정 결핍과 지적 능력 결핍"을 명백히 보여준다. 8세 때의 레티시아는 5세 아이의 지적 능력을 가지고 있었다.

그러나 그림을 그리고 글씨를 써보는 모든 테스트를 받게 해도, 웩슬러 지능검사*를 받게 해도 소용없을 것이다. 그것은 성인의 진단을 내릴 뿐이며 결코 내적 붕괴를 감지하지는 못할 것이기 때문이다. 그렇다면 무모하게 보이겠으나, 문제는 이런 것이다. 나이와 정신적 외상을 고려할 때 그녀가 말로 표현하는 능력이 결여되어 있음은 알고 있지만, 과연 초기 유년 시절이 그녀의 내면에 어떤 결정적 균열을 야기한 것일까? '언어 표현 능력의 부재' 이면에, 억압과 망각의 이면에 어떤 생각이 자리하고 있는 것일까?

나는 여러 책을 읽었다. 1960년대 말 애착 이론**의 창시자인 존 볼비John M.Bowlby를 따라 아동정신의학자 모리스 베르제Maurice Berger는, 아동은 "안정적이고, 신뢰할 만하며, 예측 가능하고, 접근

---

* 루마니아 태생의 미국 심리학자인 데이비드 웩슬러David Wechsler가 고안한 지능
    검사법. 성인과 아동을 대상으로 한 검사법이 있다.
** 영아가 주 양육자와 형성하는 강한 정서적 결속인 애착이 영아의 생존 및 심리,
    사회적 발달에 중요한 영향을 미친다는 이론.

가능한, 그러면서 자신의 욕구를 이해할 수 있고, 긴장을 해소해줄 수 있는" 성인과의 관계를 맺을 필요가 있다고 썼다. **돌보는 사람**(혹은 '주의를 기울여주는 사람')이 없으면 정서적인 안정도, 믿음도, 심리적 정착점도 없으며 따라서 세상을 발견하기 위해 떠날 개방성도 없다. 매우 어린 아이가 가족 간의 폭력을 목격했을 때 심리적 불안감이나 공격성의 발현, 유뇨증遺尿症 장애, 정신적 외상 후 스트레스 장애, 언어 또는 지적 결함이 나타날 수 있다는 사실이 관찰되었다. 취약성은 아주 일찍부터 자리를 잡는 것이다.

나는 전문용어와 학술적인 표현을 배웠지만 그것을 쓰는 대신, 레티시아와 제시카 그리고 우리가 한때 가졌었던 아주 어린 아이의 정신 속에 있는 흐릿함과 모호함, 망각 성향, 무력감과 이해 불가의 느낌을 다시 쓰고자 한다.

트루먼 카포티Truman Capote*의 논픽션《인 콜드 블러드In cold blood》에서 살인자는 자신의 아버지가 어머니를 때리는 모습을 보았다고 이야기한다.

나는 끔찍이 무서웠다. 사실 아이들인 우리는 모두 다 겁에 질려 있었다. 우리는 울었다. 나는 아버지가 나를 때릴 거라고 생각했기 때문에, 그리고 아버지가 어머니를 때리고 있어서 무서웠다. 나는 왜 아버지가 어머니를 때리는지 정말로 알지 못했지만, 분명 어머니가

＊ 　미국의 소설가, 극작가. 캔자스에서 2명의 성격 이상자가 저지른 일가족 살인 사건을 다룬《인 콜드 블러드》는 그의 대표작 가운데 하나다.

끔찍한 잘못을 저질렀기 때문일 거라고 생각했다.

정신분석가 마리프랑스 이리구아옝Marie-France Hirigoyen은 자신의
연구서 《지배받는 여성들Femmes sous emprise》에서 한 성인의 증언을 인
용하고 있다. "나는 종종 비명 소리와 싸우는 소리에 한밤중에 잠이
깨곤 했다. (…) 우리가 유년 시절에 마주하게 되는 폭력은 사람들
이 당신에게 가르치는 모국어와 같다."

폭력의 세계는 말을 소진시킨다. 나는 그 말들을 레티시아에
게 빌려주고자 한다. 이 공주님을 위해서는 성인들의 신중함과 진
지함이 발붙이지 못하는 《어린 왕자》를 써야 할 것이다.

아빠가 엄마를 때린다

엄마는 운다

아빠는 감옥에 갇혔다

내 잘못이다

나는 감옥에 가고 싶지 않다

엄마가 떠났다

아빠와 엄마가 다시 돌아올까?

나는 반쯤만 지어냈다. 2014년 말 어느 날—우리는 자그마
한 크리스마스 시장**을 산책한 후 따뜻한 카페에 들어와 있었다—
제시카가 기억난 것을 큰 소리로 말했다. "아버지는 어머니의 따귀
를 때리곤 했지요. 어머니는 우셨고, 우리는 어머니를 도울 수 없었

어요. 그랬다간 우리가 맞을 테니까요."

어느 변호사가 내게 전해준 어린 시절에 관한 또 다른 이야기가 있다. 어느 조그만 도시에서 한 남자가 세 살 된 딸과 생후 18개월 된 딸이 보는 앞에서 자신의 아내를 칼로 찔러 죽였다. 그는 시신 곁에 아이들을 남겨두고 알리바이를 만들러 나갔다. 그리고 무척 걱정스러운 어조로 헌병대에 전화를 걸어 자기 집에 강도가 들어 안 좋은 일이 벌어진 것 같다고 말했다. 그동안 세 살배기 딸은 엄마가 꼼짝도 않자 엄마 몸 위에 엎드려 엄마를 잡아끌고 흔들었지만 더 이상 어떻게 해야 할지 몰라 피투성이가 된 채 거리로 나가 200미터를 걸어갔다. 지나가던 여성이 깜짝 놀라 헌병대에 이 사실을 알렸다. 사람들의 손에 거두어진 여자아이는 "아빠가 엄마에게 빨간색을 묻혔다"고 설명했다.

레티시아는 자신의 주변에서, 아래에서, 내면에서 몇 번이나 공허함을 느꼈을까? 그녀의 삶이 "폐허가 된 터"라고 말하는 것은 부정확하다. 폐허가 있기 위해서는 우선 무엇인가가 세워져야 하기 때문이다. 그런데 레티시아는 아무것도 세울 수 없었다. 그녀가 그렇게 하는 것을 사람들이 철저히 막았기 때문이다. 아기들은 사람들이 자기 앞에 세워준 형형색색의 블록을 무너뜨리는 것을 좋아한다. 레티시아의 경우에는 그 조그만 탑을 무너뜨리는 것이 바로 어른들이다. 매번 어른들은 모든 것을 무너뜨렸다. 결국 언제나 아무

**   프랑스에는 크리스마스 시즌이 되면 관련 용품과 음식물을 파는 간이 시장이 열린다.

것도 세워지지 않았고, 그리하여 레티시아는 내버려졌다.

아기였을 때 그녀는 체중이 줄었고, 스스로 의식을 제한했으며, 점점 더 많은 잠을 잤다. 그녀는 어떠한 장소도 찾을 수 없는 무의미 속으로 침잠했다. 소녀였을 때 그녀는 소극적이고, 억눌려 있고, 예민하고, 제 자신에게서 분리된 채 자기에게 가해지는 폭력과 학대 행위를 지켜보는 관람자였다. 그녀가 아무것도 요구하지 않으니 그만큼 더 그녀는 자기가 있는 코너에서 잊혔고, 그녀가 수동적이며 자신의 삶에서 빠져 있는 것처럼 보이기에 그만큼 더 위로받지 못했다. 설명할 수 없는 그 모든 일들, 비명과 구타와 눈물과 변화와 무관심이 그녀의 내면에서 끔찍한 원리, 그녀 존재의 가장 깊숙한 곳에 둥지를 튼 진리들을 태어나게 했고, 그것들은 마침내 그녀를 이루는 본질이 되었다.

아빠가 옳아
아빠가 옳아, 그렇지 않으면 아빠가 때려
아빠는 언제나 옳아, 그렇지 않으면 아빠가 엄마를 죽여
남자들이 언제나 옳아, 그렇지 않으면 그들이 우리를 죽여

엄마가 고통에 신음하거나 비탄에 빠져 울 때 엄마는 그저 자신의 본성을 따를 뿐이라는 생각이 쌍둥이에게 각인되었다. 이 모든 정신적 외상이 토양을 만든 것이다. 운명, 폭력 그리고 굴종에 프로그램된 삶도 이런 의미로 설명할 수 있다. 지금도 여전히 제시카는 자신의 아버지를 두려워한다. 하지만 당시에 동생을 보호했던

사람은 그녀다.

＊

어떤 전문가들은 쌍둥이는 두 살까지 '쌍둥이의 융화' 속에서 산다고 말한다. 두 살부터 여섯 살 사이에 쌍둥이는 '보완성의 단계'에 접어드는데, 이 단계는 각자 완전히 상반된 발달로 나타난다. 즉 한 명이 얌전하면 다른 한 명은 신경질적이 되고, 한 명이 말을 많이 하면 다른 한 명은 입을 다물며, 혹은 한 명이 다른 한 명을 지배한다거나 하는 것이다. 취학기와 청소년기에 쌍둥이는 교육이나 특별한 환경에 의해 융화 단계가 성인이 될 때까지 지속되는 일이 벌어지는 경우에도 서로에 대해 자율적이 된다.

　모든 경우에 쌍둥이는 서로에게 삶의 동반자가 된다. 서로 좋아하기도 하고, 서로 괴롭히기도 하며, 말을 하지 않아도 서로를 안다. 사랑하는 사람을 만나더라도 쌍둥이의 관계는 지속된다. 《올리비에Olivier》에서 제롬 가르생Jérôme Garcin＊은 여섯 살의 나이에 차에 치여 쓰러진 어린 소년에게 말한다. "쌍둥이 형제보다 오래 살아남는 것은 사기다. 그 사기를 왜 네가 아닌 내가 쳐야 하는가?" 점액과 다증을 앓고 있는 쌍둥이들을 주요 기사로 다룬 《르 누벨 옵세르바퇴르Le Nouvel Observateur》 2015년 2월호에서 쌍둥이 중 하나는 이렇게 설명하고 있다. "나 혼자로는 상상조차 할 수 없는 일들이 많이 있어요. 생일만 해도 내 생일이 아니라 '우리 생일'이죠. 그날 나 혼자라

＊　　프랑스의 기자이자 작가. 쌍둥이 동생 올리비에가 6살 때 차에 치여 사망했다.

면 절반의 생을 축하하는 것에 지나지 않을 거예요."

　레티시아와 제시카가 어렸을 때 둘은 너무 똑같이 생겨서 사람들이 혼동하곤 했다. 그녀들은, 이를테면 하품같이 똑같은 시간에 똑같은 짓을 하는 재능이 있었다. 꼭 붙어다니면서도 둘은 많이 다투기도 했다. 프랑크 페레의 증언에 따르면 "언니 때문에 신경질 나" 하다가도 "언니는 어디 있어?" 하고 묻는다는 것이었다. 자라면서 두 사람 각자의 고유한 성격이 발달되었다. 이러한 상호 보완적인 차별화의 과정은 어른들에 의해 도식적인 대립의 형태로 굳어졌다. 나중에야 모든 사람들이 제시카가 지배하는 자이자 보호자이자 엄마였고, 레티시아는 지배받는 자이자 징징대는 어린애, 서쪽 지방에서 말하는 "애물단지pignouse"라고들 했다.

　상사성相似性. 바로 이것이 두 사람의 유년 시절을 구축하는 요소다. 또한 처음에 제시카가 내게 말했던 것들 중 하나이기도 하다. "나는 한 번도 내 동생 곁을 떠난 적이 없어요. 아버지, 떠났죠. 어머니, 떠났죠. 하지만 레티시아 곁은 절대로." 지금에 와서는 이 거울 게임이 헛된 것이 되었다. 이제는 외짝이 된 단 하나의 생만 남았기 때문이다.

8

납치 살해
Enlèvement suivi de mort

    2011년 1월 21일 금요일

오전에 국립헌병대과학수사연구소 전문 요원들이 르 카스포 해수욕장을 샅샅이 뒤지고, 수색 반경이 생나제르 다리의 상류와 하류로 정해졌을 때, 유럽1Europe1 방송은 공범이 아닌 증인인 두 번째 인물이 구속됐다는 뉴스를 내보냈다. '수사팀 측근'에서 흘러나온 것으로 확인된 그 뉴스는 정오 무렵 AFP에서 다시 방송되었다.

그 사람은 멜롱의 예전 감방 동료였던 베르티에라는 사람이었다. 1월 19일 수요일 오후로 접어들 무렵, 멜롱이 그에게 전화를 걸어 낭트 외곽에 있는 아틀랑티스 쇼핑센터에서 만나자고 했다. 며칠 전 두 사람은 태양열 집열판 회사를 털었다. 멜롱이 베르티에에게 60킬로그램의 구리를 팔아치우자고 했고, 이제 베르티에는 멜롱에게서 자기 몫을 받아내야 했다.

그가 약속 장소에 도착했을 때 멜롱은 창백한 안색에 코카인을 흡입한 듯 신경질적이었고, 손은 지저분한 데다 신발에는 흙이 잔뜩 묻어 있었다. 멜롱은 끊임없이 전후좌우를 두리번거렸다. 베르티에는 '마약 중독자가 발작을 일으키는 것' 같은 상태의 멜롱은 본 적이 없었다.

헌병대가 입수한 감시 카메라 테이프에는 범죄자처럼 보이는 사내 둘이 주차장에서 쇼핑센터 회랑을 따라 걸어가는 모습이 잡혀 있었다. 또 한 사람이 두 사람의 대화에 끼지 않고 멀찌감치 떨어져서 뒤따라가고 있었다.

"그래, 돈은 어떻게 됐어?" 하고 베르티에가 물었다.

"심각한 문제가 생겼어" 하고 멜롱이 대답했다.

베르티에는 그가 돈을 주지 않으려고 수작을 부린다고 생각했다.

"내가 멍청한 짓을 했어. 스쿠터를 탄 사내를 치었거든. 차에서 내려 보니 그자가 움직이지 않더라고."

베르티에는 몇 미터 떨어진 곳에 주차된 푸조 106을 흘낏 바라보았다.

"차는 멀쩡해" 하고 멜롱이 말을 이었다. "그자를 차 트렁크에 넣었어. 그리고 토막을 냈지. 시체는 저기 쓰레기통에 있어."

차량 뒤편, 철망을 둘둘 말아놓은 곳 옆에 천장에 닿을 정도로 쌓아 올린 두 개의 커다란 검은색 쓰레기통이 보였다. 멜롱은 허튼소리를 하지 않는 자로 알려져 있었기 때문에 베르티에는 마음이 불편해지기 시작했다.

창백하고 신경질적인 멜롱은 헤어지기 전에 동료에게 핸드폰 배터리를 건네며 버려달라고 말했다. 베르티에는 주차장 한쪽 구석에 그것을 버렸다.

✳

유전자 검사 결과 푸조 106에서 발견된 피는 레티시아의 것
이었다. 페이 드 루아르 헌병대 대변인은 공식적으로 확인해줄 수
없다고 말했지만 수색 작전은 종결되었다. 이제는 소녀를 찾는 것
이 아니라 시체를 찾아야 했다. 피가 흥건한 트렁크, 화로에서 발견
된 절단용 도구들, 아틀랑티스 쇼핑센터에서의 대화…. '불안한 실
종'은 납치 살해로 전환되었다. 여러 상황이 푸조 106 차량의 추격
주행, 낭트 호텔 뒤편의 작은 도로에서 화를 내던 레티시아, 새벽 1
시에 자신이 강간당했음을 알렸던 전화 통화 등에 대해 진술한 스
티븐, 앙토니 그리고 윌리암의 증언들과 일치했다.

포르닉 헌병대에서 수사관들은 멜롱의 진술에 대한 정밀 분
석에 들어갔다. 그들은 멜롱에게 푸조 106과 스쿠터의 충돌은 심하
지 않았으므로 레티시아가 그렇게 많은 피를 흘릴 수는 없었을 거
라고 반박했다.

"기억나지 않아요. 더 이상 말하지 않을 겁니다" 하고 멜롱은
대답을 회피했다.

자기모순에 직면하자 그는 자살하겠다고 협박하기 시작했다.

"사람은 포식자나 제물로 태어나는 법이지요. 나는 포식자입
니다. 날 감옥에 넣어주세요. 당신들은 지금 죽은 자에게 말을 하는
겁니다."

헌병들은 그에게 레티시아의 사진을 보여주었다. 그는 기가

죽어 사진을 책상 위에 내려놓았다.

"총 좀 이리 달라구요!"

그는 조서에 서명하기를 거부했다.

사실 멜롱이 갑의 위치에 있었다. 구속 첫날, 수사관들은 그에게 63가지의 질문을 했다. 그는 침묵을 지켰지만 수사관들의 수법을 알아챘다. 그는 시간을 끌면서 심사숙고했고, 그런 다음에 진술을 했다. 둘째 날, 48개의 새로운 질문이 던져졌지만 구속 수사에 익숙한 그는 자신이 할 이야기를 세세히 가다듬을 뿐이었다. 레티시아가 발견되지 않는 한, 그의 진술—위험한 도로에서의 사고—은 있을 수 있는 일이었고 확인할 수 없는 일이었다. 자백이 없으면 시신도 없다. 아직 아무것도 **증명되지** 않았다.

그렇지만 수사관들이 확보한 방증은 무죄 혹은 유죄를 가리는 새로운 자료를 기다리는 가운데 살인 사건이라는 가정을 유지하기에는 충분했다.

2011년 1월 22일 토요일

단순 실종이 아니라 강력 범죄가 예상되므로 생나제르 검사국은 손을 떼고 범죄수사에 있어 보다 전문적이고 규모가 큰 낭트 검사국이 수사를 대신하게 되었다. 낭트 검사장인 자비에 롱생이 사건을 맡았다. 소송을 접수하며 검사국은 사건 서류를 분석하고 예심판사를 위한 사실 평가를 제안함과 더불어 '공판 개시 모두

冒頭 논고'를 작성했다. 서류는 그날 당직이었던 피에르 프랑수아 마르티노 판사에게 맡겨졌다.

구속 시한이 11시 30분에 종료되는 까닭에 멜롱은 포르닉 헌병대로부터 심사를 받기로 되어 있는 낭트 검찰청으로 이송되었다. 호송에는 헌병순찰대PSIG 소속 차량 세 대와 사이드카 여섯 대가 동원되었다. 수십 명의 기자, 특파원, 사진사, 카메라맨이 검찰청 앞에 진을 치고 있었다. 멜롱은 모포를 뒤집어쓴 채 호송차에서 내렸다.

15시 30분경, 검찰청 감방에서 출두를 기다리던 멜롱은 담배를 피우는 것이 허용되지 않자 화를 내며 목청이 터져라 노래를 부르기 시작했다. 그 노랫말을 듣고 헌병들이 핸드폰을 꺼내 녹음했다. 간간이 냉소적인 커다란 웃음소리가 낀 그 혐오스러운 노래는 죽은 자의 침묵 속에서, 재판 과정 중에 배포될 것이다.

당신들은 그녀를 못 찾아, 오, 유감이로군!
레티시아 — 아아 — 아아
네가 있는 곳, 헌병대는 그곳을 찾지 못할걸.
내가 널 어디에 버렸는지 안다면 좋겠지만,
하지만 그들은 그걸 모를걸, 네 부모도 마찬가지.
오— 오— 오 레티시아— 아아
너의 작은 몸뚱이, 네 부드러운 살결!
오— 오— 오 레티시아— 아아
그녀가 얼마나 신음을 지르던지, 그녀가 얼마나 좋아하던지!

징역 50년, 웃기고 있네…

노랫말이 복도 전체에 울려 퍼졌고, 멜롱은 예심판사가 헌병대 대령과 수사 책임자를 대동하고 나타날 때까지 고래고래 소리를 질러댔다.

35세의 낭트 지방고등법원TGI 예심판사 피에르 프랑수아 마르티노는 자신의 사무실에서 31살의 고철상이자 이미 여러 번의 범법 행위 및 범죄를 저지른 바 있는 토니 멜롱과 마주하게 되었다. 담배, 술, 마약 가운데 어느 것 하나 할 수 없어 좌절하고, 여러 날 밤을 새운 데다, 48시간 동안의 구속에 기진맥진해진 멜롱은 적대적이고 공격적인 모습을 보였다. 그는 국선변호인의 도움을 거절했고, 어떠한 서류에도 서명하지 않았으며, 취한 상태에서 교통사고를 저질렀을 뿐이라고 스스로를 변호했다. 시신을 치워버리려고 했고 그러다 보니 아무렇게나 행동하게 되었다는 것이었다.

마르티노 판사는 '법적 누범자의 신분으로 한 납치 혹은 감금 살해' 혐의로 그를 심문했고, 그런 다음 멜롱은 렌 부근 브쟁르코케 형무소에 수감되었다. 강간 항목에 대한 예심은 확인되지 않은 피의자를 대상으로 이루어졌다. 저녁에 자비에 롱생은 '레티시아의 실종과 사망 가능성'이라는 제목으로 성명을 발표했다.

'검사국'이라고 부르는 롱생 팀은 마르티노 판사의 사무실에서 10여 미터 떨어진 검찰청 건물 5층 북쪽 건물에 자리를 잡았다. 두 사람은 서로 잘 알지 못하며 존칭을 사용하는 사이였지만, 서로에 대한 존경심과 한 팀을 이루었다는 일체감 덕에 관계는 원활했다. 사건 관계 자료의 어떤 점을 공표하기 전에 검사장은 항상 젊은 판사의 의견을 들었다. "당신의 입장은 어떻습니까?" "이것이 제가 보도용으로 제안을 드리는 것입니다" 등등. 실시간으로 사법부의 작업을 함께 진행하면서 방패막이가 되어주는 검사는 예심판사로 하여금 자신이 하는 일에 해석을 달거나 그것을 정당화할 필요 없이 그저 조사 작업에만 집중할 수 있게 해주었다.

로베르 바댕테르의 표현에 따르면 "메그레*인 동시에 솔로몬"인 예심판사는 수사의 책임자이자 감독관이었다. 그는 전화 감청을 지시하고, 수사를 재촉하며, 수사 방향을 승인하고 조정했다. 헌병이나 경찰도 그에게 결정을 맡겼고, 사법공조 의뢰의 방법으로써 자신의 권한을 헌병이나 경찰에 위임하는 것도 그였다. 마르티노 판사는 사건이 정치적, 사법적 위기로 변모될 수 있음을 예감했으나 검사, 변호사 그리고 형사재판상의 손해배상 청구인이 어떤 입장을 취할지 알 수 없었기에 보다 호전적인 동료를 붙여줄 것을 재판장에게 요청했다.

그 사람이 바로 프레데릭 드조네트다. 디종과 낭트에서 근무한 바 있는 그는 1999년 세 명의 여성을 살해하여 '열차 살인자'라 불린 레잘라 사건이나 2007년 아틀랑티스 쇼핑센터에서 젊은 여성 판매원을 납치 살해한 이제니 사건과 같은 민감한 사안들의 예심을 맡았었다. 그리고 또 하나의 이점이 있었는데, 바로 2003년 세 건의 강도 사건 수사를 지휘하면서 그가 이미 멜롱을 알고 있다는 점이

---

*   벨기에 작가 조르주 심농Georges Simenon의 추리소설에 나오는 명탐정.

었다.

사법공조 의뢰는 루아르아틀랑티크 헌병대와 앙제에 위치
한 페이 드 라 루아르 조사반에 동시에 전해졌다. 지역 헌병과 조사
반 수사관들로 구성된 '레티시아 팀'은 포르닉 헌병대에 자리를 잡
았다. 앙제 조사반 준위 프란츠 투셰는 수사 책임자가 되었다. 그는
포르닉에서 150킬로미터 떨어진 곳에 살고 있었지만 18개월 동안
동료들과 함께 포르닉의 이동식 주택에 거주하게 된다. 첫 3주 동안
그는 단 하루도 집에 돌아가지 못했다. 이후에도 주말에만 집에 갈
수 있었다. 중범죄재판소에서의 증언 이후 그가 내게 털어놓은 바
에 따르면 "겨울의 포르닉은 재미없는 곳이다. 그런 수사는 가정에
많은 희생을 치르게 한다"고 했다. 성공이란 단합된 팀, 단체정신,
고된 작업, 각자의 초인적인 능력 발휘, 그리고 한마디로 말해 "전
문가들에게 많은 희생을 요구하면서 또한 (어쩌면 특히) 그들 배우자
와 자녀들에게까지 많은 희생을 요구하는 것"이다.

마르티노와 투셰, 이 두 사람은 수사를 끝까지 이끌어가는
원동력이 되는 커플이었다.

＊

방대한 지역에 2011년 1월 14일부터 20일까지의 기간에 녹
화된 감시 카메라 테이프를 보존하라는 지시가 내려졌다. 생나제르
다리를 녹화한 것은 없었다. 교통 흐름은 기사로 만들어지는 과정
에서 직접 영상화되지만 그것도 6시에서부터 21시까지일 뿐이다.
포르닉, 라 베르느리, 르 카스포, 루아르 강 어귀에서 행한 육상, 수

상, 공중에서의 수색 모두 성과가 없었다. 멜롱은 검찰청 감옥에서 "내가 널 어디에 버렸는지 안다면 좋겠지만"이라고 노래했었다.

레티시아와 제시카의 위탁모인 파트롱 부인의 도움으로 헌병은 소녀의 인상착의를 얻을 수 있었다. 신장 164센티미터, 체중 46킬로그램, 긴 밤색 머리, 갈색 눈, 밝은색 청바지와 흰색 꽃무늬가 있는 푸크시아색 반코트, 옷깃과 소매 부분에 털가죽을 댄 어두운색 상의. 주말에 지역 상점 쇼윈도는 목격자를 찾는 안내 전단으로 도배되었다.

레티시아
2011년 1월 18일 포르닉에서 실종
주저하지 말고 양심을 따르십시오
그녀를 찾도록 도와주십시오

포르닉 헌병대의 전화번호가 전단지 아래쪽에 적혀 있었다. 밑에서 두 번째 줄의 아주 작은 활자로 쓰인 문구가 공범을 겨냥한 나지막한 충고 같다면, 맨 아랫줄의 궁극적인 명령은 시민과 이웃과 무기력한 증인들, 그리고 수색 및 그 외의 다른 연대 활동에 참여할 태세가 된 '우리'를 향한 것이었다.

흑백사진 속의 레티시아는 우리를 향해 환하게 미소 짓고 있다. 나는 누가 그 사진을 현상했는지 알지 못한다. 그리고 감히 제시카에게 물어보지도 못했다. 배경을 검게 지운 가족사진일까, 아니면 신분을 증명하는 어떤 카드의 즉석 증명사진일까, 그것도 아

니면 자기 페이스북 계정에 올려놓은 셀프카메라 중 하나일까? 그
녀가 설마 목격자를 찾는 전단지에 나오는 공포와 연민의 아이콘이
되리라고는 누구도 상상하지 못했다.

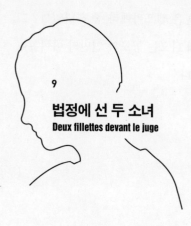

9

법정에 선 두 소녀
Deux fillettes devant le juge

1996~1997년, 아버지가 수감되고 어머니가 병원에 입원하자 레티시아와 제시카는 할머니인 페레 부인과 함께 살았다. 두 번의 정신병원 입원 기간 사이에 실비 라르셰는 자신의 딸들을 돌보려고 했다. 그렇지만 결국 후견을 받는 처지가 되고 말았다. 감방에서 프랑크 페레는 아동재판 판사에게 편지를 써 자신이 걱정하는 바를 알렸다.

1997년 1월: "부인은 교육비 보조를 청합니다."

현재 루아르아틀랑티크 평의회에 보관되어 있는 쌍둥이 관련 서류에 나오는 이 문장은 무슨 뜻일까? 라르셰 부인이 몸소 보주아르 사회의료센터에 갔던 것일 수도 있고, 아니면 이웃 사람들이 지역의 복지후생과에 신고해 '시급한 정보'로서 전달한 것일 수도 있다. 20년 전이나 지금이나 이와 같은 조치는 일련의 여건이나 상황에서 비롯된다. 보충학습의 부재, 혹은 그와 반대로 방과 후에도 부모가 데리러 오지 않는 아이들, 집에 방치된 아이들, 늦은 시간까지 계단에서 혼자 노는 아이들, 치료받지 못한 상처들, 상태가 나쁜 치아, 부족한 위생 관리, 문 너머로 들리는 비명 소리 등.

그리하여 재택아동 보육보조 조치가 취해졌다. 도청과 연계된 낭트 지방협회인 아동복지국은 라르셰 부인이 모친으로서 양육에 부적합한 상태임을 확인했고 나아가 교육 환경이 갖추어지지 않았다는 것도 확인했다. 1997년 2월이 되자마자 낭트 검사국에 신고가 접수되었는데 이는 상황이 매우 심각하다고 판단했음을 의미한다.

사회복지제도는 대략 두 가지 방식으로 개입할 수 있다. 행정적으로 도움을 요청하는 부모들을 지원하는 방식이 있고, 법적으로 부모의 동의 없이 '위험에 처한' 아이들을 보호하는 방식이 있다. 아동재판 판사의 명에 따르는 이 최후의 해결 방안은 민법 375조에 규정되어 있는데 이는 부모의 거처에서 '개방형교육부조AEMO'를 받도록 하거나, 혹은 부모에게서 아이를 분리해 결손아동 보호소나 위탁가정에 맡기는 것이다.

375조는 2세기 동안 지속되었다. 나폴레옹 치하에서는 아이가 아버지에게 "매우 중대한 불만거리"를 안겨줄 때 375조에 의거해 아버지가 아이를 투옥시킬 수 있었다. 그것이 앙시앵 레짐 시대 왕의 봉인장lettres de cachet*을 통해 전해져오는 아버지의 훈육이다. 1958년, 행정명령에 의해 '위험'이라는 개념이 도입되는데 이는 아이가 자신의 가족에게 야기할 수 있는 불화를 의미하는 것이 아니라, 가정이 아이의 육체적 건강이나 안전 혹은 정신적 건강을 해칠

---

* 　국왕이 발부하는 체포 영장으로, 재판 절차 없이 투옥이 가능했다.

수 있는 위험을 가리킨다.

민법의 연속적인 개정에도 불구하고 375조의 심오하고도 매혹적인 조항, 즉 '가족 내 문제에 관여할 수 있는 열쇠 조항'은 삭제되지 않았고 따라서 정부는 아이를 맡을 수 있는 권리를 유지할 수 있었다. 최선은, 민주 사회는 설령 그것이 친부모의 뜻에 반하는 것이라 할지라도 약자인 미성년자를 강제로라도 보호할 수 있어야 한다는 것이다. 그러나 이 조항이 가진 독소毒素는, 미성년자가 "위험에 처해 있다"고 섣불리 그 상황을 잘못된 것으로 판단하고 선언하여 교육을 못 받게 한 뒤 일상적 필요 요소만을 제공하거나 '일상의 유토피아'라 불리는 곳으로 아이를 보내버리기 쉽다는 것이다. 375조의 몇몇 문구가 두 세기에 걸쳐 수백만 명을 비탄과 불행의 세계에 빠뜨렸다.

레티시아와 제시카의 경우에도 담당 아동법원 판사가 선고를 내리려 했다. 두 자매의 문제가 법적인 영역으로 들어서는 순간이었다. 자동적인 절차가 가동되었다. '아이들의 심리 테스트' '엄마의 정신감정' '환경 조사'가 이루어졌고, "대단히 어려운 상황"이라는 결론이 났다.

1997년 12월 1일, 낭트 아동법원은 레티시아와 제시카에게 유리한 개방형교육부조 조치를 지시했다. 그리하여 아동복지국 직원이 정기적으로 실비 라르셰의 집을 방문해 교육 과정을 지켜보고 그 교육이 다섯 살 소녀에게 적합한지를 확인하게 되었다.

1998년 말, 프랑크 페레가 가석방되어 나왔을 때 사회복지사는 정신병원에서도 몇 차례 발작을 일으킨 바 있는 라르셰 부인이 딸들을 돌볼 수 없다는 사실을 인정했다. 1999년 4월, 개방형교육부조 조치가 갱신되면서 아버지의 집으로 양육 장소가 바뀌었고, 대신 어머니의 방문권이 인정되었다. 프랑크 페레가 딸들에 대한 친권을 얻은 것은 그가 가진 진정한 자질로서의 장점 때문이 아니라 다만 아이들의 어머니가 망가졌기 때문이었다. 쌍둥이는 일곱 살이 되어가고 있었다. 이해심 깊고 세심한 아동법원 판사는 프랑크에게 아파트와 직업을 구하고 올바르게 딸들을 돌보기 위해 노력해야 한다고 경고했다.

제시카는 이렇게 기억한다. "어느 날인가 남자들이 와서 우리 집 문에 자물쇠를 채웠고 우리는 길거리와 지하실을 전전하며 살아야 했어요." 프랑크 페레는 딸들과 거리에서 잠을 자거나 아는 사람들, 근방의 친인척들에게 딸들을 맡기곤 했다. 하지만 그는 차츰차츰 무언가 해냈고, 진짜 거주지와 배달기사 일을 얻게 되었다. 그가 낭트 서쪽 데르발리에르의 영세 임대 아파트 단지에 얻은 셋집은 작았다. 그의 작업 시간도 들쑥날쑥했다. 그는 아주 이른 아침부터 일을 하거나 저녁 아주 늦게까지 일을 했기 때문에 레티시아와 제시카만 집에 있는 경우가 잦았다. "우리는 계속 잠을 잤고, 또 아빠가 언제 오시나 밖을 지켜보곤 했어요." 소녀들은 둔탁한 소리와 함께 온수기에서 이는 불꽃이 두렵기만 했다.

취약 계층이라는 사회적 지위, 경제적 어려움, 협소한 아파트, 감당하기 어려운 작업 일정…. 프랑크 페레는 분투했다. 그는 사회복지국에서 정한 면담 일정을 준수했고, 자신의 일 때문에 어린 딸들이 지나치게 힘들어하지 않도록 생활 방식을 조정했다. 새벽 5시에 일하러 나갈 때는 전자레인지에 데우기만 하면 먹을 수 있도록 아침 식사를 준비해두었고, 이웃집 여자가 혹시 잘못된 것은 없는지 와서 확인하게끔 했다. 딸들은 데려다주는 사람 없이 학교를 다녔다. 이따금 그녀들은 수업을 빼먹고 온종일 집에 남아 온수기 소리에 불안해하곤 했다.

그녀들은 초등학교 1학년 과정에서 유급했다. 어느 날 밤 아빠가 팬티 바람으로 내려갔다가 주먹이 피투성이가 되어 다시 올라왔다. 이웃 사람들과 싸움이 났던 것이다. 제시카는 이렇게 말한다. "엄마하고 살다가 나중에 아빠하고 살게 됐는데 그냥 엄마 아빠 없이 사는 게 더 나았어요." 그러나 프랑크 페레에 의하면 제시카가 자기 곁을 떠나지 않았으며 아빠가 오로지 자기만 위해주기를 바랐다고 한다. 아빠 주위로 여자들이 얼쩡거리면 "내가 엄마란 말이야!" 하고 간섭했다는 것이다. 레티시아는 더욱 존재감이 없어서 한쪽 구석에서 플레이모빌*의 인형과 작은 상자를 가지고 놀았다.

2000년, 쌍둥이는 엄청난 학업 부진을 보였다. 둘 다 정서적, 심리적 고통의 상태에 있었다. 여덟 살인데도 그녀들은 기본적인 읽기와 쓰기는 물론 숫자 계산도 제대로 하지 못했다. 프랑크 페레는 자신의 딸들을 도구로 간주했다. 딸들이 엄마를 싫어하게 하고 자기편으로 만들려고 했다. 제시카는 사회복지사에게 하소연했다. "아빠가 엄마를 만나지 못하게 해요." 레티시아는 이렇게 말

---

*   독일의 장난감 브랜드.

했다. "우리가 엄마 얘기만 하면 아빠는 우리를 때려요. 아빠 말로는 엄마가 폭력적이기 때문에 감옥에 가야 한대요." 3년 동안의 개방형교육부조 조치가 아무 결실도 거두지 못했음을 인정할 수밖에 없었다.

2000년 11월 23일, 'OPP'라는 약어의 새로운 조치가 쌍둥이의 생활에 혼란을 가져왔다. 그것은 아동법원 판사가 서명한 아동 임시보호 명령이었다. "두 아이가 중대한 학업상의 실패를 겪고 있으므로 (…) 어지러운 가정환경이 아이들의 집중력을 방해하므로…." 그 결과 아동사회부조 측의 조치가 가동되었다. 프랑크 페레와 실비 라르셰는 친권을 잃게 되었지만, 부모로서의 다른 권리(학업 및 진로, 관할 구역에서의 외출, 의료 처치 등)는 가질 수 있었다. 아동사회부조에서 제안하고, 판사가 처분 명령을 내렸다. 민법 375조와 그 부대 조항에 따라 레티시아와 제시카는 수용시설로 보내졌다.

위탁가정에 가기 전에 왜 수용시설로 보내졌을까? 그렇게 하는 것이 아이들이 입을지도 모를 정신적 충격을 덜어주고, 부모들 입장에서도 자기들이 거부되었다는 느낌을 덜 받게 되기 때문이다. 또한 수용시설은 전문가 팀을 보유하고 있다.

＊

신고, 사회복지, 아동법원 판사, 교육보조, 수용, 수용시설. 아동사회부조 등의 요소로 볼 때 레티시아와 제시카가 걸어온 길은 진부하지는 않더라도 전형적이었다. 처음으로 법원이 개입했던 1997년에서 쌍둥이가 수용시설에 들어간 해인 2001년 사이에 우리는 검찰에 의한 기소권 증대, 보호조치의 점증, 역시 증가하는 부모 격리 조치 등의 사실과 마주하게 되었다. 상황이 악화되는 즉시, 다시 말해 어떤 조치가 실패했다는 것이 확인되는 즉시 새로운 조치가 효력을 발생한다.

서류상으로는 전혀 하자가 없었다. 판사는 무능력한 부모에게서 딸들을 떼어놓았다. 지하실을 전전하고, 온종일 집에 홀로 남겨지고, 어른들 싸움에 인질로 잡히고, 8세의 나이에 읽고 쓰기도 못 하는 어린 여자아이들. 까놓고 말해 있을 수 없는 일이었다. 미성년자는 무엇보다 그들 부모의 자녀이며 그러므로 절대 '수용' 자체가 목적이 될 수는 없다고 입법부에서 주장해도 소용없었다. 사회 공동체는 그러한 무관심과 무책임을 보고만 있을 수는 없기 때문이었다.

아동사회부조의 어떤 심리학자는 2001년 1월 쌍둥이에 관한 첫 팀 미팅을 기억하고 있다.

시설 수용 이전에 아버지라는 사람에 대해, 수용해야 할지 말아야 할지에 대해, 수용해야 한다면 그 시기에 대해 전문가들 사이에 이견이 있었습니다. 그러나 심각한 학습 부진아인 두 아이가 무엇보다 중요했지요! 정상적인 지능을 가졌지만 학습에 방해를 받은 어린 소녀들이었습니다. 장애의 이유는 지적 결함이 있다거나 아이큐가 낮아서가 아니라 가정환경이었습니다. 사는 세계가 너무도 혼란스러운 탓에 그 아이들로 하여금 방어기제를 작동하게 만들었던 것입니다.

그러나 자세히 들여다보면, 아이들에 대한 사회적 보호가 아무리 필요한 것이라고 해도 그 안에는 모종의 가혹함이 내포되어 있음을 알 수 있다. 제시카는 판사들을 만났고, 그러고 나서 동생을 잃었다. 인형을 가지고 놀 나이에 그녀들은 일련의 질문을 받아야 했고, 미지의 시선에 탐색을 당했으며, 심리적 혹은 사회·의료적 보고서의 대상이 되어야 했다. 그리고 그러한 일은 결코 중단되지 않았다. 교육보조 조치가 소녀들에게 혜택을 주기는 했지만 동시에 그것은 아이들이 어른들에 대해 가지고 있던 신뢰감을 약화시켰다. 세상은 모순투성이고, 어른들은 서로 의견을 맞추지 못하며, 아빠와 엄마는 처신을 잘못한 것이다.

19세기에 그랬던 것처럼, 우리는 가족(대개는 서민 출신의 가족)과 사회복지제도 사이에 자리한 엄청난 이해 부족을 다시금 접하게 된다. 지금까지도 페레 가족은 부당하다고 느낀다. 프랑크는 자신이 규칙을 준수했다고 확신하고 있다. 그는 사회복지국이 시키는 대로 했고, 아파트도 구했으며, 아침부터 저녁까지 죽어라 일했는데 그럼에도 딸들을 빼앗겼다. 등에 칼을 맞은 셈이었다. 딸들은 그와 함께 있을 때 행복해했다. 아동사회부조가 세 명의 희생자를 낳은 것이다.

딸들과 헤어질 당시를 떠올리며 프랑크 페레는 무척 격앙했다. 그는 격리 수용의 이유를 이해하지 못했다. 범죄로 수감되었다가 출소한 자신에게 1년 넘게 딸을 맡겼다가, 고작 학교에서 잘 배우지 못했다는 이유로 빼앗아가는 것이 정의란 말인가? 오늘 변호사 사무실에서 그는 내게 자신의 견해를 밝혔다. "부인이 면접교섭

권* 문제로 나를 법정에 세웠습니다. 판사는 내게 친권이 있음을 인
정해주었지요. 사회복지국 이사회가 부인의 뒤를 봐주고 있어요.
내게 친권은 있지만 난 사회복지국의 감시를 받고 있습니다." 아이
들과 마찬가지로 부모들도 자기들에게 무슨 일이 일어났는지 제대
로 이해하지 못하고 있다. 하지만 그들은 본질을 파악했다. 즉 "나
는 애들을 데리고 있고 싶지만 내게는 권리가 없다"는 것이다.

　　일반 법원은 '위험에 처한' 아이들을 일단 분리 조치하면 다
시는 돌려주지 않는다. 부모들이 너무한다는 생각이, 여전히 상황
을 정확히 파악하여 적절히 대응하지 못하는 어리석은 기관機關의
두뇌에 박혀 있는 것이다. 쌍둥이의 고모인 델핀 페레는 분노와 체
념에 휩싸여서 그 사실을 '법적으로' 인정했다. "'임시 격리 수용'이
라고 하는데, 가족들은 결코 아이들을 돌려받지 못하지요. 불행한
일이긴 하지만 언제나 그래왔어요." 그러나 사회복지국에서는 아동
사회부조를 받는 아이들은 수용되었다가 가정으로 돌아갔다가 또
다시 수용되는 수많은 오고 감을 겪게 되며, 법원과 기관은 무슨 일
이 있어도 가족 관계를 유지시켜주기 위해 노력한다고 대답한다.
현재 작성 중인 보고서(국회의원 디니와 므니에의 구트누아르 보고서)는
이러한 불안정성의 문제를 제기하고 있다.

　　2001년 1월 9일, 레티시아와 제시카는 난생처음 낭트를 떠
난다. 루아르 강변에 위치한 소도시인 팽뵈프 방향으로.

---

*　　이혼 등에 의해 자식을 양육하지 않게 된 부모가 자식을 만나거나 전화 또는 편지
　　를 할 수 있는 권리.

10
특별한 날
Une journée spéciale

여러 증언과 통화 기록, 그리고 감시 카메라 덕분에 수사관들은 레티시아의 마지막 날을 단편적으로나마 재구성할 수 있었다.

_____ 2011년 1월 18일 화요일

10시 30분경, 레티시아는 파트롱 씨의 집을 나선다. 포르닉에 위치한 로제르 로에서 라 베르느리에 위치한 낭트 호텔까지는 스쿠터를 타고 5분이 채 걸리지 않는다.

레티시아는 낭트 호텔에서 식사를 하고 점심 서빙을 한다.

그녀는 오후 휴식 시간을 마슈클 고등학교 2학년 때 만났던 조나단과 함께한다. 비록 자주 보는 사이는 아니지만 두 사람은 습관적으로 문자를 주고받았고, 그날 아침에도 15시에 만나기로 약속을 했다. 헌병들에게 진술한 바대로 그는 일을 마치고 나오는 레티시아를 데리러 라 베르느리 시청 앞에 있는 주차장으로 갔다. 두 사람은 차를 타고 드라이브를 했고, 쓰레기 하치장으로 가는 길에 있는 한적한 장소에 차를 세웠다. 그들은 잠시 잡담을 주고받다가 대화가 엉뚱한 방향으로 흐르자 키스를 하고 차 안에서 섹스를 했다. 그러고는 즉시 후회했다. 조나단은 절친한 친구인 케빈과 같이 살고 있었는데, 케빈은 다름 아닌 레티시아의 남자친구였기 때문이다.

15시 30분경, 레티시아는 파트롱 부인에게 문자메시지로 "난 라 베른에 있을 거예요"라고 알린다.

16시 6분, 레티시아는 친구인 리디아의 전화를 받는다. 그녀는 해변으로 내려가 다시 일이 시작되기를 기다린다. 그녀는 기쁘고 행복하다. 리디아는 "그녀에게서 일이 잘 풀린다는 느낌을 받았어요"라고 말한다.

16시 28분, 레티시아는 친한 친구이자 자신을 짝사랑하는 윌리암에게 전화를 건다. 그녀는 케빈 몰래 바람을 피웠다고 고백한다.

레티시아는 멜롱과 함께 해변에 있다. 날은 춥지만 하늘이 맑게 개어 해가 비친다. 멜롱은 그녀에게 마리화나를 피우게 하고 핸드폰으로 그녀의 사진을 찍는다(사진들은 후에 핸드폰의 메모리카드에서 발견된다).

17시 30분 무렵, 멜롱과 레티시아는 바르브 블루스에 있다. 그는 바텐더, 그리고 바에서 술을 마시던 지인인 제랄드와 클레오에게 레티시아를 소개한다. 레티시아는 커플에게 수줍게 인사한다. 제랄드는 멜롱에게 그녀가 좀 어리다고 지적한다. 이에 대해 멜롱은 그녀가 열아홉 살이고 낭트 호텔에서 일한다고 대답한다. 그들은 홀 안쪽에 자리를 잡는다. 멜롱은 아몬드와 함께 코냑을 마시고 레티시아는 코카콜라 라이트를 마신다. 그는 핸드폰으로 그녀의 사진을 찍는다.

18시 20분경, 레티시아는 저녁 근무를 위해 다시 돌아간다. 차를 타고 호텔에 도착한 주인 들랑드 부부는 호텔 레스토랑의 차고 앞, 아들이 사는 집이 있는 좁은 길에서 멜롱과 포옹하고 있는 그녀를 목격한다. 그것이 거북했는지 레티시아는 즉시 몸을 뺀다. 멜롱의 곁에 있으니 그 어린 소녀는 잔가지처럼 보인다.

들랑드 부인은 대문을 열기 위해 차에서 내린다. 그녀는 문짝 하나를 연다. 다른 문짝에 이르렀을 때 열어두었던 문짝이 닫힌다. 그래서 그녀는 다시 처음 문짝으로 가지만 이번에는 옆의 문짝이 닫힌다. 그런 일이 반복된다. 레티시아가 깔깔대며 웃는다. 멜롱이 문짝 하나를 붙잡아주어 차가 차고 안으로 들어갈 수 있게 해준다.

"여긴 사유지예요. 여기 있으면 안 돼요" 하고 들랑드 부인이 말한다.

"참 좋은 식당을 가지고 계시네요. 사람들이 맛있게 먹는군요" 하고 멜롱이 대꾸한다.

"우린 서로 모르는 사이지만 사람들이 우리 식당에서 맛있게 식사하시는 건 사실이죠."

수습 조리사 스티븐이 스쿠터를 타고 주인집 차량 뒤쪽으로 온다. 그는 멜롱이 공격적인 어조로 레티시아에게 툭 던지는 말을 듣는다. "잊지 마. 오늘 밤 내가 널 찾아갈 테니까!"

레티시아는 옷을 갈아입기 위해 위층으로 올라간다. 18시 26분, 그녀는 케빈에게 전화를 건다. 그녀는 그에게 해변에서 마리화나를 피운 것을 고백하지만 조나단과 바람피운 것은 털어놓지 않는다.

스티븐, 앙토니, 레티시아는 낭트 호텔에서 저녁 식사를 한다. 레티시아는 기분이 상한 듯 보인다. 그녀는 스티븐에게 혹시 여자친구가 원하지 않는 짓을 억지로 한 적이 있느냐고 묻는다.

레티시아는 시청 부근에서 차단공사를 하는 노동자들이 손님으로 오자 그들을 접대한다. 21시 30분경에 일이 끝나자 그녀는 늘 그랬던 것처럼 기다리겠다는 스티븐의 제안을 거절한다. "아니야, 난 더 늦을 거야." 그녀는 근무 카드에 서명을 하고 다음 날 오전 출근 체크 칸에 미리 '11시'라고 적는다.

21시 41분, 거리로 나온 레티시아는 케빈에게 전화를 건다. 그녀는 자신이 서른 살 정도 되는 남자를 알게 되었다고 알려준다. 케빈은 "그래, 조심해"라고 말한다.

레티시아와 멜롱은 다시 바르브 블루스로 가 안쪽 테이블에 앉는다. 그는 그녀에게 포르닉의 르클레르크에 가서 산 장갑 한 켤레를 준다. 팔이 불구인 멜롱의 친구 루루가 "무척 어려서" 열여섯 살 정도로 보이는 레티시아에게 인사를 한다.

"이런 계집아이와 뭐 하는 거야. 너 정신이 나갔냐?"

멜롱은 그녀가 성년이며 동의하에 함께 왔다고 말한다.

바에는 15명 정도의 단골이 맥주를 들이켜며 미니 축구 게임을 하고 있다. 레티시아는 취객들 한복판에 끼어 어색해하고 불편해한다. 얼근히 취해서 클레오에게 치근대는 손님과 제랄드 사이에 싸움이 벌어진다. 멜롱이 끼어들고, 언성이 높아지고, 사람들이 서로 떠밀면서 잔들이 떨어져 깨지고, 욕설이 오간다. 놀란 레티시아는 한쪽 구석에서 울음을 터뜨린다.

23시경, 멜롱과 레티시아는 포르닉 카지노와 인접해 있고 해수욕장을 마주 보는 위치에 있는 라운지 바 키46으로 간다. 멜롱은 샴페인 두 잔을 주문한다. 레티시아는 마음이 불안한 듯 좌불안석이다. 멜롱이 담배를 피우러 방파제로 가 있는 동안 그녀는 바에 홀로 남아 핸드폰을 만지작거린다. 그녀는 윌리암의 전화를 받는다. "나, 술 마셨어. 그러지 말았어야 했는데." 멜롱이 돌아온다. 다시 담배를 피우러 나가기 전, 그는 바텐더에게 말을 던진다. "두 잔 더 줘."

23시 30분, 포르닉 카지노 감시 카메라에 바닷가 주차장을 떠나는 흰색 푸조 106의 모습이 잡힌다.

2011년 1월 19일 수요일

레티시아는 윌리암과 문자메시지를 주고받는다. 푸조 106이 르 카스포에 도착한다. 멜롱은 자기 사촌의 땅에 주차한다. 0시 13분, 레티시아의 문자메시지가 끊긴다.

0시 30분 무렵, 문자메시지를 통한 대화가 재개된다.

0시 35분, 레티시아: 쫌 전에 심각한 문제가 이써서 말해주러 전화했는데

0시 36분, 윌리암: 니 남자친구도 알아? 너 엄청 마셔서 토하게따

0시 38분, 레티시아: 걱정 끄셔, 10분 후에 전화하께

0시 42분, 윌리암: 무지 심각해?

0시 43분, 레티시아: 음

0시 43분, 윌리암: 말해봐

0시 44분, 레티시아: 기둘려

0시 46분, 윌리암: 너 남친 따돌린 거야 아니면 한꺼번에 두 명과 같이 간 거야

0시 47분, 레티시아: 이젠 안 심각

멜롱은 낭트 호텔 뒤편의 좁은 길에 레티시아를 내려주고, 앙토니는 자기 원룸 창문으로 그 광경을 목격한다. 그녀는 푸조 106의 운전석에 앉아 있는 멜롱에게 화를 내며 뭐라고 말한다.

0시 58분, 스쿠터가 있는 곳으로 간 레티시아는 윌리암에게 전화를 걸어 자신이 강간당했다고 말한다.

바르브 블루스는 문을 닫는 중이다. 웨이터와 멜롱의 예전 감방 동료였던 루루, 파트릭, 제프는 고이 잠든 라 베르느리를 가로질러 나 있는 도로를 시속 80킬로미터에서 시속 100킬로미터로 왔다 갔다 하는 흰색 푸조 106을 목격한다. 그들 가운데 한 명이 소리친다. "저거 누구야? 미친놈 아냐?" 그러나 차를 모는 이가 멜롱이라는 사실을 모두가 알고 있다.

1시 4분, 윌리암은 레티시아에게 문자메시지를 보낸다. 소녀의 핸드폰은 포르닉 기지국에서 마지막으로 신호가 잡힌 후 끊긴다.

새벽 1시에서 1시 30분 사이, 제시카와 이웃집 여자는 로제르 로에서 자동차 도어가 삐걱하는 소리에 잠이 깬다. 레티시아가

돌아오기를 기다리던 파트롱 씨는 건축 중인 집 작업실에 도둑이 든 건 아닐까 생각한다. 그는 토치램프를 들고 잠옷 바람으로 나가 보지만 갓길에 쓰러져 있는 스쿠터를 보지는 못한다.

파트릭과 제프는 포르닉 방향으로 운전 중이다. 1시 10분, 로제르 로를 지날 때 두 사람은 갓길에 쓰러져 있는 스쿠터의 미등 불빛을 목격한다.

4시 17분, 멜롱은 레티시아에게 문자메시지를 보낸다. "오늘 밤 미안. 내가 술을 너무 마셨네. 평소 그러케 고집 피우고 그러지 안는데. 미안! 기둘리라고 하면 기둘릴 수 이써. 잘 드러가쓰면 좋 겠고 오늘 좋은 순간만 간직해. 안녕, 토니."

＊

탐문을 통해 레티시아가 내성적이면서도 활동적인 소녀로, 식당 일을 배우는 것에 행복해하고 있었다는 사실이 드러났다. 그 녀는 월급을 통장에 예금하고 거의 손을 대지 않았다. 옷가지들, 핸 드폰 그리고 스쿠터 한 대 외에 그녀가 가진 것은 아무것도 없었다. 외출도 거의 하지 않았고, 한다 해도 라 베르느리 지역을 벗어나지 않았다. 그녀는 친구들과 전화, 문자메시지, 혹은 페이스북으로 대 화했다.

그녀의 방에서 발견된 세 통의 편지는 자살 의도가 있었음을 짐작케 한다. 그 편지들이 프란츠 투셰를 괴롭게 했다. 그 편지들은 도저히 설명이 되지 않는다. 모두들 레티시아가 행복하고, 자신이 선택한 직업 진로로 잘 나아가고 있으며, 모범적인 부부라고 사람들이 칭송하는 파트롱 씨 부부에 의해 불행에서 벗어났다고 여기고 있었기 때문이었다. 그 세 통의 편지는 퍼즐에 맞지 않는 조각이었다.

수사관들은 차츰차츰 소녀의 삶에서 껄끄러운 부분들을 찾아냈다. 위탁가정의 양부인 파트롱 씨는 그녀를 광적으로 감시했다. 2010년 11월부터 실종되기까지 세 달 동안 그녀는 변했다. 그녀는 우울해했고, 평소보다 더 내부로 침잠했으며, 가까운 친구들에게 파트롱 씨 집을 떠나고 싶다고 말했다.

그리고 2011년 1월 18일이 되었다.

레티시아에게 있어 그날은 특별한 날이었다. 15시 30분, 그녀는 자기 연인의 가장 친한 친구와 섹스를 했다. 18시 30분, 그녀는 거의 알지 못하는 흉악한 남자에게 안기다시피 하여 일터로 돌아왔다. 21시 30분, 그녀는 그 남자가 공격적인 어조로 통보한 장소로 그를 만나러 갔다. 그녀는 차 안에서 약속되지 않은 성관계를 가졌고 해변에서 마리화나를 피웠으며 자신보다 훨씬 나이 많은 생면부지의 사람과 데이트하는 모습을 보였고 주중인데도 여러 바를 전전했으며 샴페인을 마시고 르 카스포까지 갔는데, 이러한 일탈 행동은 이제 막 사춘기를 벗어난 18세의 소녀, 별로 영악하지도 않고 그리 외향적이지도 않으며 죽어라 일을 하면서 담배도 술도 전혀 하지 않는 소녀의 성품과는 일치하지 않는 것이었다. 무언가 아귀가 맞지 않는다.

몇 가지 의문이 풀리지 않고 있다.

어디서, 어떻게, 왜 레티시아는 살해되었는가?

0시 13분부터 0시 35분 사이, 윌리암과의 대화가 끊겼던 그 시간 동안 르 카스포에서 무슨 일이 벌어졌는가? 갑작스러운 침묵과 그녀가 좀 전에 겪었다고 말한 "심각한 일" 사이에 무슨 연관이 있는 것일까?

새벽 1시 무렵, 바르브 블루스 앞을 푸조 106이 전속력으로 오고 갔던 것은 무엇을 의미하는가?

왜 레티시아는 멜롱과 함께 그렇게 오랫동안 같이 있었을까? 수상쩍고 찰거머리 같은 그 사내를 그녀는 다섯 번이나 따라갔다. 해변으로, 17시 30분에 바르브 블루스로, 22시에 또 바르브 블루스로, 키46으로, 그리고 자정이 지난 시간에 르 카스포에 있는 그의 소굴로까지. 하루 종일 위험을 알리는 빨간불이 레티시아의 눈앞에서 깜빡였다. 뒤로 물러나는 대신 그녀는 소용돌이 속으로 들어갔다. 그녀는 멜롱과 함께 술을 마시고 담배를 피웠으며, 자신의 일이 끝난 뒤에도 얌전히 그를 기다렸고, 쓰레기통과 같은 푸조 106에 올라탔으며, 한밤중에 그의 집까지 갔다. 철이 없었던 것일까, 무의식적으로 그런 것일까? 아니면 죽음의 현기증에 사로잡혀서?

멜롱이 헌병들의 수사에 협조하지 않았기 때문에 이 모든 의문에 답을 하기 위해서는 두 가지 방법밖에 없었다. 근방을 샅샅이 뒤져서 레티시아를 찾아내거나, 멜롱의 생활을 조사해 과거를 파헤침으로써 레티시아를 찾아내는 것이었다.

11

'경사진 지붕이 있는' 집
La maison 'avec un toit en pente'

2001년 1월, 레티시아와 제시카는 여덟 살의 나이로 라 프로 비당스 드 팽뵈프 수용소로 옮겨진다. 그들은 다시는 부모와 함께 살지 못하게 될 것이다. 설령 부모가 쌍둥이를 데리고 있기를 간청 하더라도 그녀들은 버려진 자들, '가족이 없는' 자들과의 거대한 형 제자매 관계 속에 놓이게 된다. 이는 수 세기에 걸쳐 이루어진 드라 마로, 그 골자를 이루는 단어는 '폭력'과 '고독'이다.

18세기에 일종의 출산 이후 피임처럼 행해졌던 영아 유기 는 산업 발전과 더불어 사회 문제의 한 단면을 이루었고, 한편으론 젊은 여성들이 직장을 유지하고 가난을 벗어나 생존할 수 있는 방 책이 되기도 했다. 고아, 유기된 젖먹이, 동냥하는 아이, 어린 매춘 부, 거리를 배회하는 청소년의 수가 증가하면서 마침내 박애주의자 들과 교사들에게 문제를 제기하게 되었다. 피해자인 아이는 잠재적 범죄자이기도 하다. 이들을 어찌해야 할 것인가?

시골에 있는 입양가정과 도시에 있는 고아원 중에서 선택할 수 있을 것이다. 시골집은 유기된 어린아이들에게 이상적인 환경을 제공할 테지만 농부들을 설득하기란 쉽지 않다. 집단교육시설은 가난한 아이들 무리를 수용하기에 적합한 곳으로 보일지도 모르지만 양육원, 감옥 같은 농장, 산업학교 그리고 여타 고아원들은 그곳들이 그저 죽음을 기다리기 위한 양로원이 아닌 한, 아이들을 구제하기보다는 오히려 망가뜨린다.

19세기 전반에 절충적인 해결안을 실험했는데 그것은 제한된 수의 아이들(고아, 빈곤한 아이들 혹은 부랑아들)을 시골에, 사람들이 들어가 살 만한 충분한 크기의 시설에 수용하는 것이었다. 종교적이고 노동적인 분위기가 아이들의 지적, 정서적 발달을 용이하게 하리라는 기대에서였다. 스위스에 있는 호프윌 농촌 수용소, 함부르크 부근의 야생의 집, 발 드 루아르 지방에 있는 메트레이 갱생원이 그러한 '집단적 가족적' 유형의 시설들로서, 빌라와 작은 정원, 산책로, 종탑 주위로 펼쳐진 밭으로 구성되어 있으며 제도의 효율성과 수용의 열의를 양립시키기에 적절한 곳이다.

현재 팽뵈프 수용시설을 운영하는 시설 책임자가 열을 내며 내게 레티시아와 제시카는 "경사진 지붕이 있는 진짜 집"에서 성장했노라고 장담했을 때, 나는 그러한 유토피아가 아직 죽지 않았다는 것을 알았다.

*

1824년, 루아르 강 하구가 마치 미소처럼 펼쳐진 예쁜 소도시 팽뵈프에 자선사업을 하는 상류층 부인들이 주도하여 라 프로비당스La Providence라는 자선보육원을 세웠다. 그 시설에서는 고아인 여

아나 가난한 여아를 받아들인 뒤 20명가량의 자선 수도회 수녀들이 기독교 교육을 시켰다. 1865년, 지혜의 딸 수녀회가 종교적 기부를 받아 루아르 강변의 케 에올에 대형 건물을 지어 입주한다. 한 세기가 지나 세속성이 혼합된 그 건물은 루아르아틀랑티크 지역사회위생국DDASS과 협력하여 도의회나 법원의 판결에 따라 보내지는 아동들을 수용하고 있다.

오늘날 라 프로비당스는 레 에올리드Les Éolides라는 이름으로 바뀌었지만, 레티시아와 제시카가 이미 무너져버린 어른들의 애정과 그들 간의 갈등을 피해 유년기 전문가들이 구상한 삶의 테두리로 들어서기 위해 대도시를 떠나 그림 같은 소항구도시로 와 수용되었던 2001년에는 아직 종교적인 옛 이름을 가진 시설이었다. 제시카가 내게 이야기해준 그곳에서의 첫 번째 기억은 다시 찾은 유년기의 달콤함이라고 할 수 있을 우유와 설탕에 관련된 것이었다. "팽뵈프에서의 좋은 기억들이 있어요. 우리는 밀크 수프를 좋아했는데 우유에 설탕을 탄 것이었죠. 항상 더 달라고 난리를 쳤어요!" 두 번째 기억도 마찬가지로 좋은 것이었다. 열 살 때인지 열한 살 때인지 레티시아가 복도에서 달리다 넘어져서 머리부터 찧는 바람에 아래쪽 앞니가 부러졌다. "걔는 울다가 포복절도를 하며 웃더라고요! 치과 의사가 걔한테 가짜 이빨 조각을 붙여줬거든요." 그녀가 미소를 지을 때면 사람들은 비로소 누가 누구인지를 구별할 수 있었다. 진짜 치아가 하얀색이라면 레진으로 만든 합성 치아는 조금 희끗했으니 말이다.

그 추억담은 나를 울적하게 만들었다. 어렴풋이나마 그 기억들은 유년 시절의 즐거움보다는 불안정, 인간성의 훼손, 안전하고 온전하며 충족된 상태에 익숙지 않은 신체의 허약함에 관한 것을 내비치고 있기 때문이었다. 제시카가 그 모든 것을 웃으면서 이야기했다는 것은 분명 긍정적이다. 그러나 어쩌랴, 10년 후 레티시아의 시신을 확인하는 과정에서 라 프로비당스 복지시설에서의 달콤하면서도 쌉쌀한 우스갯소리의 소재였던 깨진 앞니는 법의학 치의학 보고서의 증거자료가 되고 말았다.

시설은 그 '경사진 지붕' 아래 30명가량의 아이들을 세 그룹(어린아이들, 중간 아이들, 큰 아이들)으로 나누고 원장, 총무, 교사들, 두 명의 심리학자, 청소부들, 세탁부와 요리사 등 거의 아이들 수와 맞먹는 수의 어른들을 두고 있었다. 침실은 위층에 있었고 침대는 보통 침대이거나 이층 침대였다. 8세까지의 어린아이들은 공동 침실에서 자고 레티시아와 제시카 같은 중간 아이들은 한 방에서 세 명이 잤다. 정원 철책 너머로는 나무가 심어진 인도가 보였고, 길 건너편으론 이미 염분이 스며든 커다란 루아르 강이 하구를 향해 펼쳐져 있었다.

쌍둥이는 같은 방을 쓰지는 않았지만 함께 시간을 보냈고, 점점 서로 달라지기는 했지만 언제나 상호 보완적이었다. 레티시아는 여린 데다 있는 듯 없는 듯 했으며 몸이 허약했다. 그녀는 의기소침하게 구석에 처박혀 있었고, 식사를 거부하거나 다쳤을 때를 제외하면 거의 눈에 띄지 않았다. 당시 그녀는 또래 아이들의 평균 체중에 미달했고, 나이에 비해 자주 우는 편이었는데 낮에는 상처 때문에, 밤에는 악몽 때문에 울었다. 교사들의 보고서에는 이렇게 적혀 있다. "어리광이 심하고 걸핏하면 눈물을 흘리며 밥은 새 모이만큼 먹음." 그녀는 식사와 학습, 수면에 장애가 있을 뿐 아니라 자기주장을 하거나 자기 생각을 말하는 데, 심지어 반대하는 데조차 어려움을 겪는 것으로 관찰되었다. 그녀는 보육원에서 제안하는 음악, 노래, 수영 등 여러 활동 가운데 무언가를 선택하는 것마저도 제대로 하지 못했다. 결국 그녀는 어디에도 등록하지 않았고, 그룹에서 자기만 아무것도 못한다고 징징댔다. 그녀의 아동사회부조 담당관은 그녀가 쌍둥이 언니에 비해 더 작기 때문에 "리틀"이라는 별명을 붙였다.

유도를 시작한 제시카는 동생을 보호하는 의무를 맡은, 쌍둥이의 대변인이었다. 아마도 그런 까닭에 교장은 둘을 같은 학교로 보내지 않았을 것이다. 레티시아는 사립학교인 사크레쾨르에 다녔고, 제시카는 루이페르고 학교를 다녔다. 제시카는 이렇게 결론지었다. "보육원에 있을 때 우리는 많은 것을 배웠어요. 나는 만족했어요."

프랑크 페레가 라 프로비당스—그는 그곳을 "레지던스La Résidnce"라고 불렀다—에 왔을 때, 그는 완전히 정신이 나가 모든 것을 부수려고 했다. 분별 있는 사람인 총무는 다른 조력자들과 함께 그를 사무실로 들였다. 총무는 아버지로서 프랑크 페레를 존중하지만 자신은 그의 딸들을 맡아 키울 법적인 의무가 있으며 그도 법을 존중해야 한다고 말했다.

프랑크 페레는 2주에 한 번, 10시부터 12시까지 면접교섭권을 가지고 있었다. 방문일에 그는 '딸바보' 아빠처럼 처신했다. 자그마한 선물들을 가지고 왔고, 비록 레티시아보다 제시카를 더 아끼긴 했지만 딸들의 말에 귀를 기울이는 모습을 보였다. 다시 만나게 된 후 세 사람은 다른 것을 할 시간이 없는 탓에 옆에 있는 작은 공원으로 산책을 나갔다. 레티시아와 제시카는 건강 상태도 좋았고, 잘 자랐으며, 말끔하고 쾌활했다. 스테판 페레도 인정했다. "그곳은 좋은 시설이었어요. 내가 많이 봐서 잘 알아요!"

실비 라르셰와의 만남은 보름마다 한 시간 반씩 아동사회부조 건물에서 있었지만, 썩 좋게 이루어지지는 않았다. 이따금 그녀는 자신이 병원에 입원했다는 사실을 미리 알리지 않아서 레티시아와 제시카가 먼 길을 택시를 타고 와서는 아무도 만나지 못하는 일이 벌어지기도 했다. 그녀는 딸들 앞에서 혹시 "도청"당할지 모르니 전화번호를 줄 수 없다고 말했다. 2001년 12월, 아동사회부조 교사가 이런 글을 썼다.

부인은 딸들이 함께 놀고 웃는 모습을 견디지 못한다. 사회복지사가 있는 자리에서 그녀는 '좋은 엄마'라는 걸 보여주기 위해 끊임없이 아이들에게 잔소리를 한다. 그녀는 남들이 딸들을 제대로 다스리지 못한다고 비난하면서 과거 이야기, 딸들을 자기 집에서 키울 때의 에피소드를 이야기하기 시작한다. 과거의 회상은 아이들, 특히 못된 아이로 묘사되는 레티시아로서는 참고 듣기 힘들다. (…)
부인은 함께 놀 수 있는 게임을 가지고 왔는데 나름 신경을 썼다는 것을 보여준다. 그렇지만 그녀는 딸들에게 하는 불쾌한 말들을 걸러내지 못한다. 이렇게 해라, 저렇게 해라, 하는 말을 하지 않아야 하는데 그런 말은 "넌 쓸모가 없구나. 넌 못해"라는 의미를 담고 있기 때문이다. 레티시아는 자신의 어머니에게 연약한 아이로 묘사되고 있다. "넌 날 닮았어. 나처럼 약해." 딸들 앞에서 하는 부인의 말은 레티시아로서는 견디기 어려워서, 레티시아는 눈물을 꾹 참는다.

인과因果에 속아서는 안 된다. 레티시아의 어머니가 그녀를 자신과 동일시하는 것은 레티시아가 '약해서'가 아니다. 오히려 그 반대다. 이 부모의 경우 역할은 명확히 나누어져 있다. 즉 아버지는 윽박지르고 어머니는 겁을 먹는 것이다. 레티시아와 제시카 쌍둥이에게 있어서는 레티시아가 희생자로 지목되는 반면 제시카는 부모의 칭찬을 누리며 모든 삶의 에너지가 그녀에게 집중된다. 사람들은 '엄마 같은' 딸인 약자에게는 기대를 하지 않는다.

한편 알랭 라르셰는 조카딸들이 시설에서 안전하게 지내는 것을 기뻐했다. 연말 축제는 가족과 함께 지낸다. 2004년 레티시아와 제시카는 3주에 한 번 아버지 집, 하지만 실제로는 낭트에 있는 삼촌인 페레 씨의 집에 가서 일주일을 지낼 수 있는 권리를 얻게 된다. 그녀들은 사촌들과 함께 아파트 아래에서 인형놀이도 하고 소꿉놀이도 하고 때로는 싸우기도 한다. 쌍둥이는 스테판과 델핀의 결혼식 때 누가 부케를 받고 신부 들러리를 설 것인가를 놓고 말다툼을 벌이기도 했다.

*

득시글거리는 이. 프랑크 페레와 그의 새로운 동거녀뿐 아니라 2005년부터 두 아이를 위탁받은 파트롱 부인까지 모두가 기억하고 있는 일이다. 쌍둥이가 집으로 돌아올 때마다 이를 없애주어야 했다. 머리를 감을 때면 수많은 이와 서캐가 세면대에 떨어졌고, 그건 아이들 머리가 짧을 때도 마찬가지였다. 아무도 이를 박멸하지 못했다. 프랑크 페레는 심지어 시설에 "보건소를 보낼" 생각까지 했다.

이, 아동 집단의 재앙, 무는 벌레들. 이것들은 유년 시절, 학교, 머리를 땋고 짧은 바지를 입는 나이를 연상시키기 때문에 흐뭇한 마음이 들게 하기도 한다. 하지만 내게는 전혀 다른 상징, 즉 위협의 존속이나 어린 여자아이들을 향한 아직은 보이지 않는 악의 침범으로 보인다.

12

친척들, 가까운 사람들
Les proches et les approchants

레티시아의 친척들 모두 2011년 1월 19일에 그녀가 실종되었다는 소식을 듣고 무엇을 했는지 기억하고 있다.

로제르 로에 있는 버스 정류장으로 걸어가던 중 제시카는 길에 쓰러져 있는 동생의 스쿠터를 보게 된다. 그 이야기를 할 때마다 그녀의 눈에는 선하다. 어둠, 추위, 놀라움, 공포 그리고 정신없이 집으로 달려가던 일이. 그러고 나서도 그녀는 계속 희망을 가졌었다. 그녀는 시간을 쟀다.

파트롱 부인은 아직 침대에 누워 있었다. 남편은 서둘러 방으로 가서 황급히 옷을 입었다. 그녀는 벌떡 일어나 그 지방의 모든 병원에 전화를 걸고 헌병대에 신고했다. 그리고 기다렸다. 그녀는 끝까지 레티시아가 어딘가에 갇혀 살아 있을 거라고 믿었다. 멜롱이 체포되었을 때 그녀는 생각했다. '맙소사! 그 사람이 그 아이한테 먹을 걸 가져다주지 못하겠네.'

남자친구 케빈: "수요일 오전에 학교 복도에서—여전히 기억나요—제시카가 눈물을 글썽이며 내 품으로 뛰어들었어요. 구두와 함께 버려져 있던 동생의 스쿠터를 발견했다면서요. 혹시 동생 소식을 아는지 묻더군요."

프랑크 페레는 낭트에서 중장비 기사 교육을 받는 중이었다. 의회에서 그의 핸드폰으로 연락을 했다. "오시기 바랍니다." 그가 도착하자 그들은 말했다. "댁의 따님이 납치되었습니다." 프랑크 페레는 포르닉 도로를 시속 150킬로미터로 달렸다. 현장에 도착하자 수사관들이 그의 행적을 확인했다. 헌병대에서 나왔을 때 그가 아버지라는 사실을 아는 기자는 한 명도 없었다. 그는 경매에 붙이듯 소리쳤다. "이봐요, 난 알리바이가 있어요!"

아동사회부조의 레티시아 담당관 라비올레트 부인의 말: "저는 그날 단축 근무를 했어요. 그런데 동료가 전화를 해서 '당신이 맡고 있는 여자애가 가출했어'라고 알려주더군요. 나는 즉각 그보다 더 심각한 사태라는 것을 알았습니다. 레티시아 같은 아이는 가출할 아이가 아니거든요. 그리고 가출은 너무나 빈번히 있는 일이어서 단축 근무를 하는 날에는 그런 걸 알려주려고 전화를 하지도 않아요. 그래서 동료들이 직접 경찰, 그리고 위탁가정과 논의를 했어요. 그다음 순서가 헌병이었고, 과학수사대였지요."

2013년 5월 낭트 호텔의 식당 주인이자 레티시아의 전 사장이었던 들랑드 부인이 루아르아틀랑티크의 중범죄재판정에서 증언했다.

그녀는 몇 번이나 호텔에 남아서 자게 해달라고 했습니다. 나는 언제나 이렇게 대답했지요. "우리 호텔에서 잘 수는 없어. 넌 고작 500미터 떨어진 곳에서 사니까!"

그녀는 내게 말했습니다. "언젠가는 떠날 거예요."

그녀는 이런 말도 했어요. "언젠가는 사람들이 제 얘기를 하는 걸 듣게 되실 거예요."

그녀는 말하곤 했지요. "당신은 내게 춤을 가르쳐주셨죠. 나는 청소를 했고요."

이번 화요일에 레티시아는 수업 주간週間을 마치고 돌아오기로 돼 있었는데, 나는 일주일 동안 그 아이를 보지 못했답니다.

그녀는 작은 모피 망토를 두르고 플랫슈즈를 신고 있었어요.

저녁에 내가 철책 문을 닫았어요. 그러면서 말했죠. "이상하네. 레티시아 스쿠터가 아직도 길에 있네."

이렇게 생각했어요. '스쿠터가 고장 났거나 아니면 누가 데려다줬겠지.'

밤에 앙토니는 자기 원룸에 있었습니다. 그 아이가 말해주더군요. "새벽 1시에도 레티의 스쿠터가 길에 있던데요."

다음 날 우체부가 말했어요. "원형 교차로에서 어떤 애가 차에 치어 쓰러졌던데요."

남편과 나는 소리쳤지요. "레티시아!"

델핀 페레는 2011년 1월 20일에 열 살이 되는 딸의 생일을 준비하고 있었다. 생일 파티가 열리는 날은 멜롱이 체포된 날이었다. "우리는 레티시아가 아직 살아 있는지 몰랐고, 아무것도 몰랐어요. 우리 딸들이 텔레비전을 보지 못하게 애를 썼습니다. 거리에, 담배 가게에, 도처에, 정말 도처에 아이들 사촌의 사진이 나붙었어요. 딸들이 묻더군요. "왜 레티시아 사진이 붙었어요?"

✳

미디어가 없었다면, 전국 방방곡곡으로 전해진 충격적인 전파가 없었다면 레티시아 페레는 존재하지 못할 것이다. 그녀를 알지 못했던 수천만의 사람들이 그녀가 실종되는 순간 그녀의 존재를 알게 되었다. 텔레비전, 라디오, 언론, 인터넷은 부재하기에 현존하고 죽었기에 살아 있는 모순적인 인물을 만들어냈다.

이런 맥락에서 1월 말의 백색 행진은 연대를 주장하는 시위보다 더 많은 것을 보여주었다. 즉, 백색 행진은 사람들로 하여금 '포르닉의 어린 아가씨'와 인간적인 관계를 맺게끔 해주었던 것이다. 질병 퇴치를 위한 기부금의 호소처럼, 말 없는 행렬은 애정의 전이를 일으켰다. 흰 장미 한 송이나 레티시아의 사진을 들고서 걷는 것, 조의를 표하는 것, 그뿐 아니라 뉴스를 시청하는 것이나 부모와 친구들과 한마음이 되는 것, 고통 속에서 연대하는 것, 그 모든 것이 레티시아에게 **가까이 가는** 방식들이다. '먼 곳의' 모든 친지들에게 특별한 중요성을 갖는 것은 납치 일자가 아니라 여러 유형의 장례다. 공감 역시 감정의 발산이기 때문이다.

19세기 사람들은 '아이에게 가해지는 잔혹한 행위들'이 가난과 빈곤한 환경의 산물이라고 믿었다. 오늘날 미성년자에 대한 성폭행이 야기하는 만인의 지탄은 계급투쟁에서 해방된 자유로운 사회의 합의를 드러낸다. 1990년대 중반 벨기에에서 뒤트루 사건 이후 나타난 '백색 행진'은 일반적인 시위의 속성들이 없는 시위이자, 함성도 슬로건도 요구 사항도 없는 행진이며, 상처 입은 국민과 가족이 하나가 되어 희생당한 아이를 신성화하고 경찰 조직을 거부한다.

그러나 어디서 모일 것인가? 시신도 없는데 어디서 묵념을 할 것인가? 납치 후 엿새가 지난 2011년 1월 24일 월요일, 300명의 사람들이 레티시아의 시신이 던져졌던 생나제르 다리에 모였다. 파트롱 씨 부부, 제시카, 페레 가족들이 행렬의 선두에 서서 "분노한 가족과 친지들"이라는 현수막을 앞세웠다. 목격자를 찾는다는 전단이 운전자들에게 배포되었다. "우리는 너를 위해 있다"라고 쓴 플래카드도 있었다. 모든 언론이 다 모였다.

저녁에 TF1 뉴스는 백색 행진에 대한 장시간의 르포를 내보냈다. 추모 행렬이 행진하고, 지인들의 분노에 찬 소리를 듣는다. 그런 다음 뉴스 진행자는 멜롱과 같이 전과가 많은 범죄자가 출소한 뒤 감시 대상이 되지 않았다는 사실에 놀라움을 표했다. 논란이 임박했다. 바로 다음 날인 1월 25일에 대통령이 생나제르에서 행한 연설이 논란에 불을 지폈다. 이러한 정치화는 그것이 비정치적이고자 하는 감정에 의거한다는 점에서 더욱더 충격적이었다. 교묘한 회유일까, 아니면 민중의 기대에 부응하는 것일까?

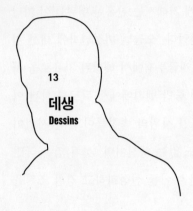

13

데생
Dessins

팽뵈프의 프로비당스 보육시설에서는 '모든 일이 잘되어가
고 있다'. 그러나 나는 2001~2005년의 이 시기를 다른 각도에서 접
근하고자 한다. 기본적인 학습을 받을 나이에 전문적인 교육과 심
리, 의료 분야에 집중된 보살핌을 받은 것이 쌍둥이의 인격을 어떻
게 굴절시켰을까?

불안정한 유년기를 보낸 후 아이가 보육원에 오면 병원과 치
과에 보내 간단한 검진을 받게 하고 만일 필요하다면 치과 교정 전
문의, 안과 전문의, 혹은 발음 교정사와의 면담을 통한 정밀 검진을
받게 한다. "나는 여덟 살 때 진료카드가 있었어요" 하고 제시카는
자랑스럽게 말한다. 원시遠視여서 그녀는 안경을 써야 했다.

이후 쌍둥이는 학교를 열심히 다녔지만 학업 수준은 여전히
낮았다. 가르치는 것을 따라가지 못했고, 읽어도 내용을 이해하지
못했다. 초등학교 1학년 과정CP을 마친 후에 2학년 과정CE1에서 유
급을 하는 것이 바람직했으나 나이 때문에 불가능했다. 레티시아
가 초등학교 3학년 과정CE2에 들어간 반면, 제시카는 소수 정원 학

급인 적응반CLAD으로 보내진다. 학업에 어려움을 겪는 학생들을 위한 특별 지원으로 이루어지는 이러한 수준 조정은 1909년 부르느빌Bourneville, 비네Binet, 시몽Simon에 의해 법률이 제정된, '학습 부진' 아이들을 위한 '완전 수업classes de perfectionnement'이라는 어휘 사용으로 당대에 낙인이 찍힌 제도의 계승이다.

적응반으로 보내진 후 제시카는 초등학교 3학년 과정CE2에서 정상적으로 학업을 재개한다. 레티시아에 비하면 한 학년이 늦지만, 초등학교 4학년 과정CM1을 다니던 레티시아도 오전 수업은 하급반에서 듣는다. 제시카가 초등학교 4학년 과정을 다니던 해에 초등학교 5학년 과정CM2에 있던 레티시아는 공립학교로 전학해 제시카와 다시 만난다. 목요일이면 쌍둥이는 함께 노래교실 수업을 받는다. 2004년, 제시카는 12세의 나이로 초등학교 5학년 과정으로 올라가고 이후 동생과 함께 팽뵈프의 루이즈미셸 중학교에 1학년으로 입학한다. 이번에는 둘 다 같은 학급에 들어간다.

보육원에서의 단체 생활 외에 그 기간에 있었던 가장 큰 변화 가운데 하나는 치료를 위한 검사 조치가 실시되었다는 것이다. 진단 및 치료는 팽뵈프에 있던 심리학자인 카 부인이 맡았다. 제시카가 검사를 받았다. 그 활기차고 수다스러운 여자아이는 아버지와 어머니에 관한 이야기도 술술 털어놓고 '딸'로서의 자기 정체성에 관하여 스스로에게 물어보기도 하는 등 마치 말이 해방의 도구인 양 그것에 사로잡혀 있었다. 레티시아는 상담에 별로 흥미를 보이지 않았다. 상담에 응하더라도 내내 입을 열지 않거나 말없이 그림을 그렸다. 제시카는 "내 아빠는 아빠가 아니에요"라고 말할 수 있었지만 레티시아는 입을 다물었다. 조금이라도 억지로 말을 시키면 그녀는 회피했다. 폭력이 일어나던 때에 대해 그녀는 "기억이 나지 않아요. 너무 어렸으니까요. 게다가 난 자고 있었어요" 하고 말했다. 실제로 카 부인은 제시카에 관한 자료는 두 상자나 가지고 있었지만 레티시아에 대해서는 아주 작은 상자 하나만 가지고 있었다. "리틀"이라 불리는 어린 소녀는 투명한 존재가 되어갔다.

친구들에게 둘러싸여서, 덜 주눅 들고 더 태평해진 소녀들은 성장했다. 그녀들은 단체 활동과 게임, 학급에 녹아들었다. 학교는 쌍둥이의 정신을 깨워주었다. 보육원은 기준들을 제시했고, 안전하다는 느낌을 주었다. 그녀들은 다른 아이들, 나아가 어른들에게도 반대할 수 있었다. 역동적이고 활동적인 운동에 매료된 제시카는 사내아이들과도 쉽사리 어울렸다. 여름방학 때 캠핑을 간 그녀는 레티시아를 귀찮게 하는 사내아이에 맞서 동생을 보호했다. 사내아이는 제시카의 코에 주먹을 날려 연골을 부러뜨렸다. 레티시아는 항상 거의 눈에 띄지 않게 지냈지만 관심과 애정을 필요로 했다. 교사들은 이렇게 적고 있다. "얼마 전부터 그 아이는 아주 조심스럽게 자신의 존재를 알리고, 말하려고 한다." 주말에 아버지의 집에 갈 때면 혹시 문제가 생길 경우를 대비해 보육원 전화번호를 가지고 갔다.

프로비당스 보육원에서 페레 자매는 모든 사람들에게 영향을 미쳤다. 예쁘고 매력적이며 순종적이고 남들을 존중하는 그녀들은 자신들이 집에서 누릴 수 있었던 모든 것들, 즉 보호와 안정감, 외출과 운동을 그곳에서 향유했고, 반면 다른 아이들은 가출을 하거나 무례하거나 폭력적이었다.

7년 후에 레티시아가 사라졌을 때, 보육원의 교사들은 레티시아의 아이큐는 떠올리지 못하지만 그녀가 보인 상냥함과 삶에 대한 기쁨, 인내심, 그리고 그녀가 몇 년 만에 성취한 엄청난 발전을 기억하게 된다.

✳

레티시아는 어느 누구와도 문제를 일으키지 않는 매력적인 소녀였다. 하지만 우리는 그녀의 매끄러운 인간성에 가려져 있던 몇 가지 결함을 발견할 수 있다.

첫째, 그녀는 구속되었으면서 동시에 방기된 아이였다. 제시카의 이야기다. "걘 왼손잡이였는데 억지로 오른손으로 글을 쓰게 했어요. 결국 양손으로 글을 쓸 수 있게 되었지요." 이러한 능력뿐 아니라 무언증, 그리고 치료 검사의 거부는 일종의 조용한 반항, 고통 속에서의 고집, 말 없는 항의로 볼 수 있다.

둘째, 아버지임에도 배제되고 부인된 프랑크 페레는 프로비당스 보육원에 입주함으로써 받은 혜택들을 인정하지 않았다. 레티시아와 제시카는 교사들이 자신들을 잘 돌봐준다고 느꼈지만 아빠는 그에 동의하지 않았다. 이러한 상황을 심리학자 그레고리 베이트슨Gregory Bateson의 표현에 따르면 "**더블 바인드**doublebind를 만들어낸다"라고 하는데, 사람이 모순적인 명령에 붙잡혀 두 가지의 충실성, 두 가지의 애정 사이에서 갈등하게 되는 것을 말한다. 두 소녀의 경우는 더욱 심했던 것이 실비 라르셰가 더 이상 찾아오지도 않고 전화도 걸어주지 않았기 때문이다. 이러한 부재는 틀림없이 아이들을 불안하게 만들었다.

부모와 위탁가정, 그리고 원장 사이에서 힘들어했던 19세기 고아원 원아들처럼 레티시아와 제시카도, 대개는 경쟁 관계에 있고 법적 자격을 갖춘 여러 성인들에게 충성 서약을 해야 했다. 그 결과 자유의 공간, 즉 아이가 끼어들 수 있는 틈이 아닌, 충실성의 갈등이 생겨난 것이다. 레티시아의 침묵은 순전한 억압, 표현할 수 없는 두려움으로 해석될 수 있다. 말을 한다는 것은 고통을 야기하는 것이며 아버지와 가족의 비밀을 누설하는 것이다. 이야기를 한다는 것은 다시금 위협의 기억을 떠오르게 만드는 것이다. 차라리 자기 안으로 파묻히는 편이 낫다. 레티시아는 담배 마는 종이처럼 얇지 않다. 돌덩어리처럼 무디다. 레티시아가 "말할 것이 전혀 없다"고 이야기하는 것은 그녀가 말로 표현을 잘 안 하기 때문에 그런 것이 아니다. 오히려 그 반대다.

결국 레티시아는 언어심리학적 장애를 키워나갔다. 그녀는 실독증失讀症의 징후를 보였다. 말을 지나치게 빨리하거나, 감정이 격해지면 말을 더듬기 시작했다. 제시카는 이렇게 기억한다. "걘 그걸 힘들어했어요. 그래서 말을 멈췄지요. 다시 말해보라고 하면서 사람들은 '천천히 해' 라고 했지만 아뇨, 이미 끝난 것이었어요."

철자법은 한 편의 시가 따로 없었다. 레티시아의 지인들 가운데 그에 관해 내게 말하지 않은 이는 단 한 명도 없었는데, 그들은 마치 그것이 그녀가 가진 개성인 양 호의적으로 말했다. 철자법을 자주 틀리는 사람들조차 레티시아의 철자법은 더 엉망이라며 재미있어했다. 레티시아는 파트롱 부부의 결혼기념일을 축하하며 초콜릿을 선물했다. 그러면서 초콜릿이 "냉냉고 안에" 있다는 쪽지를 남겼다. 동료 한 명은 이렇게 증언한다.

그녀는 언제나 미소를 띠고 친절한, 나보다 한 살 많은 작은 여자아이였어요. 식당에서 일할 때 모두가 반대로 생각했으니 웃기는 일이죠. 그녀는 틀린 철자법으로 나를 웃겼어요. 주방으로 보낼 주문서에 그녀는 '레몬' 대신 '내몬'이라고 쓰곤 했답니다. 얼마 전까지만 해도 저희 부모님들과 그 이야기를 하며 웃곤 했는데.

레티시아를 가르쳤던 교사 중 한 명이 종이 상자에 간직하고 있던 레티시아의 그림들을 보여주었다. 나는 진찰대 앞의 심리학자나 학회에 참석한 정신분석학자 흉내를 내고 싶지는 않다. 그저 그림을 보고 느낀 감정들을 말하고자 한다.

2002년, 그녀가 열 살이 되기 전이다. 눈물을 흘리는 태양이 형체가 불분명한 여자들을, 그리고 지붕이 세모꼴인 네모난 집을 비추고 있다. 문은 커다란 보라색 걸쇠로 잠겨 있다. 엄마는 하나의 사물로서, 두드리다 보면 형태가 사라질 수 있다. 레티시아는 문과 창문이 닫힌 집이다. 열쇠는 잃어버렸다.

2003년, 열한 살. 커다란 손에 건장하고 머리의 형태는 분명치 않은 데다 얼굴이 없는 붉은색의 조각난 남자. 그림을 그릴 때 레티시아는 아래에 무엇을 받치지도 않은 채 굵은 연필로 그렸다. 그래서 선은 흔들리고 남자 그림의 여백은 다 채우지도 못하는 등

서툴다.

2003년, '아빠의 집'. 도화지 위쪽 한 모서리에서 햇살이 굴 뚝 연기와 뒤섞인다. 집은 사방으로 교차하는 계단들과 미니어처 집과 같은 작은 네모들로 도배가 돼 있다. 바깥에는 한 사내와 어린 계집아이가 마치 밖에 갇혀버린 것처럼 기다리고 있다.

날짜가 없는 또 한 장의 그림. 밤색으로만 그린 그루터기와, 가지를 나타내는 여덟 개의 선으로 이루어진 나무 한 그루. 초록색 도 없고 나뭇잎도 없고 생명이 없으며 에너지가 없다.

＊

단체 생활은 방이나 공부할 책상, 그리고 약간의 내밀함이 필요한 청소년기의 아이보다는 그보다 더 어린 여자아이에게 적합 하다. 동기야 어찌되었건 간에 남자 교사들은 매력적인 인물상이 될 수 없었다. 그것이 '경사진 지붕이 있는' 집에서 행해지는 교육의 한계다.

열세 살이 다 되어가자 아동사회부조 담당 팀에서 레티시아 와 제시카에게 아버지의 집으로 돌아가고 싶은지 물어왔다. 대답은 같았다. "어휴…." 그녀들은 여전히 아버지의 잠재적인 폭력성을 두 려워했다. 결국 그녀들은 위탁가정에 입주하는 쪽을 택했다.

2005년 봄, 쌍둥이는 시험 삼아 주말마다 포르닉에 살고 있 는 질과 미셸 파트롱 부부의 집에 보내졌다. 아름답고 널찍한 그 집은 다 큰 여자아이 둘을 맞아주기에 이상적이었다. 그 집에서의 생활은 괜찮았다. 소녀들은 그 집에 가는 것을 행복해했고, 빨리

적응해나갔다. 파트롱 부부는 아이들에게 어린 새처럼 "떼어놓을 수 없는 녀석들"이라는 별명을 붙였는데, 두 아이가 내내 함께 붙어서 떨어지지 않았기 때문이었다. 프랑크 페레의 의견을 물었지만 그는 또다시 거부했다. 자신의 의견이 묵살될 것이라는 걸 알게 된 그는 최소한의 권리로서 위탁가정에 대한 보증을 요구했고, 위탁가정과 직접 담판 짓기를 원했다. 그는 복지국에 자신이 처해 있는 어려움을 영구적인 것으로 판단하지 말아줄 것을 요청했다. 그는 자신의 상황은 나아질 것이며 곧 딸들을 되찾을 수 있을 것이라고 주장했다.

2005년 4월 15일, 아동법원 판사는 레티시아와 제시카의 아동사회부조를 대체할 그녀들의 거처를 포르닉의 로제르 로에 있는 파트롱 부부의 집으로 정했다. 5월 4일, 그녀들은 그곳에서 열세 번째 생일을 축하받았다.

파트롱 부인이 건네준 사진을 보면 촛불을 끄기 몇 초 전 케이크 앞에 둘러앉은 그들의 모습이 보인다. 뒤로는 찬장, 벽난로, 소파, 그리고 벽에 걸어놓은 가족사진들이 있다. 제시카는 희미한 미소를 짓고 있다. 눈을 크게 뜨고 경직된 자세로 의자에 앉아 있는 레티시아의 얼굴은 무표정하다. 반쯤 자란 그녀들의 긴 머리는 갈색과 밝은 밤색이다. 레티시아는 언니보다 10센티미터 정도 키가 작다. 둘 다 스웨터 위로 진주와 조개껍질로 만든 목걸이를 보란 듯이 걸고 있다. 기이하면서도 슬픈 분위기가 사진에 배어 있다. 사진은 전혀 상반된 사실을 암시한다. 이제 막 도착했으면서도 벌써 애지중지 보살핌을 받고 있다는 사실을.

14

사회면 기사의 탄생
Naissance d'un fait divers

오늘날 사람들은 병원에서 죽는다. 물론 간혹 자신의 집 침대에서 죽기도 한다. 혼자건 가까운 사람들에 둘러싸여 있건 그들의 사망은 개인적인 드라마이면서 가족의 불행이다. 레티시아, 그녀는 공개적으로 죽었다.

그녀의 사망은 언론에 나오는 사건이었다. 그녀의 부모는 텔레비전에서 질문을 받았다. 그녀의 지인들은 모두가 보고 모두가 아는 가운데 수십 명의 이웃과 수천 명의 이름 모를 사람들과 수백만의 시청자들에게 둘러싸여 그녀를 애도했다. 백색 행진과 장례식에 기자들이 초청되었다. 여러 텔레비전 방송국이 그녀의 인간성을 논평하고 그녀의 마지막 순간을 해설했으며, 때로는 진중하게 같이 슬퍼하는 방식으로, 때로는 남의 사생활을 엿보며 불안감을 조성하는 방식으로 방송을 내보냈다.

알랭 라르셰에 따르면 2011년 1월 낭트의 라 베르느리에 있는 생나제르 다리 위에서의 행진과 2011년 6월 성당 장례미사에 초청된 기자들은 "독수리들 같았다". 길, 정원, 지붕 위…. 그들은 도처에 자리를 잡은 채 당황해하는 지인들의 코밑에다 마이크를 불쑥 들이밀고는 기억나는 일이나 어린 시절 사진들을 내어놓으라고 강요했고, 조문객들이 묵념할 때마다 플래시를 마구 터뜨리며 무리 지어 들이닥쳤다.

파트롱 부인에게 언론은 "끔찍한" 것이었다. "사람들이 어찌 그리 잔인하고 집요하게 캐물을 수가 있지요?" 파라볼라 안테나를 장착한 취재 차량들이 온종일 그녀의 집 앞에 진을 쳤다. 기자들이 울타리를 뛰어넘을 때도 있었다. 파트롱 부인은 결국 "그들이 꺼져버리도록" 레티시아의 사진들을 건네주었다. 그 사진들은 공공의 영역으로 떨어졌다. 지금도 인터넷으로 검색하면 열두 장쯤 되는 그 사진들과 함께 백색 행진과 장례와 재판에 관한 수많은 르포 기사들이 튀어나온다. 심지어 어떤 신문은 햇살을 받아 반짝이는 머리카락, 활짝 웃는 눈, 그리고 장밋빛 뺨을 한 레티시아가 살인자와 나란히 서 있는 포토몽타주까지 만들어냈는가 하면, 살인자의 초상이 메달로 재현되기도 했다. 이 모든 선전이 레티시아를 지인들로부터 빼앗아갔고 그들의 고통을 더욱 심하게, 그들의 추도를 더욱 불가능한 것으로 만들어버렸다.

그렇지만 언론을 통한 이러한 전파를 일종의 작별, 대중적 추모, 저마다 양심에 따라 느꼈던 슬픔과 반발의 표현으로 간주할 수도 있을 것이다. 온 국민이 레티시아를 추모했다. 장례식에 파견된 한 명의 특파원은 곧, 각각의 시청자가 정신이나 마음속으로 그녀의 관 위에다 장미 한 송이를 놓을 수 있게 해주는 것과 같았다. 그렇게 해서 21세기 초 가장 끔찍한 사건사고 중 하나인 '레티시아 사건'이 태어났다.

포르닉에서 커지고 있는 레티시아에 대한 불안감

__〈웨스트프랑스〉, 2011. 1. 21

포르닉: 여전히 깜깜무소식인 레티시아

"경찰이 전혀 찾지 못하고 있는 레티시아는 사회생활에 잘 적응했던 것으로 보인다. '레티시아는 무척 착해요. 행복해 보였어요' 하고 이웃집 여자가 확언했다."

__《파리마치》, 2011. 1. 21

불안에 빠진 레티시아의 지인들

"기다림. 아무것도 할 수 없는, 불안하면서 끝나지 않을 것 같은 기다림. 어제 레티시아의 지인들은 조그만 소식이라도 들을 수 있을까 기대하며 또다시 끔찍한 하루를 보냈다. 케빈은 '내 사랑, 네가 돌아왔으면 좋겠어. 널 사랑해, 너무 너무 보고 싶다'라고 월요일에 레티시아의 페이스북 담벼락에 적었다. 레티시아가 돌아오는 것, 그것이 어제 저녁 그녀의 모든 지인들과 이 소식에 충격을 받은 모든 이름 모를 사람들의 가장 간절한 소원이었다."

__〈르파리지앵Le Parisien〉, 2011. 1. 22

불안 속의 가족

"일요일 저녁 뉴스의 제목은 이렇습니다. 물론 우리는 무거운 마음으로 포르닉에 갈 것입니다. 오늘 보시겠지만, 레티시아의 위탁가정이 침묵을 깼습니다. 가족들은 견딜 수 없는 기다림의 시간을 떠올립니다. 소녀의 소식이 끊어진 지 이제 5일이 되었습니다."

＿ 프랑스2France 2, 〈8시 뉴스〉, 2011. 1. 23

쇄도하는 언론의 취재 물결은 추모와 부화뇌동하는 추종, 그리고 열띤 경쟁에서 비롯된다. 그리하여 그것은 '뉴스 경기'가 된다. 그러나 기자들 모두가 같은 순간에 같은 것을 말한다 하더라도, 그들이 서로 싸우기만 하는 것은 아니다. 같은 일을 하고 있다는 동업자 의식에서 나오는 연대 의식 또한 있을 수 있다. 그러나 실은 정면으로 맞서는 경쟁뿐일 테다. 다수의 청취자를 보유한 라디오 방송인 유럽1은 RTL과, 연속 뉴스 채널 쪽에선 BFM TV가 아이텔레i-Télé와 경쟁한다.

포르닉 헌병대 앞에 운집한 카메라맨과 사진기자들, 멜롱과 파트롱의 재판에 파견된 특파원들, 2011년에서 2015년 사이에 만들어진 수백 개의 기사와 르포 기사들은 몇 안 되는 소수의 기자들만이 레티시아 사건을 하루하루 쫓았다는 사실을 잊게 만든다. 그들 가운데 특출한 4인방이 있다. 그랑 웨스트*를 담당한 RTL의 리포터 파트리스 가바르, 프랑스 블뢰 루아르오세앙France Blue Loire-Océan의 안 파티넥, 낭트의 아이텔레 통신원인 장미셸 드 카즈, 낭트에 있으

＊　프랑스 북서부의 4분의 1 지역을 지칭하는 말이지만 그 경계는 명확히 정해져 있지 않다.

면서 루아르아틀랑티크 지방과 방데 지방을 담당한 AFP통신의 알렉상드라 튀르카가 그들이다. 렌에서 열린 멜롱의 상소심은 변호사들의 파업으로 개정 당일 바로 연기되었는데, 세실 드 올리베이라가 그 재판 일자를 피해 내게 알렉상드라 튀르카를 소개해주었다. 몇 주 후 나는 그녀를 찾아갔다. 네 자녀가 있는 이혼녀인 그녀는 현재 렌 AFP통신 지국의 편집장이다. 나는 그녀에게 '자신'이 본 레티시아 사건을 이야기해달라고 부탁했다. 당시 그녀는 파견된 기자, 다시 말해 자신이 맡은 지역인 루아르아틀랑티크와 방데 지방에서 일어나는 모든 일을 커버해야 하는 기자였다. 공식 방문, 사회의 움직임, 스포츠 경기, 자연재해 그리고 당연히 사건사고도 맡아야 했다. 한마디로 "영구직 특파원"인 셈이었다.

2011년 1월 19일 수요일, 나는 낭트의 사무실에 있었다. 그날 다른 곳에서 또 한 건의 실종 사건이 있었는데 아무런 뉴스도 얻지 못했다. 자살이나 가출로 인한 실종 사건은 거의 매일 있는 일이다. 포르닉에서의 실종 사건에 대해서는 뉴스를 제공하는 다른 미디어를 통해 접하고 있었다. 그때 전화가 왔는데 소식통이 말하기를 "이번 건은 아주 나쁘다"고 했다. 나는 렌에 있는 우리 사무실로 전화를 걸었다. "실종 사건이 있습니다." 사무실에서는 "그런 건 안 내보내"라고 했다. 나는 "아니, 이번 건은 잡아야 합니다"라고 말했다. 나는 결국 논쟁에서 이겼고, 세 단락으로 된 짧은 속보를 내보내기로 했다.
파트리스 가바르와 안 파티넥도 19일 저녁부터 현장에 있었다. 그들은 라 베르느리에서 내게 연락을 했다. "여긴 정말 음산한 곳이군!" 바르브 블루스에서 그들은 멜롱의 친구들에게 공격을 당하다시피 했다. 두 사람은 같은 마음이었다. 내보낼까 말까?

하지만 모두가 같은 정보를 얻고 말았다. 불행히도 그 정보는 무거웠다. 20일에 나도 그곳으로 갔다. 가는 도중에 RTL의 차량이 내 차를 추월했다. 파트리스 가바르였다. 그가 내게 전화를 했다. "뒤에 있으라고. 내가 보여줄 테니까." 우리는 파트롱 부부의 집 앞으로 난 도로를 달려 곧장 라 베르느리로 갔다. "저기, 바닥에, 보여? 저기가 그녀가 넘어진 곳이야." 나는 대번에 그녀가 마지막으로 본 것이 무엇인지를 알았다. 자기 집 대문이었다. 편집장의 말이 기억났다. "난 당신을 압박하고 싶지는 않지만, 당신이 프랑스의 유일한 사건사고야." 나는 내가 실패하지 말아야 한다는 것을 알았다. 한나절이 흐르는 동안 사건은 점점 과열돼갔다. 파리에 있는 사무실에서 갑자기 나를 찾는 전화가 왔다.

— 확인할 수 있어?

— 아뇨, 불가능해요. 그 사람은 아직 병원에 있어요.

나는 동료들을 통해 포르닉 헌병대에서 11시 30분부터 심문이 시작되었다는 소식을 알게 되었다.

현장에서는 아무것도 알 수 없다. 부산한 움직임과 소문, 진행 중인 가택수색에 대한 뉴스들…. 우리는 심문조서에는 접근도 못했는데 이미 파리에서는 소식들이 엄청나게 흘러나오고 있다.

20일, 현장에 벌써 많은 사람들이 운집해 있고 텔레비전 방송국 차량들이 사방에 널렸다. 사건이 보도된 것이다. 연속 뉴스 방영 채널들은 공식 발표의 중계와 현장에서의 조사를 위해 팀을 세 배로 늘렸다. 연감에서 가족 이름을 찾고, 아버지와 어머니와 처남을 부르고, 피해자 측 가족 및 주변 인물을 조사하거나 살인자 측 가족 및 주변 인물을 조사하려는 것이다. 나는 '파리에서 생성된 뉴스'의 도움을 받으며 현장에 홀로 남았고, 편집을 위해 렌 사무실의 도움을 받아 자료를 수집하는 족족 불러주어 받아 적게 했다.

21일이 되자, 검사가 차에서 많은 양의 혈액이 발견되었다는 정보를 공개했다. 그녀는 죽었고, 그것이 우리에게서 많은 것을 변화시켰다. 처음에는 살아 있는 그녀를 다시 볼 수 있다는 희망이 있었던 만큼 긴장이 컸다. 지금 사건은 종결된 듯 보인다. 소녀는 죽었고, 사내는 감옥에 갇혔다. 이제 더 이상 서스펜스는 없으며 모든 것이 다 가라앉으리라. 그러나 가라앉지 않았다!

2011년 1월 19일에 레티시아 사건이 터졌을 때, 그 어떤 기자도 이 사건이 2월 말까지 약 6주간, 그리고 다시 재점화가 이루어져 톱뉴스가 되리라고는 상상하지 못했다. 매일, 매시간, 매분 홍수처럼 범람하는 뉴스의 물결 속에서 한 뉴스가 그렇게 오래 지속되는 것은 무척이나 드문 일이다. 그녀는 미디어에 쉬이 소진되지 않았다. 2011년 뒤퐁 드 리고네 사건—낭트의 한 가정에서 다섯 명이 살해당한 사건으로 용의자인 아버지는 도주했다—의 경우 연속으로 언론에 노출된 기간은 겨우 열흘이었다.

*

신문기자들은 가끔 냉소적이면서 법도 신앙도 없는 돈벌레,

썩은 고기를 찾아다니는 하이에나로 여겨지지만, 시민이라면 누구나 자신의 주변에서 벌어지는 일을 알고 싶어 하기에 그들의 직업은 '알리는 일'일 수밖에 없다. 시민의 욕구와 권리에 부응하기 위해 기자는 소스―대담이나 조서, 관찰이나 증언, 공식적인 발표나 비공식적인 정보―에 근거해 조사를 진행한다. 이는 고문서의 출처를 명확히 밝힌다는 점만 제외하면 역사학자의 작업과 마찬가지다. 역사학자의 고증은 가능한 한 명확하고 공개적이며 접근 가능한 것이어야 하는 반면, 기자는 쓸모 있는 정보를 가져다주기만 하면 어떤 소스든지 '취급'할 수 있다. 두 직업 모두 글을 쓰기에 앞서 사실을 확인하고, 검증하고, 배열할 의무가 있다. 이 책의 경우 나는 증인들을 만나보고, 서류들을 참고했으며, 계속된 재판을 통해 밝혀진 정보들을 보충했다.

기자의 작업은 자신이 확보한, 다소간 보호되고 다소간 비밀스러운 소스와 불가분의 관계에 있다. 사건 당사자들이 얼굴을 내보이며 발언을 할 수 없기 때문에 정보는 일종의 맞교환이라 할 수 있는 '누설'을 통해 얻게 된다. 알 권리라고 하는 것이 전체의 이해에 부응하는 적법한 권리라고 한다면 이때는 부정행위, 즉 사건 심리의 비밀 유지 원칙을 위반하는 것이 민주주의를 실천하는 행위가 되는 것이다. 레티시아 사건에서 누설은 체계적으로 이루어졌다. AFP통신에서 20년간 근무했고 그중 5년을 정치부에서 일했던 알렉상드라 튀르카는 내게 그 이론을 간단히 설명해주었다.

현장에서는 '누설'이 별로 없어요. 거의 모든 것이 상부, 즉 파리에서 오지요. 수직적인 누설밖에 없는 겁니다. 권력에 의해 도구화된 레티시아 사건의 경우 정보는 극도로 빠르게, 몇 분 만에 오르락내리락했어요.

소스, 즉 정보원들은 우리를 믿을지 안 믿을지 우리와 만났을 때 결정합니다. 어떤 사건에 있어서 대화를 나누는 쌍방의 마음이 서로 맞으면 정보가 튀어나오죠. 사람들은 말하고자 하는 욕구가 있으니까요. 하지만 여기자의 아름다운 눈을 보고 반해서 나오는 것은 아닙니다. 어떠한 정보도 우연이나 친절에 의해서 주어지지는 않아요. 소스란 정치적, 혹은 전략적, 때로는 도덕적인 이유로 정보가 공개되기를 바라는 사람입니다. 취재기자의 신화적 업적, 철저한 조사, 위험을 무릅쓰는 직업 정신도 물론 있겠지만 워터게이트에서 볼 수 있듯이 누군가가 닉슨의 머리를 원했기 때문에 정보를 준 것이죠.

처음부터 마르티노 판사의 사건 심리는 사방으로 누설되었다. 이 정보 누설은 어디에서 시작된 것일까? 사실 그러한 의문은 별로 의미가 없다. 왜냐하면 정보는 끊임없이, 위계질서를 따라 장관실로 올라가고 따라서 수많은 사람들이 '조사'와 관련된 비밀 사항들이 스쳐 지나가는 것을 보게 되기 때문이다. 하급 직원들, 도청이나 경찰서 직원들, 헌병대 하사관들, 고위 공무원들, 내각, 장관들…. 모두 '말'을 하는 데 있어서 서로 이해관계가 작동하고, 그렇기에 정보는 결코 오랫동안 비밀로 유지되지 못한다. 기자는 그 뒤에 대심 재판소의 검사장에게 그것이 '맞는지 검증'하려고 한다.

검사장은 사실상 유일하게 사건 심리의 비밀 유지 원칙을 위반할 자격이 있는 사람이다. 형사소송법 11조에서는 무죄추정을 존중하여 "소송 중에 얻어진 객관적 사항들"을 공표할 권리를 검사장이 갖도록 하고 있다. 30년 전, 검사장이 말할 상대는 지방 주재 기자와 AFP 통신원밖에 없었다. 인터넷과 연속 뉴스 방영 채널이 있는 오늘날 검사장은 밤낮을 가리지 않고 매시간 이메일과 핸드폰으로 사방에서 괴롭힘을 당한다.

낭트 대심 검사장인 자비에 롱생은 스스로에게 구글 경계령을 내리고 실시간으로 무엇이 누출되고 있는지를 파악하고자 했다. 그리하여 공증되고 부인할 수 없는 말로써 그는 부정확함과 소문들, 진실과 반대되는 것들, 헛소리, 나아가 '흔들어보려는 책략'에 대응했다. 비밀의 부재와 상투적인 허언 사이에는 언제나 조작의 여지가 있기 때문이다. 롱생은 시대의 새로운 문물인 이메일을 통해 전체 기자들과 소통했고 검찰청 앞에 진을 치고 있는 BFM TV 기자나 〈웨스트프랑스〉의 특파원과 마찬가지로 모든 이들을 동등하게 대했다. 특종을 쫓는 경쟁은 가라앉게 되었다.

✳

왜 기자들은 레티시아를 공공의 인물로 만들면서까지 그녀에게 관심을 가졌을까? 감히 말하자면 많은 희생자들은 그와 같은 행운을 누리지 못했다.

2013년, 루아르아틀랑티크의 브리츠에서 한 여인이 실종되었다. 그녀의 남편은 즉각 수배령을 내려줄 것을 당국에 요구하고 사방에 전단지를 붙였으며, 700명의 사람들을 이끌고 헌병대 앞에서 시위를 벌이며 수색을 촉구했다. 사흘 후, 숲 한가운데 버려진 검게 탄 차량의 트렁크에서 시신이 발견되었다. 부인의 시신이었는데, DNA와 치아를 포함해 시신이 심하게 훼손되어 있어 신원 확인이 어려웠다. 좌절한 남편은 웨딩드레스를 입혀 아내를 매장했으며 변호사를 통해 손해배상을 청구했다. 프란츠 투셰 팀은 8개월에 걸쳐 그를 무너뜨렸다. 심문 결과 남편과 그의 정부情婦가 아내를 유인해서 장작으로 구타해 살해했고 사람들로 하여금 가증스러운 범죄로 여기게끔 음모를 꾸며서 실행했음이 밝혀진 것이다.

(작은) 랑드뤼*라 할 만한 이 살인 사건은 거의 알려지지 않은 채 지나갔다. 타이밍이 좋지 않았다. 사건이 여러 달 동안 미궁에 빠졌던 탓이다. 장소도 좋지 않았다. 그곳은 두 주의 경계였다. "시신은 멘에루아르 주, 그러니까 내 담당 구역을 넘은 곳에서 발견되었기 때문에 나로서는 사내가 심문받을 때까지 수사에 접근할 수 없었어요"라고 알렉상드라 튀르카는 설명했다. 사회학적으로도 좋지 않았다. 농사나 짓고 사는 지나치게 척박한 시골 지역에서 사건이 일어났기 때문이었다. 요컨대 그 가엾은 아내는 좋은 때에, 좋은 장소에서, 좋은 방식으로 죽지 못했다.

반대로 그랑 웨스트에 있는 대부분의 언론망은 렌이나 브레스트가 아닌 낭트에 기지를 두고 있는 까닭에 루아르아틀랑티크에서 일어나는 사건은 다소 부풀려지는 경향이 있다. 주재원들은 의식적이건 아니건 자기들 가까이에서 벌어지는 일들을 모두 다루려

---

*   1921년 체포돼 이듬해 처형된 프랑스의 연쇄살인마.

고 하기 때문에 신문사, 통신사, 텔레비전과 라디오 방송국은 채 두 시간이 지나기도 전에 비교적 적은 비용을 들여 현장에 도착할 수 있다. 게다가 레티시아의 경우는 스토리텔링이 기가 막히게 용이했다. '괴물'의 손아귀에 떨어진 '천사', '미치광이'에 의해 살해된 '순결한 소녀', 기분 나쁜 커플로 묶인 두 인물의—아직도 그리고 여전히—관계도에서 희생자와 살인자는 죽음 속 단짝이 된다. 소녀의 실종과 발견되지 않는 시신을 둘러싼 서스펜스, 사건의 재빠른 정치화, 비탄에 빠진 가족들…. 이만하면 소비될 준비가 된 이야기다.

지방마다 있는 시체들의 이야기나 사산아에 관한 끔직한 이야기들처럼, 퍼져 나가지 못하는 사소한 사건사고들과 또한 사람들을 '사로잡는' 사건들이 있다. 무심한 눈으로 훑는 석간신문의 짤막한 기사가 어떻게 몇 주간 온갖 미디어를 차지하는 전국적인 드라마의 영역으로 넘어갈 수 있을까?

사건사고 기사는 대중의 의식에서 솟아나고 태어난다. 이야기, 언론의 여건, 감수성 그리고 정치적 맥락의 교차점에 위치하기 때문인데, 그것들은 '대형 사건들'로서 프랑수아 로세François de Rosset의 《비극적 이야기들Histoires tragiques》을 계승하는 것들이다. 이 책은 매스미디어가 도래하기 훨씬 전인 1614년에 피와 섹스, 끔직한 범죄, 야만적 복수, 독살, 강간, 방화 등 사람들을 숨 막히게 하고 공포에 질리게 했던 이야기들을 묶은 것으로서, 사람들은 의자에 앉아 그러한 장면들에 동참한다. 공포와 괴기의 발작은 독자의 사악함을 만족시키는 것이 아니라 시간의 트라우마를 이겨내고 죽음에 익숙해지도록 도와줌으로써 마치 카타르시스처럼 독자를 정화시킨다.

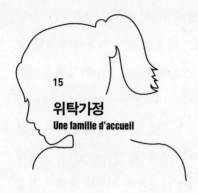

15

위탁가정
Une famille d'accueil

나는 2015년 3월 31일, 미셸 파트롱을 그녀의 집에서 만났다. 그녀는 포르닉 역까지 마중 나왔고, 차 안에서 자신과 자신의 자녀들을 괴롭히던 두 가지 질문을 내게 던졌다. 왜 이 책을 쓰는가? 내가 그들에 대해 어떤 생각을 품고 있는가?

로제르 로 오른편은 잘 손질된 울타리가 예쁜 전원주택과 정원을 보호하고 있고, 왼편은 밭과 건축부지가 자리하고 있다. 4년 전 수색이 시작된 바로 그곳이었다. 작고 하얀 담장은 여전히 그곳에 있지만 꽃들은 오래전에 뽑혔고 노변은 재정비되었다.

자녀들은 떠나고 없었지만 파트롱 부인은 큰 저택에서 혼자 살지 않았다. 쌍둥이와 같은 시기에 입주한 가엘이 어린 아들과 함께 방 하나를 쓰고 있었다.

나와의 세 시간 동안의 담화를 허락하기까지 파트롱 부인은 몹시 망설였다. 결국 그녀는 남편의 주소와 수감번호를 건네주었다. 남편은 형무소에서 도자기 작업실, (인터넷이 되지 않는) 전산실, 가톨릭 설교 모임에 자주 나간다고 했다. 그는 자신의 아내와 자녀들에게 전화를 할 수 있는 권리를 가지고 있었다.

우리는 거실과 부엌으로 통하는 멋진 베란다를 거쳐 집 안으로 들어갔다. 거실에는 레티시아가 텔레비전 앞에서 많은 시간을 보냈던 가죽 소파가 있고 선반에는 자질구레한 장식품과 액자에 담긴 사진이 있었다. 부엌에는 노르망디 스타일의 가구들이 있었다. 가족들이 식사를 하던 타원형의 식탁도 보였다. 복도를 따라가면 딸들이 쓰던 방(현재는 가엘이 사용한다)과 욕실이 나온다. 베란다 쪽의 다른 복도로는 부부가 쓰는 방과 주말에 입주하는 아이들이 자거나 혹은 단기 체류하는 사람들이 쓰는 소위 "연결 방"이 나온다. 쌍둥이가 살았던 방과 파트롱 부부가 쓰던 방은 로제르 로를 향해 나 있다. 집 뒤에는 파트롱 부부 소유의 다른 땅과 울타리로 나눈 정원이 펼쳐져 있다.

그 아이들은 우리를 알게 되어 만족한 듯 보였고 그건 우리도 마찬가지였어요. 그렇게 바로 짐을 푸는 아이들을 본 건 처음이었지요. 우리 집에 왔을 때 제시카는 혼란스러워했는데 불안으로 인한 발작 증세가 있었답니다. "더 이상 숨을 못 쉬겠어요. 가슴이 아파요"라고 했지요. 처음부터 내내 제시카는 조잘댔어요. 말문이 열린 거죠. 반대로 레티시아는 무척 조심스러웠어요. 속내를 털어놓지 않더라고요. 자신의 고통을 숨기는 착한 소녀였지요. 그녀는 한사코 부인하며 아빠에게 학대받았다는 사실을 인정하려 하지 않았답니다. 그 아이들은 넓은 의미에서 예의 바르고 잘 자랐어요. 가정이 제 일을 잘한 것이지요. 반대로 위생 상태는… 도착했을 때 이가 득시글거렸어요. 이를 없애는 데 1년이나 걸렸답니다. 레티시아의 경우에는 미용실에서 선탠을 해야 했는데, 그렇게 말끔히 처리했어요.

그 아이들은 5년 동안 이층 침대가 있는 방을 함께 썼습니다. 아이들은 처음부터 우리에게 달라붙어 떨어지려 하질 않았어요. 그래서 어디 가려면 데리고 다닐 수밖에 없었지요. 아이들은 자유롭게 지낼 의사가 조금도 없었고 오히려 자기들끼리만 남아 있게 될까 봐 두려워했어요. 꽤나 겁이 많은 데다 바깥에 나가는 걸 무서워했답니다. 여기서는 안도감을 느꼈지요. 우리 아이들은 그 아이들을 어린 여동생처럼 생각했어요. 가령 크리스마스에 우리가 바닷가재를 먹으려고 하면 그 아이들 것도 있었어요. 그 아이들이 남들보다 적게 먹었다고 하면 그건 위탁가정에 맡겨진 아이들이기 때문에 그런 게 아니랍니다. 어느 날인가 식당에서 내가 내 어머니께 말씀드렸지요. "여자애들 몫은 내가 낼래요." 엄마가 "절대 안 돼!" 하고 대답하시더군요. 우리 호칭을 고른 건 레티시아예요. "파파" "마망"은 불가능했어요. 그래서 "통통" "타타"라고 했는데, 애기 같죠. "미미"가 차라리 더 어울려요. "마미"와 비슷하니까요. 질은 "지루" "티루" "프티 루"가 되어버렸답니다.

＊

레티시아와 제시카는 파트롱 가족 내에 자리를 잡았다. 그녀들은 그곳에서 애정과 관심과 교육 환경을 얻었다. 부부는 아이들의 생일잔치를 해주었고, 바캉스를 갈 때도 데리고 갔다. 그녀들은 파트롱 부부의 자녀 그리고 손녀들, 특히 여덟 살, 열 살 어린 멜리스, 아나에와 무척 가깝게 지냈다. 그녀들은 손수 케이크, 과자를 만들고 깜짝 선물을 만들었다.

또 다른 삶이 시작된 것이다. 그녀들은 진정한 가족 구조에 동화되었을 뿐 아니라 시야도 넓어졌다. 조개잡기 시합, 공작 시간, 오트사부아 지방으로의 여행, 로트에서 보내는 캠핑카 바캉스, 슈퍼 베스와 피레네산맥에서의 겨울 스포츠, 파트롱 씨 누나 곁에서 벌인 인도주의적 활동들…. 그 모든 새로운 활동들은 '발견'과 '배움'의 동의어였다. 레티시아는 스키를 타기 시작했고, 상급자 코스의 주로를 활강해 내려오는 것을 무척 좋아했다. 제시카는 포르닉의 육상 클럽에 등록했다.

2007년 7월 7일―7이 세 번이나 겹친 신화적인 날, 그녀들은 파트롱 씨 부부의 오랜 친구로 오트사부아 지방에 살고 있는 에르몽 씨 아들의 결혼식에 갔다. 가족적인 분위기와 웃음소리 속에서 파트롱 부인은 그녀들에게 메디슨 춤을 가르쳐주었다. 2008년 여름, 레티시아는 '승마, 과학, 탐사' 여름학교에 참가하여 그곳에서 어린아이들을 돌보는 팀을 도왔다.

결론적으로 쌍둥이의 교육은 몇 가지 기본 원칙을 따르고 있었다. 예의 바르게 말하기, 식탁 차리기, 치우기, 숙제하기, 씻기, 너무 늦게 잠자리에 들지 말기 등이 그것이었다. 나와 대화를 하던 중에 파트롱 씨 가족 문제만 나오면 제시카는 내게 그 규칙들을 반복해서 말했다. 그들은 진정한 부모였으며, 그녀들에게 진정한 교육을 시켰고, 모든 것을 가르쳐주었다. 그래서 "레티시아도 똑같은 말을 했을 거예요" 하고 그녀는 말했다.

파트롱 부인은 내게 날짜가 적혀 있지 않은 레티시아의 쪽지를 보여주었다.

당신은 나의 자그마한 햇살.
설령 며차례나 내가 당신에게 그런 사실을 보이지 안아도.
당신은 각짜의 행복을 모으는 세상의 열기
당신은 모든 당신의 행복을 주고, 삶은 당신에게 감사
언젠가 당신은 모두를 다르게 만든 당신의 노력에 감사바드리
고마워요.

.. 레티시아

얼마 뒤면 열세 살이 되는 쌍둥이가 왔을 때 그녀들은 읽을 줄을 몰랐다. 겨우 읽어내기는 했지만 무슨 뜻인지 전혀 이해하지 못했다. 은퇴한 초등학교 교사인 파트롱 부인은 그녀들과 함께 숙제를 하나하나 검토했고, 블레드* 연습 문제를 풀게 하고, 학습 내용을 숙지할 때까지 다시 공부하게 했다. 학습의 어려움 때문에 제시카는 자꾸만 질문을 했으나 레티시아는 배우고자 하는 열망조차 없었다. "미미, 난 읽을 줄 알아. 그러니 골치 썩이지 마." 더 게으르고 더 닫혀 있긴 했지만 레티시아 역시 지능이 무척 뛰어나 학급에서 '노력하지 않고도' 좋은 점수를 받았다.

2005년 봄, 파트롱 부부의 집에 왔을 때 쌍둥이는 팽뵈프의

* 아쉐트 출판사Hachette Livre에서 나온 철자법, 문법, 동사 변화를 가르치는 교재.

루이즈미셸 중학교에 다니고 있었다. 그녀들이 속한 과정은 일반 및 맞춤형 직업교육과SEGPA 6학년*이었는데 직업기술 기초자격증 CAP 과정으로 넘어가기 전 학습 부진에 시달리는 학생들을 위해 만 든 소수 정원의 간편 과정이었다. 교사들은 마치 초급자들을 가르 치듯 모든 과목을 가르쳤다. 재봉사, 석공이나 대형마켓 판매원 등 교실에서 장차 직업 방향을 정할 수 있도록 준비시켰다.

열심이고, 지혜로우며, 명랑한 페레 자매는 그 수업에 참여 하는 것을 좋아했다. 교사가 자리를 비워야 할 때 대신 교실을 지켜 줄 학생을 지명할 때면 항상 레티시아가 지목되었다. 파트롱 부부 는 오리엔테이션 모임과 성적표 배부에도 참석했는데 성적표에는 무척 좋은 평가가 담겨 있었다. 그들은 꼼꼼하고 세심했으며, 딸들 의 학업을 지원하는 데 전념했고, 대부분의 부모들보다 더 열심이 었다. 학급에서 레티시아와 제시카가 파트롱 씨 이야기를 할 때면 마치 아버지 이야기를 하듯 했다. 집에서 그녀들은 그를 "프티 루"** 라고 불렀다.

팽뵈프 중학교를 무척 좋아한 쌍둥이는 포르닉으로 이사한 후에도 그 학교에 남게 해달라고 부탁했다. 레티시아는 그곳에서 절친한 친구 두 사람을 만난다. 한 명은 라 베르느리에 사는 동갑내 기 롤라이고, 다른 한 명은 레티시아보다 세 살 어린 사내아이 파비 앙이다. 아침이면 로제르 로 원형 교차로 정류장으로 미니버스가

* 　 우리 식으로는 중학교 1학년.
** 　 '작은 늑대' '귀여운 늑대'라는 뜻의 애칭.

와서 그들을 태운다. 버스는 무티에, 셰메레(파비앙이 타는 곳) 그리고 포로세에 선다. 버스가 학교에 도착할 때는 모두 여섯 명이 타고 있다. 레티시아와 파비앙은 항상 뒷좌석에 앉아 재잘대고 시시덕거린다. 4학년 때 레티시아가 처음으로 사내아이와 입맞춤을 한 곳도 그곳이다.

파비앙이 레티시아를 만났을 때, 레티시아는 3학년*이었고 파비앙은 6학년이었다. 그녀는 즉시 그를 자신의 날개 아래 품었다. 그녀는 이름이 무엇이냐고 물었다. 그리고 그를 믿었으며, 6학년이 그리 끔찍하지는 않다고 설명해주었다. 둘은 아침저녁으로 만났다. 버스 안에서의 우정은 곧 '큰누나'와 '어린 남동생'의 평생 우정으로 변했다. 한번은 레티시아가 자기 사진을 주기도 했다.

낮에는 수업 중에, 저녁에는 집에서 둘은 서로 편지를 썼고 버스 안에서 주고받았다. 레티시아는 철자를 많이 틀렸다. 이따금 편지를 준 다음 날 파비앙이 무슨 말을 하려고 한 거냐고 물어오곤 했다. 그녀는 자기만의 편지 접는 방식이 있었다. 반으로 접고 다시 반으로 접어서 사각형의 절반을 삼각형 형태로 접으면 예쁜 모양이 되었다. 그녀는 편지 말미에 커다랗게 대문자 'B'를 썼는데 그것은 여러 단어의 이니셜을 뜻했다.

비즈(볼 키스)

---

* 프랑스 중등교육 전기 과정의 최종 학년. 프랑스의 학제는 초등 5년(CP, CE1, CE2, CM1, CM2), 중등 4년(6학년, 5학년, 4학년, 중학교 졸업반인 3학년), 고등 3년(2학년, 1학년, 졸업반)으로 이루어져 있다.

B
비엥(잘)
바뵈(반숙)

파비앙은 그녀가 죽은 뒤에 쓴 노트를 내게 가져다주었다.

안녕, 누나. 그 위에서 누나가 잘 지냈으면 해. 이 세상에서 살고 있는 나는 슬퍼.

그날 왜 내가 누나를 만나러 갈 생각을 하지 않았을까?
왜 누나가 잘 지내지 못한다고 느끼지 못했을까?

작은 천사여, 평안히 잠들기를.

레티시아와 파비앙의 관계에 나는 감동했는데 그것은 감정의 순수함 때문이 아니라 그녀가 보여준 보호 본능 때문이었다. 그녀가 아기였을 때, 즉 꼬마이고 소녀였을 때 아무도 그녀를 보호해주지 않았다. 그녀는 '아이들'은 안심할 필요가 있다는 것을 알고 있었다. 그래서 겁에 질린 6학년 아이를 보자 안심시키고자 한 것이다.

나는 자신이 안전하다고 느낄 때만 누군가를 보호할 수 있다고 생각한다. 그렇다면 레티시아와 제시카는 마침내 항구에 도달했던 것일까?

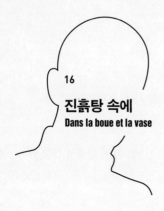

16

진흙탕 속에
Dans la boue et la vase

멜롱의 첫 재판 때 어느 헌병이 이렇게 진술했다. "그에게서 대화를 이끌어내야 했는데 불가능했습니다. 묵비권을 행사하는 경우는 이전에도 겪었습니다만 이렇게 오래 끌지는 않았습니다. 보통 사람들은 마지막에 가서 속에 있는 말을 털어놓습니다. 그런데 이번에는 할 수 있는 일이 아무것도 없다고 느꼈습니다."

2011년 1월 말 내내 시신 수색 작업이 이루어졌다. 멜롱의 체포 이후, 수색 반경은 라 베르느리에서 르 카스포로, 연안 지대에서 숲 지대로 확대되었다. 수십 명의 헌병들이 여린 나무 덤불, 얼어붙은 개울, 움푹 팬 길, 풀이 무성한 분지, 항상 옅은 안개로 덮여 있는 숲을 뒤졌다. 경찰견들은 풀밭을 킁킁거리고 다녔다. 잠수부들이 연못과 물웅덩이를 뒤졌다. 헬리콥터 한 대가 아르통앙레츠 지역을 쥐 잡듯 쓸고 다녔다.

1월 23일 일요일, 르 카스포 부근의 한 농부가 자기 텃밭에서 구덩이 하나를 발견했다. 구덩이의 크기는 세로 1.5미터, 가로 50센티미터, 깊이는 40센티미터였다. 아마도 멜롱이 시신을 그곳에 파묻으려다가 겨울 땅이 단단해서 포기한 것 같았다. 1월 초에는 에 텃밭으로 난 길에서 진창에 빠져 있는 르노 트래픽 한 대가 발견 됐었다. 조사 결과, 트럭은 멜롱과 베르티에가 도둑질한 바 있는 태양광 패널 제조회사의 차였다.

심문 때 멜롱이 한 첫 진술 때문에 수사관들은 생나제르와 루아르 강으로 향했다. 헬리콥터로 코르셉트, 팽뵈프, 쿠에롱 지역을 흐르는 루아르 강 상공에서 수색을 벌였다. 헌병대 소속 함정이 스위스군에서 빌려온 소나 탐지기를 강물 속에 넣었다. 강 하구와 마르티니에르 운하의 얼어붙은 물속으로 소나 탐지기를 끌고 다닌 끝에 오래된 사건과 관련 있는 서너 구의 시신을 수면 위로 건져 올릴 수 있었다. 낭트에서 포르닉까지 하천 및 수상 경비대 잠수부들이 동원되었다. 강 하류의 수색 범위는 라 루셀르리에서 생브레뱅을 거쳐 생마르크쉬르메르 연안 전체에 이르렀다. 강변, 홍합 양식장, 바위, 모래톱, 섬까지 전부 포함시켰다. 페이스북을 통해 모인 라 베르느리의 소녀들은 형광색 조끼를 입고 친구를 찾기 위해 황량하고 바람 부는 해변을 샅샅이 뒤졌다. 바다는 미친 듯이 포말을 일으키며 달려들었지만 아무것도 뱉어내지 않았다.

후배지에서는 모든 흔적을 철저히 추적했다. 연못과 수조뿐 아니라 버려진 옷가지 아래, 다리 위의 혈흔, 익명의 전화까지. 어느 날인가 한 점쟁이가 레티시아는 가까이에, 버려진 농가 근처의 연못가에 있다고 장담해 프랑크 페레와 스테판, 델핀이 아르통앙레츠 부근의 마을로 갔다. 밤새도록 페레 가족과 주민들은 토치램프를 들고 부근을 샅샅이 뒤졌다. 흔적이 있는지는 헌병이 확인해줄 것이다. 프랑크 페레는 이렇게 말했다. "나는 무슨 대가를 치르더라도, 무슨 수단을 써서든 반드시 내 딸을 찾고 싶었어요. 하지만 막상 우연히 시신을 찾았을 때 시신의 상태가 어떨지가 걱정되고 두려웠어요."

레티시아의 경우는 다른 '우려스러운' 실종과 달리 수사관들이 초기부터 지방 규모에 맞게 활용할 수 있는 방법이 무척 많았다. 루아르아틀랑티크 헌병대 사령관인 위브셰 대령은 그러한 수단을 동원하는 데 결정적인 역할을 했다.

포르닉 헌병대 회의실에 '피시PC 수사대'가 설치되었다. 그곳에서 수사 책임자, 범죄 분석가, 과학수사대의 작전참모, 그리고 거의 매일같이 나오는 앙제의 조사반장까지 만날 수 있었다. 네 사람모두가 전일제로 근무하는 70명의 남녀 직원들로 구성된 '레티시아 수사반'을 이끌었다. 현장 수색에 동원된 200명의 기동헌병대원들은 말할 나위도 없다. 2011년에 수사반은 수사관 인원이 25명 이하로 내려간 적이 없다. 헌병대의 인력으로 볼 때 25명은 많은 수다. 하나의 수사반을 4개월 동안 유지했다는 것은 업적이나 다름없다.

프란츠 투셰가 수사를 지휘했다. 작업은 단체로 이루어지고 끊임없이 대화가 오갔지만 조직 자체는 피라미드식이었다. 각 팀의 책임자는 프란츠 투셰에게 자신이 맡은 사건의 진척 상황, 즉 멜롱과의 연관성, 레티시아의 생활, 심문, 수감, 가택수색, 증인과 증거를 찾기 위한 라 베르느리에서의 가가호호 방문, 과학수사대가 사용한 수단들, 희생자와 용의자 그리고 관련 주변 인물들의 전화 통화 기록 및 은행 출납 전표 조사, 멜롱이 시신을 숨길 만한 위치 등을 보고했다. 매일같이 팀들은 정보를 가져왔고, 그 정보들을 분석하고 종합해야 했다. 어느 금요일 저녁 인터넷 시스템이 고장 났다. 애당초 그 시스템을 그렇게 많은 사람들이 사용하리라고 생각지 못했던 것이다. 해군에서 인공위성을 연결하는 방법으로 수사관들을 돕기 위해, 헬리콥터 편으로 긴급히 기술자들을 보내주기로 했다.

프란츠 투셰는 그 시기를 완벽히 기억한다.

무척 힘든 나날이자 무척 힘든 몇 주였고, 작업 강도가 무척 셌습니다. 나는 일을 분배했지요. 여러 작업실이 있고 각 작업실마다 책임자들이 있었습니다. 무슨 묵계가 있었느냐고 묻는다면, 조금도 없었습니다.

조사반 사무실 벽에 레티시아의 사진이 걸려 있었지요. 그 사진이 우리를 인도하는 실이자 연결 고리였습니다. 무엇을 하는지 스스로에게 의문을 갖는 날은 단 하루도 없어야 했습니다. 포르닉 헌병대 앞에는 수십 명의 기자들, 파라볼라 안테나가 달린 차량들, RTL, 유럽1, BFM TV가 진을 치고 있었습니다.

잠도 많이 자지 못했어요. 짧은 휴식 시간에도 우리는 끊임없이 사건 생각을 했습니다. 저녁에 우리는 이동식 간이 주택에서 사건 이야기를 했고, 잠을 잘 때도 사건을 생각했지요.

✳

추위에 떠는 한 무리의 기자들이 들판 수색과 르 카스포 주변 수색에 참여했다. 그들이 쓴 기사나 르포에는 들판을 뒤지는 군인들, 강의 수면 위로 떠오르는 잠수부들, 포르닉 헌병대 앞의 연락 병들, 옷을 잔뜩 껴입고 백색 행진에 나선 군중들, 그리고 지역의 모든 쇼윈도에 나붙은 목격자를 찾는 전단지의 이미지들이 들어 있다.

2011년 1월 19일부터 31일까지 알렉상드라 튀르카는 100여 통의 전문을 썼다. AFP통신 전문의 재전송은 하루에 30~40건이나 될 정도로 엄청나다. 전국 언론, 지역 언론, 일간지, 주간지, 텔레비전과 라디오 방송국의 인터넷 사이트들, 뉴스 포털 등등.

여전히 발견되지 않는 시신, 수색 계속

__AFP, 2011. 1. 23

월요일 여러 장소에서 수색 재개

__AFP, 2011. 1. 24

여전히 찾지 못하고 있는 레티시아

__AFP, 2011. 1. 27

아무 일도 벌어지지 않을 때조차, 연속으로 뉴스가 방송되는 미디어에서는 무슨 일이든 일어나야만 한다. 그리하여 공허하고 불안을 야기하는 지루한 반복이 계속된다. "찾지 못하는" 레티시아라는 말이 바로 여기서 나온 것이다. 그럼에도 현장에 기자가 나가 있는 것은 매우 중요하다. 분위기를 감지하고, 본 것을 묘사하고, 지인들을 만나보고, 정보를 종합하여 진위를 가려야 하기 때문이다.

그래서 그들은 뼈까지 파고드는 음습한 추위에도 며칠 동안을, 울타리를 파헤치고 바다와 땅을 뒤집어엎는 헌병들의 모습을 진창 속에서 지켜보는 것이다. 사람들은 르 카스포의 석양을 바라보며 온갖 의미로 몸을 떤다. 그만큼 그 지역은 저주받은 것처럼 보인다.

사람들이 생각하는 바와 반대로 일정이 빡빡한 나날과 스트레스, 추위, 피로가 그곳에 있는 이들의 에너지를 빨아들인다. 저녁이 되면 아이들이 한구석을 점령하는 맥도날드에서 그들은 동료들과 함께하거나, 요트 항구 앞에 있는 포르닉 대형마트로 간다. 다른 사람들과 함께 있어야 할 필요를 느끼고 뜨거운 차를 앞에 둔 채 그날의 일들을 되새기며 스트레스를 푼다. 그렇지만 신발과 바짓단이 진흙투성이여서 겨울과 안개비와 음산한 분위기가 피부에 달라붙는다. 19시경이 되면 다시 차를 몰고 어둠 속을 시속 50킬로미터로 달린다. 아이들이 잠자리에 들기 전 이야기 한 편을 읽어줄 시간에 간신히 맞춰 집으로 돌아간다. 안전한 가정에서 다시 상냥한 부모가 되지만 기자, 리포터, 특파원, 카메라맨, 사진기자인 그들은 죽음의 이미지, 그리고 가까운 사람들에 대한 염려로 마음을 졸이며 경계심을 풀지 않는다. 주변 사람들에게 이런 것을 알리기는 어렵다. 그래서 모든 것을 혼자 짊어지게 되는데 이 또한 그들 직업의 일부이다.

수색 작업이 성과가 없자 프란츠 투세는 보다 정밀한 방식을 택했다. 그것은 멜롱 지인들의 도움을 받아 시신을 감추었을 만한 장소를 추측해내는 것이다. 시쳇말로 그것은 "사법적 조사와 연계하여 수사 방향을 정하는 것"이다.

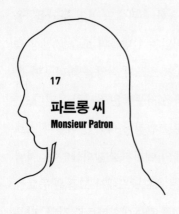

17

파트롱 씨
Monsieur Patron

내가 파트롱 사건의 예심을 담당한 판사에게 질문했을 때, 그녀는 내게 이렇게 밝혔다. "나는 쌍둥이를 향한 어떠한 형태의 집착도 배제하지 않았습니다. 그녀들은 행복하고 화목한 순간들을 보낼 수도 있었고, 실내에서 하는 게임을 즐길 수도 있었겠지요. 인간의 본성은 복잡합니다. 완벽하게 악당일 수는 없는데, 그게 가증스러운 것이죠."

＊

질 파트롱은 1950년 낭트에서 가까운 라 몽타뉴에서 태어났다. 주물 제조 연수생으로 공대 입학 자격에 해당하는 학위를 딴 그는 직공으로 사회생활을 시작하여 전함과 잠수함의 설계 및 유지, 보수를 전문으로 하는 기업인 앵드레에서 함정제작부 회계담당 비서가 된다. 1990년대 초 그는 자청하여 타이티 섬으로 전근을 가면서 가족을 데리고 간다. 그에게는 세 명의 자녀(딸 둘과 아들 하나)가 있다. 그는 여자 뒤를 쫓아다닌다는 평을 듣는다. 다시 대도시로 돌아온 그는 회사 구조조정의 희생자가 된다. 직업을 잃은 그는 1995년, 45세의 나이로 가족도우미가 되기로 결심한다. 그때부터 입주 아동을 받아들이게 된 것이다.

루아르아틀랑티크 주의회의 승인을 받고 고용된 그의 임무는 "미성년자와 21세 이하 젊은 성인들의 건강과 안전 그리고 성장을 보장"하는 것이다. 구체적으로 말하면 19세기 이후 모든 위탁가정들처럼 믿음과 애정을 가진 '좋은 가장'으로서 일상생활과 학업을 이끌어주며 아이들을 키우라는 것이다. 대부분의 위탁아동들에게 아직 부모가 있으니 이를 "유년기 전문가" "가족도우미" 혹은 "위탁부친"이라고 불러야 할까? 어쨌든 그 입장이 모호하다. 아이의 생활과 심지어 사생활에 관한 결정들, 이를테면 집에서의 생활 규칙, 일과표, 방 정리, 학업, 인터넷과 핸드폰 사용, 친구들과의 외출, 그리고 이러한 것들을 어길 시의 처벌까지 모든 결정을 내리게 돼 있는데, 친권을 가지지는 못하며 아동사회부조의 위임을 받은 여성 보육사들에게 결정을 맡겨야 하기 때문이다.

파트롱 씨는 활기찬 사람으로서 많은 활동을 한다. 그는 체조 코치와 축구 코치로 활동했고, 유도 클럽의 회장이었으며, 연로한 사람들의 후견인이었다. 가족도우미로서의 활동에 국한해서 말하자면 그는 레츠 지방의 위탁가정협회 위원이다. 목수로서 그는 포르닉에 있는 자신의 집을 수리했고, 차고를 세웠으며, 임대한 또 다른 집을 손보았고, 자녀들의 집을 개축하는 것을 도와주었다. 그는 자신의 집에서 두 집 건너 로제르 로에 손수 새로운 집도 지었다.

아무튼 파트롱 부부는 자신의 집에 여섯 명의 장기 위탁 아동을 받았고, 주말이나 바캉스 중에만 돌봐주는 55명의 '임시' 위탁 아동을 받았다. 몇몇은 성인이 돼서도 살기 힘들 때면 부부의 집으로 다시 돌아왔다. 여섯 명 중 첫째인 제롬은 그들과 함께 8년을 살았고, 제빵사가 되어 혼자 어린 딸을 키우고 있다. 여덟 살 때부터 열한 살 때까지 머물렀던 아르노는 일요일 저녁마다 엉망이 된 채 오곤 했다. "엄마가 나를 때렸다"는 것이었다. 주중 내내 그 아이는 희열에 차서 주말을 기다렸다. "엄마가 변하겠지. 더 이상 나를 때리지 않을 거야." 그러나 주말이 되면 아이 엄마는 일부러 편물기 막대기로 아이를 때렸다. 아이는 3년을 머문 후에 자기 엄마와 살기 위해 돌아갔다. 파트롱 부부는 아이에게 카세트 라디오를 선물했었다. 아이를 데리러 엄마가 왔을 때 그녀는 그것을 차 트렁크에 집어 던졌다. "알겠어? 이건 압수야! 압수라고!" 결국 싸움이 일어나서 아르노는 엄마의 다리를 부러뜨렸다. 현재 직업이 없는 그는 재활 가정에서 살고 있다. 그리고 토요일마다 자기 어머니의 집에 가서 청소를 한다.

2001년에서 2004년 사이에 파트롱 부부는 열 살 남짓한 여자아이인 클레망틴을 맡았다. 그다음 해에 레티시아와 제시카가 팽뵈프 보육원에서 왔다. 몇 년 후, 부부는 가엘도 맞아들였다.

파트롱 씨를 칭찬하는 사람들은 그가 리더십이 있고 강단이 있는 사람이며, 솔직한 데다 일도 잘하고, 칼이 목에 들어와도 굴하지 않을 사람임은 물론, 사회문제에 열심이며 언제든 봉사할 준비가 되어 있다고 말한다. 그에게 분개하는 사람들은 그가 만물박사인 양 굴고, 자만심이 강하며, 정신적으로 경직되어 있고, 황소만한 자아를 가지고 있어서 항상 자기 아내를 비하한다고 말한다.

레티시아와 제시카에게 매우 엄격했던 그는 그녀들이 평생 가지지 않았던 원칙과 가치와 근본을 가르친다. 그의 교육에 애정이 아예 없었던 것은 아니다. 열세 살 때인가 열네 살 때 그녀들은 "프티 루"(파트롱 부인을 "미미"라고 부르던 것처럼)의 무릎에 앉는다. 그는 그녀들의 생활에 많이 관여했다. 숙제 검사를 하고, 학교 성적표를 확인하고, 은행 계좌를 확인했으며, 외출을 금지시키고, 레티시아가 남자친구와 함께 있을 때면 전화로 닦달하고, 제시카에게는 육상 훈련이 끝나면 곧장 집으로 돌아오라고 당부하고, 시합이 있을 때는 직접 준비운동도 시켰다. 파트롱 씨는 지시를 내리고 무조건 그 지시를 따르게 했다. 레티시아는 해가 다 저물도록 너무 늦게 돌아왔다는 이유로 스쿠터를 압수당하기도 했다. 제시카는 레티시아와 가엘을 감시해야 했다. 왜냐하면 풋사랑은 애초에 싹을 잘라야 했기 때문이다.

제시카의 말이다. "규칙이란 곧 파트롱 씨였죠. 그 사람이 대장이었으니까요. 부인은 할 말이 없었죠. 반대되는 방향으로 가면 안 돼요, 절대로! 나는 뜻을 거스르지 않았어요. 그래야 했으니까! 레티시아는 좀 더 독립적이었어요."

쌍둥이에게 있어 파트롱 씨는 결코 '가족도우미'가 아니었다. 그는 즉각 '위탁부친', 거의 그들을 입양하다시피 한 아버지가 되었고, 수석 감독관이자 고해신부로서 그 역할에 맞는 책임과 특권을 지니게 되었다. 그는 자신에게 왜 그렇게 독재적으로 구느냐고 따질 자격이 있는 사람들, 프랑크 페레나 아동사회부조 담당자들, 심지어 예심판사와도 시끌벅적한 관계를 이어간다. 그는 같은 구역에 있고 별로 눈에 띄지 않는 다른 위탁가정, 즉 레티시아의 학교 친구인 롤라를 맡아 기르는 가정을 멸시한다. 모범적인 아버지상을 구현하겠다는 그의 신념은 모든 것을 할 수 있다는 감정, 그리고 사회적 우월감에서 연유하는데, 이는 친부모의 파탄과 보육 교사들의 무능을 동시에 드러내 보이려는 것이다.

✳

당시 쌍둥이의 아버지와 삼촌들은 파트롱 씨에 대한 의견이 달랐다. 감사하는 마음과 함께 일종의 존경심도 갖고 있었지만 거기에는 멀리 떨어져서 잊혀가는 부모들의 그것과 같은, 자신들의 삶으로부터 쫓겨났다는 씁쓸함이 섞여 있었다. 알랭 라르셰는 손녀들을 보러 가자며 자신의 부모를 모시고 포르닉의 맥도날드 주차장으로 가서 파트롱 씨와 처음 만났을 때 받았던 강렬한 인상을 아직도 기억한다.

파트롱은 위탁가정 아버지로서 예외적이었죠. 낭트에 있는 내 부모님 댁에도 왔었는데, 그건 믿음직한 표지였거든요. 그 사람, 그의 태도, 생활 방식, 그리고 그의 반응에 대해서는 자랑스럽고 만족할수밖에 없었어요. 파트롱 부인도 마찬가지였죠. 두 사람은 아이들을 마치 친자식처럼 여겼답니다.

프랑크 페레는 위임권이 있는 파트롱 씨와만 교섭하지만, 그의 주소를 몰랐다. 그는 딸들이 사는 곳을 보고 싶어 했지만 파트롱 씨가 이를 거부했다.

내가 물어볼 사람은 그 사람뿐이었습니다. 그는 예의 바르게 나를 대해주었고 말도 잘해주었습니다. 나는 딸들을 낭트로 데리고 가려고 했지요. "됐어, 애들아. 잘 지내지?" "네, 잘 지내요."

프랑크 페레와 실비 라르셰의 상황은 여전히 문제가 있었으므로 판사는 가족 관계를 소원하게 만들기로 한다. 부모 쌍방은 각자 3주에 한 번 토요일에 딸들을 만날 수 있었는데, 거기에는 포르닉과 낭트의 왕복도 포함한다. 쌍둥이가 비록 엄마의 쇠약함을 법적으로 인정했지만 그래도 딸들은 힘들어한다. 딸들을 만나는 토요일이 되면 프랑크 페레는 10시에 포르닉에 있는 맥도날드 주차장으로 아이들을 데리러 온다. 18시에는 다시 데려다주어야 하기 때문에 거창한 것을 할 시간은 없다. 그래서 그들은 맥도날드에서 식사를 하고 차로 드라이브를 하거나 아틀랑티스 쇼핑센터에서 윈도쇼핑을 한다. 아니면 낭트의 서민 동네인 말라코프에 있는 스테판과 델핀의 집에서 시간을 보낸다. 모든 경우에 모든 것을 예상하고 시간을 재야만 한다. 제시카는 이렇게 말한다. "아버지를 만나고 있을 때는 기뻤어요. 오랫동안 함께 있는 것은 아니지만 그게 어딘데요." 조부모인 라르셰 부부는 여러 번 교섭을 하고 편지도 보내고 서류 작성도 한 후에야 한 달에 겨우 두세 시간 손녀들을 볼 수 있는 권리를 얻었다.

가족의 유대 관계를 깨는 데 기여를 한 것도 파트롱 씨의 태도다. 프랑크 페레는 자신이 평가받고 있고 격리되어 있다고 느꼈다. 딸들에게 전화를 걸면 스피커폰으로 연결돼 파트롱 씨가 부근에서 통화 내용을 듣는 것이다. 그런 상황에서 "사랑한다"라는 말을 하기는 어렵다. 파트롱 씨가 레티시아와 제시카를 낭트에 있는 엄마 집에 데려다줄 때는(라르셰 부인에겐 교통수단이 없기 때문이다) 하루 종일 건물 아래에 주차한 차 안에서 기다린다. 그와 마주치지 않기 위해 엄마와 딸들은 지하 1층으로 내려간 다음 쓰레기 수거함과 지하 저장고를 지나 마당으로 나가서 미끄럼틀을 탄다.

페레의 입장에서는 몇 가지 기억이 수치로 남아 있다. 2005년의 어느 토요일, 델핀이 조산실에서 출산 중일 때 쌍둥이는 말라코프에 있는 아파트에서 아버지, 삼촌과 함께 기쁨과 흥분에 겨워 아기의 탄생을 기다리고 있었다. 그러나 오후가 다 지나도록 아기가 나오지 않자 프랑크 페레는 쌍둥이를 다시 포르닉에 데려다주어야 했다. 너무나 실망한 레티시아와 제시카는 가지 않겠다고 버텼지만 선택의 여지가 없었다. 한 시간 동안 차를 타고 간 끝에 쌍둥이는 맥도날드 주차장에서 파트롱 씨에게 넘겨졌다. 그녀들은 하루 종일 기다렸지만 단 한 시간 차이로 어린 사촌이 탄생하는 순간을 놓쳤다. 그러나 파트롱 씨는 사정을 봐줄 사람이 아니었다.

2006년의 또 다른 토요일, 그때는 겨울이라 눈이 무척 많이 왔었다. 사춘기에 접어든 소녀들은 마분지 상자로 썰매를 만들었다. 저녁이 되자 눈이 펑펑 내렸지만, 포르닉으로 돌아가야 할 시간이었다. 그런데 눈이 도로를 덮고 있어서 운전을 하기에는 위험해 보였다. 프랑크 페레는 파트롱 씨에게 전화를 걸어 혹시 딸들이 삼촌 집에서 자는 걸 허락해줄 수 있겠느냐고 물었다.

— 말도 안 됩니다.

결국 레티시아와 제시카는 두 명의 헌병의 호위하에 다시 출발했다. 눈보라가 몰아치는 가운데 시간이 너무 늦어서 부그네의 복지원에서 밤을 보내야 했다. 다음 날 아침 파트롱 씨가 그녀들을 데리러 왔을 때 그는 무차별적인 눈덩이 세례를 받아야 했다.

그러나 파트롱 씨가 프랑크 페레를 불신하는 데는 이유가 있지 않을까? 그는 딸들의 아비에게서 술 냄새가 나면 딸들을 그의 곁에 두지 말라는 지시를 받았다. "그런 일이 한 번 있었죠. 난 슬펐어요. 우리가 열서너 살일 때 이야기죠" 하고 제시카는 말한다. 토요일 저녁에 몇 번인가 그녀들은 돌아와서 말했다. "우리는 아래 주차장에서 놀았어요. 아빠와 삼촌은 아파트에서 맥주를 마시고요." 이따금 프랑크 페레는 핸드브레이크를 잡아 차를 옆으로 미끄러지게 하는 장난을 치고는 고양이가 길을 가로질러 가서 그랬다고 우기곤 했다. 또 어느 토요일 저녁에는 부에 주차장에서 제시카에게 운전을 시킨 적도 있었다. 그녀가 주차된 다른 차를 박지 않도록 하기 위해 그는 핸드브레이크로 급정거를 해야 했다. 너무 심하게 급정거를 하는 바람에 뒷좌석에 타고 있던 레티시아가 하얗게 겁에 질렸다. 낮에 그들은 "자연스럽게 보이면서 도둑질하는 법"이라는 놀이를 하면서 슈퍼마켓에서 경비원이나 감시 카메라에 걸리지 않고 물건을 훔치는 상상을 했다. 이러한 일이 있은 후 판사는 한동안 방문 접견권을 정지시켰다.

프랑크 페레가 자신이 사회적으로 못났음을 세상에 확인시키고 또한 아버지로서 부적격자임을 확인시키는 방식은 마치 결정론이 고스란히 드러나는 광경처럼, 당연히 받아 마땅한 부당함처럼, 감당하기에는 너무 어린 죄인에게 가해지는 처벌처럼 나를 우울하게 만든다. 알코올중독과 무책임함 때문에 판사, 아동복지국, 파트롱 부부, 다시 말해 사법계와 복지국가 그리고 '선량한' 사람들로 이루어진 국민 전체가 그의 반대편에 섰다. 그들이 볼 때 그는 거의 모든 잘못을 저질렀다. 동정심이 들 정도였다.

2008년, 쌍둥이가 성인이 될 때까지 아동사회부조를 받는다는 내용의 연장 조치가 취해졌다. 프랑크 페레는 매달 유지비로 아이 한 명당 100유로씩을 내야 했다. 쌍둥이가 16세가 되었을 때 둘은 엄마를 보기 위해 기차를 타고 낭트로 갔다. 그러나 도착해 보니 문이 닫혀 있었다. 실비 라르셰가 아무에게도 알리지 않고 병원에 입원했던 것이다.

＊

파트롱 씨가 아동사회부조 소속 보육교사들과 사이가 좋았던 것은 그가 교사들의 감독을 받는 도의회의 피고용인이어서가 아니다. 그런 종류의 오해는 이미 19세기에도 볼 수 있다.

포르닉에 있는 사회연대심의회는 레츠 지방 도의회의 사회복지 서비스를 총괄하는 곳으로 레티시아와 제시카의 담당 교사들은 그 심의회의 아동사회부조 지부에 속해 있다. 2008년부터 쌍둥이를 담당한 라비올레트 부인은 거의 매달 그녀들을 만났다. 매일 쌍둥이에게 정성을 들이는 파트롱 부부에 비하면 대수롭지 않지만, 그러한 정기적인 만남은 직업 진로 상담 그리고 금전, 건강, 피임 등의 문제에 대해 조정 또는 논의를 할 수 있게 해주었다. 아동사회 부조가 이렇게 절반쯤만 관여하게 된 것은 보육교사들이 매우 긴급한 케이스, 즉 학교를 그만두고, 가출하고, 도둑질을 하고, 마약을 하고, 자해하는 아이들에게 발목이 잡혀 있기 때문이었다. 그에 비하면 페레 자매는 모범적인 사례였다.

파트롱 씨를 대할 때 라비올레트 부인은 모순적인 감정을 느꼈다. 한편으로 그와 함께 일하는 것은 힘들었다. 그는 모든 것을 통제하려 들었고 어떠한 비판도 견디지 못했다. 그는 자신이 하는 일에 언제나 확신을 갖고 있었고, 자신에게서 원인을 찾기보다 남들을 탓했다. 만일 보육교사가 그가 생각하기에 어울리지 않는 주도권을 행사하려 들라치면, 그는 거리낌 없이 그런 사실을 보육 교사에게 말하고 즉각 자신의 마음에 들지 않는 부분에 대한 제거 작업에 착수한다. 그리하여 라비올레트 부인의 전임자가 쌍둥이가 새로운 것들을 발견하고 친구들을 만들려면 여름학교에 가야 한다고 강력히 주장했을 때, 파트롱 씨는 레티시아가 그룹에서 제일 연장자가 되게 만들었다. 레티시아는 낙담해서 돌아왔다. "그는 내가 꼬마들과 함께 있기를 원해요." 제시카의 경우 파트롱 씨에게 완전히 장악되어 있어서, 레티시아조차 그녀가 파트롱 씨의 말을 "흡수한다"고 말할 정도였다. 몇 달 만에 그는 쌍둥이의 삶에 있어 지나치게 큰 위치를 차지하게 되었다. 팀에서는 그녀들이 "파트롱화" 되었다고 말한다. 파트롱화 된다는 것, 그것은 성장 중인 아이들에게 통제의 메커니즘을 설정하는 것이다.

　　다른 한편으로 레티시아와 제시카는 기준을 가지고 제대로 자리를 잡아 행복할 수 있는 구조적 환경을 그곳에서 발견했던 것으로 보인다. 라비올레트 부인이 그녀들이 어느 정도까지 가족에 통합되어 있는지를 확인하고자 가정방문을 했을 때, 그녀는 평온한 마음으로 돌아갈 수 있었다. "아이들이 잘 지내요. 발전하고 있어요." 또 다른 때에 그녀는 근심에 싸여 돌아온다. "이럴 수는 없어요. 아이들은 자기 삶을 살아야 해요. 다른 방법을 찾아야겠어요." 그러나 그러한 의혹들은 쌍둥이의 자율성에 관한 것일 뿐이었다. 라비올레트 부인이 성적 폭력에 대해 의심한 적은 한 번도 없었다. 2014년 파트롱 재판 당시 피고 측은 만일 소녀들이 "파트롱화" 되어 있었다면 어째서 의회에서는 마땅히 내려야 할 결론을 끌어내지 못했었느냐고 묻게 된다.

　　파트롱 씨는 대리 아버지였는가, 그릇된 가족도우미였는가? 선량한 경계심이었는가, 연인의 질투였는가? 안심하게 만드는 그 엄격함은 고삐 풀린 사춘기 소녀들에 대한 호의였는가, 미성년자들에 대한 독재였는가?

18

'성범죄 누범자'
Un 'délinquant sexuel multirécidiviste'

마르티노 판사는 레티시아 사건이 정치적-사법적 골칫거리
가 되리라는 것을 직관적으로 알았다. 엄청난 언론 공세, 전국적으
로 격앙된 감정, 백색 행진, 그리고 시신 수색은 공공 안전에 관한
담론을 살찌웠다. 모든 사람이 레티시아가 성범죄 누범자에 의해
강간 살해되었다고 생각했다. 사법부가 멜롱의 추적 감시에 있어
지나친 관용을 보였다는 불만이 급속도로 팽배했다. 멜롱의 심문이
있던 2011년 1월 22일, 교도행정 수사관들이 루아르아틀랑티크에
도착했다.

사건사고의 정치화는 정부의 최상부에서 이루어진다. 1월
25일, 엘리제궁전에서 매주 열리는 여당의 조찬회 석상에서 니콜라
사르코지는 정부와 의회가 성범죄자들의 추적 감시를 위한 "매우
빠른" 조치를 취할 것을 요구한다. 그가 원하는 법안은 출소 시에
성범죄자들에게 전자발찌를 채우게 하는 것이다. 오후에 생나제르
조선소를 방문한 그는 러시아와의 미스트랄급 상륙함 두 척의 판매
계약 성공을 기념하는 연설 서두에서 "재범은 막을 수 없는 것이 아

니며, 나는 후속 조치 없는 수사에 만족하지 않을 것입니다. (…) 심의위원회 같은 것이 아니라 결단이 필요합니다. 이번과 같은 일들이 너무도 많이 발생했습니다"라고 말한다. 대통령은 다음 날 각료회의에서 또다시 그 비극적인 사건을 언급하고, 엘리제궁전에서 법무부장관 미셸 메르시에, 내무부장관 브리스 오르트푀와 재범에 관한 회의를 주재한다.

니콜라 사르코지는 종종 사건사고를 핑계 삼아 형법의 강화를 주장했고, 실제로 얻어냈다. 2003년 9월, 내무부 장관이었던 그는 연쇄강간범에 대해 이렇게 외친다. "어디에 있는지 알지도 못하는데 무슨 명목으로 그 괴물들을 이 세상에서 사라지게 할 수 있단 말입니까?" 2005년 대권 도전에 나선 그는 조깅을 하던 넬리 크레멜을 살해한 혐의를 받는 용의자와 "그와 같은 괴물을 감히 다시 자유의 몸으로 풀어준" 판사를 싸잡아 비난한다. 그 결과 그해 가을 재범의 개념을 확대하고 집행유예를 제한하며 보호관찰 기간을 연장하는 법안이 통과된다. 2006년 5월, 두 명의 아동이 살해당하는 사건이 발생한 후 그는 성범죄 재발에 대한 싸움을 재개하여 성범죄자들의 전과 기록을 보다 오래 보관하자고 제안한다.

대통령 선거 후인 2007년 8월 표결에 부쳐진 다티 법안*은 '최소 형량' 조항을 설정하는데, 이에 따르면 재범으로 저질러진 범죄와 위반 행위는 일정 기준 이상으로(세 번째 범법 행위일 경우를 제

---

*　　당시 법무장관이었던 라시다 다티Rachida Dati에 의해 만들어진 법안. 범죄 재발 방지를 목적으로 한다.

외하면 판사는 그 기준을 적용하지 않을 수 있다) 처벌하게 된다. 며칠 후, 소아성애 누범자에게 어린 애니가 강간당한 사건에 대해 사르코지는 폐쇄병동의 창설과 성범죄자들에 대한 형량 경감 폐지를 발표한다. 2008년 초 투표에 붙여진 보호감금안은 위험한 범죄자는 형기를 마친 후에도 감금할 수 있게 하고 그 감금이 무한정 갱신될 수 있게 해주었다.

하나의 사건사고마다 한 번의 공공 개입이 이루어진 것이다. 모든 범죄에 각각의 법이 있다. 살인 사건이, 현존하는 형법 시스템의 결함을 '증명'해준 셈이다. 그리하여 범죄 이후에 후속 조치로 만들어진 법은 향후 발생한 모든 범죄들을 '커버'해야 한다. 니콜라 사르코지는 초법적 대통령 이상으로 스스로를 '구원자'로 보았다.

이 법들이 오랜 시간 동안 정치적, 법리적 심의를 거치게 될 것은 변함이 없다. 1998년 '성범죄 예방을 위한 기구Guigou 법안'은 재발 방지를 위해 범죄자가 보호관찰을 받게끔 강제하고 있다. 최소 형량에 대한 2007년의 법안은 경미 혹은 중급中級 범죄에 대한 2002~2004년의 프로방 법안의 후속 조치다. 파기원Cour de cassation* 검사장인 장 프랑수아 뷔르즐랭은 2005년에 작성된 보고서에서 위험한 범죄자들을 수용하기 위한, 반은 병원이고 반은 감옥인 폐쇄센터의 창설을 제안했다. 니콜라 사르코지는 2000년대 초부터 최소형량제에 우호적임을 밝혔으며, 최소형량제는 2007년 대통령 공약 사항에 들어갔다.

---

* 프랑스의 최고법원.

니콜라 사르코지의 개입은 인간이 보여줄 수 있는 개인적 감수성의 영역을 넘어 새로운 스타일로의 면모를 보여준다. 보다 직접적이고, 보다 과장이 심하며, 진심으로 감동하는 동시에, 또한 능란한 정치가로서 그는 가족의 고통과 프랑스 국민의 불안을 함께 나눈다. 대통령은 문제 앞에서 팔짱만 끼고 있는 사람이 아닌 것이다.

그를 성공에 이르게 한 에너지와 "하면 된다"는 정신으로 사건사고들을 차지한 니콜라 사르코지는 그러한 사건들을 공공연히 드러내고 이야기를 만들어가는 데, 그러한 사건들을 해석하고 증폭하며 기상천외하게 만드는 데 결정적인 역할을 했다. 레티시아 사건의 시작도 대부분 2011년 1월 25일 생나제르 조선소 방문(대통령의 공보담당인 프랑크 루브리에는 낭트 출신이기도 하다)에서 기인한다. 부모에 의해 태어나 멜롱에 의해 살해된 레티시아는 어느 정도는 사르코지의 창작이기도 하다. 그때부터 그녀는 그레고리, 조나단, 프리실라, 오렐리아, 애니스, 메디슨, 마티아스처럼 이름이 사건명이 되어버린 모든 아이들, 범죄 개요로 인해 자신의 삶과 부모의 삶을 망치게 된 희생자들의 긴 리스트에 이름을 올리게 되었다.

사건사고는 범죄자를 상정한다. 끔찍한 사건사고는 괴물을 요구한다. 괴물은 갇혀야 한다. 이러한 단순주의적 분석은 우리 사회의 바탕이 되는 움직임을 드러낸다. 따라서 모든 범죄, 모든 사고, 모든 질병에 대한 사회적 분노를 쏟아부을 수 있는 책임자를 지정할 필요가 생긴다. 죄인의 낙인은 희생자의 고귀함과 쌍을 이룬다. 죄인이 비열할수록 희생자는 그만큼 더 순결해진다. 이러한 해석은 선한 사람들과 못된 사람들로 양분된 사회가 도래하게끔 하는 것을 목표로 한다. 그런데 이러한 선택을 하면서 대통령은 프랑스 국민을 오류로 몰아넣는다. 왜냐하면 대다수의 성폭행이 가족 내에서 일어나기 때문이다. 남편이 아내에게, 할아버지가 손녀에게, 양부가 청소년기의 딸에게 등등. 물론 여고생들이나 히치하이킹을 하는 여성들에 대한 공격도 있지만 통계적으로 볼 때 부수적이다. 청소년을 대상으로 하는 성범죄와 '포식적' 성범죄를 연결시키는 것은 위험에 대한 그릇된 인식을 드러내는 것이다.

사르코지식으로 사건사고를 취급하는 것은 말 그대로 정치적인 행위다. 즉 행동의 수사학, '법과 질서'의 담론, 공포의 도구화, 감정의 지배, 언론 편재 현상이 그를 사회의 수호자, 다시 말해 '악당'과 '괴물'이 노리고 있는 프랑스인들의 보호자가 되도록 만들어주는 것이다. 장관과 대통령으로서 니콜라 사르코지 특유의 연민과 공공 안전에 기대는 이러한 편의주의는 재범 위험을 제로로 만들겠다는 의도로 가장 억압적인 조치들(최소형량제, 보호감금제, 경범죄에 대한 시민배심원제, 미성년자 예외조항의 삭제)을 정당화시킨다.

이렇게 하면서 정부는 사회를 모든 위험으로부터 면역시켰다고 주장한다. 이제 무능의 메커니즘이 작동하기 시작한다. 모든 새로운 법이 재범 문제를 해결했다고 믿게 만들면서, 이제 모든 새로운 범죄는 법체계의 무력함, 경찰과 사법부의 실패, 데이터베이스의 결함, 안전조치의 불충분함을 입증하는 것이 된다. 쏟아지는 법안들에 뒤이어 일련의 사건사고가 발생하면서 니콜라 사르코지가 내세우는 경쟁적인 공약은 그가 '행동하기'보다는 '말'만 한다는 인상을 준다. 대통령의 말은 계속되는 무력함의 고백 속에서 자동

파괴된다.

우파는 바로 그 점을 인식하기 시작했다. 1월 25일, 국회에서 대중운동연합UMP 지도부는 모든 '편의주의적 법안'에 반대한다고 선언한다. 니콜라 사르코지는 즉시 이에 굴복하고, 법무부 장관미셸 메르시에는 재범자들의 보호관찰 강화 조치를 검토함과 동시에 '시민배심원제에 의한 경범죄 재판' 법안도 검토해보겠다고 발표한다.

✳

언론과 정치가 살인 사건을 이용할 때 모든 초점은 멜롱이라는 자에 맞춰진다. 생나제르 다리 위에서의 침묵의 시위에 관한 탐사보도에 앞서 프랑스2의 뉴스 진행자는 이렇게 말한다. "이 비극적인 사건은 과연 피할 수 없는 것이었을까요? 오늘 밤 용의자에 대한 사법 처리가 어땠는지 우리는 알게 될 것입니다."

멜롱이 2011년 1월 18일 오후 바르브 블루스에서 술을 한잔하자고 했을 때, 그는 주거 부정의 전과자로서 지역의 작은 술집을 전전하며 르 카스포에 있는 자신의 캠핑 트레일러에 잡동사니들을 쌓아 올리고 훔친 오토바이와 컴퓨터를 모아두고 있었다. 열세 번의 유죄 선고로 그는 자신의 생애 절반을 감옥에서 보냈다. 그는 퇴폐 행위, 무면허운전, 음주운전, 단체 절도, 무기 소지 특수 절도, 상해, 불복종, 법정 모독 등 온갖 종류의 범죄 전과가 있으며, 동료 재소자에 대한 강간치상죄는 성범죄로 분류되어 중범죄재판소에서 판결을 받게 되는데, 이는 스스로 타인을 처벌하고자 하는 거친 보스의 폭력적 면모를 보여준다. 이 죄로 그는 2004년에 만들어진 성범죄자 전산데이터베이스FIJAIS에 올라가게 되어 매년 자신의 주소를 의무적으로 알려야 하고 이사를 할 때도 신고를 해야만 한다.

토니 멜롱이 발 드 루아르 지방에서는 조무래기 부랑자이긴 하지만 분명 다중 누범 범죄자인 것은 분명하다. 젊은 시절의 차량 절도에서부터 상점 여주인을 골프채로 난타한 무장 강도에 이르기까지 그의 범죄 이력이 점점 중해지는 것이 관찰된다. 2010년 석방된 그는 자신이 저지르는 위법행위의 결과는 전혀 신경 쓰지 않고 가장 끔찍한 범죄라도 저지를 태세로 암거래를 하며, 절도를 하고, 협박하고, 공격하고, 폭행한다. 그는 항상 한탕을 노리고 너무 어렵지 않은 강도 대상이나 훔칠 차량, 유혹할 소녀('여자' '날라리' '갈보')를 찾아다닌다. 그는 만약을 대비해 잠을 잘 때도 장전된 총을 지닌 채 잔다. 항상 술과 코카인에 찌들어 있고, 충동적이며, 사회 복귀의 가망이 보이지 않는 멜롱은 틀림없이 누군가를 죽이고 말 것이다. 그 누군가가 반드시 젊은 여자일 필요는 없다. 사람들은 오히려 그가 바에서 어떤 사내를 칼로 찌르거나 예전 동거녀를 공격할 거라고 예상했었다. 예전 동거녀와 헤어질 때 그가 이런 말을 했기 때문이었다. "죽여버릴 거야! 네 아들도 죽이고! 네 엄마까지 죽이고 나도 죽을 거야!" 레티시아 살해는 그의 일탈의 '자연스러운' 귀결처럼 보인다.

그러나 두 가지 명확히 해야 할 점이 있다. 우선 멜롱은 '성범죄자'의 일반적인 정의에 부합되지 않는다. 그는 소아성애자나 포식자, 강간 누범자와는 전혀 관련이 없다(비록 그의 예전 동거녀가

2010년에 성폭행으로 그를 고소하긴 했어도 말이다). 감옥에서는 성범죄자를 가리켜 "포인터"라고 부르는데 수감자들의 포인터들에 대한 증오는 자신의 남성성을 구축하는 행위에 포함된다. 이는 무척이나 진부한 것이다. 감옥에서의 성폭력에 관한 논문에서 사회학자 그웨놀라 리코르도Gwénola Ricordeau는 포 구치소에 수감된 17세 미성년자의 말을 인용한다. "포인터들을 공격하는 사람들, 그들이 옳죠. 포인터들은 정말 개 같은 놈들이거든요. 나라면 포인터의 항문에 대걸레를 쑤셔 박을걸요. 내 방에 오면 10분도 못 버틸 거예요."

　두 번째로 낭트 검사장인 자비에 롱생이 지적하듯, 멜롱은 자신이 받은 형량의 모든 형기를 채웠음에도 기대했던 석방의 기쁨을 누리지 못했다. 심지어 감형조차 받지 못했다. 따라서 르 카스포에서 그를 체포한 후 정계와 언론이 사법부가 성범죄자를 '풀어놓았다'고 여긴 것은 실은 공공 안전을 위한 자동 현상에 지나지 않는다. 또한 자비에 롱생은 재판의 현 단계에서는 증거가 불충분하므로 레티시아 강간 혐의로 멜롱이 심문을 받은 것은 아니라는 사실을 강조한다.

　이러한 순수한 법률적 논란에서 벗어나야만 자비에 롱생의 용기와 그가 당시 떠맡고 있던 민주적 권위가 얼마나 큰 것인지를 가늠할 수 있다. 그가 요약한 대로 재판이란 민중 선동적인 비난이 아니라 정의에 의거한다. 확인되기 전까지는 멜롱이 강간범이 아님을 상기시켜주는 것이 정치적 압력에 저항하는 방식이며 나아가 대통령에게 저항하는 방식이다.

　그런데 "성범죄 누범자"라는 상투적 표현에 이르지 못한다면 레티시아 사건은 정치적으로 쓸모가 없게 된다. 낙담할 만한 이 사실에 맞닥뜨리고 재범에 대한 또 한 번의 입법을 다수가 주저하자, 대통령은 자신의 연설 방향을 바꾼다. 2011년 1월 27일, TF1 그리고 프랑스2 뉴스와 행보를 같이하며 대통령은 법무부 장관에게 '직무유기'가 있었음을 밝혀낼 것을 요구한다. 즉 "누범자가 어떻게 보호관찰에서 벗어날 수 있었는가?" 하는 것이었다.

✳

멜롱의 한심한 **이력서**는 재범이 커다란 문제가 됨을 보여준다. 시민들을 보호하고자 하는 것은 당연한 일이다. 그런 의미에서 범죄와의 전쟁은 민주적 기대에 부응하는 것이다. 그러나 공공 안전에 관한 2000년대의 신경증과 조급함, 효율성의 요구, 니콜라 사르코지의 혈기, 여러 사람이 갖는 불안감은 재범에 관한 논쟁이 감옥에 관한 논쟁만큼이나 오래된 것임을 망각케 한다.

과거의 잘못을 되풀이하는 것은 범죄의 영역(재범)과 마찬가지로 종교의 영역(다시 이단에 빠지는 것)에도 존재한다. 앙시앵 레짐 하에서 죄인들은 그들이 저지른 범죄의 종류에 따라 붉게 달군 인두로 낙인이 찍혔다. 예를 들어 'VV'는 절도 재범을 가리킨다. 피부에 전과 기록을 문신으로 남기는 셈이다. 그러나 프랑스대혁명과 함께 재범은 특별한 의미를 가지게 되었다. 실제로 프랑스대혁명은 인간이 완벽할 수 있는가, 악당이 새사람이 되어 사회에서 자신의 위치를 되찾을 수 있는가를 두고 내기를 한다. 1791년의 형법은 "죄인을 벌하는 동시에 그를 보다 나은 사람으로 만드는 이중의 효과"

를 내야만 했다. 감옥은 그 속죄의 장소가 될 것이었다.

그럼에도 나타난 재범은 모든 시도가 실패했음을 보여준다. 이 시점부터 여러 가지 대응 방안이 시도된다. 제거(사형이나 종신형), 낙인(1802년부터 1832년까지 재시행), 혹은 가중처벌로 다시 투옥되는 것 등이 그것이다. 나폴레옹 시대의 형법에서는 일반적이고 영속적인 '재범의 원칙'을 법으로 정하고 있다. 위반이나 범죄에 대한 모든 새로운 형의 선고는 전부 재범이 되는 것이다. 석방 시기가 되면 또다시 위험이 생긴다. 감옥이 제 역할을 다했다고 어떻게 확신할 수 있는가? 냉혹하고 도저히 뉘우칠 줄 모르며 교정이 불가능한 범인을 세상에 내보내는 것이 아니라고 어떻게 확신할 수 있는가?

유감스럽게도 감옥이 '범죄 학교'로 전락했다는 사실은 19세기 초부터 상식이 되었다. 감옥은 재소자를 개과천선시키는 데 실패했음은 물론 더욱 타락시킨다. 두 세기가 지났음에도 상황은 여전히 마찬가지다. 곤궁, 폭력, 뒤섞여 사는 삶, 권태, 버려졌다는 감정 등이 재소자의 소외감을 악화시키고 그리하여 감옥은 이제 범죄를 유지시키는 유배의 장소에 지나지 않게 되었다. 2008년 상원의 법사위원회에서 작성한 바와 같이 재소자 인원수의 과잉은 재소자들의 존엄성을 훼손하고 초범과 다른 죄인들을 함께 뒤섞어놓음으로써, 그리고 재소자들의 사회 편입을 도울 모든 조치를 가로막음으로써 재범의 위험을 배가시키고 있다.

비참하게도 평생을 수용시설과 법원 그리고 감옥을 전전하거나 코카인을 흡입하며, 거지가 되어버린 예전의 동료 재소자들과 함께 강도짓이나 한 멜롱의 '경력'이 그런 사실을 입증한다. 공정하고도 끔찍했던 멜롱의 재판에서 그는 "징역이 내 폭력성을 '10'으로 증가시켰다"고 말하게 된다.

나폴레옹 형법이 공포되고 200년이 지난 후에 재범에 대한 논쟁이 버젓이 재개되었다. 내무부 장관으로서 니콜라 사르코지가 재직하던 당시와 대통령 니콜라 사르코지의 정권하에서 직접적 혹은 부분적으로 재범과 관련돼 있는 다섯 개의 법안이 연속적으로 나왔다. 2008년에서 2011년 사이에 적어도 여섯 건의 보고서가 그 문제에 있어서 당국이 무능하다는 사실을 환기시켰다. 19세기와 20세기의 역사 전체를 보면 가장 엄한 법률과 조치에도 불구하고 재범은 만성적이라는 것을 알 수 있다. 재범은 심각한 문제이므로 이제 진지하게 그 문제를 이야기해보자.

— 독재 사회를 포함하여 어떠한 사회도 범죄를 완전히 제거할 수는 없다. 악, 위반의 욕망, 시기심, 광기는 인류를 구성하는 요소이므로 '위험 제로'란 존재하지 않는다.

— 재범이 발생하는 데는 가난, 학업 실패, 전망의 부재, 재소자의 과밀과 같은 사회적 원인들도 있다. 감옥이 범죄(그리고 테러) 생산에 있어서 중요한 역할을 하므로 '재범의 문제'와 동시에 분노의 인큐베이터로서의 감옥의 문제 또한 검토되어야 할 것이다.

— 정치와 언론에서 말하는 "재범"은 '배척된 상황'에서 젊은 이들이 저지르는 범죄와 범법 행위(멜롱의 경우에서 볼 수 있듯이 반드시 도시 출신이거나 외국 출신일 필요는 없다)를 지칭한다. 또 다른 재범도 있는데, 역시 만성적이지만 대개 처벌받지 않는다. 그것은 화이

트칼라 범죄자들이 저지르는 것이다. 예를 들면 수뢰에서부터 적극적인 부패로, 그리고 배임에서 불법 선거자금 모금으로 이어지는 정치가들의 범죄다.

19

"나는 당신 아내가 아니야"
"Je ne suis pas ta femme"

나는 파트롱 씨에게 유죄판결이 내려진 성폭행 사건을 다룰 이번 장을, 사건을 체계적으로 짚어가는 것으로 시작하고자 한다. 질 파트롱은 제시카가 성년이 된 후 동의를 받은 한 가지 관계만을 인정했다. 나머지에 대해서 그는 줄곧 무죄를 주장하며 젊은 여자들이 사욕 때문에, 정신쇠약 혹은 복수심에서 거짓말을 하는 것이라고 비난했다. 그의 아내와 세 자녀, 그리고 2000년대에 그의 집에 입주했던 몇몇 아이들까지 모두 그를 전적으로 지지했다.

제시카 페레를 포함한 다섯 명의 젊은 여성들이 그를 제소했다. 검사장이 파트롱 씨를 기소했다. 여성 예심판사가 여러 달에 걸쳐 조사를 했다. 수십 차례의 심문 지시가 내려졌고 몇 차례의 대질심문이 판사 집무실에서 이루어졌다. 결국 루아르아틀랑티크의 예심법원은 젊은 여성들의 서로 일치되고, 정황에 부합하며, 사전에 모의되지 않은 증언들에 근거해 판결을 내렸다. 파트롱 씨는 유죄 선고를 받았다.

＊

클레망틴은 2001년부터 2004년까지(훗날 제빵사가 된 제롬과 같은 시기에) 장기 체류자로서 파트롱 부부가 위탁받은 최초의 어린 소녀다. 페레 자매와 마찬가지로 1992년에 태어난 그녀는 가족에 잘 융화되었고, 파트롱 부부의 딸들 그리고 손녀 가운데 하나인 멜리스와 무척 친하게 지냈다.

파트롱 씨의 성추행은 그녀가 11세 때였던 2003년에 시작된다. 파트롱 부인과 제롬이 잠을 자러 가고 없을 때면 텔레비전 앞이나 소파에서, 공사 중인 집 작업장에서, 수영을 가르쳐준다며 바다에서 그러곤 했다. 성추행은 신체 접촉과 강간이었다. 그는 한 손으로 자위행위를 하면서 다른 손의 손가락을 그녀의 성기에 넣었다.

정신과 의사가 준 노트에 클레망틴은 이렇게 적고 있다. "파트롱 씨가 날 만지는 게 싫어요." 이 에피소드는 결정적이다. 왜냐하면 이 노트가 우선 물질적 증거가 되기 때문이고, 그다음으로 파트롱 씨 댁에서의 부부의 상태 또한 드러내기 때문이다. 노트를 찾아낸 파트롱 씨가 클레망틴을 불렀다.

— 이게 뭐니?

— 내가 쓰고 싶은 대로 쓸 거예요. 당신은 볼 권리가 없어요.

— 너 왜 거짓말을 하니? 가족을 바꿔줘야겠구나!

파트롱 부인도 그 노트를 읽었고 어린 소녀에게 사과를 강요했다. 클레망틴은 울기 시작했고 다시는 그러지 않겠다고 약속했다.

클레망틴이 떠나고 몇 달 뒤, 파트롱 부부는 팽뵈프 보육원생으로서 곧 열세 살이 되는 쌍둥이 자매를 알게 된다. 제시카에 대한 신체 접촉은 2006년 여름, 캠핑카를 타고 갔던 바캉스 기간 중에 시작되었다. 그들은 헛간에 있었고 그곳엔 건초가 있었다. 파트롱 부인과 레티시아는 산책하러 가고 없었다. 제시카는 열네 살이었고 아직 사춘기가 아니었다. 그녀는 당혹스러웠으나 그 사실을 누구에게도 말하지 않았다. 성추행은 2008년에 재개되었다. 거실 소파에서, 제시카의 방에서, 욕실에서, 공사 중인 집 작업장에서, 대합잡이 소풍을 가서, 카 부인 댁에서 치료를 받고 돌아오는 길에…. 가슴과 엉덩이를 만지고, 억지로 자위를 시키고, 손가락을 삽입하는 식이었다. 그는 그녀의 성기를 핥고, 음모를 면도했다.

제시카는 원하지 않았지만 그래도 위탁부친은 그렇게 했다. 그가 자신의 방에 들어오면 그녀는 무슨 일이 벌어질지 알았다. 처음에 그녀는 그러지 말라며 거부했지만 오래 걸리지 않고 5분 정도면 끝난다는 것을 알기 때문에 그가 고집을 피우면 그냥 내버려두었다. 때때로 그는 이렇게 말하면서 행위를 이어갔다.

— 기다려, 아직 멀었어.

어떤 때는 그녀가 조목조목 따지고 들었다.

— 사랑해, 프티 루. 하지만 아버지로서야.

냉정하게 말할 때도 있었다.

— 이런 짓 하라고 아내가 있는 거잖아. 나는 당신 아내가 아니야.

재판 중에 재판장은 파트롱 씨의 심문이 끝난 후 제시카와 프랑크 페레의 동거녀 사이에 오간 전화 통화 녹취록을 읽었다.

— 그가 억지로 그렇게 했니?

— 하는 대로 내버려뒀어요. 그는 내게 말했어요. "이렇게 해야 너도 남자가 어떤 건지 알게 될 거야…"

— 하지만 그자는 일흔 살이나 먹은 노땅이잖아!

— 아뇨, 예순이에요. 하지만 나를 열렬히 사랑한대요.

— 아무튼 제시카! 그 사람은 너의 위탁가정 부친이야. 그래서는 안 돼.

또 다른 대화다.

— 그가 너를 조종하던?

— 나보고 아무 말도 하지 말래요.

— 넌 머리에 이가 있다고, 머리를 너무 짧게 잘랐다고 소송을 하겠다던 애인데, 어떻게 내게 그런 사실을 말하지 않을 수 있니?

— 몰라요, 나도 제정신이 아니었어요….

✳

여기서 파트롱 씨를 다시 심판하자는 것은 아니다. 만약 중범죄재판소를 제외한 누군가에게 그를 심판할 권리가 있다면 그것은 제시카일 것이다. 그런데 그녀는 혹시나 원한을 살까 두려워서 오랫동안 고소하기를 거부했다. 그렇지만 이런 질문은 마땅히 던져볼 수 있을 것이다. 진정 파트롱 씨는 어떤 사람일까?

엇나간 연인

예심에서 파트롱 씨는 옷 아래로의 애무, 자위행위, 오럴섹스를 한 것은 인정했지만 성인들 간의 합의하에 이루어진 관계라고 주장했다. 자신은 제시카를 사랑했으며 제시카가 성인이 된 이후 "가까워졌기" 때문이라는 것이었다. 재판에서 파트롱 씨는 "용감하고, 자발적이며, 결단력이 있는" 젊은 여성에 대한 찬사를 늘어놓으며 그녀에게서 자신의 모습을 보았노라고 했다. 61세의 할아버지가 18세의 젊은 여자를 사랑한다고? 그렇다 치자.

그러나 이 진술은 몇 가지를 보완해야 할 것이다. 우선 파트롱 씨는 제시카가 지적으로 모자란다는 이유로 여러 사람들 앞에서 그녀를 비난한 적이 있었다. 그다음으로, 파트롱 씨 자신의 고백에 의하면 그는 그녀를 "딸로 키웠다"고 했다. 레티시아가 죽고 몇 달 후, 그는 〈웨스트프랑스〉 기자 두 명 앞에서 이렇게 말한 바 있다. "설령 우리 친딸이 아니라고 해도 우리는 친자식처럼 그녀를 키웠고 친자식처럼 사랑했습니다. 애정이 없다면 아이에게 공을 들이고 그렇게 반듯하게 키울 수 없지요."

만일 파트롱 씨가 그녀를 진정 사랑했다 하더라도 그의 '열정'은 최소한 근친상간에 해당한다. 제시카로서는 결코 그 무엇으로도 씻을 수 없는 오명을 안게 된 것이다.

재판이 끝났을 때, 파트롱 씨는 오열을 터뜨렸다.

— 내가 내 본분을 잊었었다. 제시카, 네게 용서를 빈다.

포식자

파트롱 씨는 왜 만년에 가족도우미가 되었을까? 여러 가지 설명이 가능하다. 아동사회부조를 받는 아이들이 연로한 이들의 뒤를 잇는 경우가 있으므로 자신의 노후에 도움이 되지 않을까 싶은 생각에서였을 수 있다. 또는 직업적으로 뛰어들어 수익을 얻을 수 있었기 때문인지도 모른다. 혹은 자신의 보호 외에는 그 어떤 보호도 기대할 수 없으며 가족사에 의해 약해질 대로 약해진, 자신의 '먹잇감'에 접근하기 위한 것이었을 수도 있다. 파트롱 씨를 소아성애자로 간주한다면 그 연대기는 시사하는 바가 크다. 2003~2004년 클레망틴에서 2006~2011년 제시카로 넘어간다. 그 사이 2009~2010년에는 페레 자매의 친구인 롤라와 쥐스틴이 있다는 것도 잊어서는 안 된다. 파트롱 씨는 레티시아와 제시카에게 로제르 로 변에 짓는 집을 주겠다고 약속했었다. 그 집은 가족의 안식처였을까, 아니면 섹스를 위한 감옥이었을까?

이미 19세기에 고아원의 어린 소녀들은 원장의 쾌락을 위한 도구였다. 말로는 원장이 성추행을 하는 것이 아니라 소녀들이 원장을 유혹한다고 한다. 그래서 소녀들이 만족을 못 하면, 그녀들을 위해 모든 것을 다 했음에도 불구하고 소녀들은 다른 곳을 찾아간다는 것이다! 그녀들은 아무것도 아닌 존재, 사회적 실재도 없으며 어느 누구에게도 중요하지 않은 존재들이다. 18세기의 새로운 교육문화에 착안하여 아동을 보호해야 할 필요성이 대두된다. '순결성에 대한 공격'을 처벌하는 1810년의 형법과 11세 미만의 미성년자를 보호하는 1832년의 법 사이에 제기된 것이 그것이다. 위반하는 자들에 대한 처벌은 점점 더 늘어나지만 그럼에도 공립 고아원의 어린 소녀들은 하녀들이나 농가에서 일하는 소녀들, 목장에서 일하는 소녀들 그리고 여자 걸인들과 마찬가지로 피해를 입기 쉽다. 사람들은 이해했다. 클레망틴과 제시카의 운명은 비극적이지만 진부한 것이라는 사실을.

'그 모든 것에도 불구하고' 좋은 아버지

제시카는 위탁부친에게 증오심이나 원한을 느끼지 않는다. 그녀는 울적한 기분으로 자신의 사춘기를 돌아본다. "파트롱 가족은 제게 두 번째 찬스였어요. 인생에 그런 일은 드물기 때문에 붙잡아야 했지요. 만약 그가 친아버지였다면 좋았을 수도 있지요…. 그러면 난 여전히 포르닉에 있을 테고요." 제시카의 인생에는 반쯤은 친절하고 반쯤은 악독한, 불완전한 부친들만이 있었다. 그의 유감스러운 파행을 이유로 파트롱 씨의 교육이 잘못되었다고 말할 수 있는 걸까?

논고에서 차장검사는 직접 피고에게 말을 걸어 일종의 관대함을 표시했다. "저는 법정에 최고형을 요구하지 않겠습니다. 왜냐하면 끔찍함의 정도에 있어 당신은 높은 수준에 있지만 그 정점에 있지는 않기 때문입니다." 파트롱 씨에게 20년 형이 구형되었지만, 선고된 것은 징역 8년 형이었다.

이런 질문을 하고 싶어 입이 근질근질해진다. 그렇다면, 레티시아는?

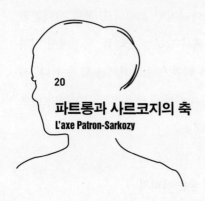

20

파트롱과 사르코지의 축
L'axe Patron-Sarkozy

이 사건사고에 있어서 파트롱 부부는 다른 사람들을 모두 가렸다. 그들은 레티시아의 진정한 가족처럼 소개되었다. 거의 모든 탐방 기사들이 라 베르느리나 포르닉, 로제르 로에서 작성되었고, 신문에서 "불안에 빠진 가족"이라는 제호를 달고 나올 때 그 '가족'이란 파트롱 가족을 가리켰다. 파트롱 부인 자신이 프랑스2의 카메라 앞에 서서 이렇게 밝힌 바 있다. "그래도 아직 우리 어린 딸이 어딘가에 살아 있었으면 해요."

이러한 기억의 착복은 여러 가지 요인들로 설명할 수 있다. 우선 레티시아는 파트롱 씨 댁에서 살았고 그 집에서 50미터 떨어진 곳에서 납치되었다. 말하자면 '포르닉의 비극적 사건'은 그들 문간에서 벌어졌다. 다음으로 파트롱 부부와 자녀들은 자신들의 감정을 숨기지 않는다. 마지막으로 언론에게는 질문할 사람들과 보여주어야 할 장소들이 꼭 필요하다. 이런 점에서 볼 때 파트롱 가족은 좋은 '고객들'이다. 프랑크 페레와는 달리 파트롱 씨는 잘 짜인 그럴싸한 이야기를 하는 뛰어난 화술과 여유를 보인다. 다 자란 세 아이의 아버지이자 몇 차례 손주도 본 적이 있으며 시의회로부터 보수를 받는 가족도우미인 예순한 살의 이 건장한 사내는 권위 있게 보이는 반면, 강간으로 형을 선고받은 적이 있고 말할 때도 대개 어눌해서 알아들을 수 없는 프랑크 페레는 전혀 그렇지 않다. 쌍둥이의 엄마인 실비 라르셰는 아예 눈에 띄지조차 않는다.

가장 규모가 컸던 2011년 1월 29일의 백색 행진이 그러한 차이를 뚜렷이 보여준다. 레티시아가 사라진 지 열흘째 되는 날이었다. 제일 유력한 용의자는 침묵을 지키고 있고, 프랑스 대통령이 몸소 사건을 챙겼다. 라 베르느리 시청 앞에는 조문 방명록과 함께 40개의 천막이 세워졌다. 14시부터 1만 명이나 되는 사람들이 낭트 호텔에서부터 스쿠터와 플랫슈즈가 발견된 장소까지 레티시아의 마지막 여정을 따라 행진하기 시작했다. 세 가족이 거기에 참가했는데, 파트롱 가족이 선두에 서고 페레 가족과 라르셰 가족은 멀리 뒤처지는 바람에 군중 속에 파묻혀 보이지 않았다.

행렬은 로제르 로로 접어들어 레티시아가 쓰러진 장소에서 멈췄다. 꽃다발을 내려놓는 순간 제시카가 실신하여 쓰러졌다. 프랑크 페레와 스테판 페레가 그녀에게 달려갔지만 파트롱 씨가 막아섰다.

— 애를 내버려둬요, 우리를 내버려두라니까!

그는 제시카를 일으켜 세워 조금 떨어진 곳으로 데리고 갔다.

— 이건 말도 안 돼. 쟨 네 딸이야. 네가 딸을 돌봐야지!

스테판이 프랑크의 팔을 붙잡고 소리쳤다.

자신의 집 문간에서 비탄에 잠긴 파트롱 씨가 카메라 앞에서 연설을 했다. "우리는 오늘 네가 마지막으로 간 길을 함께 걸음으로써 네게 우리의 사랑을 표시하고 싶구나. 집, 네가 말하던 것처럼 '너의 집'에서 겨우 몇 미터 떨어진 곳에서 네 생명이 위험에 처했었구나. (…) 우리는 너를 위해 계속 가련다. 너를 사랑한다." 그의 목소리가 갈라졌다.

이 장면은 모든 텔레비전 화면으로 송출되었다. 다음 날인 1월 30일, 외가 측의 호소로 낭트 도청 앞에서 열린 또 한 번의 행진에는 고작 250명만이 모였다. 레티시아의 삼촌이자 대부인 알랭 라르셰는 이렇게 말했다. "그녀가 죽었다는 사실을 누가 우리에게 증명할 것인가?"

사실 파트롱 가족이 언론에 노출된 빈도는 레티시아 실종에 관한 것보다도 앞설 정도다. 남편이 감옥에 들어가 있는 지금 파트롱 부인은 기자들의 비인간적인 집요함과 잔인함, 그리고 비열함을 비난한다. 그런 성가신 일을 겪어내는 건 무척 어려우리라고 나는 믿고 싶다. 그러나 그 부부의 의견이 항상 명료한 것은 아니었다. 2009년 2월, 〈프레스 오세앙Press Océan〉과의 인터뷰에서 파트롱 부부는 19세기 이래 모든 위탁가정들을 칭송하는 연설을 했었다. 그들의 임무는 곤경에 빠진 아이들을 받아들여 아이들의 행복과 장래를 지켜주어 결국 "아이들을 다시 정상 궤도에 올리는 일"이라는 내용이었다.

레티시아의 죽음과 함께 언론의 압박은 숨이 막힐 지경이 되었다. 지역신문뿐만 아니라 중앙지, 방송 등 모든 언론이 현관에서 북적였다. 그러한 요구들이 우월성 콤플렉스와 마찬가지로 파트롱 부부 스스로 미디어에 속내를 털어놓게끔 떠밀었을 것이다. 그들의 딸도 프랑스2의 기자에게 레티시아가 보름 전부터 멜롱을 알고 지냈다고 장담했다. 그와 같은 유사 뉴스가 모든 사람들에게 퍼졌다. 파트롱 씨는 매우 이른 시점에, 납치 당일 밤의 이야기를 기자들에게 들려주었다.

무슨 소리가 들렸는데 자명종 시계를 보니 1시 29분이었습니다. 레티시아가 아직 돌아오지 않았기 때문에 나는 깨어 있었지요. 자동차가 속도를 줄이더니 차 문짝 두 개가 철컥했어요. 그리고 차가 잽싸게 다시 달리는 소리가 났습니다. 내가 파자마 바람으로 나갔을 때는 아무것도 없었지요. 집 앞에 작업장이 있어서 누군가 물건을 훔치러 왔던 것은 아닌가 하고 생각했습니다. 램프에 연료가 별로 없었기 때문에 스쿠터는 보지 못했습니다.

2009년과 비교할 때 파트롱 부부의 말은 성격이 달라져 있다. 이제는 더 이상 아이들을 위한 정의가 아니었다. 그들을 공격하는 자들에 대한 정의였다. 2011년 1월 24일 생나제르 다리 위에서의 행진 당시 파트롱 씨는 재범에 대해 새로운 조치를 취할 것을 주장하고 "미치광이들"을 가두어둘 것을 요구한다. 한편 파트롱 부인은 "진정한 의미의 종신형"에 찬성한다고 밝히면서 그들이 (감옥에서) 나올 때는 송장이 되어 나와야 한다고 주장했다. 그들의 집 앞에는 "레티시아를 위해 정의를 구현하라"는 전단이 나붙었다. 그리고 차도에는 오렌지색 페인트로 짤막한 문구가 적혀 있었다. "살인자는 대가를 치러야 한다=정의". 행진과 시민연대의 시위를 독려하고, 행진 시에 연설을 하며, 대통령에게 탄원서를 보내고, 비난하고 요구하고 여러 장면을 연출하면서 파트롱 씨는 언론과 모호한 관계를 유지한다.

그러나 고통의 어휘는 중립적이지 않다. '정의를 행하다' '대가를 치르게 하다' '재범 반대 투쟁을 하다' '성범죄자들을 종신형에 처하다'⋯. 니콜라 사르코지는 파트롱 부부에게 고마워해야 할 정도로 지지를 받은 셈이다. 그들의 고민이 진실한 것이라는 데는 의심의 여지가 없다. 사르코지의 지성은 그러한 1차 재료를 정치적 대상으로 가공하는 데 사용되었다.

✳

나는 2010년부터 2012년까지 대통령 법률자문위원으로 있다가 현재는 파리의 방돔 광장에 커다란 사무실을 내고 변호사로 일하는 장피에르 피카를 만나기로 했다. 금박 장식과 반들반들한 목재 바닥의 응접실에서 초조하게 기다리는 나를 정장 차림에 넥타이를 맨 따뜻하고 상냥하며 잘생긴 남자가 맞으러 왔다. 그는 대뜸, 자신은 기자들에게는 결코 응하지 않지만 역사학자이자 사회학자인 나의 방식에 흥미를 느꼈다고 밝혔다. 그는 결코 대통령에 대한 어떤 비판적 언사도 하지 않을 것이라고—그는 정말로 입에 자물쇠라도 채운 양 자신의 말을 지켰다—고백했다. 충성심이란 오늘날처럼 지난 정부의 가장 낮은 정무직 차관이나 가장 마지막으로 남은 동료마저도 자기들을 어둠 속에서 *끄*집어내준 사람을 죽이는 책을 쓰는 시대에는 보기 드문 미덕이다.

장피에르 피카는 25년을 사법관으로 지냈다. 화려한 그의 경력을 보면 그는 마르세이유 검사대리를 거쳐 워싱턴에 파견된 연락 행정장관, 로리앙 검사장을 지내다 니콜라 사르코지 진영에 합류해 엘리제궁전에 입성했다.

대통령께서는 파트롱 부부를 만나셨습니다. 거기엔 어떠한 비밀도 없습니다. 다 알려진 사실이니까요. 그분은 딱 그런 분이셨지요. 그분 생각으로는 그와 같은 비극적인 일을 당한 사람들에게 자신이 할 수 있는 최소한의 일을 하신 것이었습니다. 민중들은 흥분하고 있었지요. 그런데 대통령께서는 프랑스 국민을 대신해서 메시지를 전하신 것입니다.

나도 그 자리에 있었습니다. 흥분과 공감, 연대의 순간이었지요. 그건 비공식적인 대담이었습니다. "어떻게 지내시나요? 내가 당신들을 위해 무엇을 할 수 있을까요? 내가 어떻게 당신들을 도울 수 있을까요?" 대통령께서는 항상 그러셨지요. 그 사건을 접하고 놀란 대통령께서는 피해자의 주변 사람들을 염려하셨습니다. 그래서 어떻게 지내는지, 그런 비극을 어떻게 이겨내는지 물으셨지요. 또한 그 사람들을 안심시켰습니다. 그 가족은 결코 혼자가 아니며, 당국을 동원하여 그 사건을 밝히기 위해 모든 것을 할 것이라고 말씀하셨습니다.

장피에르 피카에 따르면 대통령은 이번 사건에서 두 가지 기능을 맡았다. 우선, 대통령은 국가의 연대감을 표명했다. 니콜라 사르코지는 임기 중에 공무 중 사망한 경찰관들의 가족을 접견했고, 전과자에 의해 타살된 조깅하던 여성의 가족도 접견했다. 두 번째로, 대통령은 직무 유기는 없었으며 그러한 행위들은 결코 유리한 입지를 누리지 못한다는 사실을 확인시켜주었다. 18세의 소녀가 야만적으로 살해됐다. 프랑스 국민들에게 무어라 해명할 것인가?

장피에르 피카의 말은 여러 가지 점에서 옳다. 니콜라 사르코지가 희생자 전원에 대해, 그리고 특히 2011년 1월 31일과 2월 17일 두 차례에 걸쳐 엘리제궁전에서 접견한 파트롱 가족에게 진정한 연대감을 보여주었다는 것에 대해서는 의문의 여지가 없다. 제시카가 처음 파리에 가본 것도 대통령의 초청 덕분이었다. 파트롱 부부를 처음 접견한 후, 대통령은 "페레 양"도 함께 초청하라고 했다. 2월 17일, 세 사람은 포르닉 시장이 임대한 아파트에서 함께 잠을 잤다. 레티시아의 사진이 찍힌 하얀 티셔츠도 그때 대통령에게 전해졌다. 대통령은 또한 제시카에게 헌병대 연수를 할 수 있게 해주었다. 레티시아를 찾는 수색에 관해서는 경찰과 검찰의 수사관들에게 수단과 방법을 가리지 말라는 백지수표를 내주었다. 이 사건의 정치화는 적어도 그런 이점은 있었다.

1월 31일에 있었던 첫 번째 접견이 언론을 가장 많이 탔다. 그 자리에는 파트롱 가족의 변호사 파스칼 루이예, 루아르아틀랑티크 대중운동연합 의원이자 포르닉 시장인 필립 보에넥, 대통령 공보자문위원 프랑크 루브리에, 그리고 법률자문위원 장피에르 피카가 동석했다. 같은 날, 내무부 장관과 법무부 장관이 '형벌 사슬에서 발생하는 장애'를 막고자 성범죄자보호관찰국의 창설을 발표한다. 엘리제궁전에서 나오면서 필립 보에넥은 대통령의 말을 전했다. "모든 절차에 있어서 많은 잘못이 있었다. 잘못을 저지른 사람들은 해명을 해야 할 것이다."

대통령은 이전의 사건사고들 때부터 호시탐탐 노렸던 연속 조치를 가동시켰다. 공권력의 개입, 공개적인 공감 표시, 엘리제궁전으로의 가족 초대, 억압적 조치들의 발표, 희생양의 지목 등이 바로 그것이다. 이러한 정책은 이어달리기하듯 이어져야 한다. 엘리제궁전에서처럼 언론에 있어서도 파트롱 씨는 가족의 대표이자 대변인이다. 멜롱이 성범죄 누범자와 동일시된 이후, 두 번째 입장 변화가 생기면서 파트롱 씨는 레티시아의 아버지가 된다. 각자 저마다의 말과 행동의 영역에서 사르코지와 파트롱은 아버지라는 인물, 도덕적 권위, 모범, 방벽 그리고 용기의 구현인 것이다.

파트롱 씨가 모든 언론에 등장하고 대통령과의 정치적 일체감을 보이면서 쌍둥이의 진정한, 유일한 아버지인 프랑크 페레는 파멸할 수밖에 없다. 자식이 살해당한 아버지로서 하늘에 대고 정의를 요구하는 파트롱 씨가, 코가 부러지고 금발로 염색한 머리에 문신과 귀걸이를 한 보잘것없는 페레, 이미 패배자인 룸펜 프롤레타리아*의 상징으로서 어떠한 시청자도 어떠한 유권자도 닮고 싶어하지 않는 그보다 더 무게가 있었다. 1월 31일, 대통령이 파트롱 부부를 거창하게 영접할 때 프랑크 페레는 장피에르 피카 한 사람만

---

*   노동 의지를 상실한 부랑자를 뜻한다.

이 남모르게 맞아주고 있었다. 전혀 있을 수 없는 일이지만 휘황찬
란한 궁에서 만난 유명 인사와 촌뜨기, 고위직 관료와 전직 지게차
운전사이자 전직 요리사면서 현재 실업자인 비정규직 노동자 사이
에 무슨 말이 오갈 수 있었겠는가? 전자는 후자에게 대통령의 조의
를 전했고 모든 것이 잘 진행되었다. 엘리제궁전에서는 "그에게 재
판에 대해 알려주기로 했습니다"라고 간략하게 언급했다.

레티시아의 친아버지가 전혀 눈에 띄지 않은 것은 결코 우연
이 아니다. 성범죄의 재범에 관한 토론이 요란하게 시작된 시점에
서 강간으로 중범죄재판소에서 유죄판결을 받은 자를 대통령의 제
스처에 연결시켰다면 아마도 불행한 결과가 나왔을 것이다.

프랑크 페레 자신도 딸을 추모하기 위한 백색 행진에서 소외
된 채, 카메라 앞에서 은근슬쩍 그 사실을 인정했다.

— 정의가 우리를 조롱했소. 우린 따돌림을 당했어요. 우리
에겐 아픈 일입니다.

— 왜 '따돌림' 받았나요? 대통령을 말씀하시는 겁니까?

기자가 물었다.

프랑크 페레의 입술 위에 미소가 스쳤다.

— 그거요, 정확히 말하면….

진짜 아버지, 가짜 아버지, 상징적 아버지, 대체 아버지의 크
로스 샤세cross chassée*. 권력이 연출한 이 장면은 '아이콘'이 된 레티시
아의 동의가 관건이다. 엄청난 슬픔 속에서 '생물학적'인 아버지가

* 　사교댄스에서 서로 엇갈려 추는 스텝.

배제된 데는 모두가 알고 있으나 모두가 입을 다물고 있는 여러 가지 이유가 있다.

그러나 사실이 그렇다. 파트롱이 페레를 지워버린 것이다. 페레 측에서 단단히 앙심을 품게 된 이 자리바꿈은 후에 파트롱 씨가 강간으로 심문을 받게 되었을 때에야 비로소 월권으로 보이게 된다. 그제야 사람들은 레티시아에게 진짜 아버지가 있을 뿐 아니라 그 아버지가 친권을 잃지도 않았으며 아무리 그에게 '자격이 없다' 하더라도 무엇보다 아버지로서 딸을 잃은 만큼 관심을 가질 만한 사람이라는 사실을 알게 된다. 또한 사람들은 그제야 대통령이 소아성애자의 편에 서서 성범죄자들과 싸웠다는 사실을 깨닫게 된다.

정황상 정치적ー감정적 협약으로 결론이 난 '파트롱ー사르코지'의 축은 서로를 조종하고자 하는 목적으로 설계된 함정이자, 상호 도구화의 프로젝트였음이 드러나고 말았다.

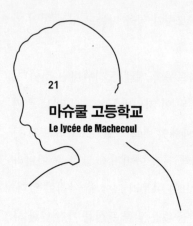

마슈쿨 고등학교
Le lycée de Machecoul

3학년 말이 되어 레티시아와 제시카는 '일반교육과정 이수 증'을 따는데, 이는 '일반 및 맞춤형 직업교육과'에서 학업을 이수한 것과 마찬가지의 효력을 갖는다. 2008년 9월, 제시카에 대한 파트롱 씨의 추행이 재개되었을 때 그녀들은 포르닉에서 20킬로미터 떨어진 루이아르망 드 마슈쿨 고등학교의 외식전문인력APR 과정 2학년에 들어간다. 일반 및 맞춤형 직업교육과 출신 학생들만 수강할 수 있는 이 교육 과정은 단체식당, 학교 급식소, 퇴직자 요양원 등에서 일할 수 있는 직업기술 기초자격증CAP 준비반이다. 외식전문인력이 되면 대량의 재료로 조리를 할 수 있고 서빙, 청소, 설거지를 할 수 있게 된다. 제시카는 조리를 할 생각이었고 레티시아는 서빙을 하기로 했다. 그녀들은 진로를 선택했고 그 때문에 행복해했다.

엄밀히 말해 그녀들에게 진정한 선택이란 없었다는 것을 아는 내게 '선택'에 대해 말할 권리가 있을까? 초등학교에서는 'CLAD(적응반)', 중학교에서는 'SEGPA(일반 및 맞춤형 직업교육과)', 고등학교에서는 'CAP(직업기술 기초자격증 과정)', 이런 약어들에서 우리는 초등학교 때부터 이미 방향이 정해진, 다시 말해 저임금에 다 힘들고 별로 인정받지도 못하는 직업의 궤도로 결국은 들어서게 되는, 서민 출신 아이들을 짓누르는 결정론의 예증을 볼 수 있다. 그러나 이 모든 과정들의 목표는 초등, 중등, 고등 과정의 교육 시스템에서 어려움을 겪는 아이들을 잘 키우자는 것이다. 19세기에 고아원의 원아들은 공립 초등학교를 졸업하면 농장이나 작업장에서 썩어야 할 운명이었기 때문에 아무짝에도 쓸모없는 졸업장만 받고 나오는 것이 고작이었다. 파트롱 부인이 말하듯, 문제는 아이들을 "엘리트로 만드는" 것이 아니라 직업을 갖게 해주는 것, 봉급을 받고 독립생활이 가능한 직업을 갖게 해주는 것이었다.

오늘날 프랑스 사회는 민주화되었으므로, 레티시아와 제시카가 향후 자신들이 갖게 될 직업을 내다보며 행복해했으리라는 것은 충분히 이해할 수 있다. 음식, 접객, 서빙에 관련된 일을 하면서 느낄 수 있는 만족감은 말할 나위도 없거니와, 그녀들 부모의 운명과 비교해보아도 직업기술 기초자격증은 사회적 신분 상승의 약속과 같은 것이었다. 그 자격증을 그녀들은 힘든 싸움을 거쳐서 획득했고, 그런 의미에서 그녀들은 먼 길을 돌아서 온 것이었다고 말할 수 있다.

방데 주와의 경계인 루아르아틀랑티크 남쪽에 위치한 인구 6,000명의 소도시 마슈쿨은 교육의 요충지다. 매일 6시 45분부터 8시 15분 사이에 스쿨버스가 1,800명의 학생들을 실어다 내려놓으면 학생들은 레이몽크노 공립 중학교, 생조제프 사립 중고등학교, 생마르탱 사립 직업학교, 루이아르망 공립 직업학교로 등교한다.

레티시아와 제시카는 차에서 내려 루이아르망 고등학교 정문을 지나 녹색이나 붉은색 혹은 푸른색의 철제 사물함에 소지품을 넣고, 교정으로 가서 친구들과 인사를 하고 잠시 수다를 떨다가, 종이 치면 교실로 들어가 수업을 듣는다. 학교는 완전히 뒤죽박죽이다. 조리직업기술 기초자격증이나 외식전문인력 과정을 준비하는 남학생들, 자동차정비직업기술 기초자격증을 준비하는 여학생들이 뒤섞여 있다. 학생들은 스테인리스 조리대를 갖춘 두 개의 넓은 주방을 사용하는데 하나는 강의를 위한 것이고 다른 하나는 학교 구내식당 서비스를 위한 것이다. 각각의 주방에는 불과 화덕을 사용할 수 있는 12개의 조리대가 있다. 요리사 자격증 준비반은 모든 장비를 사용할 수 있으나 외식전문인력 과정 준비반은 강의용 주방만을 사용할 수 있다. 이들은 청소를 할 때가 아니면 학교 식당 주방에 들어갈 권한조차 없다. 설거지를 위한 실습실은 두 주방 사이에 위치해 있다.

외식전문인력 과정의 1학년과 2학년은 여러 과목을 듣는다.

— **조리**. 파트 브리제*, 파트 푀이으테**, 마요네즈, 여러 가지 소스 만드는 법을 배운다. 교사인 마우 씨는 "너희들은 항상 붙어 다니는구나" "네 언니처럼 하지 마"라는 말로 상냥하게 페레 자매를 놀려준다. 숙제 검사를 할 때면 그는 한 명이 나머지 한 명을 베꼈다는 것을 금세 알아챈다. 제시카가 직업기술 기초자격증을 땄

---

* 파이 종류를 만드는 데 쓰는 바삭바삭한 식감을 내는 반죽.
** 버터를 발라 얇게 겹쳐놓은 반죽.

을 때 그는 "일부러 그럴 것까지는 없잖아!"라며 그녀를 축하했다. 레티시아의 가장 절친한 친구 파비앙은 그 농담을 이렇게 평한다. "마우 씨는 매우 친절하고 무척 센 사람이에요. 난 아직까지 요리에서 그 사람을 이겨본 적이 없어요."

— **수학**. 기본 레시피부터 시작해 10인분이나 15인분의 양을 그램 수, 데시리터로까지 계산할 수 있어야 한다.

— **생물공학**. 꽤나 이론적인 강의로 재고관리하는 법까지 배워야 한다. 수업이 끝났을 때 학생들은 기가 죽어 있다.

— **역사-문예**. 제시카는 낭트의 멋진 상업 갤러리인 포므레 길에 관한 역사를 배웠던 것을 기억한다. 파비앙은 자신의 어머니가 어렸을 때 먹었던 디저트에 관한 글을 어머니와 함께 작성했던 것을 기억한다.

— **영어, 응용예술 혹은 스포츠**. 안전 요원 자격증은 단체 급식 부문에서는 필수과목이다.

교사들은 2010~2011년 학기를 비탄에 잠기게 했던 사건사고 때문이 아니라 단지 쌍둥이가 한 학급에 있는 경우가 드물기 때문에 레티시아와 제시카를 또렷이 기억하고 있다. 성격이나 품행은 달랐지만 두 사람 모두 진지하고 열심이었으며 상냥했다. 레티시아가 제시카보다는 수완이 뛰어났으나 좋은 성적만 믿고 공부는 열심히 하지 않았다. 더 부지런하고 더 성숙하고 보다 자신감이 넘치는 제시카가 듀오를 이끌었다.

마슈쿨에서 보낸 시간은 여러모로 교육의 시간이었다. 진로에의 고민, 친구들과의 어울림, 그리고 레티시아에게는 첫사랑의 시절이었다. 친구들 무리는 리디아, 마리, 조나단, 파티마, 케빈, 막심으로 이루어져 있었다. 아직 성적으로 양면성을 보이는 제시카와 반대로 레티시아에게는 남자친구들도 있었다.

*

　나는 2015년 2월 낭트의 한 카페에서 레티시아의 남자친구였던 케빈을 만났다. 그는 호리호리하지만 근육질인 청년으로서 완고해 보이는 모습이었다. 머리는 짧았으며, 녹색 눈이 아름다웠고, 약간 수척한 얼굴에는 광대뼈가 두드러져 있었다. 후드 스웨터 사이로 할리 데이비슨 티셔츠가 보였다. 왼쪽 귀에 두 개의 쇠고리를 달고 손에는 반지를 꼈는데 하나는 해골의 형태였고 또 하나는 스페이드 모양이었다. 내가 쓰고자 하는 책에 관한 이야기를 하면서, 나는 그의 문신을 보았다. 아마 레티시아도 아는 문신이었을 것이다. 빨간색과 검은색의 꼬마 악마. "죽음의 포커"라는 문구와 함께 새긴 에이스 포 카드. 켈트족의 상징으로서 삼각형 안에 든 세 개의 가지로 뻗어나간 나무. 아기, 청년, 노인, 즉 세 부분으로 나뉜 인생의 사이클을 나타내는 것이었다.

　2009~2010학년도에 케빈이 레티시아를 만났을 때 그는 자동차 전문정비사 바칼로레아baccalauréat*를 준비하고 있었고, 그녀는 외식전문인력 과정 1학년이었다. 그들은 영국으로 수학여행을 갈 때 함께 버스를 타고 갔다. 다른 학생들처럼 그들도 영어로 말하는

---

*　　프랑스의 중등교육 졸업시험이자 대합입시 자격시험.

데 불편함을 느꼈지만 두 사람은 영국의 건물들이 마음에 들었다. 반 단위로 계속 움직이고 여러 박물관을 쉴 새 없이 돌아다녔기 때문에 영국 체류 기간 동안 두 사람은 함께할 시간을 가질 수 없었다. 저녁이 되면 각자가 저마다 머무는 영국인 가정으로 가야 했다. 레티시아는 핸드폰으로 사진을 찍었고, 영국 국기 색깔 열쇠고리를 샀다.

돌아오는 길에 버스 안에서 그녀는 학급의 다른 남학생인 막심과 함께 어울렸다. "무척 슬펐어요. 심장이 깨질 듯했죠. 하지만 함께했으니까" 하고 케빈은 회상했다.

그들은 나중에 다시 만나 사귀었다. 긴 밤색 머리와 담갈색 눈을 가진 레티시아는 예쁘고 명랑하며 항상 미소 짓는 소녀였지만 수수한 미인 축에 속했다. 그녀는 신중하고 단순했다. 두 사람은 결코 '밀고 당기기'를 하지 않았다.

그녀에게 유머 감각이 없는 것은 아니었지만 농담을 하지는 않았다. 그녀는 듣는 편이었다.

내면에 무슨 고통이라도 있는 걸까? 아니, 그건 아니다. 어쩌면 그럴지도 모르지만, 빤히 눈에 보이는 게 아니라면 그녀는 그가 추측을 하게 놔두지 않았다. 그녀는 자신이 겪어온 일들을 숨겼다. 두 사람은 서로를 이해하고 있었다. 케빈 역시 아이였을 때 문제가 있었기 때문이다.

나와 함께 있을 때 케빈은 별로 말이 없었다. 내가 던지는 질문은 때때로 허공에 흩어졌다. 그는 유난히 힘든 유년기를 거치면서 말이 거의 없어진 그런 부류에 속했다. 어떤 이들에게 있어서 침묵은 공허함이지만, 또 다른 이들에게는 수줍음이다.

＊

대서양에 면한 작은 해수욕장인 포르닉과 라 베르느리에는
여름철만 되면 관광객들이 들끓지만 겨울이면 잠잠해진다. 마슈쿨
은 늪지 한복판에 있는 작은 마을이다.

레티시아와 제시카는 바다와 들판, 해변과 숲 사이에서 자랐
다. 그녀들은 도시 외곽에 사는 모든 청소년들과 마찬가지의 삶을
살았다. 오전 7시 반에 타는 스쿨버스의 역한 휘발유 냄새와 지나
치게 밝은 조명 속에서 친구들을 만났고, 모두가 다니는 중학교에
서는 누가 누구와 사귀는지 그리고 어떻게, 왜 헤어졌는지를 다 알
았다. 담배를 피우거나 가볍게 입을 맞추는 한적한 구석들, 로제르
로처럼 도시의 도로도 아니고 시골길도 아니면서 주택들이 줄지어
서 있는 곳, 마치 원형 교차로를 연결하는 축과도 같은 곳, 부모님
이 사셨거나 또는 '신축'한 방과 베란다 그리고 정원이 딸린 이층집
들, 모든 관공서, 학교, 도시, 대형마트, 스포츠 활동, 친구들과 멀
리 떨어져 있어서 부모님께서 차로 데려다주어야 하는 곳, 청소년
기가 되어 이전까지 누리지 못했던 자유를 만끽하게 해줄 스쿠터가
필요해지는 곳(2009년에 쌍둥이는 크리스마스 선물로 스쿠터를 받았는데
레티시아는 빨간색 푸조 브이클릭을, 제시카는 검은색의 같은 제품을 받았
다)…. 짧은 방학을 맞으면 심심함을 달래기 위해 함께 시내나 서로
의 방으로 또는 해변과 숲으로 몰려다니고, 또한 만남과 사교의 필
수 장소인 맥도날드에서 시간을 보내기도 했다. 디스코텍에 갔다가

돌아오는 길에 스쿠터의 방향 전환을 잘못하는 바람에 젊은이들이 죽는 사고도 발생하곤 했다.

들판은 잘 알려지지 않은 익명의 공간으로서 사람들이 입에 자주 올리지도 않는 두드러지지 않은 곳인데, 그러다 사건사고가 발생해 24시간 만에 100여 명의 인파가 몰려드는가 하면 영광스럽게도 몇 주 동안이나 텔레비전 방송에 나오는 충격적인 일이 벌어지기도 한다. 페레 자매는 카페와 초일류 고등학교를 오가며 자라는 시내의 부유한 젊은이 축에 들지 못했고, 스트리트 웨어, 수다, 콘크리트로 상징되는 교외의 서민층 젊은이에 속하지도 않았다.

스쿨버스와 직업기술 기초자격증으로 대표되는 도시 외곽의 젊은이들에게는 상징이 없다. 남들의 입에 오르지도 않는 말 없는 젊은이들, 일찍부터 힘든 일을 시작하고 자신이 태어난 시골과 소도시에서 수작업 분야와 인적 서비스 분야를 먹여 살리는 젊은이들이다. 농어촌의 서민층이 지리학자 크리스토프 길뤼Chritophe Guilluy의 말대로 "주변부 프랑스France périphérique"를 이룬다면, 레티시아 사건은 '프티 블랑petits Blancs*'에게 일어난, 보다 정확하게 말하자면 '실패한 최하층계급의 남자가 남성 우위론자로서 겪는 좌절이나 혹은 사회에 대한 복수심으로 인해, 용감하며 사회에 잘 편입한 최하층계급의 소녀를 공격한 것'이므로, '프티 블랑 사이에서' 일어난 살인 사건이다. "소외 계층의 사람들이 서로를 죽였다"며 낭트의 상류사회에서는 한숨을 쉰다. 그렇지만 두 달 뒤에 발생한 뒤퐁 드 리고네

* 　사회적 신분이 낮은 백인 계층.

사건은 가톨릭 신자이며 유명 인사에 해당하는 계급 역시 자기 몫의 피비린내 나는 사악함을 숨기고 있음을 보여준다.

이 사회학적 구도로써 내가 제시카를 접했을 때 느꼈던 낯섦이 설명된다. 파리 부르주아 출신으로 학위를 가진 나는 술 냄새 풍기는 빈곤 속에서 자라지도 않았고, 아동법원 판사에 의해 부모와 격리되지도 않았으며, 직업학교를 다니지도 않았고, 이동할 때는 스쿠터보다 지하철을 타고 다녔다. 유태인의 특성, 책, 코즈모폴리터니즘과 같은 키워드로 특징지어지는 나에게 레티시아는 낯섦의 화신, 즉 쓰기 쉬운 이름과 더불어 한 지역에 뿌리박거나 아트레우스*와 같은 계보의 후손들이면서 기독교 문화 속에 살고 있는 프랑스인들의 낯섦을 구현하고 있는 존재로 보인다. 그래서 나는 그녀와 나 가운데 누가 더 비정상인지 알지 못한다.

죽은 조상들과 우리 사이에는 거리가 있지만, 타인의 고통은 우리를 붙잡고 우리 속에 살면서 우리로부터 떠나지 않고 우리를 놓아주지도 않는다. 하지만 우리로서는 할 수 있는 것이 아무것도 없다. 우리의 상처는 곧 우리 자신이며, 우리 삶의 비극이자 타성이고, 길들여진 신경증이다. 그리고 마치 불구에 익숙해지듯 우리는 그것에 익숙해져 있다. 레티시아의 삶에는 세 가지 부당함이 있었다. 하나는 폭력적인 친아버지와 기만적인 위탁가정 양부 사이에서 보낸 유년기, 다른 하나는 18세의 나이에 맞은 잔혹한 죽음, 그리고

---

*   그리스신화에 나오는 탄탈로스의 손자로 이 가문은 서로를 죽고 죽이는 저주가 대대로 이어진다고 한다.

마지막으로 사건사고 기사, 즉 죽음의 구경거리로의 전락이 그것이다. 처음 두 가지 부당함은 나를 미안하고 무력하게 만든다. 그러나 세 번째 부당함에 대해서는 나의 온 존재가 격분한다.

22

인간 존재로서의 범죄자
Du criminel comme être humain

2011년 1월 28일 금요일

예심사법관들이 낭트 호텔에서 로제르 로에 걸친 레티시아의 경로를 되짚어보고 헌병 잠수부들이 루아르 강 남쪽 강변에서부터 마르티니에르 운하를 뒤지고 있을 때, 토니 멜롱의 형은 〈프레스오세앙〉지에 이렇게 말한다. "만일 토니가 그런 짓을 했다면, 그는 아무 말도 하지 않을 것이다."

유럽1은 르 카스포에서 물적 증거가 발견되었으며 그로 미루어 레티시아의 시신이 "온전한 모습으로 발견되지는 않을 것"이라고 보도했다. 그때까지 레티시아의 사망은 공식적으로 확인되지 않았으며, 수사관들에게 토막이 난 시신은 수색 작업에 있어서 하나의 가설에 불과했다. 마르티노 판사는 정보 유출에 대해 이렇게 평했다. "그런 소식은 가족들에게는 무척 혐오스러운 것이라고 생각했습니다."

13시경, 자비에 롱생은 포르닉 헌병대 앞에서 기자회견을 열었다. 그는 매우 유감스럽게도 여전히 침묵을 지키고 있는 멜롱이 판사들의 질문에 조소로 답하고 있다고 밝혔다. 그러고는 결론으로 "우리는 그의 도움 없이도 레티시아의 시신을 발견할 것입니다"라고 말했다. 여기서도 정부 관리들이 일반적이고 습관적으로 사용하는 신중한 어법이 쓰였지만, 그럼에도 우리는 자비에 롱생이 한 말의 힘과 그가 무릅쓴 위험의 크기를 가늠해보아야 한다. 수사관들이 어떤 흔적도 찾지 못하고 어떤 징후도 얻지 못한 상태에서, 검사장이 약속을 해버린 것이다.

멜롱이 시신을 파묻지 않았다면 물속에 가라앉혔을 것이다. 루아르 강, 연못 바닥, 냇가, 해안가 등으로 헌병 부대와 수색견들을 동원하여 수색한 끝에 수사관들은 '안전지대', 다시 말해 멜롱에게 안전한 장소로 판단되는 곳이나 그에게 좋은 추억을 떠올리게 하는 장소들을 표적으로 삼기로 했다. 그들의 추론은 이랬다. 시신을 감쪽같이 사라지게 하기에는 멜롱에게는 시간이—1월 19일 하루 중 몇 시간 정도—별로 없었다. 그 끔찍한 행위를 그는 평상시와는 다른 피로와 긴장 상태에서 행했다. 그는 잠을 거의 자지 못했으며, 망설이거나 깊이 생각할 시간이 없었고, 그러나 빠르고 정확하고 효율적이어야 했다. 한마디로 말해 완전히 그 장소를 장악하고 있어야 했다. 그 장소를 그는 마치 자기 호주머니 속처럼 알고 있어야 했고 그곳으로 가는 아주 작은 길까지도 전부 알고 있어야 했다. 그가 돌이킬 수 없는 짓을 저질렀을 때, 그 장소는 그에게 말을 걸어주고 그를 안정시켜주며 그의 원기를 북돋아주어야 했다.

수사관들은 멜롱과 가까운 사람, 즉 가족, 어린 시절 친구,

학교 동창생, 예전 여자친구, 강도 공범, 예전 동료 재소자 들을 철저히 심문해서 그가 아주 어렸을 때부터 자주 가던 장소들을 확정하고자 했다. 각 장소들에의 은닉 가능성에 따라 다양한 수색 수단—도보, 군견, 공중, 해상, 수중, 동굴 탐사—이 동원되었다.

베르티에의 증언 덕분에 멜롱이 1월 19일 오후 아틀랑티스 쇼핑센터에 들렀다는 사실이 확인되었다. 그의 핸드폰은 15시경 아틀랑티스에서, 이후 쿠에롱에서 접속되었고, 그다음 끊겼다. 게다가 그는 멜롱이 낭트 하류에 있는 쿠에롱에서 유년 시절을 보냈으며 아르통앙레츠 부근의 르 카스포에 있는 캠핑 트레일러에서 살고 있다는 사실도 알고 있었다. 수색 반경이 좁혀졌다.

이러한 전략은 프란츠 투셰가 세운 것이었다. 아버지의 뒤를 이어 헌병이 된 그는 능력이 뛰어난 데다 오직 범죄수사를 위해서만 사는 40대의 사내였다. 수자원산림학교에서 공부를 마친 후 6년을 푸아티에의 조사반에서, 10년을 앙제 조사반에서 복무했다. 여가 시간에는 미해결 사건, 즉 '콜드 케이스'에 다시 매달렸다. 섣부른 단정을 피하기 위해 그는 짤막한 수사보고서를 작성했다. 그것은 죽은 자들을 다시 죽이지 않으려는 그의 방식이었다. 그는 수사 절차에 있어서 매우 꼼꼼했고, 자신의 상관인 검사에게 매우 충직했다. 그는 범죄수사 이외의 다른 일은 하지 않았다. 그러한 열정이 그의 진급을 막았다. 너무 오랫동안 준위로 남아 있었던 그는 조사반을 떠나지 않는 한 소령 계급장을 달 수 없었다. 그러나 그가 동료들과 해결한 사건의 중대함이나 그들이 함께 떠맡았던 사회적 가치를 따져보면 계급 이야기는 별 의미가 없었다.

멜롱의 머릿속으로 들어가 유년 시절의 기억을 거슬러 올라가고, 젊은 시절 자주 찾던 장소를 돌아보고, 어머니와의 관계를 이해하는 것. 비인간적인 범죄행위를 밝히기 위해 수사관들은 범인의 인간성 속으로 깊이 침잠해야 하는 것이다.

✳

토니 멜롱은 1979년에 태어났다. 그의 어머니는 열다섯 살 때 친아버지에게 강간당했다. 이 강간으로 인해 절반은 토니의 형이라 할 수 있는 아들이 태어났다. 세실 드 올리베이라에게 있어 멜롱의 모든 변론은 그의 오만함에, 자신은 보통 사람들과 다르며 그들보다 우월하다는 감정에 근거를 두고 있다. 근친상간이 그의 가족을 만들었다. 그러므로 그것을 금지하는 법안은 그의 안에서 대번에 위반되고 만다. 법이 옳고 그의 가족이 괴물이거나, 아니면 그의 가족이 우월하고 법은 아무것도 아닌 것이 되는 것이다.

어머니는 자크 멜롱과 결혼하여 슬하에 세 자녀, 즉 아들, 딸 그리고 토니를 갖는다. 근친상간으로 나온 아이를 알아본 남편은 나태했으며 알코올중독자였고 폭력적이면서 병적으로 질투심이 강했다. 그가 발작을 일으키면 막내이자 자기를 닮은 토니를 제외한 아이들과 아내를 구타했다. 사내가 딸을 건드리기 시작했다. 어머니로서는 가난과 질 나쁜 포도주, 고함과 구타까지 모든 것을 받아들일 수 있었지만, 그것만은 넘어서는 안 되는 선이었다. 딸에게 자신이 겪었던 일을 다시 겪게 할 수는 없는 노릇이었다.

두 개의 트렁크, 그리고 네 자녀와 함께 그녀는 구타당한 여자들의 쉼터로 피신했다. 남편은 그녀를 죽이기 위해 총을 구입했다. 이혼 판결이 내려지자 남편은 모든 권리를 잃었고, 그녀는 루아르 강변 쿠에롱에 있는 벨에르 주택단지의 빈민 아파트에 정착했다. 아이들은 자랐다. 1980년대 말에 그녀는 재혼했다. 어린 토니는 계부를 향한 맹렬하고도 사그라지지 않는 증오를 키워갔다. 어린 여동생이 태어났다. 가족은 쿠에롱의 개인 주택으로 이사했다.

토니는 '못된 아이'가 되어갔다. 그는 화장실에 처박혀서 주먹으로 벽을 치고, 다른 아이들을 공격하고, 아무 이유 없이 가출했다. 초등학교 중등과정 2학년 때는 여교사를 칼로 찌를 뻔했다. 6학년 때 받은 평균 성적이 0점과 1점 사이였다. 그는 마리화나를 피우기 시작했고 선생들도 더 이상 그에게 신경 쓰지 않았다. 집에서는 "너도 네 아버지랑 똑같아!"라는 소리를 들었다. 12세가 되자 그는 게랑드에 있는 보육원에 들어갔다가 곧 전문시설로 옮겨졌다. 그의 어머니와 계부는 그가 없었으면 했을 것이다. 그는 부당하다는 느낌을 받았다.

멜롱은 시설을 탈출해 쿠에롱으로 되돌아왔다. 하루 밤낮을 꼬박 걸어서 그는 굶주리고 추위에 떨며 피투성이가 된 발로 어머니의 집으로 갔다. 그러자 그의 어머니는 이렇게 말했다. "이제 넌 여기 있을 필요 없다." 멜롱은 항소심 때 피고석에 앉아 그 장면을 이야기했다. "엄마가 저를 버렸어요. 마치… 마치 뭐라고 해야 할까요? 저도 모르겠습니다." 미칠 듯이 화가 난 그는 전화선을 뽑고 어머니의 관자놀이에 총을 들이댔다. 또 한번은 돌을 던져 커다란 유리문을 깨고 달아났다. "저는 올바른 길을 가지 않았고, 제 삶은 꼬였습니다. 안정된 가정, 서로 사랑하는 부모님이 있었더라면 좋았을 텐데요. 제겐 그런 것이 전혀 없었습니다. 정말 개 같은 삶이었지요."

16세가 되던 해에 쿠에랑으로 돌아온 토니는 악명을 떨치기 시작했다. 밖에서 잠을 자고, 사람들을 괴롭히고, 오토바이와 차량 절도를 하고, 몇 리터나 되는 맥주를 퍼마시곤 했다. 그는 시중에서 구할 수 있는 온갖 종류의 마약을 복용했다. 그러다 처음으로 구속되었다. 1997년, 그는 수갑을 차고 두 명의 헌병 사이에 낀 채 아버지의 장례식에 참석했다.

18살에 감옥에서 나온 그는 자신을 떠난 여자친구를 찾아가 그녀의 입속에 총구를 들이밀었다. 그는 개 조련사 일자리를 구했고, 이후에는 세차를 하면서 생계를 유지했다. 사회 복귀를 돕는 단체에서 낭트에 아파트를 한 채 마련해주었다. 1999년, 그는 동료 재소자 강간 혐의로 다시 수감되었다. 두 번째로 부당하다는 느낌이 들었다.

2003년, 또다시 밖으로 나온 그는 16세 소녀와 동거에 들어 갔다. 둘 다 마약중독자였지만 생활은 어느 정도 안정되었다. 그러다가 토니는 세 건의 무장 강도를 저질렀다. 면회실에서 갖게 된 아기는 곧 위탁가정에 맡겨졌다. 토니는 감방에서 간직하고 있던 아들 사진을 동료 재소자들에게 보여주곤 했다. 기분이 좋을 때의 그는 온화하고 다정해서 어머니에게 "엄마, 사랑해"라고 말하기도 했다. 또 어떤 때는 감옥에서 전화를 걸어 자신의 어머니를 "매춘부" "걸레 같은 갈보"로 부르기도 했다.

항소심에서 그의 모친의 증언은 오열과 흐느낌으로 자주 중단되었다. 그녀는 앉아서 증언해도 좋다는 허가를 받았다.

재판장이 물었다. "당신은 피고에게서 아버지를 앗아갔습니까?"

그녀는 눈물을 흘리며 피고석의 아들을 향해 돌아서서 소리쳤다. "토니! 그렇지 않아!"

그녀는 증언을 이어갔다. "저는 아들을 버리지 않았고 제가 할 수 있는 모든 걸 했습니다. 아이들을 보호했고, 일을 해서 먹여 키웠습니다. 저는 아무도 버리지 않았고 모두를 사랑했으며 다른 아이들보다 토니를 위해 더 많은 것을 했습니다. 그런데 이제 와서 제가 나쁜 어미라고 말하는군요!"

금발의 자그마한 그 부인은 아들의 네 번의 항소심 재판에 참석했고, 20년 전부터 면회실을 자주 찾았으며, 렌과 앙제와 낭트의 모든 교도소를 다 알고 있었고, 아들의 속옷을 세탁해주었고, 그를 격려했으며, 그의 보증인이 되어주었고, 일터로 아들을 찾아가기도 했고, 그리고 그가 망가뜨린 모든 생활에도 불구하고 아들을 사랑했다. 고대 비극의 인물과도 같은 그 어머니의 진면목을 알게 되면서 사람들은 그녀에게 무한한 연민을 느끼게 되었다. 배심원 가운데 한 명은 울기 시작했다.

2010년 2월, 토니는 석방되었다. "나는 반사회적이 되어 감옥에 향수를 느낀다. 이것은 사법제도, 보육원들, 내 가족 그리고 나의 실패다. 결국 모두가 이 실패에 동참한 것이다. 나는 다시 술을 마시기 시작했고, 다시 일탈을 하게 되었다." 그는 저소득층 및 실직자를 위한 사회연대 보조금을 탔고, 금속과 마약을 밀거래했고, 지역 기업들을 상대로 강도짓을 했으며, 쿠에롱에서 흰색 푸조 106을 훔쳤다. 그가 평소에 복용하는 약물은 다음과 같다. 위스키 1리터, 맥주 여러 팩, 열다섯에서 스무 가지의 마약, 코카인 2~3그램, 코카인 흡수 속도를 낮추기 위한 헤로인…. 누구든 종류를 불문하고 이 분량의 절반만 복용해도 쓰러지고 말 것이다.

낭트에 그의 여자친구가 있었는데 그녀는 그를 자기 언니의 아파트에 묵게 해주었다. 처음에는 사이가 좋아 함께 라보 연못으로 피크닉도 가곤 했지만, 멜롱은 어린 아들과 함께 사는 그녀의 집에 마약을 비축해두고 있었다. 첫 번째 결별 후 그는 캠핑용 트레일러를 가지고 르 카스포로 갔다가 돌아와 다시 그녀와 결합했으나 화해를 한 후에도 말다툼과 폭행이 이어졌다. 항소심 법정에서 젊은 여인은 크리스마스 때 그가 집으로 샴페인을 가지고 와 혼자서 다 마시고는 자신에게 성관계를 강요했다고 이야기했다. "사정을 한 후에 잠들어버리더군요." 나중에 그녀가 창가에서 울고 있는 모습을 보고 그가 말을 뱉었다. "뛰어내리기만 하면 돼! 난 상관없어!"

쿠에롱에 들를 때면 멜롱은 아는 사람들에게 마리화나를 권하고 구석에서 젊은 사람들의 돈을 갈취했다. 가장 친한 친구의 죽음에 상심한 그는 사는 것에 고통을 느꼈고, 코카인의 양을 늘렸다. 그의 이부형제는 집을 엉망으로 만든 그의 방문 이후 그를 고소했다. 타이어는 펑크가 나 있고, 정원은 쑥대밭이 되었으며, 토끼들은 죄다 목이 졸려 죽어 있었던 것이다. 후에 토니는 자신의 어머니를 죽여버리겠다는 말을 했다. 인간 압력밥솥인 그는 점차 압력을 높이는 중이었다. 때는 2010년 말이었다.

＊

그의 엄마, 형제들, 누이, 동네 친구들, 옛 감방 동료들은 수사관들에게 '대단했던' 그의 젊은 시절을 이야기해주었다. 거기에는 절도와 음주, 약탈, 격분한 미치광이의 분노뿐 아니라 장난, 동네 꼬마들과의 축구 시합, 도움, 자선 행위도 있었다. 감옥에서 그는 근육을 키웠다. 그는 아들을 보고 싶어 했다. 스스로 목을 매려는 감방 동료를 구해 교정 당국의 칭찬을 듣기도 했다.

토니는 물과 친한 사람이었다. 쿠에롱의 늪지와 모래 채취장에 고인 물, 그는 훔친 오토바이를 그곳에서 처리하곤 했다. 또한 보리외 호수의 잔잔한 물, 그는 그곳에서 친구들과 맥주를 마시며 낚시하는 것을 좋아했다. 메기가 득시글대는 브리오르 연못으로 흘러드는 아슈노 급류, 예전에 화강암 채석장이었다가 물에 잠겨버린 라보의 깊고 시원한 물, 젊은이들은 5미터 높이의 낭떠러지에서 물속으로 다이빙을 하곤 했다. 그리고 이미 여러 구의 시신을 건진 것으로 보이는, 보스지크레 부근 루아르 강의 작은 만.

2011년 1월 31일 월요일, 파트롱 부부가 엘리제궁전 앞 층계에서 지체하고 있을 때, 포르닉 헌병들은 멜롱의 전 여자친구를 그녀의 차로 데려다주고 있었다. 밤이 되었고 심문조서 작성이 끝나 서명도 받은 상태였다. 젊은 여성은 서둘러 집으로 돌아갈 채비를 했다. 수사관들과 몇 분 더 수다를 떨면서 그녀는 자꾸만 자신을 괴롭히는 예감을 토로했다. 그녀의 말에 따르면 토니는 낚시를 자주 가는데 아마 자기가 잘 아는 은밀한 장소에 시신을 버렸을 거라는 것이었다. 그곳은 라보에 있는 '푸른 구멍'이라는 연못으로, 육로로 갈 수 있고 끝에는 절벽이 있다고 했다.

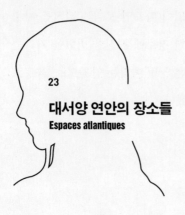

대서양 연안의 장소들
Espaces atlantiques

어린 소녀의 수색에 나선 헬리콥터처럼 나는 그녀가 생을 보낸 대지 위를 날아보고자 한다. 우선 낭트가 있다. 그곳은 지방의 대도시로 광장들, 플라타너스, 전찻길, 법원, 그리고 그녀가 자란 서민 동네들, 라 프티트 상시브 거리, 데르발리에르 동네, 말라코프 동네가 있다. 루아르 강이 장엄하게 흘러 라보와 팽뵈프 사이를 지나 생나제르 앞의 바다로 사라진다.

프랑크 페레와 토니 멜롱은 쿠에롱에서 자랐고, 레티시아는 낭트 주차장에서 숨바꼭질을 했다. 그들은 큰 어려움을 겪는 하층 서민으로서 사회계층도 같고, 다소간 듬성듬성 자리 잡은 영세민 임대아파트HLM 단지에 살았던 것도 같고, 가족 구성이나 불안정성, 자격 미달, 알코올 그리고 부부간 폭력이 있었던 것도 같으며, 아이들로 말하면 학업 실패와 아동사회부조에 따른 위탁가정 배정, 때때로 있었던 일탈 행동과 마약의 존재 또한 같다. 이 모든 것과 파트롱 가족은 구별된다. 그들의 기준은 다른 것에 따른다. 개인주택, 가정의 안정감, 중산층에 속하는 직업 이력, 체면, 아이들에 대한 교육열 따위가 그것이다.

루아르 강 남쪽으로 레츠 지방이 펼쳐진다. 생페르앙레츠, 라 베르느리앙레츠, 레 무티에앙레츠, 아르통앙레츠…. 이곳들은 늪과 썰물 때 드러나는 땅이자 침수 지역들로서 수륙양용이라고 할 수 있는 장소에 생겨난 작은 촌락들이다. 관광 안내서를 펼쳐보자.

라 베르느리앙레츠, 예전에 작은 어촌 마을이었던 곳으로 세 개의 돛대를 단 배인 '샤트' 제작의 본고장이다. 이 배의 특징은 키를 선수나 선미에 설치할 수 있다는 것이다. 이 선박들 덕분에 라 베르느리앙레츠는 부를 누렸다. 이 배는 식료품을 비롯한 다양한 물자들의 수송을 맡았다. 여름에 배들은 로리앙, 벨일 그리고 남쪽으로는 리부르느까지 항해했다.

그녀는 해변을 산책했고, 해수욕을 했으며, 홍합과 대합을 잡았고, 조개껍질로 장신구를 만들었다. 바다는 그녀와 함께한 어린 시절의 친구였다. 해가 저물 무렵이면 잔 다르크의 부관副官이자 15세기 아동 강간 살인범인 질 드 레츠 성城의 그림자가 포르닉 해변으로 내려앉는다. 라 베르느리의 음산한 주점인 바르브 블루스가 당연하게도 푸른 수염(바르브 블뢰Barbe-Bleue)*을 떠올리게 한다.

바닷물, 폭풍우가 몰아칠 때의 포말, 조류, 어부들의 마을,

＊　아내를 여러 명 두고 그 아내들을 살해하여 방에 쌓아두는 사내에 관한 민담. 17세기 작가 샤를 페로Charles Perrault의 동화 버전이 유명하다.

트롤선 어부들, 연안 항해, 염전, 자원으로서의 물. 기분 전환을 시켜주고, 피로를 풀어주며, 시원하게 해주는 여가 생활의 물, 생기의 순환이자 여행을 떠나게 만들고 그 덕분에 도피할 수 있게 해주는 흐름들. 시체가 가라앉아 있고 정체되어 끈적거리는 물, 절망에 빠뜨리는 수많은 늪, 골풀, 생명의 수렁, 물웅덩이, 빗방울, 눈물. 어린 소녀는 연못 속에 빠져 있고, 연못은 그녀를 포로로 잡고 있다. 현대판 오필리아다. 과연 물속에 파묻힐 수 있는 걸까?

이곳은 서로 다른 공간들로 이루어진 '대서양 무지개'의 단편이다.

— 낭트에서 생나제르까지 이어지는 **루아르 계곡**. 조선 부문이 아직 버티고 있긴 하지만 급격한 탈공업화를 겪었다. 팽뵈프에서 생나제르까지 강 하구 구간은 빈곤화되는 중이다. 1970년대부터 나제르의 인구는 감소하고 있다. 팽뵈프에서는 17퍼센트의 가정이 생계비의 절반을 사회분담금에 의존하고 있는데 이는 도내 평균의 두 배에 달하는 수치다.

— 루아르아틀랑티크 남부 전체를 차지하는 **레츠 지방**. 이 지역은 농업과 어업, 굴 양식과 관광으로 먹고산다. 낭트 시 외곽 지역은 직업을 가진 젊은이들을 끌어들인다. 그리고 연안 지대에는 퇴직자들이 주로 산다. 이러한 이주 덕분에 인구는 2000년대에 15퍼센트 이상 증가했다. 라 베르느리와 같은 해수욕장에는 서민과 지방 출신의 관광객들이 집중적으로 몰린다. 농민, 회사원, 현금출납원, 시청 직원 들이 이곳에 모바일 홈*이나 초소형 주거시설을 가지고 있는 반면에, 하구 건너편의 보다 돈이 많은 라 볼과 르 크루

는 아직은 상류층 사람들, 부자가 된 수의사들, 공인회계사들, 영광의 30년대에 돈을 번 사람들을 유인한다. 국립통계청INSEE의 통계에는 잡히지 않지만 레츠 지방의 지하경제는 엄청난 소득을 창출하고 있다. 배관공, 기술자, 야간에 작업하는 철도 노동자, 퇴직한 장인들이 여전히 활동하고 있다.

— 코레와 레에르비에 사이의 **방데 지방**. 이곳은 낮은 실업률과 함께 대단히 생산적인 지대로, 분야별(창문 제작 및 설치, 공사장 임시 숙소, 유람선)로 몰려든 수공업자들에 의해 활기를 띤, 역동적인 중소기업들의 고장이다. 출생지인 푸아레쉬르비에서부터 프랑스 최대 갑부 가문 중 하나가 된 쿠뇨 가문은 전 유럽에 친환경 조립 가옥을 제작, 판매하고 있다. 이 경제 기적의 원인은 무엇일까? 전문기술자격증BTS 과정이나 기술전문대학IUT에서 교육을 받은 자격이 있는 일손, 첨단 테크놀로지처럼 정보과학을 지속적으로 취급하는 중소기업 조직, 그리고 어느 정도의 가족주의가 그 원인일 것이다.

우리는 파트롱 씨의 여정과 레티시아와 제시카의 여정을 이 대서양 연안 지도 위에서 다시 생각해볼 수 있다. 앵드레에 있는 조선소 관리부를 떠나 포르닉에서 가족도우미가 되고자 한 파트롱 씨는 루아르 계곡에서 역동적인 연안 지대로 향함으로써 지리적인 이동을 함과 동시에 생산업에서 서비스업으로 이행하는 경제적 이동, 그리고 행정 서류상에는 전혀 나타나지 않는 위상과 책임을 떠맡는

---

*　쉽게 이동이 가능한 조립식 가옥.

사회적 이동(친부모가 아니면서도 친부모 역할을 하는 것)까지 실행에 옮겼다. 그는 스스로가 여성들의 세계, 즉 어머니 도우미와 여성 보육교사들 그리고 사회복지사업과 '돌봄care'이라는 세계에 존재하는 남자이기에 더욱 강력하게 그러한 권력을 요구한다. 리슐리외 병기창의 후속 사업이라 할 수 있는 방위산업 조선소, 즉 국가 공공사업 부문의 전직 회계원이었던 그는 지역사회의 공공 업무로서 아이들을 키운다. 그것도 엄마들과 유모들 곁에서. 정확히 말하면 그는 그녀들과 비교할 때 '남자다운' 자질을 이용해서 스스로를 구별하고자 하는 것이다. 여기서 남자다운 자질이란 자기 긍정, 극도의 엄격함, 대화의 거부 등을 가리킨다.

레티시아와 제시카는 유년 시절을 각기 일정한 사회 경제적 기능을 구현하는 두 도시에서 보냈는데, 그곳에서 그녀들은 균등하지 않은 이익을 얻었다. 한 곳은 프랑스의 '역동적인 상업 대도시' 중 하나인 낭트로, 일자리와 매우 뛰어난 일손이 많은 곳이다. 또 한 도시는 중간급 규모에 속하는 해수욕장인 포르닉-라 베르느 리로, 관광 수입으로 먹고사는 곳이다. 이곳은 요양이나 은퇴와 같은 공공 이주로도 수입을 얻는데, 이는 국립평생교육대학CNAM 교수 로랑 다브지Laurent Davezies의 분석에 따르면 전형적인 "비상업적 역동성non marchande dynamique"의 프랑스를 보여주는 사례다.

레티시아와 제시카가 이주를 통해 소소하지만 부인할 수 없는 사회적 신분 상승을 했다면, 그것은 그녀들이 낭트의 빈곤 지역을 벗어나서 보다 매력적이고 관광업, 수공업, 서비스업에 특화된 연안 지대로 가 살게 되었기 때문일 것이다. 그녀들의 직업기술 기초자격증도 그곳 경제에 딱 들어맞는 것이었다.

하지만 젊은이들에게 레츠 지방은 지상낙원이 아니다. 젊은이들이 경제활동에 편입되는 비율은 그 도의 나머지 지역보다는 높지만(43퍼센트 대 32퍼센트), 그들은 언제든 실업자로 전락할 위험에 노출돼 있다. 그런 위험이 가장 높은 고장들에서는 16~24세 사이의 경제활동이 가능한 젊은이들 10명 가운데 3명이 직업이 없다. 국립통계청에서 볼 때 레츠 지방은 "농업이 지배적인, 노쇠해가는 영토"다. 레티시아가 죽었을 때 그녀에게는 일자리가 있었다. 그리고 그때 그녀는 조부모 나이의 두 사람과 함께 살고 있었다.

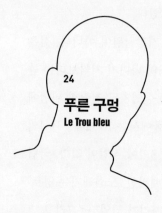

24

푸른 구멍
Le Trou bleu

이 날도 다른 날과 마찬가지로 변함없이 르 카스포 수색으로 시작되었다. 단 한 번, 기자들이 자유롭게 오가며 그 장소를 촬영할 수 있었다. 팔을 벌리고 환대하는 듯한 그러한 호의가 도리어 매우 이상했다. 알렉상드라 튀르카에 따르면 그것은 교란작전이었다. "우리가 우리 일을 하도록 그들이 내버려두었을 때 계속 의심해야 했지요." 모든 일이 그곳으로부터 50킬로미터 떨어진 루아르 강 건너편에서 일어나고 있었기 때문이다. 프란츠 투셰가 징집한 하천 경비대의 잠수부들이 작업에 착수하고 있었다.

예전에 하천항구로서 쿠에롱과 아틀랑티스로 가는 길에 있는 라보쉬르루아르는 금이 간 오래된 벽 뒤로 으리으리한 저택들이 있는 예쁜 마을이다. 얼마 떨어진 곳에 연못들이, 옛날 채석장을 개조해 만든 각각 다른 크기의 연못 세 개가 마치 말줄임표처럼 연이어 있다. 기하학적으로 자른 듯 반듯반듯한 화강암 블록들로 이루어져 있고, 관목과 가시덤불이 듬성듬성 자란 뾰족한 바위들이 녹색의 물속에 잠겨 있다. 그 연못 가운데 하나가 '푸른 구멍'이라는 이름을 가지고 있다.

피가 흥건한 붉은 구멍들, 검은 구멍들, 기억의 구멍들, 물에 젖은 머리카락, 조각난 생명.

나는 라 베르느리 해변에서 시작된 '멜롱 투어'의 마지막 여정으로 2014년 7월 세실 드 올리베이라와 함께 푸른 구멍에 가보았다. 마을의 그늘진 서점 카페에서 페리에*를 마신 후 우리는 다시 차를 타고 연못으로 향했다. 숲속 공터에선 젊은이들이 차를 세워두고 화이트 와인을 마시며 음악을 듣고 있었다. 옆에서는 모닥불이 타닥거리며 타고 있었다. 바비큐에 사용되는 것이었다.

푸른 구멍에 도착했다. 그곳은 대번에 기분이 상쾌해지는 멋진 야생의 장소였다. 연못 주위를 가시덤불과 관목들, 그리고 햇빛에 투명하게 비치는 나뭇잎보다 더 맑은 물을 직접 마시려고 하는 듯이 보이는 거목들이 녹색 보석처럼 빽빽이 둘러싸고 있었다. 산들바람에 가볍게 물살이 이는 연못의 수면에 구름이 비쳤다. 남쪽으로는 또 다른 풍경이 펼쳐지고 있었다. 모래톱, 루아르 강 복판의 섬들, 그리고 강변에 매달려 있는 듯한 소도시 팽뵈프와 보육원이 보였다.

*   탄산수 브랜드.

오후부터 쏟아지기 시작한 대문짝만 한 제호들.

2011년 2월 1일, 연못 주변은 무척 달랐다. 축축하고 음산했으며, 썩은 나뭇잎과 비틀린 나뭇가지들뿐 아무것도 그곳에 살고 있지 않는 것처럼 보였다. 오전에는 구름이 잔뜩 끼어서 해가 보이지 않았다. 하루의 시작인데도 빛은 벌써 희미했다.

잠수부들이 얼음장 같은 물속으로 내려갔다. 도르래가 바닥에 골고루 배치되기 시작했다. 잠수부들은 밧줄로 몸을 묶은 채 헌병들이 연병장에서 사열하듯 다 함께 줄지어서 걸었다. 시계視界가 제로여서 그들은 더듬더듬 나아가야 했다. 한 잠수부의 손에 무언가가 걸렸고 그는 그것이 장어잡이용 통발일 거라고 생각했다. 작은 철망 같았는데 무엇인지 확인할 수는 없었다. 그 장소를 표시하기 위해 그는 부표를 띄웠다. 도르래가 수면으로 올라갔다가 빛과 함께 즉시 내려왔다. 물속에서 토치램프의 불빛들이 어른거리는 그림자를 붙잡았다. 잠수부들이 다가왔다. 그리고 보았다. 시각은 11시 30분이었다.

철망 한 귀퉁이로 손가락과 하늘거리는 머리카락이 보였다.

통발은 섭씨 4도의 물속, 뾰족한 바위 끝에서 밑바닥까지 7미터 되는 곳에 가라앉아 있었다. 잠수부들이 다시 올라갔다. 현장에 있던 여자 수사관이 곧바로 포르닉 피시 수사대에 있던 투셰에게 전화를 걸었다. 그리고 투셰는 즉각 담당 예심판사에게 소식을 전했다.

마르티노 판사는 낭트 법원에 있었다. 동료를 만나러 갔다가 집무실로 돌아오는 중이었다. 그는 예심판사실의 이중 도어 앞 복도를 걸어가고 있었다. 핸드폰이 울렸다. 투셰였다. "판사님, 찾은 것 같습니다." 거기서 모든 것이 멈췄다.

마르티노 판사는 연수 중이던 동료 드조네트와 법원에 있던 검사장 자비에 롱생에게 그 사실을 알렸다. 10분 후 투셰가 확인 전화를 걸어왔다. "그녀가 맞습니다."

현장으로 가는 길에 마르티노 판사는 낭트 대학 부속병원 법의학 연구소의 로다 교수에게 전화를 걸었다. 로다 교수는 출발하기 전 조수인 법의학자 르노 클레망에게 부검 준비를 해달라고 말했다.

헌병이 프랑크 페레에게 소식을 전했다. 10분 뒤 헌병이 다시 전화를 걸어 시신의 일부만을 찾았다고 알렸다. "전화로 그런 소식을 듣게 되어 유감이었지요" 하고 프랑크 페레가 말했다. 그로부터 몇 주 후, 그는 자살을 기도하게 된다.

제시카는 호흡곤란 증세를 보였다. 기도에 극심한 통증을 느껴 더 이상 숨을 쉴 수 없었다. 제시카, 실비 라르셰, 프랑크 페레에게 이제 기다림은 끝나고 세상은 영원히 깜깜해졌다. 레티시아가 죽었다. 이제 끝이다.

정보의 최초 유출은 법무부 혹은 헌병대 수뇌부에서 있었다. 몇 번의 통화로 정보는 모든 채널을 거쳐 다시 아래로 내려갔다. 당시 일군의 기자들이 오전 내내 르 카스포 수색에 참여한 뒤 점심 식사를 하러 포르닉에 와 있었다. RTL의 파트리스 가바르는 12시 15

분경 파리로부터 그 정보를 입수했다. 그는 13시 속보로 그 소식을 방송했다. 알렉상드라 튀르카는 검사장과 핸드폰으로 통화하는 데 성공하여 13시 15분에 AFP '긴급' 속보를 내보냈다. 그 순간에는 생나제르 지방에서 시신을 발견했다는 소식뿐이었다.

모든 기자들이 냉큼 차를 몰아 생나제르 다리 방향으로 달렸다. 루아르 강을 건너는 순간 파트리스 가바르는 시신이 발견된 장소가 그곳에서 30킬로미터 떨어진 라보임을 알게 되었다. RTL은 해당 지역의 이름을 공표했고 그 덕분에 함께 출발했던 프랑스2 팀이 사브네 부근의 남쪽으로 방향을 돌릴 수 있었다. 프랑스2 팀이 가장 먼저 라보 마을에 도착하고 몇 분 뒤에 파트리스 가바르와 안 파티넥이 도착했다.

한편 알렉상드라 튀르카는 자신의 지인인 사브네의 기자에게 전화를 했다. 그녀가 예전에 채석장이었던 연못 이야기를 꺼내자 그 기자는 서슴없이 대답했다. "그곳은 푸른 구멍이야." 그녀는 AFP통신의 사진기자인 장세바스티앙 에브라르와 BFM TV의 피에르엠마뉴엘 베세를 데리고 14시 30분 무렵 라보 마을에 도착했다. 검문 바리케이드가 통행을 차단하고 있었다. 그들이 탄 차는 연못에서 2킬로미터 떨어진 곳에서 막혔다. 그들은 늪지를 가로질러 도보로 가는 방법을 모색했다.

마르티노와 롱생이 푸른 구멍에 도착했을 때, 생나제르 검사장 플로랑스 르코크는 라보 면이 자신의 관할구역이었기 때문에 이미 현장에 와 있었다. 헌병들이 연못 주변을 봉쇄하고 해당 구역을 통제했다. 잠수부들은 아직까지 물속에 있었다. 시신을 맞을 천막이 세워졌다. 마르티노 판사가 차에서 내리는 순간 머리 위에서 엔진 소리가 들려왔다. 아이텔레가 상공을 선회하고 있었다. 헬리콥터를 임대하여 예심판사보다 먼저 현장에 도착한 것이다!

헌병대 잠수부들은 수중 범죄 현장을 담당할 능력이 있는 사법경찰관들이었다. 그들은 첫 현장검증을 하고 여러 각도에서 통발의 사진을 찍은 뒤 커버로 통발을 덮어 수면으로 끌어 올렸다. 감식반원들의 도움을 받아 그들은 통발을 천막 아래에 조심스럽게 내려 놓았다. 철망을 가재잡이 통발 형태로 접고 전체를 노끈으로 단단히 조인 다음 안에다 시멘트 블록을 채운, 대단히 잘 만들어진 것이었다. 장인의 솜씨였다.

로다 교수는 감식반원들의 도움을 받아 통발을 열었다. 그는 시신의 여러 부분들을 꺼내 조심스럽게 맞추어가며 시트 위에 배열했다. 낮은 수온 때문에 심하게 훼손되지는 않았다. 마르티노, 롱생, 르코크, 그리고 수색대 지휘관인 위브셰 모두 몸을 숙여서 시신을 확인하고자 했다.

재판에서는 배심원들과 기자들에게 30장 정도의 사진을 보여줄 것이다. 목가적인 연못, 주변의 아름다운 자연경관, 나무들이 비스듬히 기운 녹색의 물, 흙길, 낭떠러지 등을 찍은 사진들이다. 물속에서 흑백으로 찍어 뚜렷하지 않은 사진들 속 화상은 사지의 윤곽을 어렴풋이 짐작할 수 있게 해준다. 마치 죽은 자의 초음파검사 영상 같다. 세 개의 손가락과 머리 타래가 마치 빠져나가려는 듯 철망 밖으로 삐져나와 있다. 또 다른 사진들이 줄을 잇는다. 열린 통발, 시멘트 블록, 노끈, 잘린 팔들과 다리들, 눈을 감은 채로 잘린 머리, 헝클어진 머리카락과 얻어맞아 퉁퉁 부은 얼굴.

세상에서 가장 아름다운 얼굴은 고르곤*의 머리다.

로다 교수는 사지와 머리를 검사했다. 귀는 뚫려 있었고 머리카락에는 머리끈과 몇 장의 낙엽이 붙어 있었다. 그는 다리에서 근육 한 조각을 떼어내 밀봉한 다음 낭트의 아틀랑티크 유전자 연구소로 보냈다. 그러나 그것은 형식에 불과했다. 유전자분석 결과가 어떻게 나올지 모두 다 알고 있었기 때문이다. 결과를 기다리지도 않고 플로랑스 르코크는 자비에 롱생을 위해 자신의 권한을 내려놓았다.

그날 라보에서는 흥분이 극에 달했다. 소녀 시신의 나머지 부분들을 연못 바닥에서 건져 올렸기 때문이었다. 목을 자르고 시신을 토막낸 것이, 비록 법적으로는 덧붙일 것이 없다고 해도, 부수적인 감정이입을 불러일으켰다. 재판 때 조사반 지휘관은 약간 변한 목소리로 증언대에서 발언하게 된다. "제 평생 그런 유형의 시신을 접한 것은 처음이었습니다. 제 삶의 맥락에서 보자면… 저도 스무 살 된 딸의 아비입니다."

흥분, 그러나 절제된 흥분이었다. 법관이건 헌병대 하사관이건 모든 관계자는 끔찍한 죽음에 대한 경험이 있었다. 그 일을 시작

---

* 　그리스신화에 나오는 괴물. 바다의 신 포르퀴스와 그의 아내이자 누이인 케토 사이에 태어난 딸들이다. 스테노, 에우리알레, 메두사를 가리킨다.

한 이래 접했던 수십 아니 수백의 시체들 앞에서도 그들은 심리적 방어기제를 발동할 시간이 있었다. 30년 이상 형사소송을 담당했던 자비에 롱생은 부모가 세면대에 던져 골절상으로 죽은 젖먹이들의 부검도 참관했고 재판소에서 울면서 자신이 겪은 강간을 이야기하는 어린아이들도 보았다. 산 자들의 고통은 견딜 수 없는 것이었다.

그러나 레티시아는 죽었다. 분노나 고통에 빠져 있을 시간이 아니었다. 무엇보다 먼저 분석을 해서 무슨 일이 일어났는지를 알아야 했다. 현장에 있던 어떠한 전문가도 도덕적인 차원에서 사건을 바라보지 않았다. 그들의 일은 증거를 수집하고 살인자를 체포하여 죄의 대가를 치르게 하는 것이었다. 극도로 중요한 순간이었지만 또한 만족의 순간이기도 했다. 수사관들은 성공을 거두었고 그들의 노력이 보답을 받았기 때문이었다.

자비에 롱생은 무엇을 공표해야 할지 결정해야 했다. 그는 '검사장으로서의 행동'을 보여야 했다. 즉 현장에서, 프랑스 전역에서 몰려든 기자들 앞에 서서 억양 없는 어조로 발표를 해야 하는 것이다. 긴장했기 때문인지, 날이 저물면서 급격히 낮아지는 기온에도 버틸 수 있었다.

마르티노 판사는 일련의 긴급한 조치들, 준수해야 할 절차들, 기록해야 할 정보들, 법의학 전문가들과 치의학 전문가들의 소견서 요청과 마주해야 했다. 장소를 관찰하고, 단서를 찾고, 흔적들을 찾고, 혹시 있을지 모를 타이어 자국들과 물속에 넣은 흔적들을 찾아내고, 증거물과 버려진 옷, 주변 쓰레기통의 내용물을 회수해야 했다. 피시 수사대에 머물러 있어야 했던 투셰는 나머지 수사관들을 현장으로 파견했다. 수색을 계속하던 잠수부들이 위로 올라와 연못의 수심이 매우 깊고 예상치 못한 돌출부가 있다고 알렸다. 푸른 구멍은 범죄 현장이 되었다.

알렉상드라 튀르카와 그녀의 두 동료가 라보 마을에서 발을 동동 구르고 있을 때 한 사내가 그들 앞에 와서 섰다.

— 푸른 구멍에 가고 싶어요? 내가 데려다주지요!

그는 농부로서 그의 땅이 연못이 있는 구역과 연결되어 있었다. 도와주고 싶었던 것인지, 아니면 헌병들을 골탕 먹이기 위해서였는지, 그는 세 사람을 데리고 자신이 잘 아는 우회로를 통해 검문용 바리게이트를 통과했다. 그들은 연못 가장자리를 따라 나 있는 흙길로 걸었다. 세 사람은 통제구역 안으로 들어왔고 헌병들은 무척 당황했다. 그들은 현장에서 50미터 떨어진 곳에 있었지만 아무것도 보이지 않았다. 작은 언덕이 현장을 가리고 있었기 때문이다.

헌병 한 명이 그들에게 다가와 씩씩대며 말했다. "우리가 당신들을 내쫓으리라는 건 알고 계시겠죠!"

세 명의 기자는 **강제로** 라보 마을에 있는 첫 번째 바리케이드까지 내몰렸고 그곳에서 일군의 기자들과 합류했다. 그보다 나은 성공을 거둔 사람은 단 한 명뿐이었다. 바로 아이텔레의 장미셸 드 카즈로, 아마추어 경비행기 조종사였다. 그는 같은 클럽에 있는 친구 한 명과 접촉해 평소에 이용하던 루아르 남부의 비행장에서 이륙했다. "그 구역은 봉쇄돼 있었지만 무슨 일이 있어도 영상을 잡아야 했다. 유일한 방법은 공중으로 접근하는 것이었다. 내 친구는 그 지역을 빠삭하게 알고 있었다. 그래서 우리는 루아르 강을 건너 그 상공으로 갈 수 있었다." 오토자이로 뒷자리에서 그는 연못과 헌병들의 모습, 전문가들의 트럭 등을 필름에 담을 수 있었다. 지상으로 돌아온 그는 영상을 컴퓨터에 옮겨 아이텔레로 보냈다. "그때 우린 생각했죠. '잘됐어!'라고요." TF1과 AFP통신은 나중에야 특별히 임차한 헬리콥터를 이용해 같은 영상들을 얻을 수 있었다.

기자들은 라보 마을에서 검사장이 기자회견을 시작하기를 기다렸다. 해가 질 무렵인 16시경, 헌병들이 푸른 구멍에 갔던 일행 전부를 데리고 돌아왔다. 자비에 롱생은 수색대 지휘관을 대동하고 강변에서 몇 미터 떨어진 곳에 섰다. 기자들이 그에게로 몰려갔다. 저녁 뉴스를 내보내려면 준비를 해야 했기 때문이다.

오랜 시간 기다린 탓에 몸이 얼고 안색이 창백해진 그는 수많은 마이크에 둘러싸인 채, 14일간의 수색 끝에 연못에서 시신을 발견했다고 발표했다. 현재 머리와 팔다리만 찾았다, 얼굴은 레티시아와 흡사하다, 그 장소는 용의자가 종종 낚시를 하러 가던 곳이지만 이번 시신 발견은 오로지 수사관들 노력의 결실이다, 라는 것이었다.

자비에 롱생은 달변가였지만, 해가 저물어가는 오후의 끝자락에서 그가 하는 말의 미적 가치나 법률적 의미는 그다지 중요하지 않았다. 그의 말은 레티시아에게 그녀의 존엄성을 되찾아주는 것을 목표로 하고 있었다. 그녀를 토막 난 시신이나 발견된 사체로 만들지 않기 위해 그는 마치 환히 꽃핀 나이아스*나 파도에서 태어

---

*　　그리스신화에 나오는 강이나 샘에 사는 물의 요정.

난 비너스처럼 "물에서 나온 젊은 여성"이라고 말했다. 시체에서 없는 부분을 언급하면서, 모든 사람들이 '몸통tronc'이나 '훼손된 평행 육면체parallélépipède de chair mutilée'를 떠올릴 때 그는 우아함과 매력의 의미를 내포한 "상반신le buste"이라는 말을 썼다. 그를 본받아 모든 기자들이 '상반신'에 대해 말하기 시작했다. 뉴스의 긴급함, 시청률 경쟁, 어휘의 포맷 문제에도 불구하고 모두가 섬세함의 수의를 짜듯 언어를 구사하기 시작했다.

알렉상드라 튀르카는 전화로 렌 사무실에 긴급 속보문을 불러주었다. AFP 통신망을 통해 속보를 내보내기 전 마지막 필터인 파리의 데스크에서 제동을 걸었다. 알렉상드라 튀르카는 고집을 부렸다. "끔찍하지만 다른 말을 쓸 수는 없어요. 그냥 가죠."

연못에서 발견된 머리, 레티시아와 흡사

__AFP, 2011. 2. 1. 16시 36분

알렉상드라 튀르카는 차를 타기 위해 헌병들이 설치한 바리케이드를 다시 통과했다. 프랑크 페레가 구경꾼같이 웅크린 채로 그곳에 있었다. 헌병 하나가 그에게 하루 종일 있었던 일을 간략히 이야기해주었다. 좀 더 잘 설명하기 위해 그는 자기 팔을 자르는 시늉도 했다.

헌병대 트럭이 낭트 방향으로 출발했다.

낭트 대학 부속병원 영안실에서 외과의사들처럼 마스크와 장갑을 착용한 로다 교수, 르노 클레망 그리고 또 한 명의 동료 의

사가 부검을 시작했고, 참관한 몇 명의 수사관들이 봉인된 증거들을 받아 법정 증거로 쓰기 위해 사진 촬영을 했다. 스테인리스 테이블 위에 놓인 팔다리와 머리는 깨끗이 씻긴 상태였다. 엑스레이 촬영 결과 뼈에는 손상이 없었으나 얼굴과 목, 그리고 팔에 온통 반상출혈이 나 있었다. 목 아래쪽에서 머리를 절개한 후 혀와 후두 사이에 위치한 설골을 검사하자 교살이 분명하다는 결론이 나왔다. 시간이 너무 늦어 르노 클레망 혼자서 검시를 끝냈다.

프란츠 투셰는 이렇게 말하고 있다.

검시 때 그녀를 씻긴 후에 그 작은 머리가 테이블 위에 놓여 있던 모습이 떠오릅니다. 18세의 어린 소녀를 찾아다니다 라보에서 본 것과 같은 모습으로 발견했을 때, 그때가 가장 힘들지요. 그런 일에 관해서는 동료들 사이에서 거의 말을 꺼내지 않습니다. 저마다 자기 나름대로 받아들이니까요. 동시에 수사와 관련해 위안도 되더군요. 이제 그녀가 우리에게 말을 걸고, 고통으로 겪었던 일들을 이야기해줄 수 있을 테니 말입니다. 이제 레티시아가 우리에게 진실을 알려줄 것입니다.

20시 정각, 헬리콥터에서 잡은 푸른 구멍의 전경과 함께 TF1 뉴스가 시작되었다. 모든 방송과 신문이 연못의 사진들, 지도, 검사장의 발표, 그리고 두꺼운 옷으로 몸을 감싼 특파원의 보도 또는 장문의 르포 기사를 내보내거나, 실었다. "오늘 저녁, 레티시아의 위탁가정과 '생물학적 가족la famille biologigue'에게는 최악일 시나리오가 그려졌습니다"라고 BFM TV의 기자가 방송에서 설명했다.

라 베르느리에서는 즉흥적으로 철야 기도와 묵념이 이루어졌다. 신부가 말했다. "우리도, 가족도, 친구도 결코 용서할 수 없을 것입니다. 그러므로 하느님께 힘을 달라고 합시다." 성당에서 차가 있는 곳까지 지인들이 제시카를 업고 가야만 했다.

자비에 롱생은 치아 기록 비교 결과를 공표했다.

푸른 구멍 주변에 어둠이 내리자 기온이 급격히 내려갔다. 잠수부, 헌병, 기술자, 사법관 들이 짐을 쌌다.

마르티노 판사는 자신의 집으로 귀가했다. 21시경, 르노 클레망이 핸드폰으로 전화를 걸어왔다. 아이들이 아직 자지 않고 있었기 때문에 판사는 다른 방으로 건너가 나지막한 소리로 논의했다. 레티시아가 교살되었다는 내용이었다.

몇 분 후, 자비에 롱생은 언론을 통한 공식 성명으로 레티시아의 사인을 발표했다. 갑자기 흥분을 했던 것인지 아니면 또다시 용기를 보이는 것인지 검사장은 "어린 소녀의 완전한 시신"을 가족에게 돌려보낼 때까지 수색은 계속될 것이라고 밝혔다. 아직 신원 확인이 공식화되기 전에 푸른 구멍 연못가에서 레티시아의 이름을 언급했던 수사대는 '상반신'을 찾아 나섰다.

그날 저녁 늦은 시간에 마르티노 판사는 텔레비전을 켰다. 벌써 모든 것이 다 알려졌다. 연못의 전경이 연속으로 방송에 뜨고, 기자들은 세세한 사항들을 보도하고 있고, 니콜라 사르코지가 사법관들에게 책임이 있다며 그들이 보호관찰을 확실히 하지 못했다고 말했다는 등의 보도가 나돌고 있었다. 하루 종일 마르티노 판사는 자신의 감정을 묻어둔 채 지시를 내리고, 시급한 사안들의 순서를 정했다. 수사 중이었기 때문이다. 그런데 묘하게도 "판사들이 자신들의 책무를 소홀히 했다"는 말이 끝내 그를 맥 빠지게 만들었다. 그날 하루의 모든 끔찍함이 되살아났고, 마침내 뚜껑이 열렸다. 텔레비전 앞에서 판사는 울음을 터뜨렸다.

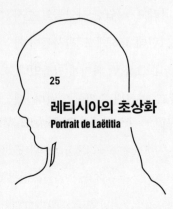

25

레티시아의 초상화
Portrait de Laëtitia

레티시아는 매력이 있었다. 그녀는 날씬했다. 숱이 많고 윤기가 흐르는 밤색 머리칼은 환한 미소를 띠고 눈을 반짝이는 그녀 얼굴의 조화로운 표정과 썩 잘 어울렸다. 드러낸 어깨와 가슴 그리고 등에는 점이 많았다.

바지 사이즈는 36이었고 상의는 S사이즈였다. 주로 입는 상의는 블라우스, 흰 꽃무늬가 있는 푸크시아 튜닉, 전면에 가는 끈이 달린 브이넥의 검은색 스웨터였다. 그녀에게는 은으로 된 L자 모양의 펜던트, 날씨에 따라 색이 변하는 반지, 머리에 얹고 다니던 선글라스, 상당히 많은 머리끈과 머리핀이 있었다. 그녀는 꽃, 복슬복슬한 인형, 꿈, 셀프카메라, 낭만적인 말을 사랑하던 소녀였다. 젊은 여성이 되어가던 사춘기 소녀.

그녀와 가까웠던 사람들은 그녀의 아름다움과 애교를 "여성적인" 장점으로 묘사했다. 제시카는 이렇게 말했다. "갠 자신을 돈보이게 했어요. 눈 화장도 하고, 립스틱도 바르고, 액세서리도 했거든요. 나보다 훨씬 여성적이었어요." 반대로 제시카는 '선머슴'처럼 보이는 스타일이었다. 짧은 머리에 중성적인 실루엣, 화장도 하지 않았고, 트레이닝복을 입었으며, 끈 있는 운동화를 신었다. 쌍둥이 언니와 정반대의 스타일이었기 때문에 '여성성'이라는 말은 레티시아에게 더 어울린다.

아름다움이란 취향이며 타고난 자질이기도 하지만 또한 그 반대이기도 하다. 어린 소녀의 신장과 체중은 더딘 발육을 거쳐 청소년기에 들어서면 날씬함이 된다. 그래서 감자칩, 프링글스, 맥도날드, 그 외의 정크푸드를 섭취하면서도 여전히 날씬한 몸매를 유지할 수 있다. 아름다움은 보증수표와도 같다. 화사함, 미소, 몸매 관리 그리고 특유의 야심은 보는 사람들을 즐겁게 하고 의혹을 불식시키기 때문이다. 아름다움은 상업과 서비스업 분야에서 분명 유리할 수밖에 없다. 철학자이자 사회학자인 모레노 페스타냐Moreno Pestaña가 서민 계층 출신의 젊은 스페인 여성들에 대해 "신체에 투자하는 것investissement corporel"이 태생적 계층을 벗어날 수 있는 하나의 방법이라고 말한 것도 그러한 맥락에서다.

낭트의 하층민 계층에서 태어난 레티시아는 낮은 학력이라는 극히 적은 자본에 자신의 미적 자본, 즉 자신을 돋보이게 하면서 스스로를 관리함으로써 만들어내는 자본을 더해 요식업 직종에 뛰어들었다. 파트롱 부인은 그에 대해 이렇게 증언한다. "레티시아는 2009년에 대뜸 화장을 하기 시작했어요. 화장을 잘하기도 했고, 또 그런 취향이기도 했지요. 특히 라 베르느리에서 연수를 시작했을 때는 꼭 화장을 하더군요." 따라서 레티시아의 아름다움은 지배적 규범이나 남자들의 시선에 굴복하는 것이 아니다. 오히려 자기 출신 계층의 혼란스러움과 유년 시절의 비극에서 벗어나기 위해 스스로 깨친 전략으로 해석할 수 있다. 그런 면에서 레티시아는 감탄을 불러일으키는데, 그것이 그녀의 성공으로 가는 첫걸음이었던 까닭이다.

두 자매의 정반대되는 모습은 서로를 향한 질책과 신랄한 말에서 드러난다. 레티시아가 제시카에게 이렇게 쏘아붙이는 일이 있었다. "옷 좀 더 잘 입을 수 있잖아!" 대신에 레티시아는 언니의 호모섹슈얼리티에 대해서는 완전히 무관심했다. "언니가 행복하다면야…." 레티시아는 아름다우면서 자신의 아름다움에 신경 썼고, 제시카는 아름다우면서 자신의 아름다움에 무관심했다. 전자가 여성적 미의 기준에서 득을 본다면 후자는 그러한 기준을 거부하는데, 두 경우 모두 외모로써 스스로를 구원하고자 하는 저항의 한 형태라고 할 수 있을 것이다.

"걘 착했어요. 맞아요, 다정했죠. 예를 들어 누가 레티시아를 칭찬하면, 자기도 그렇게 해요. 그게 잘 안 먹히면 친절한 속임수도 쓸 줄 알았지요. 레티시아는 선하고 명랑하고 긍정적이면서 다른 사람에게 베풀 줄 아는 그런 아이였어요"라고 제시카는 말한다. 그녀와 마음이 맞았던 동생인 파비앙은 레티시아가 친절하고 너그러우며 항상 타인들을 위해 존재하는 소녀라고 묘사한다. 그의 생일 파티가 있던 날 파트롱 씨가 레티시아의 외출을 금지시키자("허락을 받아야 한댔어요"라고 그는 말했다) 레티시아는 도자기로 만든 돌고래 인형을 선물로 주었고 그는 여전히 그것을 간직하고 있다고 말했다.

그녀는 결코 화를 내는 법이 없었다. 그리고 어느 누구도 원망하지 않았다. 야단을 맞으면 거기에 반발하지 않고 굴처럼 오므라들었다. 그녀에게 있어 호의란 소심함과 통하는 것이었고, 너그러움이란 수줍음과 연결된 것이었다. 남들 앞에 나서지는 않더라도 그녀는 항상 다른 사람들을 신뢰했다. 그녀의 친절함은 기분 좋음과 천성적인 기쁨, 앙심을 품지 못하는 성격 때문이기도 했지만, 자기보호 혹은 상냥하게 항복을 거부하는 행위이기도 했다. 친절함과 내향성, 그것은 꼬투리를 잡히지 않겠다는 것이며 타인의 불만을 초래하지도 않겠다는 것이다.

파트롱 부인은 이렇게 말한다. "레티시아는 항상 웃고 다니면서 매끄럽게 굴었답니다. 남의 눈에 띄지 않으려 했고 자신을 잊어주었으면 했지요. '그만해요. 난 말썽이 나는 게 싫어요.' 그 아이는 모질지 않았어요. 삶을 따랐지요. 삶에 끌려다닌 거죠."

친절이란 사회적 미덕이기도 하다. 미국의 사회학자 찰스 라이트 밀스Charles Wright Mills가 저서 《화이트칼라White collar》에서 보여주듯, 중산계급의 피고용인들은 자신들을 무차별적으로 공격하는 노동의 세계에 적응하기 위해 억지 예의와 억지 호의를 능수능란하게 구사하게 된 대가들이다. 그런데 세상은 끊임없이 레티시아를 공격했다.

레티시아는 고등학교 친구들에게 자신의 사생활을 거의 이야기하지 않았다. 그래서 친구들 대부분은 그녀가 위탁가정에서 살고 있다는 사실조차 몰랐다. 파트롱 씨 집에서도 제시카가 유년 시절 집에서 있었던 일이며 지하실에서 밤을 보냈던 일을 이야기하면 레티시아는 자기는 그 이야기와는 상관없다는 듯 무심하게 아무 표정 없이 가만히 있었고, 침묵을 통해 질문하지 말라는 뜻을 표시하면서 "나는 자고 있었어요"라며 자신은 아무것도 기억하지 못한다고 말했다.

아동사회부조 교사인 라비올레트 부인은 자신과 상담할 때 레티시아는 상냥하고 자주 웃었으며 다가가기 쉬웠다고 말한다. 그러다 개인적인 주제가 나오면 그녀는 마음을 닫고 내부에서 자물쇠를 채웠는데, 그럴 때 상대는 그녀에게 위협으로 바뀐다는 것이었다. 대답이 짧아지면서 회피성 대답이 되고, 자신에게 묻는 내용을 결코 이해하려 들지 않았다. 쌍둥이는 듀엣으로 움직였다. 라비올레트 부인이 둘을 한꺼번에 만날 때면 제시카가 둘의 발언권을 모두 사용하고 레티시아는 약간 떨어진 곳에서 의자 깊숙이 몸을 파묻고 있곤 했다. 침묵으로써 그녀는 언니의 말을 인정하는 것이었다.

레티시아의 온화한 성격과 미소는 일상생활에서는 일종의 자유방임과도 같았다. 재판에서 라비올레트 부인은 레티시아를 일상생활에서의 활동에 어려움을 겪는 "미성숙하고 연약한" 소녀로 묘사했다. 만약 레티시아가 수표를 사용하는 데나 사회보장 서류를 작성하는 데, 가계부를 쓰는 데, 혹은 쇼핑을 하는 데 어려움을 겪는다면 그건 그녀가 바보여서가 아니다. 그녀가 마치 여기저기 옮겨두고, 가져가고, 내보내고, 실수로 떨어뜨리는 물건 따위로 취급당했기 때문이다. 평생 그녀는 누군가의 부양을 받았고 어린애처럼 키워졌다. 그녀는 성인으로서의 삶을 준비하지 못했다.

친구들은 그녀가 얌전하고, 바르며, 사려 깊고, 만족할 줄 알며, 자신이 무엇을 원하는지 아는 소녀라고 말한다. 시간이 흐르면서 성숙해져가는 그녀의 모습에 라비올레트 부인은 놀라고 기뻐했다. 아이에게 주어지는 책임 면제가 청소년의 관심사로, 예비 성인의 선택으로 바뀌어갔다. 레티시아는 궁지에서 벗어나기 위해, 자신의 직업 연수 과정을 완벽히 마치기 위해 노력했다. 그녀는 자신의 리듬에 맞춰 서서히 전진하고 있었다. 그리고 그러한 발전은 엄청난 도약처럼 보였다.

사실 두 명의 레티시아가 있었다. 한 명은 아동사회부조의 요청으로 라비올레트 부인이 지켜본 약간은 지진아인 계집아이로, 상냥하지만 수동적이고, 제시카가 엄마처럼 돌보아주며, 사생활에 있어서는 매우 비밀스러운 레티시아다. 또 다른 한 명은 해방되어가는 소녀로서, 열광하고, 맵시 있고, 자발적이며, 앞으로 나아가고자 열망하고, 학교에서나 일터에서 진화하고 있으며, 친구들과 함께 혹은 페이스북을 통해 '자신을 놓아버리는', 그리하여 앞으로 어떤 여성이 될지 짐작할 수 있는, 자기 삶의 배우로서의 레티시아다. 라비올레트 부인이 둘을 함께 접견했을 때, 제시카가 이에 관해 농담을 한 적이 있었다. "내 동생은 내내 사랑에 빠져 있어요!" "레티시아 얘가 날 봐주지 않아요!" 당사자는 얼굴이 빨개진 채 힘없이 부인했다.

레티시아는 하나의 이미지로 굳어지지 않는 데다, 편견에는 더더욱 맞지 않는다. 반대로 그녀는 항상 놀라운 모습을 보인다. 만나면 첫눈에 그녀를 사랑하게 되고 점차 그녀를 알게 된다. 미성숙

함과 고집스러운 침묵, 철자법의 오류, 시사와 문화에 대한 무관심
은 삶의 기쁨, 낙관주의, 끈기 그리고 그녀의 인간됨을 잘 밝혀주는
어린애 같은 말들에 의해 균형이 맞춰진다. 모든 것에 웃음을 짓는
이 소녀를 보며 사람들은 이렇게 생각하곤 했다. "나름 잘 헤쳐 나
갈 거야."

2011년 1월 31일 엘리제궁전에서 파트롱 부부를 접견한 후, 대통령은 개인적으로 그 사건을 지켜볼 것이며 형벌 계통에 '오류'가 있다면 처벌하겠다고 약속했다.

낭트 법원과 루아르아틀랑티크 교도행정에 대한 감사 지시가 떨어졌다. 모든 시선이 낭트 지방고등법원에, 특히 형벌적용판사JAP들에게 쏠렸다. 사법행정에 대한 몇 시간에 걸친 일반감사를 받은 판사들이 피고석에 오르게 되었다.

햇볕이 잘 들고 커피 머신과 녹색 화초들이 있는 법원 카페테리아에서 여성 서기 한 명이 내게 지방고등법원 내부에서 그 사건의 반향이 어떠한지를 이야기해주었다. 다른 모든 사람들과 마찬가지로 법관들과 직원들 또한 이미 그 사건사고의 극적인 성격을 감지하고 있었다. 매우 빠른 시간에 "멜롱이 우리 쪽에 있는, 다시 말해 우리 '고객'이라는 사실을" 그들은 알게 되었다. 경악할 일이었다. 사건을 맡았던 형벌적용판사에게 있어서 그것은 "더욱더 경악할 만한 일"이었다. 그녀는 "그 사건에 자기도 연루될 것"이라는 걸 알고 있었다.

2월 2일, 낭트 법원 법관들이 임시총회를 열었다. 3명의 기권을 제외하고 만장일치로 발의한 동의안에서 그들은 피소된 형벌적용판사들에 대한 지지를 선언하고 정부의 '민중 선동적인 방식'을 비난했는데, 손가락으로 법관들과 공무원들을 가리켜 '당국의 태만'으로부터 시선을 돌리게 하고 그것을 가리려 한다는 것이었다. 예심판사이자 법관 노조위원인 작키 쿨롱은 행정부의 비난에 공개적으로 반발했다.

2월 3일 점심시간에 법관들은 회의를 열어 어떠한 형태로 집단행동에 나설 것인지를 결정하고자 했다. 사법행정에 대한 일반감사팀은 여전히 법원 내에 진을 치고 있었다. 회의 도중 롱생에 이어 검사실의 2인자인 차장검사가 핸드폰으로 긴급 전화를 받았다. 니콜라 사르코지가 판사들에 대한 공격을 재개했다는 내용이었다. 그는 즉각 그 소식을 동료 법관들에게 알렸다.

오를레앙을 방문한 대통령은 경찰서에서 이렇게 공표했다.

이번 사건의 용의자처럼 확실한 보호관찰 조치 없이 범죄자를 석방시킨다면, 그것은 잘못입니다. 이러한 잘못을 덮거나 방기한 자들은 처벌을 받아야 하며, 그것이 바로 법입니다. (…) 우리의 의무는 사회를 그러한 괴물들로부터 보호하는 것입니다.

달리 말하면 판사들이 범법 행위를 용인하고 나아가 그것을 용이하게 만들었으므로 그들의 '잘못'에 대해 마땅히 '처벌'이 있어야 한다는 것이었다. 용의자로 말하자면, 그는 "유죄로 추정되고" 있었다. 이러한 성명은 2005년에 발생했던 넬리 크레멜 사건을 떠올리게 하는데 당시에도 니콜라 사르코지는 형벌적용판사에게 '잘못'을 물어 문책하고자 했다.

그것은 화병에 가득 차 있던 물을 넘치게 만드는 한 방울의 물이었다. 회의장에 꽉 들어찬 모든 이들이 분개했다. 평소 진중하고 사려 깊은 사람들인 법관들이 감정에 사로잡혔다. 경제정책으로 공공 기능, 특히 사법부의 기능을 불안정하게 만들고 툭하면 판사들을 공격하던 행정부가 이제는 아예 그들을 범죄의 공범자들로 몰아가고 있는 것이다! 오를레앙에서의 연설은 지방고등법원에 심한 충격을 안겨주었다. 여전히 독립성을 보장한다면서도 대통령 자신이 사법부의 일을 불법화시키고 있었으니 말이다. 법관들이 당국에 보였던 자연스러운 존경심도 이번 일로 심대한 타격을 입었다.

검사실, 법원 노조원과 비노조원들, 신참들과 최고참들, 선동가들, 미지근한 태도의 사람들과 가장 소심한 사람들까지 포함해 모든 법조인들이 다 같이 분노하여 일주일간 공판을 중지하는 안을 표결에 부쳤다. 그 소식이 모든 법조계에 퍼지자 법관들이 법원 홀로 내려와 그곳에서 변호사들, 사회운동가들, 심지어 헌병들과 함께 투쟁에 들어갔다. 14시에 공동 작성된 공식 성명서를 법원장이 낭독함과 동시에 긴급하지 않은 모든 사건들은 환송되었다. 낭트 변호사회도 이 운동에 동참했다. 기념비적인 분노의 날이었다.

알렉상드라 튀르카는 AFP의 '회고 기사', 즉 전전날 사건들의 요약과 보완할 정보 작성, 2주간의 수색 과정 결산 기사를 작성하기 위해 라보로 돌아갔다. 끔찍했던 시신 발굴 이후 그녀는 사건 사고가 종결되었다고 믿었다. 푸른 구멍의 샛길을 힘겹게 가고 있을 때, 그녀는 전화 한 통을 받았다. 낭트의 법관들이 파업에 들어갔다는 소식이었다. 유사 이래 처음 있는 일이군, 믿을 수가 없어! 레티시아, 그것은 결코 끝나지 않은 사건이었다.

✳

멜롱은 감방에서 입을 다물고 있었다. RTL에서는 유럽1과 프랑스3France 3를 바람맞힌 파트리스 가바르의 마이크를 통해 멜롱의 형이 진실을 밝히겠다고 말했다. "그놈은 괴물이에요. (…) 빌어먹을 놈. 동생아, 네 놈은 진짜 망할 놈이다."

라 베르느리와 포르닉에는 두 곳의 유해 안치소가 세워졌다. 방명록은 추모사와 애정 어린 말들로 뒤덮였다. 꽃과 촛불들이 레티시아의 대형 초상화 주위로 동그랗게 원을 이루었다.

라보에서는 수색의 강도를 높였다. 상반신을 찾아 나선 잠수부들은 음파탐지기와 제네바 헌병대에서 빌린 수중탐사장비를 가지고 푸른 구멍 전체를 뒤졌다. 흙탕물과 개흙으로 시계가 좁아져 더 이상 수색이 불가능해지자 마르티노 판사는 극단적인 조치를 허가했다. 즉 라보에 있는 연못 세 곳의 물을 완전히 빼는 것이었다.

제일 먼저 12대의 모터 펌프와 노장르로트루의 구조대원들 도움을 받아 푸른 구멍을 공략했다. 시간당 4,000세제곱미터의 물을 퍼낼 수 있는 거대한 모터 펌프 한 대를 보강했다. 수위는 하루에 몇 미터씩 낮아지면서 이따금 진흙에 덮인 비탈, 옛 채석장의 토막 난 암맥이 드러나기도 했다. 연못 주변의 가시덤불은 앙제 제6공병대원들에 의해 완전히 제거되었고 150명의 헌병들이 그 지역을 도보로 철저히 수색했다. 롱생은 언론의 공식 성명을 통해 수색 작전을 상세히 설명하고 이렇게 끝을 맺었다. "기다림 속에서도 전화상으로 제 비서나 제 음성사서함을 괴롭히지 않아주셔서 감사드립니다."

푸른 구멍은 서서히 비워졌지만 바닥에 샘이 있어서 물을 완전히 퍼낼 수는 없었다. 거무스름한 수혈水穴들이 잔존했고 그런 지대는 여전히 접근 불가능한 곳으로 남아 있었다. 헌병들이 뼈를 발견해 긴급히 르노 클레망을 호출했으나 개의 뼈로 밝혀졌다. 며칠 후 통발이 바닥에 닿아 있던 곳으로부터 30미터 떨어진 진창 속에서 핸드폰이 발견되었다. 감식 결과 레티시아의 것으로 확인되었으며 베르티에의 진술에 의해 아틀랑티스에서 수거했던 배터리와 완전히 들어맞았다. 헌병대 전문 기술자들이 전화기를 켜자 화면에 이런 문구가 떴다. "안녕 레티시아 페레". 목록에는 100여 장 되는 사진들이 '영국' '가족' '내 친구들' 그리고 '나야'라는 앨범으로 분류 저장되어 있었다.

잠수부들이 이미 탐색했던 두 번째 연못에서 펌프 작업이 계속되었다. 가장 작은 마지막 연못은 여러 해 동안 산업폐기물을 버리는 곳으로 사용된 곳이었다. 쇄설, 용기, 철근, 그리고 고철과 다양한 금속으로 뒤덮인 밑바닥은 매우 유독해서 '핵, 생물, 방사능, 화학'에 관한 위험을 대상으로 한 훈련을 받아온 화생방팀에 도움을 청했다. 오염 제거 전문가들은 파란 잠수복 안에 두건을 쓰고 가스 마스크를 착용한 채 구멍 밧줄을 몸에 묶고서 산더미같이 쌓인 녹슨 고철 아래 웅크리고 있는 물밑 바닥을 탐색했다. 마치 핵폭탄이 터진 이후의 세계에서처럼 마스크를 써서 얼굴을 볼 수 없는 기술자들이 오염된 진창 속에서 고전했다. 레티시아가 지구 종말의 범죄에서 사라지는 바람에 이제는 검은 바다밖에 남은 것이 없었다.

세실 올리베이라와 내가 라보에 갔을 때 우리는 너무 과하다는 생각이 드는 어떤 부인과 만났다. 2011년 2월의 그날들을 그녀는 역겨워했다. 그녀는 불쾌한 감정을 드러내며 자동차들, 유개 트럭들, 무개 트럭들, 헬리콥터, 정부 관계자들, 신문기자들, 구경꾼들이 몰려들어 여기저기 돌아다니면서 조용한 마을을 뒤집어놓았다고 기억했다. 그녀의 말에 따르면, 이 모든 언론조작을 지시했으며 또한 그 수혜자인이기도 한 사르코지가 원흉이라는 것이다. 실종된 모든 소녀들을 위해 그런 난리 법석을 피울 것인가?

레티시아는 살아서는 그다지 운이 없는 편이었지만, 정부는 그녀를 찾기 위해 막대한 기술과 재정을 쏟아부었다. 헌병대의 육상 병력 전체가 동원되었다. 위브셰 대령은 수색대 사령관과 연계하여 육상 부대에서 수사관들을 차출해 풀타임 가동하는 팀을 만들기로 결정했다. 수백 명의 헌병, 탐지견, 잠수부, 군인 들이 대용량 컴퓨터와 헬리콥터, 음향탐지기와 모터 펌프의 도움을 받아 수색에 참여했다. 위기의 시간에는 공공 지출이 진실 찾기보다 덜 중요한 것으로 판단되곤 한다. 당국, 검사장, 예심판사들, 수사관들은 진실 찾기에 우선권을 두었고 그것을 거의 자기 일처럼 생각했다. 아동복지국의 어린 소녀를 그들은 여왕처럼 취급했다.

*

　레티시아의 사후 '보호관찰'은 나무랄 데 없었지만, 멜롱의 사법적 보호관찰은 어떠했는가? 행정부와 사법부 사이의 갈등의 핵심으로 우리를 이끄는 매우 기술적이면서 본질적인 이 논쟁을 이해하기 위해서는 비난의 대상이 된 두 명의 배우를 소개해야 할 것이다.

　― 형벌적용판사는 명칭에서 알 수 있듯 법원에서 선고한 형의 집행을 감시하는 법관이다. 또한 그 임무에는 투옥 대신 선택적 조정을 통해 개인별로 '수형 방식'을 규정하는 일도 속해 있다. 즉 조건부 석방이나 반⊕자유 유지, 전자발찌 착용 등. 이러한 개인화의 목적은 전과자의 사회 적응을 용이하게 함으로써 누범을 방지하자는 것이다. 감옥 내에서 법정이 열릴 수 있는데 이때 수감자는 자신의 요구 사항을 제시하고 개인적으로 세운 계획의 정당성을 내세우는 한편 사회 재편입이 가능하다는 증거를 보인다. 그러면 형벌적용판사는 형의 집행을 명령하고 감시하지만 일상생활에서는 통제하지 않는다.

　― 사회복귀및보호관찰교정당국SPIP은 수형 중의 수감자와 열린 환경 속의 범죄자, 예를 들면 반⊕자유 환경이나 전자감시하의 범죄자를 보호관찰한다. 사회 편입 카운슬러들이 맡는 직무의 성격은 사회적인 면과 징벌적인 면을 포함하는 것이다. 그들은 풀려난 죄인들이 직장과 숙소를 구하는 것을 도와주고, 다른 한편으로

는 판사가 지시한 의무조항에 따라 그들을 통제한다. 매주 경찰서에 출석하고, 의사나 심리학자의 치료 명령을 준수하고, 피해자에게 보상을 해야 하는 것이다. 사회복귀및보호관찰교정당국은 수직적 위계질서(지방 지부, 법무부 교도행정국)를 따르지만 지역적으로는 형벌적용판사의 지휘하에 움직인다.

행정부의 명제, 즉 교도행정 계통이 "직무 태만"의 과오를 범했다는 명제에서 시작해보자. 31세의 나이에 멜롱은 열세 번의 유죄 선고를 받았고 그중 두 번은 중범죄였다. 2010년 마지막 형기를 마치고 석방될 당시, 그는 사법적 감시 대상이 되리라고 여겨진다. 그러나 이는 그의 재범 위험률이 높아져서가 아니라 가장 최근에 저지른 법관모독죄(자신의 아들을 보육원에 수용하라는 명령을 내린 아동법원 판사에 대한)에 대한 유죄판결과 함께 선고된 형이 '집행유예 조건부 보호관찰sme'이었기 때문인데 이것은 소위 '개방 환경'에서의 몇 가지 의무조항, 즉 사회 편입 카운슬러와의 상담, 구직 활동, 치료, 피해자 보상 등을 포함한 조치였다. 죄수가 보호관찰 집행유예의 혜택을 얻으면 집으로 돌아가 자신에게 의무조항을 적시해줄 사회복귀및보호관찰교정당국의 소환을 기다리게 된다.

그런데 멜롱에 대한 보호관찰은 효력을 발생하지 못했다. 이는 업무가 과중했던 루아르아틀랑티크의 사회복귀및보호관찰교정당국이 그의 최근 위법—법관 모독—사안을 살인, 절도 혹은 도로교통법 위반보다 더 우선해야 할 것으로 판단하지 않았기 때문이다. 그리하여 멜롱은 석방되어 카운슬러의 소환을 받지 못했고 따라서 "자연인 상태로 풀려난" 것이었다.

2010년 석방된 시점과 2011년 레티시아의 살해 시점 사이는 채 1년이 되지 않는다. 그 기간 중에 여러 사람이 그를 고소했다. 그의 이부형과 형수가 살해 협박과 주거 파손으로, 전 여자친구의 친구가 차량 방화로, 전 여자친구 본인이 살해 협박과 성폭력으로 고소한 것이다. "그래요, 그가 억지로 그렇게 했어요. 사실 때리는 것보다는 더 낫지요"라고 그녀는 경찰에서 진술했다. 별일 아니라는 듯 한 젊은 여성의 초연함에 혼돈스러워진 여경은 사법경찰관에게 고소장을 전달하지 않았고, 검사실에서는 그 사실을 모르고 있었다. 업무가 과중한 데다 예산도 부족한 보주아르 경찰서에서는 여러 건의 고소 처리가 지연되었다.

성범죄자 전산데이터베이스에 등록되어 있음에도, 멜롱은 의무사항인 당국에 자신의 주소를 통보하는 일을 빼먹었다. 2010년 9월 1일 루아르아틀랑티크 지방경찰청은 그의 위치 파악을 위한 조사 착수 경보를 내린다. 11월 4일, 그는 쿠에롱에서 흰색 푸조 106을 훔쳐 타고 다니기 시작한다. 12월 초, 헌병대에서 수사에 나섰으나 헛수고였다. 12월 10일, 쿠에롱 헌병들은 도난 차량인 푸조 106을 운전하는 멜롱을 목격했다. 헌병들이 그를 심문하기 위해 그의 모친 집으로 갔을 때 그는 이미 도망치고 없었다. 낭트 검사실의 요청에 따라 그의 도난 차량 은닉 혐의에 대한 수색영장이 발부되었다. 2011년 1월 4일, 그는 차량 절도 및 주거 부정 혐의로 수배 목록에 올랐다. 그러나 특별히 위험한 자로 표시되지는 않았다.

대통령이 경악한 것은 바로 그 때문이었다. 집행유예 조건부 보호관찰을 선고받은 누범자를 제대로 관리하지 못했다면 그것은 직무 태만이다. 사법경찰은 마땅히 수반되는 조치들에 전념해야 한다. 더구나 이전의 전과들이 증명하듯 문제가 많은 자이니 더욱 그래야 했다. 무슨 일이 벌어졌는지 행정부에서 알고자 하는 것이 과연 금지되어야 할 사안이란 말인가?

이제 법관들과 교도행정관들의 말을 들어보자. 직무 태만, 물론 그런 일이 있긴 했다. 그렇지만 누구의 잘못이란 말인가? 낭트 지방고등법원과 루아르아틀랑티크 사회복귀및보호관찰교정당국은 절박한 상태에 빠져 있었다. 판사도 부족했고, 서기도 부족했으며, 사회 편입 카운슬러도 부족했다. 낭트 법원에 다섯 번째 형벌 적용판사 보직을 만들어달라고 요청했으나 기존의 네 자리 가운데 하나가 결원이었다. 따라서 실제 가용 인원으로 보자면 서기 다섯 명의 조력을 받는 세 명의 판사만 있을 뿐이었다. 게다가 직원들은 일에 파묻혀 있었고 언제나 과중한 업무에 시달렸다. 한마디로 사법기관에서 업무를 수행할 방도가 없었다.

2009년 루아르아틀랑티크 사회복귀및보호관찰교정당국 국장은 부임하자마자 모든 면에서 업무가 재앙이나 다름없다는 사실을 발견한다. 인원 부족뿐만 아니라 수행 능력, 잘못된 조직 구조, 전문적인 소프트웨어 사용 미비 등이 문제였다. 국장은 제삼자를 통해 객관적 업무 상황 파악을 위한 철저한 감사를 진행했다. 그러나 국장의 직위 탓에 호응이 지연되었다. 감옥 내에서는 감사를 시행할 수 있었지만 열린 환경인 사회복귀및보호관찰교정당국 내부에서는 시행할 수 없었던 것이다. 결국 그 임무는 교도행정 감찰국에 떨어졌다.

교정당국 국장이 조직도에 의거해 명확한 자격을 갖춘 보충 인력을 요청했을 때, 감사관들은 그날의 주문, 즉 "공공 정책의 전반적 재고"를 상기하며 코웃음을 쳤다. '공공 정책의 전반적 재고'란 정부로 하여금 강력한 살 빼기 조치를 하게 만드는 것이었다. 결국 감사 보고서는 60여 개 항에 걸쳐 권고 조치를 내렸다. 그 권고 조치의 이행은 엄청난 업무량을 불러옴은 물론이고, 감옥 내에서의 치안에 더 관심을 쏟는 렌 교도행정 지방사무소들 간의 상호 지원 없이 이루어지게 된다.

2010년 3월 사회복귀및보호관찰교정당국 국장은 낭트 법관들에게 서한을 보내 자신의 업무가 매우 큰 어려움에 빠져 있음을 알린다. 각 카운슬러가 평균 140건의 일을 맡고 있는데 이는 법무부 중앙행정처에서 정한 규정의 두 배가 되는 수이며, 누구 하나가 병가만 내도 건수는 180건으로 올라가버린다는 것이었다. 5월 24일 지방고등법원에서 세 시간 동안 속개된 회의에서 사회복귀및보호관찰교정당국 국장과 법관들은 긴급 사안의 우선순위를 매기는 데 동의한다. 모두를 보호관찰하는 것은 불가능하므로 우선적으로 가장 중한 범법자를 보호관찰의 대상으로 하기로 한 것이다. 다른 사안들은 '대기'로 놓이게 된다.

이러한 집단적 결정을 행동으로 옮기기 위해 국장은 메일을 통해 형벌적용판사들에게 회의록을 보내고 그 사본을 지방법원장, 낭트 검사실 그리고 렌 지방연락사무소에 보낸다. 2010년 8월 4일, 그는 관계 당국에 또 한 번의 경고 서한을 보낸다. 자신의 업무를 확실하게 수행할 수단이 여전히 없다는 내용이었다.

지방연락사무소와 법무부 중앙행정처가 여전히 귀를 막고
있는 와중에 국장과 법관들의 결정은 루아르아틀랑티크 사회복귀
및보호관찰교정당국에서 실행에 옮겨진다. 가장 신경을 써야 할 사
안들을 위해 800건의 나머지 사건들이 미결로 남겨진 것이다. 그리
하여 가장 최근에 유죄판결을 받은 죄목이 '법관 모독'이었던 멜롱
은 그물망에서 빠져나가게 되었다.

페이스북에서의 레티시아
Laëtitia sur Facebook

델핀 페레 덕분에 나는 특별한 정보 출처 즉 레티시아의 페이스북 계정을 볼 수 있었다. 그 계정은 불순한 호기심에 노출되는 것을 방지하기 위해 헌병들이 막아놓았으나 이전의 접속 경로를 통해서는 접근할 수 있었다. 나는 앞으로 페이스북이 사생활, 여가 생활, 가족과 친구 관계, 유동성, 21세기 남녀의 어휘 등에 흥미를 갖는 연구자들에게 좋은 소스가 되리라는 것을 의심치 않는다. 그리고 그 인류 가운데 나는 레티시아를 선택했다.

그녀의 페이스북에는 48명의 친구가 있었는데 주로 마슈쿨과 라 베르느리의 친구들, 학교 친구들, 페레 가족의 몇몇 지인들이었다. 핸드폰 셀프카메라로 찍은 프로필 사진 속 그녀는 언니와 뺨을 맞대고 있는데(사진기 앞에서 신체 접촉을 하는 사람들은 많지 않다), 둘 다 공모자로서 활짝 웃고 있었다.

그녀는 열두 명의 가수, 세 편의 텔레비전 시리즈, 두 편의 영화와 한 권의 책에 '좋아요'를 눌렀다. 음악에 대해서는 리애나Rihanna (R&B), 그린데이Green Day(펑크록), 그랑 코르 말라드Gran Corps

Malade(힙합), 그리고 라 푸인느La Fouine와 섹시옹 다쏘Sexion d'Assaut와 소프라노Soprano(랩)가 있었다. 그녀가 정말로 〈아바타Avartar〉와 〈트와일라잇Twilight〉을 좋아했다는 증거는 없지만 그 주제가 그녀에게 어필했던 것만은 분명하다. 하나는 인류와 관용에 대한 SF적인 우화, 다른 하나는 청소년 뱀파이어들 간의 러브 스토리.

낭트 호텔 주인인 들랑드 부인을 통해 그녀가 2010년 개봉된 〈반짝이는 모든 것Tout Ce Qui Brille〉이라는 영화를 좋아했다는 것도 알게 되었다. 그 영화는 뗄 수 없을 만큼 가까운 두 동성 여자 친구에 관한 것이다. 두 사람의 직업은 식당 종업원이고 무일푼으로 교외에 살고 있지만, 그녀들은 착하고 수다스럽고 활력이 넘치며 근사하고 유쾌하고 변덕이 심하고 자신들이 사는 도시의 우울함에서 벗어날 수만 있다면 무슨 일이든 할 준비가 되어 있다. 그래서 두 사람은 오트쿠튀르, 칵테일, 비자 골드카드를 수호천사처럼 믿고 벌이는 파티와 초호화 아파트에 집착한다. 나는 흥행에 대성공을 거둔 이 영화를 레티시아가 어떻게 보았는지 모른다. 어쩌면 그녀는 자신을 라 베르느리앙레츠의 호텔 식당에서 비질을 하는 신데렐라 같은 존재로 보았을 수도 있다.

파트롱 부인과 제시카의 증언에 따르면 그녀는 텔레비전을 엄청나게 보았다고 한다. 그녀는 아침 10시부터 밤 10시까지 밥 먹을 때와 화장실 갈 때를 제외하고 꼼짝도 않은 채 텔레비전을 볼 수 있었다. 제시카와 파트롱 씨는 "너 그러다가 티브이 판매원이 되겠구나!" 하고 짓궂은 소리를 하기도 했다. 그러면 그녀는 거실 소파에서 무심히 대꾸하곤 했다. "아니야, 그만 좀 해!" 그녀는 〈고스트

위스퍼러(Ghost Whisperer)〉〈스콧 형제(Les Frères Scott)〉 등 천문학적인 양의 텔레비전 시리즈를 해치웠는데, 그녀의 페이스북 페이지에 분명히 '좋아요' 표시를 한 것은 맨해튼의 화려한 청춘 연대기인 〈가십걸Gossip Girl〉, 지원자들이 카메라 렌즈 앞에 갇혀서 생활하는 리얼리티 프로그램 〈시크릿 스토리Secret Story〉, 그리고 호머와 그의 정신 나간 가족의 모험을 그린 컬트 애니메이션 〈심슨 가족The Simsons〉이었다.

레티시아는 책을 읽지 않았다. 그녀는 소설도, 잡지도, 여행 가이드북도, 조리법 책도, 어떤 책도 가지고 있지 않았다. 딱 한 권, 말을 찍은 사진 책 외에는. 그녀가 페이스북에 '좋아요'를 누른 단 한 권의 책이 《책세계 탐사La quête des Livres-Monde》*라는 멋을 부린 제목의 3부작 과학소설이라는 게 재미있다. 그 책은 매우 보르헤스적인 제목으로 두드러져 보인다.

이 모든 취향은 무엇을 말하는가? 일상을 잊게 하는 기계, 방울방울 맺힌 소녀적 감성, TF1의 시스템에 의해 정해진 꿈의 상자…. 사회적 관계와 성적 관계에 대한 전형적인 환영幻影이 아주 어린 이들에게 순응주의와 복종을 주입한다. 백만장자 쭉쭉빵빵들과 언제나 톱의 자리에 있는 멋진 남자들이 잔뜩 등장하여 초호화 부유층에서 재활용 쓰레기로 바뀌는 모습을 보여주는 텔레비전 시리즈물 〈가십걸〉처럼 말이다. 레티시아의 문화적 취향은 그녀의 직업 선택처럼 무취향과 무선택, 다시 말해 모든 사람이 좋아하며 보고 듣는 것을 수동적으로 받아들인 것일까? 그녀의 뇌는 이미지, 유튜

---

*   프랑스 작가 카리나 로젠펠드Carina Rozenfeld의 소설.

브, 모드, 광고 등 최대 다수가 받아들인 '콘텐츠'를 파는 상인들의 손에 주어졌다. 그녀의 취향은 대중문화에 의해 만들어졌고, 그녀의 '좋아요'는 오락 산업의 지령에 따른 것이었다. 의심할 여지없이 그것은 자기 상실의 한 형태다.

제시카는 말한다. "갠 티브이에 나오는 거의 모든 음악을 좋아했어요."

사실 리애나의 〈온리 걸Only Girl〉, 섹시옹 다쏘의 〈미안해 Désolé〉, 소프라노의 앨범 〈비둘기La Colombe〉, 그리고 〈아바타〉의 주제곡은 2010년 프랑스에서 음반이나 음원으로 가장 많이 판매된 곡들에 속한다. 레티시아는 대중의 화신이며, 반항아와는 정반대다.

시간이 무척 많이 흘렀다. 나는 내가 핸드폰, 문자메시지, 컴퓨터, 인터넷, 아이팟, 아이패드 없이 자랐다는 사실을 기억하기 힘들다. 4반세기 동안 나는 무엇에도, 어느 누구와도 접속되지 않았었다. 내 유년기는 마이클 잭슨, 장자크 골드만Jean-Jacques Goldman*, 르노Renaud**, 톱 50Top 50***, 1982년 세비야의 준결승전, 1983년 노아 대 윌랜더의 테니스 경기, 〈동키콩Donkey Kong〉 게임, 〈제국의 역습Star Wars Episode V: The Empire Strikes Back〉, 매회의 타이틀을 달달 외우고 있는 텔레비전 시리즈 〈톰 소여Tom Sawyer〉, 지금도 생각하면 눈물이 나는 〈캔디

---

* 프랑스의 싱어송라이터.
** 프랑스의 가수이자 배우.
*** 프랑스 싱글 음반 판매 차트.

Candy〉로 이루어져 있었다. 20년이 지난 후인 그녀의 유년기는 텔레비전 리얼리티 프로그램, TF1, R&B, 랩, 페이스북, 삼성 스마트폰, 하루에 100여 통은 날리는 문자메시지로 채워져 있다. 그녀는 죽었고 나, 나는 아직 살아 있다. 그녀는 내 딸이었을 수도 있었다.

그러한 대중문화가 내 심장을 뛰게 했다. 이제는 양식화된 내 유년기가 그립다. 왜냐하면 그것은 나의 유년기이고, 또한 한 세대에 속한 개인, 즉 성인으로서 현재의 나를 태어나게 했기 때문이다.

나는 레티시아에 대해 착각하고 있었다. 소비사회가 그녀의 정신을 예속시키지도 않았고 그녀의 세계관을 변화시키지도 않았다. 스타 시스템이 그녀를 다른 쪽으로 몰고 가고 있었다. 그녀는 몇몇 장면들, 몇몇 인물들을 멍청하거나 혹은 과장되었다고 평가하며 자신과 자신이 보는 것에 거리를 두었다. 미국의 흑인문화, 맨해튼의 마천루, 웨스트 해변의 백사장들, 변두리 지역의 랩이 마슈쿨 직업기술 기초자격증 과정 여고생의 호기심을 일깨웠다. 그녀의 상상력은 〈고스트 위스퍼러〉의 유령들, 〈트와일라잇〉의 뱀파이어들과 늑대인간들, 〈책세계 탐사〉에 나오는 날개 달린 청소년, 〈아바타〉에 나오는 파란 피부의 피조물들과 함께 날아다니고 있었다. 섹시옹 다쏘의 샹송이 어쩌면 그녀를 감동시켰는지도 모른다.

아빠, 난 모르겠어, 내가 아빠에게 무얼 했어?
난 아주 어려, 난 장소도 많이 차지하지 않아.

아빠, 내가 태어난 날 아빠는 어디 있었어?

낭트 호텔에서 그녀는 내내 〈반짝이는 모든 것〉의 오리지널 사운드트랙인 베로니크 상송Véronique Sanson의 노래 〈재미난 인생Une Drôle Devie〉을 흥얼거렸다. 그것이 그녀에게 자유의 예감을 안겨주었다.

넌 내가 우스운 삶을 살기 위해 태어났다고 했지.
나도 머릿속에 여러 생각이 있고, 하고 싶은 걸 할 거야.

프랑스와 국제사회가 이룬 다양성의 기적이랄 수 있을 클럽, 유튜브에서 신기록을 달성하는 비디오들, 전 세계에서 수천만의 사람들이 시청하는 시리즈물들, 이것들은 우리들 각자를 사적이고 내밀한 관계로 엮어가고 있다. 우리를 사적이고 내밀한 관계로 엮는 연금술은 우리들 개인이 직접 겪거나 보거나 생각하는 것이 아니라 집단, 이를테면 가족이나 사회단체, 유행, 날씨 같은 것을 우리로 하여금 볼 수 있게 해주는 소중한 기회를 제공한다. 이러한 분석은 '나'를 생각하면서 '우리'를 말하는 것이(마치 틀에 박힌 우스꽝스러운 표현인 '위엄의 우리*'처럼) 아니라, '우리'를 생각하면서 '나'를 말할 수 있게 해준다. 이때의 '나'는 '나를 만든 다른 모든 이들'의 대신이며, '타인의 작품으로서의 나의 유일성'을 뜻한다. 장 폴 사르트르

---

*   국왕, 고관, 법관 따위가 위엄을 나타내기 위해 '나'라는 단수 대신 '우리'라는 복수를 사용하는 것을 뜻한다.

Jean Paul Sartre의 《말Les mots》의 말미에서처럼, 레티시아는 모든 사람이나 마찬가지이며 아무나와 마찬가지인 남녀, 소년 소녀들, 즉 모든 사람들로부터 만들어진 21세기의 딸이다.

가장 매혹적인 것은 그녀가 속한 페이스북 커뮤니티들이다. 구속적이지 않은 비공식적인 커뮤니티들, 그러나 강력한 의미에서의 문화적 커뮤니티들, 클릭 한 번으로 모이는 클럽들이자 정신 상태, 철학, 유머가 드러나는 선택적 친화력. 그 참여적 민주주의에서는 누구나 사진 혹은 동영상을 올릴 수 있고, 코멘트를 남길 수 있으며, 유대를 가지고, 관계를 맺을 수 있다.

이 순간 모든 것이 완벽했다라고 생각하며 메시지를 다시 읽으시오

메시지: "잃어버린 사랑을 안타까워하며 생을 보내는 것은, 진정 사랑했으며 우리의 존재가 완전히 헛되지는 않았다는 것을 증명한다."

내용: 동물 비디오, '너무 귀여운' 고양이들, 개그 비디오, 잡동사니, 몰래카메라.

시청자: 200,000 팔로워.

음악을 들으며 생각하시오

'음악을 사랑하는 모든 이들 그리고 특히 음악을 들으며 생각하는 이들을 위하여'

일러스트레이션 포토: 바다 위의 낙조

850,000 이상의 팔로워들.

게으름이 힘들여 일하러 가지 않는 것의 유용한 동기가 되기를!!!

메시지: "행복은 깃털 이불 아래에 있다."

관계의 사례들(2015년 포스팅됨):

"가장 머리 모양이 이상한 아기들 사진 19장."

"용해된 알루미늄을 수박에 부었을 때 어떤 일이 벌어지는가."

 ;-)

너는 게임을 하고자 했다. 우리는 게임을 했고, 내가 이겼다. 너는 나를 잃었다

(레게 뮤지션 콜로넬 리일Colonel Reyel의 곡 〈게임 오버Game Over〉에서 인용)

난 얻어터졌지만, 아무 말도 안 해, 그렇지만 넌 쫄아, 난 아무것도 잊지 않았으니

"우리는 맞고, 맞은 것을 자신만이 간직하고 운다, 그렇지만 전혀 잊지 않고 있었을 때, 복수의 날이 올 것이다."

— 날 사랑한다고? — 아니, 너에게 미쳤다고! ‹3

사랑과 슈퍼 여친들, 그리고 사랑스러운 님에게 바치는 커뮤니티.

* 이모티콘 '‹3'는 오른쪽으로 기운 하트를 표현함.

쉿, 내 말이 맞아

사진: 불꽃놀이, 톱 모델들, 예쁜 문신들, 금발의 땋은 머리, 애펠탑

900,000 이상의 팔로워들.

메시지 사례들(2010년 포스팅됨) :

"키스는 모든 것을 말하면서 침묵하는 가장 확실한 방법이다."

카산드라 R님 외 3,027명이 좋아합니다.

"빛의 속도가 소리의 속도보다 빠르기 때문에, 많은 사람들이 입을 여는 순간까지 똑똑해 보이는 것이다."

쥘리 R님 외 1,494명이 좋아합니다.

이 커뮤니티들은 오늘날의 거대 집단들이다. 이 커뮤니티들이 드러내는 순응주의는 부화뇌동이나 사고력 상실이 아니라 디지털 사회성, 바이러스성 유머, 동류끼리의 만남, 젊은이들의 단체, 현대 대중 정당들의 특징이다. 사회학자 도니미크 카르동Dominique Cardon이 말하듯 그것은 "약한 협력체들의 힘force des coopérations faibles"이다.

많은 셀카 사진들이 그녀의 페이스북 프로필에 사용되었다. 바위에 기댄 레티시아, 귀에 무궁화꽃을 꽂은 레티시아, 영국식 공중전화 박스 앞에서 검은 드레스를 입고 포즈를 취한 레티시아, 멜론색의 모자를 쓴 레티시아, 손바닥을 펴서 키스를 날리는 레티시아… 페이스북은 일종의 교환 및 가시성의 공간으로서 레티시아—말 없는 아이, 입에 빗장을 건 아이—로 하여금 자신의 심리 상태를 드러내게 하고, 자기 가족과 감정, 영혼의 상태 그리고 의혹에 관해 말할 수 있게 해주었다. 말하자면, 비록 제한적이고 눈에 보이지는 않지만 대중 앞에 자신을 드러내게끔 해주었던 것이다.

자신의 페이스북 담벼락에 그녀는 자기 생각을 적었는데 거기에는 사람들에게서 얻은 지혜가 표현되어 있다. 이탤릭체로 된 괄호 안의 글은 원문의 번역이다. 즉 성인으로서 내가 구사하는 언어로 다시 적은 것이다.

짱나, 쌩까고 쪼까낼 땐 언제고 필요하니까 왕 친절 말하네.
〔짜증나. 가차 없이 내칠 때는 언제고, 우리가 필요하니까 친절하게 말을 거네.〕

우리가 조아하는 사람들은 우리가 안다 생가카는 사람드리 아니다. 더 잘 알수록 사람들은 다르다.
〔우리가 좋아하는 사람들은 우리가 알고 있다고 믿는 그런 사람들이 아니다. 더 잘 알수록 그 사람들은 다른 사람들이 된다.〕

사랑은 보복하지 않고 용서하는 것이며, 계산하지 않고 주는 것이다. 그것은 생가카지 않고 자신을 맡기는 것이다. 그것은 미완의 과거에서와 마찬가지로 미래의 너와 나이다. 내가 지금 네게 이 글을 핸드폰으로 쓰지만, 네게 말하는 것은 내 마음이다.

고모인 델핀 페레와의 대화
레티시아: 남자애들은 늘 우리에게 자긴 커플이라고 말하는데, 프로필을 보면 싱글이더라고. 왜 그냥 우리를 사랑하지 안는다고 말

하지 안치?

델핀: 사내애들이 거짓말쟁이라서 그래 히히히히

레티시아: 오키 그치만 그 못된 놈들이 내 친구들인데 그런 식으로 우릴 골탕 머겨

델핀: 고모부가 그러는데 사내들은 못된 데다 거짓말쟁이, 그러니 조심하래

레티시아: 오키 그래도 다 그러지는 안켓지?

단체 대화방

레티시아: 날 어떠케 생가카는지 여러분 평을 듣고 시퍼

파비앙: 무지무지지지지지지지 조아 〔나는 널 무척 좋아해〕

레티시아: 무지 친절하구나, 고마워 동생

델핀: 사랑스럽고, 예쁘고, 착하니, 널 매우 사랑한단다

레티시아: 마니 고마워. 나도 여러분 생가케

이러한 고백, 사회성, 글쓰기의 형식, 약어, 이모티콘, 자기 연출 그리고 이 모든 내면성의 디지털식 게시를 보면 레티시아는 그녀의 시대에 의해 만들어졌다고 믿을 수도 있다. 하지만 그와 반대다. 문화적 대상으로서의 그녀의 페이스북 계정은 1760년대 이래 여성성과 청소년기를 특징지어온 내면 일기를 현재화한 것이다. 19세기와 20세기 내내 진부하거나 심오한, 간략하거나 화려한 비밀 노트와 내면 일기들은 필리프 르죈Philippe Lejeune*의 책 제목처럼 '아가씨들의 자아'(책 제목은 《Le moi des demoiselles》)를 모은 것들이다.

이러한 글들의 기능은 무엇인가? 내면 성찰의 취향, 글쓰기의 즐거움, 독특함에 대한 축하, 향수를 불러오는 매력, 스스로(그리고 자신의 몇몇 독자들)에게 투명해지려는 노력이 몸과 영혼, 그리고 '벌거벗은' 자화상을 정당화시킨다. 그것은 근대성의 패러독스 중 하나이다. 즉 핸드폰, 블로그, 페이스북 등 새로운 미디어들을 통해 조상 대대로 내려오는 관습을 되풀이하는 것이다.

    내면 일기의 비약적 발전이 초등 그리고 중등 교육의 발전과 연결되어 있듯, 레티시아의 내밀한 이야기는 어떠한 수준의 교육이나 대중문화에 대한 어느 정도의 접근을 입증하며, 그것이 학업의 영향을 받았음을 보여준다. 여기서도 역시 사회의 민주화가 드러난다. 레티시아는 우리가 쓰는 철자법과는 다르지만 아마도 자신의 언어로써 자기의 감정과 의혹, 그리고 상처를 글로 써나갔다. 모럴리스트이자 극작가로서 그녀는 자기 자신의 저자다.

    내밀하면서도 동시에 반은 공개적인(어떤 사람들은 "외면적"이라고 말하는) 그녀의 페이스북 계정은 나르시스적이라기보다는 이해받고 사랑받기 위한 간청이자 스스로를 타인에게 열고자 하는 의지라고 하겠다. 레티시아의 셀카 사진 각각은 멋진 사람이 되고 싶은 욕망, 또는 무언가 있는 사람으로 보이고자 하는 희망, 그리고 있는 그대로의 자신으로 존재하면서 친구인 '대중'에게 보인다는 만족감이다. 우리는 조르주 페렉Georges Perec**이 "하위-일상infra-

---

*   프랑스의 작가이자 자서전 이론의 권위자.
**   20세기 후반 프랑스 문학을 대표하는 작가이자 비평가, 영화제작자.

$_{ordinaire}$"이라고 부르는 부분, 즉 일상의 언어, 가족적 배경, 일과 나날에서의 자아 등 결국 하나의 문학이면서 문학이 아닌 것의 영역으로 들어가는 것이다.

소설가 조제프 케셀$_{Joseph\ Kessel}$은 1920년대에 '볼셰비즘 치하의 어린 러시아 소녀'였던 넬리 프타츠키나$_{Nelly\ Ptachkina}$의 일기를 출판하며 그녀의 분석 능력, 지적 호기심, 완벽한 문체를 칭송했다. 넬리는 열네 살에 이미 부모의 체포, 내전, 적색테러와 백색테러*, 굶주림, 끊임없는 이주, 고문당한 시신을 목격하는 일 따위를 겪었다. 그녀는 당혹스러운 기록을 남겼는데, 그것은 가난한 사람들을 염려하고, 꽃과 푸른 하늘과 산을 좋아하고, 사랑을 좇으며, 자신의 내면을 뚜렷이 보려고 애쓰는 어린 소녀의 이야기였다. 산다는 것이 그녀를 열광시켰다. 그녀는 열일곱 살에 폭포에서 떨어져 익사했다.

레티시아 페레는 넬리나 안네 프랑크$_{Anne\ Frank}$와 같은 능력은 없었지만 그녀들과 마찬가지로 제명을 살지 못하고 죽었다. 순수한 마음속에 폭력, 혼돈, 정서적 불안정, 어머니의 몰락에 대한 흔적을 간직한 그녀는 텔레비전 앞에서, 거실의 소파 위에서, 그리고 그녀가 안전하다고 느끼는 유일한 장소인, 따뜻하고 안정적이며 그녀를 포근히 감싸주는 사람들 속에서 여러 시간 동안 머물러 있기를 좋아했다. 지하실의 어린 소녀는 마침내 집 안에 틀어박혀 지내는 생

---

* '적색테러'란 볼셰비키 정권의 붉은 군대(적군)에 의해 저질러진 체포 및 학살을 말하며, '백색테러'는 볼셰비키 정권에 반대하는 반혁명군인 백색 군대(백군)에 의한 학살을 일컫는다.

활을 즐기게 되었던 것이다.

그녀는 믿음도 없이, 자신이 완벽하게 그 의미와 법칙을 아는 세계에서 살았다. 그리고 그곳에 아주 작은 자리라도 마련해보고자 에너지의 상당 부분을 쏟았다. 소녀 취향의 낭만주의가 완벽한 정치적 무관심, 문화와 도시 생활에 대한 절대적인 무관심과 연결되는 것이라 하더라도 그러한 정신적 백지가 그녀 자신의 예민한 의식까지 가로막지는 않았다. 그녀의 고독과 고뇌, 그 고뇌에 대한 느낌은 그녀 내면의 힘과 그 탄성에너지에 의해 상쇄되었다. 그녀와 가까웠던 모든 사람들이 그녀의 그런 힘과 에너지에 대해 "그녀는 성깔이 있었다" "굴하지 않으려고 했다" "자기가 무엇을 원하는지 알고 있었다"라는 말로 찬사를 보냈다.

동생이 사라지고 몇 달 후, 항소심 재판에서 재판장은 헌병들을 앞에 두고 제시카의 진술서 일부를 발췌해 읽었다. "그 아이는 쉽게 영향을 받는 아이였습니다. 그 아이는 제 고집대로만 하려고 했습니다."

재판장은 이렇게 말했다. "좀 모순적이지 않은가요?"

증인석에서 제시카는 자신의 말을 확인했다. "그 아이는 순종적이었지만, 반항적이기도 했습니다."

✳

레티시아와 제시카는 핸드폰을 자주 사용했다. 페이스북에 접속하기 위해, 문자메시지를 보내기 위해, 파트롱 씨에게 들리지 않게 부모와 통화하기 위해. 그녀들은 보통 15 내지 20유로 정액 요금제를 사용했다. 어느 날 파트롱 부인은 그 세 배나 되는 액수가 찍힌 제시카의 핸드폰 요금 청구서를 받았다. 파트롱 부인은 제시카를 꾸짖고 그 참에 그녀의 통화 기록을 확인했다. 그리고 쌍둥이가 자기들 아버지와 몇 시간이나 통화를 했다는 사실을 알게 되었다. 새로운 조치가 취해졌다.

— 벌로 핸드폰 두 대 다 이번 주말까지 집에 보관한다.

다음 날 프랑크 페레는 마슈쿨 고등학교를 찾았다.

— 왜 전화를 받지 않니?

— 파트롱 씨가 우리 핸드폰을 압수했어요.

프랑크 페레는 당장 두 대의 핸드폰을 새로 사주었다. 다음 달이 되자 두 사람의 전화 요금은 각각 600유로 이상 나왔지만 이번에는 친부의 계좌에서 인출되었다.

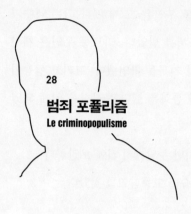

28

범죄 포퓰리즘
Le criminopopulisme

2011년 겨울, 두 가지 논리가 맞섰다.

대통령에게, 그 사건사고는 민중의 감정에 걸맞은 해결책을 요구하고 있었다. 어떠한 보호관찰 조치도 없이 풀려난 누범자가 어린 소녀를 야만스럽게 살해했다. 그 범죄의 끔찍함에 받은 충격 이상으로 프랑스 국민들은 사법제도에 불신감을 가지게 되었다. "처벌이 이루어지지 않은 이상, 정의는 없다." 제도의 운영에 문제가 있었다. 그 문제를 해결해야 한다. 형벌 시스템 관계자들은 마땅히 자신들의 책임을 직시해야 한다. 잘못이 있는 시스템은 항상 스스로를 방어하기 마련이지만, 정치인이란 사법기관을 흔들고 반사적인 자기 옹호 행위를 차단하며 이를테면 "운명이다" "어쩔 도리가 없었다" 따위의 핑계를 거부하기 위해서 있는 것이다.

법관들에게 있어서 그러한 문제 제기는 부당했다. 멜롱의 보호관찰을 불가능하게 만든 것은 행정 당국의 무관심이었다. 형벌적용판사들의 업무도 과중했고, 사회복귀및보호관찰교정당국의 업무도 과중했다. 교도행정국과 사법부 관료들 그리고 예산처 모두가 그런 사실을 알고 있었다. 게다가 누범과의 전쟁은 정밀과학이 아니다. 범죄행위는 미리 예견할 수 있는 게 아니다. 사회복귀및보호관찰교정당국에 몇 번 소환한다고 해서 예기치 못한 범죄행위를 막을 수 있었을까? 심리 전문가도 없이, 의사 조정관도 없이, 집중 감시나 가정방문도 없이 두 달에 한 번 면담하는 것만으로 충동적으로 범죄를 저지르는 자의 인격을 변화시킬 수 있었을까? 멜롱이라면 자기를 담당하는 사회 편입 카운슬러에게 일거리를 구하고 있다고 말했을 테고, 설사 일자리가 있었다고 해도 그가 레티시아를 살해하는 것을 막지는 못했을 것이다.

멜롱이 형기를 마치고 만기 출소했기 때문에 '사법적 방임주의'라고 외치는 것은 딱하기 짝이 없는 어림짐작이다. 그가 형기를 채우지 않고 석방되었던가? 그가 사악한 성범죄 누범자로 지목되었던가? 니콜라 사르코지는 정치적 계산에 따라 단순화와 질책을 선택했다. 엘리제궁전에 있는 법무부 멤버들과 접촉한 후 여러 법관들은 자신들의 말이 먹혀들지 않았으며 대통령이 무슨 대가를 치르더라도 유죄인 사람들을 가려내고자 한다는 느낌을 받았다. 법무부 장관 자신도 대통령의 격함에 놀랐다.

낭트의 법관들은 자신들에 대한 행정부의 편파적 태도에 불쾌해진 나머지 "메시지를 전달"하여 대통령 법률자문위원인 장피에르 피카와 법무부 국장인 프랑수아 몰랭에게 지방고등법원과 사회복귀및보호관찰교정당국에 대한 감사에 만족하지 말라고 했다. 소위 '잘못'이란 것을 사법부의 탓으로 돌린다면, 푸조 106의 도난 사건 그리고 멜롱과 가까운 사람들이 멜롱을 제소하는 일이 있었음에도 경찰과 헌병이 눈에 띌 만한 효율적인 조치를 취하지 않았던 것에는 왜 아무런 말이 없는가? 왜 "문제를 확대"시키지 않으려는 것인가?

법무부 장관은 서둘러 내무부 소속 관련 부처에 대한 감사를 진행하겠다고 결론지었다. 감사 결과 경찰과 헌병대의 어떠한 과오도 드러나지 않았지만, 고소 처리 지연을 이유로 루아르아틀랑티크 치안국장과 보주아르 경찰서에 '주의' 조치가 내려졌다.

*

'기능 장애' 논쟁은 중요하긴 하지만 이 사안을 이해하기 위한 두 가지 핵심적 요인을 가리고 있다. 하나는 문제가 된 당사자들이 겪은 직업적인 부분에서의 변화이고 다른 하나는 대통령의 태도다.

형벌 정책의 강화, 새로운 법률의 누적과 업무의 과다에도 불구하고 사법부는 추가적인 지원 조치를 받지 못했다. 정부의 다른 부처들처럼 사법부도 예산 부족에 시달리고 있었다. 프랑스의 모든 법원의 인력이 제자리걸음이었다. 2004년에 발효된 '제2 페르방 법안' 때문에 검사들의 업무가 과중해졌음에도 검사국의 법관직 인력은 부족했다. 2008~2010년 다티 법무장관하에서 국립 로스쿨 입학생은 135명의 사법연수생으로 감축됐다.

1999년 창설된 사회복귀및보호관찰교정당국은 교도행정을 담당하는 '가난한 부모'로서 교도행정 예산의 고작 5퍼센트만을 받고 있었다. 2003년 바르스만 보고서는 사회복귀및보호관찰교정당국의 인력이 너무도 부족하기 때문에(전국적으로 2,500명 이하) 3,000개의 상담직을 새로 만들 것을 제안했다. 7년 후 멜롱이 출소할 시기에는 약 17만 5,000건 대비 겨우 3,000명의 상담사가 있을 뿐이었고 그것도 제2 페르망 법안과 개방된 환경에서의 형벌의 증가 때문에 업무 부담이 폭증했을 때였다. 당시 루아르아틀랑티크 지방에서는 17명의 상담사가 5,000명의 보호관찰 대상자를 상대하고 있었다. 상담사가 2배 이상 필요했다. 렌 지방연락사무소의 무관심은 형벌 구조에서 사회 재편입이 어느 정도까지 방기되었는지를 보여준다. 교도행정이라는 직종의 핵심은 여전히 감옥, 감금, 그리고 형무소 내에서의 치안에 있었다.

레티시아 사건은 사회복귀및보호관찰교정당국 내부에서의 직업적 변모를 드러낸다. 애초에 사회복귀 상담사들의 문화는 1945년 이후 사회복지 사업의 문화로서, 돕고 동반하며 정상적인 삶으로 돌아가게 해주는 것이었다. 사회복귀및보호관찰교정당국의 전신인 출소자보호관찰및보조위원회는 모든 법정마다 있는 형벌적용판사 휘하의 특수교육 교사들과 사회복지사 단체였다. 그들을 어떻게 진정한 교도행정관으로 변모시킬 것인가? 그들을 어떻게 말과 끄적거리는 노트의 문화에서 보고 체계에 걸맞은 보고서의 문화로 이행시킬 것인가?

상담사들을 법원으로부터 끌어내 담당 지역에서의 그들의 자율성을 옹호하고, 개방된 환경에서의 형 집행에 대한 보호관찰을 책임지게 하고, 누범자의 재범 위험성 평가를 면밀히 하게 만드는 것, 그것이 바로 1999~2002년 법무부에서 이자벨 고르스Isabelle Gorce가 시도했던 개혁의 핵심이다. 상담사들의 업무가 가진 형법적 측면은 형에 대한 관료적 관리나 관례로서의 행정적 통제('X 씨는 알코올중독 위험에 관한 Y 모임에 참석했음')로 축소될 수 없는 성격의 것이었다. 사회복귀및보호관찰교정당국의 임무에는 또한 누범 방지도 있는데, 이는 개인별 보호관찰 대상자 배치를 요구하는 것이다. 음주운전자, 마약 딜러 그리고 아동 성폭행범은 똑같은 감시 유형에 속할 수 없었다. 그렇다면 몇몇 비행 청소년의 '폭력성 증가'와 사회 재편입 거부에 어떻게 대처해야 할 것인가?

2008~2010년에 사회복귀및보호관찰교정당국은 업무 문화 혁신을 시작한다. 국장인 클로드 다르쿠르는 죄수들의 성향, 가정 및 사회 환경, 위법행위에 대한 태도, 범죄에서 벗어나고자 하는 노력을 고려한 개인별 보호관찰에 대해 심사숙고했다. 사회복귀및보호관찰교정당국의 상담사는 사회복지사에서 보호관찰관이 되었다. 이제 보호관찰 대상자의 재범 위험 평가와 관리의 시대로 접어든 것이다. 이 새로운 방향 전환의 상징으로서 캐나다의 방식을 본뜬 '범죄학적 진단DAVC'은 사람의 위험도를 결정하고 그에 필요한 통제 수단을 정하도록 하고 있다. 2010년부터 열한 곳의 선도 지역에서 테스트가 이루어졌다.

그러나 교도행정에 보호관찰 문화는 쉬이 정착되지 못한다. 주된 위험은 폐쇄된 환경에, 즉 감옥 내에 있으며 개방된 환경은 사회복지의 영역이어야 한다는 생각이 남아 있었기 때문이다. 사회복귀및보호관찰교정당국 내에서도 복잡한 상황들을 고려하지 않는다며 직원들은 범죄학적 진단을 거부하고 있다. 조합원들에게 그것은 사회적 통제, 정보 목록 작성을 위한 도구, 대중을 향한 조롱, '위험'

인물들에 대한 통계 모음이다. '우파적인' 그 방법은 '좌파적인' 사회복지사업과 대척의 입장에 있다. 엄밀한 감시보다 차라리 손을 내밀어 도움을 주는 것이 더 낫다!

그러한 변화는 멜롱이 출소할 때인 2010년까지도 완료되지 못했다. 루아르아틀랑티크의 사회복귀및보호관찰교정당국이 형벌적용판사와 합의하여 결정하는 우선권 부여 기준은 범죄자의 프로필이 아니라 날짜상 최근에 받은 유죄판결에 근거하고 있다. 그 시점부터 멜롱의 위험도는 인지될 수 없게 되고 그의 서류는 마약사범과 시골 보스의 서류철 옆 선반에 다시 놓이게 되는 것이다. 그의 범죄 기록과 범죄학적 진단이 제안한 체크리스트를 사용해 프로파일링 작업을 했더라면 그의 범죄력이 상승했음을 알 수 있었을 터였다. 물론 예단은 도박일 수 있겠으나 멜롱은 법관 모독 이전에 이미 중대한 범죄를 저질렀었다. 그리하여 관목 한 그루가 숲 전체를 가리는 결과가 나온 것이다.

그의 서류를 '유보'시킨 것은 인력 및 재원 부족과 사회복귀및보호관찰교정당국 내 업무 과다에서 비롯된 것이기도 하지만 또한 업무 문화의 장애에서 비롯된 것이기도 하다.《개목걸이 없는 유기견들Chiens perdus sans collier》*의 관점으로는 멜롱의 케이스를 접근할 수 없었던 셈이다.

영국에는 여러 가지 감시 시스템들이 있다. 프랑스의 사회

---

*   질베르 세스브롱Gibert Cesbron의 1954년도 작품으로 당시 400만 부가 팔린 베스트셀러였다. 불우한 가정환경에서 자라나 범죄를 저지르는 아이들을 아동법원 판사가 돕는다는 감동적인 내용이며, 1955년 동명의 영화로 제작되었다.

복귀및보호관찰교정당국과 마찬가지의 기능을 하는 보호관찰국 probation service은 범죄자들의 위험도를 평가하고 출소 시 그들을 담낭한다. 포렌식팀forensic team은 범죄자들의 정신건강 담당 팀으로, 정신질환 진단이 내려진 중범죄자들을 담당한다. 공인 정신건강 전문가들approved mental health professionals은 어떤 개인이 타인이나 스스로에게 위험한 일을 저지르지 않는지 확인하기 위한 면담을 실시할 수 있는데, 필요하면 경찰에 미리 경고하거나 보호관찰 대상자를 보건위생팀에 부탁할 수도 있다. 마지막으로 가장 위험한 케이스는 치안조정 멀티에이전시Multi-Agency Public Protection Arrangements가 담당하는데 이는 교정 당국과 보호관찰국, 그리고 경찰이 연계된 '보호관찰 국가 시스템'으로서 사회복지국과 정신의학팀의 공조로 이루어진다. 말은 그렇지만 우파 정권과 좌파 정권하에서 지속적으로 예산을 삭감해 이 모든 기구들을 약화시켰다.

판사들을 향한 니콜라 사르코지의 공격은 이 모든 문제의 복잡함을 지워버렸다. 테러 전담 판사이자 프랑스 예심판사 협의회 회장인 마르크 트레비디치의 말처럼 프랑스 대통령 자신이 공격의 "누범자"였던 것이다. 2005년에 그는 '괴물'을 조건부 석방했다는 이유로 어느 판사를 비난한 바 있었고, 보비니의 판사들이 '사임'한 것을 비난했으며, 2007년 대통령에 당선된 직후에는 판사들을 그 색깔이나 크기나 따분함에 있어 "작은 완두콩"에 비유한 바 있었다.

2011년 2월 3일에 오를레앙에서 행한 연설에서 니콜라 사르코지는 "잘못"에 상응하는 "처벌"을 약속했고 그 잘못이란 "유죄로 추정되는" 멜롱의 보호관찰 조치를 확실하게 취하지 않고 풀어준 것이라고 말했다. 가장 놀라운 것은 대통령이 용의자와 판사들 간에 설정한 관계였다. 범죄자의 책임과 판사들(비록 그들이 형벌 체계의 '기능 장애'에 책임이 있다 하더라도)의 책임을 혼동한 것은 레티시아 살해를 그들의 책임으로 돌리는 것이나 마찬가지였다.

니콜라 사르코지의 연설은 그의 사건사고에 대한 해석에 있어서 결정적이었다. 모든 것이 상반된 두 인물, 즉 강간범인 멜롱과 아버지인 파트롱이 무대에 나온 후 제3의 구성 역할이 만들어졌는데, 그것이 바로 공범으로서의 판사다.

동기가 어떻든 간에—당선 제일주의자들 특유의 셈법, 반反 동업조합주의자로서의 확신, 안티 엘리트적 수사학, 개인적 이력— 사르코지의 공격은 포퓰리즘에 기대고 있었다. 그 공격은, 숙고해 보면 오히려 희생자들 전문가들을 사회적 처벌의 대상으로 지목하고 있었다. 판사들을 향한 비난은 그들로 하여금 이중의 부당함을 받고 있다는 감정을 일으키게 했다. 판사들로서는 일을 제대로 할 수 있는 인력 및 재원이 없었는데도 오히려 죄를 뒤집어쓰게 된 것이다.

문제를 냉정히 분석하는 대신에 대통령은 희생양을 만드는 방법을 택했다. 그것은 곧 사회 내에서 죄인들을 지목하여, 개인적이고 집단적인 '잘못'에 대해 '처벌'을 고지하는 것이었다. 레티시아 사건은 통치 기술을 적나라하게 드러내고 있다. 즉 자신의 실수를 잊게끔 만들기 위해서가 아니라, 가상의 적(판사, 도시의 젊은이, 불법 체류자 등)에 대항해 민중을 결속시키기 위해 다수가 소수에 반대하여 들고 일어나도록 만드는 것이다.

니콜라 사르코지와 그 전임자들 사이의 진정한 균열이 바로 거기에 있다. 드골과 미테랑은 차이를 넘어 단결시키려는 의지, 즉 프랑스인을 단결시키는 것에 가치를 두었다. 그런데 이후의 정권은 줄곧 정반대의 길을 걸었다. 사르코지 치하에서 공권력은 더 이상 사회 평화의 조절 장치가 아니다. 레티시아 사건과 관련해 몇 년 동안 지속된 범죄 포퓰리즘은 분리를 추구하는, 그리고 사회 공동체에 불신과 증오를 주입하며 공화국에 상처를 주는, 공화국 대통령의 모습을 보여주었다.

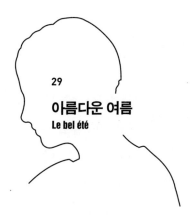

29

아름다운 여름
Le bel été

2010년 5월 4일, 레티시아와 제시카는 성년이 되었다. 마슈쿨 고등학교 직업준비반 1학년 과정의 공부를 하는 그녀들은 한 번도 자유로웠던 적이 없었다. 자유분방한 성격의 레티시아는 2010~2011년에 게랑드 기숙사에 지원했다. 하지만 그녀가 탈락하고 제시카는 파트롱 가족의 집에 남고 싶어 했기에 두 사람은 함께 '청년자립지원계약CSAJ*'에 서명했고, 덕분에 아동복지국은 그녀들을 '어린 성인'으로서 계속 지원할 수 있었다.

CSAJ는 아동사회부조의 기본 틀은 그대로 두면서 추적 조사나 부양의 의무 없이 21세가 될 때까지 지원해주는 제도다. 계약의 서명 당사자는 쌍둥이 자매와 루아르아틀랑티크의 주의회이며 아동법원 판사는 개입하지 않는다. 게다가 그녀들은 성인이기 때문에 친가인 페레 가족이나 외가인 라르셰 가족을 마음대로 만날 수 있는 자유가 보장되었다. 그러나 실제로 변한 것은 아무것도 없었다.

---

* 이 말은 "세사쥬"로 발음되는데 '현명하다'는 뜻이다

라비올레트 부인은 여전히 교육 심사를 담당했고, 그녀들은 주의회로부터 수당을 받는 가족도우미 파트롱 씨의 집이 있는 로제르 로에 머물렀다.

그녀들은 행복했을까? 제시카는 떠날 생각이 추호도 없었다. 그녀는 파트롱 부부에게 입양되기를 원했고, 친구들도 모두 라베르느리에 살고 있었기 때문이다. 그러나 파트롱 씨의 성추행이 계속되었다(이에 대해 파트롱 씨는 그녀가 성년이 됐을 때부터 둘은 "떼려야 뗄 수 없는 관계"라고 인정했다). 엉덩이와 가슴과 성기를 애무하고, 음모를 면도하고, 자위행위를 시키고, 손가락을 성기에 삽입하는 것 등이었다. 레티시아는 파트롱 씨가 자신과 가엘과의 풋사랑의 싹을 잘라버리자 영국으로 수학여행을 다녀온 이후 막심과 데이트를 했다. 2010년 4월 26일, 막심은 레티시아의 페이스북에 이런 글을 남긴다. "안녕, 내 엄지. 무지무지 키스 보내."

쌍둥이 자매는 처음으로 떨어져서 지내게 된다. 레티시아가 거실과 파트롱 부부의 침실 사이에 위치한 중간 방에서, 제시카는 예전에 그녀들이 살던 건너편 끝 쪽 방에서 지내게 된다. 좁고 창문도 없는 중간 방에는 왼쪽엔 옷장, 맨 안쪽에는 작은 침대, 그리고 오른쪽에는 파트롱 씨 손주들의 장난감을 포개놓은 선반이 있었다. 하얀 꽃무늬 푸크시아 튜닉을 입고 팔을 쭉 뻗은 채 찍어서 부감俯瞰 효과를 낸 레티시아의 셀카는 그 작은 방을 배경으로 한 것이다. 사진에는 옷장과, 초록색 깃털 이불로 덮인 작은 침대가 보이고, 이불 밖으로 베개 한 귀퉁이가 삐죽 튀어나와 있다. 그리고 옷장에는 장밋빛 옷이 걸려 있다.

6월에 레티시아와 제시카는 외식전문인력 직업기술 기초자격증을 딴다. 파트롱 부부는 샴페인 병을 땄지만 쌍둥이와 함께 마슈쿨까지 갈 수는 없어서 쌍둥이에게 빗속에 스쿠터를 타고 학위기를 받으러 가도록 한다. 학위기 수여식은 9시에 시작되었다. 그녀들은 11시에 도착해서 한 시간 뒤에 돌아간다. 제시카는 이렇게 말했다. "모두를 만났기 때문에 좋은 추억으로 남았어요. 하지만 너무 추웠지요! 손이 꽁꽁 얼었거든요."

✳

2010년 여름, 두 자매는 들랑드 부부가 운영하는 라 베르느리의 호텔 레스토랑인 낭트 호텔에 실습 사원으로 들어간다. 제시카는 주방에서 일을 하고, 레티시아는 서빙과 방 청소를 맡는다. 성수기여서 손님들이 많았고 시간표는 빡빡한 데다 주인은 엄격하기까지 했지만 레티시아는 잘 버텼다. 그녀는 11시쯤 일을 시작해서 22시에 끝냈고, 점심과 저녁에 손님들의 식사 서빙을 하고, 시트를 갈고, 침대 정리를 하고, 욕실을 다시 정비했다. 첫 번째 공판에서 들랑드는 이렇게 증언한다. "참 착한 아이였습니다. 항상 웃는 얼굴로 한마디도 불평을 하지 않았습니다. 아무 문제도 일으키지 않는 직원이었지요. 그 아이는 스쿠터를 타고 와서 뜰에 세워놓곤 했습니다." 낭트 호텔에서 레티시아는 항상 마음에 두고 있던 동생인 파비앙을 다시 만나게 된다. 그는 서빙 요원으로, 그곳에서 3학년 연수를 하고 있었다.

반면 제시카의 실습 사원 생활은 잘 이루어지지 않았다. 그녀는 일의 속도를 따라가지 못했고 야단맞는 것을 힘들어해서 주방에서 우는 모습을 종종 사람들에게 들켰다. "마치 내가 모든 걸 다 할 줄 안다는 듯이 말이죠!" 하고 이제 와서 그녀는 씁쓸하게 말했다. 레티시아와 달리 그녀는 아직도 일의 세계, 그리고 레스토랑 생활의 리듬과 마주할 준비가 되어 있지 않았다. 들랑드 부부는 레티시아는 그대로 두고 제시카만 내보냈다. 파트롱 씨는 얼음같이 차가운 목소리로 그들 부부에게 이런 말을 내뱉었다. "잘못된 선택을 하셨소."

레티시아라는 번데기가 깨어나는 중이었다. 그녀는 낭트 호텔에서의 자기 일에 대단한 자부심을 가지고 있었다. 아동사회부조 교사인 라비올레트 부인은 그녀를 지지한다. 그 실습 사원으로서의 일이 "그녀에게는 대성공"이기 때문이었다. 레티시아는 사회생활과 동료, 책임감이라는 것을 갖게 되었다. 그녀는 비로소 미래를 바라볼 수 있게 되었던 것이다.

여름이었다. 휴식 시간이나 주말이면 레티시아는 라 베르느리에 사는 친구들과 함께 해변으로 갔다. 이따금 오세아닉에서 파비앙과 함께 코카콜라 라이트를 마시곤 했다. 오후 6시 30분쯤 파비앙이 그녀를 낭트 호텔에 데려다주었다. 그리고 일이 끝나면 라 베르느리 야시장에서 다시 만나곤 했다. 그곳에서는 파레오*, 수박, 팔찌, 모조 보석, 물속에서 움직이는 플라스틱 물고기 따위를 팔았다. 파비앙이 기억하기로는 어느 금요일 밤에 레티시아가 스웨터,

---

*   수영복 위, 허리에 둘러 입는 스커트형 비치 웨어.

레깅스, 운동화까지 머리부터 발끝까지 온통 분홍색으로 꾸미고 나타났다. 파비앙은 그녀에게 "새끼 돼지" 같다고 말했다. 레티시아는 왜 그렇게 말하느냐고 물었고 파비앙이 설명하자 그녀는 특별히 기분 상해하지 않았다.

어느 주말에 두 사람은 라 베르느리 시의 경계이자 라 부티나르디에르 야영지 앞, 대형버스 주차장 옆에 있는 해변으로 해수욕을 하러 갔다. 레티시아가 그에게 물을 끼얹고 해초를 던졌다. 좋은 추억이었다. 파비앙은 그녀를 웃게 만들었고 둘은 지겨울 정도로 놀았다. 한번은 그가 그녀를 안아 들려고 했지만 키가 작아서 실패했다.

때때로 레티시아는 막심 그리고 두 사람의 친구들과 함께 지라통, 바르브 블루스 혹은 가라오케가 있는 잔지 바에 갔다. 그녀는 절대 술을 입에 대지 않았다.

막심과 섹스를 했을 때는 곧장 언니에게 가서 이야기를 했다. 제시카는 전혀 듣고 싶어 하지 않았지만 그래도 레티시아는 계속 말했다.

— 처음에는 무척 아파.

제시카는 이야기를 듣고 충고했다.

— 절대 화장실에서는 그런 짓 하지 마!

이따금 레티시아는 우울해했다. 그녀에게는 말 못 하는 근심, 저 밑바닥에서 솟구쳐 오르는 유년 시절의 기억이 있었다. 그녀는 위탁가정에서 숨 막혀했다. 야시장에 갈 때는 반드시 미리 알려야 했다. 파트롱 씨는 외출을 허락하지 않았다. 그렇지만 자신은 성인이었다! 아버지가 그리워 종종 아버지 이야기를 했다. 엄마도 마찬가지로 그리웠다. 마음이 안 좋을 때면 그녀는 홀로 라 베르느리 해변을 거닐었다.

예심판사들에게 전한 편지에서 멜롱은 그해 여름 라 베르느리에서 레티시아를 만났다고 밝혔다. 그보다 몇 달 앞서 그는 감옥에서 출소했다. 일정한 주거지가 없는 그는 하루 종일 코카인을 흡입했고, 바에서 바로 전전했다. 2010년 7월, 자신의 여자친구와 처음 결별한 후 그는 여름용 이동 주택을 임대한 예전 감방 동기를 만나러 라 베르느리로 갔다가 그곳에 머물게 되었다. 그는 길거리에서 레티시아에게 접근했다. 그리고 해변을 바라보는 카페의 테라스에서 함께 한잔했다고 말했다. 여름이 다 지나갈 무렵, 그는 르 카스포에 있는 자기 사촌의 땅으로 가 그곳의 이동 주택에서 살았다. 그는 혼자였고 아팠다. 알코올과 마약 소비량이 확 늘었다.

그 만남은 사실인 듯하지만(그가 말한 날짜에 예전 감방 동료가 이동 주택을 임대했다는 사실을 헌병들이 확인하게 된다), 거짓인지 진실인지를 어떻게 가릴 수 있을까? 어쩌면 그 이야기에 한 줌의 진실도 없을 수 있다. 또 어쩌면 젊은 서빙 여직원과 전과자 사이에 우정이 싹텄을 수도 있다. 그렇다면 레티시아가 2011년 1월 18일 오후 그와 함께 해변으로 산책을 가고 바르브 블루스에서 한잔 얻어 마셨다는 것이 쉽게 설명된다. 멜롱이 평소에 그랬듯이 단순히 어린 소녀를 괴롭힌 것이라고 상상할 수도 있다. 반대로 레티시아가 자기보다 오래 산 그 남자의 넓은 어깨와 자신감에 잠간 마음이 흔들렸다고 상상할 수도 있다. 그러나 그녀가 그에게 홀딱 빠졌다는 건 있을 수 없는 일이었다. 그녀는 막심을 사랑하고 있었기 때문이다.

✻

2010년 8월 5일, 자신을 담당하는 아동사회부조 교사가 입회한 가운데 레티시아의 오랜 친구 중 한 명인 롤라는 포르닉 헌병대에 사건일지를 제출한다. 그보다 한 달 전에 쌍둥이 자매를 방문한 그녀가 다시 스쿠터에 오르려 할 때 파트롱 씨가 그녀의 가슴을 만지고 키스를 시도했다. 바로 다음 날 그녀는 레티시아에게 그 사실을 털어놓았는데 레티시아는 파트롱 씨가 자신과 제시카에게도 그런 부적절한 행동을 했다고 말했다. 그러나 언니와 달리 레티시아는 가만히 있지 않았다. 둘 다 성인인 레티시아와 롤라는 파트롱 씨를 고소하기로 의기투합했다. 그러나 8월 5일 당일, 레티시아가 약속 장소에 나오지 않아 롤라 혼자 하게 되었다. 혹시 질책당할까 봐 두려워 이름을 밝히지 않고 싶었던 그녀는 고소장 대신 사건일지를 제출하기로 했다.

신고를 받은 아동사회부조 지부 담당자들은 세 명의 소녀를 만나보기로 결정했다. '위급한 정보'가 도의회에 전달되었다. 그리하여 생나제르 검찰도 그 사실을 알게 되었다. 8월 16일, 상관의 요청에 따라 라비올레트 부인은 페레 자매를 포르닉에 있는 자신의 사무실로 불렀다. 그런 방식은 예외적이었다. 보통은 카페나 파트롱 씨 집에서 그녀들을 만나곤 했기 때문이다. 쌍둥이 자매는 이유도 모른 채 약속 장소에 나왔고, 파트롱 씨의 몹쓸 행위는 더 이상 일어나지 않았다.

그녀들은 대기실에 있었다. 나는 둘을 따로따로 만났다. 나는 롤라가 사건일지를 제출했다는 사실을 알렸다. 그녀들에게도 집에서 그런 일이 있었는지 알 필요가 있기 때문이었다. 나는 그녀들에게 그런 일을 밝히는 것이 얼마나 복잡한 일인가를 말해주었다. 파트롱 씨가 그녀들을 받아주었고, 생활 지침과 가족으로서의 삶 등 많은 것을 주었기 때문이다. 그러나 그렇다고 해서 그런 일이 상쇄될 수는 없다. 나는 그녀들을 그대로 내버려두지 않을 것이며, 해결 방안을 찾을 것이지만 우선은 확실히 알 필요가 있다고 말해주었다. 그녀들은 놀라지도 않고 동요하지도 않으면서 짤막하게 "아니오"라고, 밋밋한 어조로 그저 "아니오"라고만 대답했다. "확실해?" 그녀들은 다시 "아니"라고 했다. 나는 고집하지 않았다. 경찰이 우리를 비난을 할 수도 있겠지만, 어쨌건 그녀들은 성인이었으니 말이다. 나는 그녀들의 "아니오"라는 말을 믿기 힘들다고, 언제든 내게 연락하라고 말했다. 파트롱 씨는 분명 내가 그녀들을 소환했던 일에 대해 꼬치꼬치 캐물을 것이다. "그에게 말하든지 말든지 그건 너희들이 결정할 몫이다."

9월 20일, 파트롱 씨는 포르닉 아동사회부조 간부들을 만났다. 그는 화를 내며 사실을 부인하고 성범죄자들은 사형시켜야 한다고 주장했다.

다른 혐의 사실이 없기 때문에 사건은 그대로 매듭지어졌다. 헌병들은 파트롱 씨를 심문하지 않았고 도의회는 가족도우미로서의 자격 승인을 유보하지 않았다. 대신 파트롱 씨는 쌍둥이 자매가 롤라를 만나지 못하게 했고, 만일 라 베르느리에서 그녀를 만나면 "괴로운 시간을 보내게" 해주겠다며 그녀들을 을렀다.

그 사건은 달리 진행될 수도 있었다. 가족도우미에 대한 사건일지의 존재를 알았더라면 도의회는 좀 더 심도 깊은 조사를 서두를 수 있었을 것이고, 조사 기간 동안 소녀들을 일시적으로나마 집에서 빼낼 수 있었을 것이다. 누가 뭐래도 파트롱 씨는 도에서 고용한 사람이었으니 말이다.

✳

레티시아에게 그 여름은 아름답고, 온갖 성공을 거두고, 사랑이 자리를 잡고, 실습 사원 자리를 유지하고, 모든 이들의 축하를 받고, 봉급을 받고, 독립시켜준다는 약속을 받고, 면허증을 따고, 독립을 위한 아파트와 연인이 생긴, 그런 계절이었다.

6개월 후, 그녀는 죽게 된다.

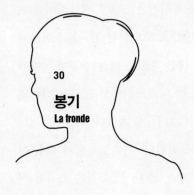

30

봉기
La fronde

연루된 두 명의 중요한 증인을 하마터면 빠트릴 뻔했다.
2014년 4월, 내 편지를 받고 며칠 뒤에 세실 드 올리베이라가 전화
를 걸어왔다. 그때 나는 망슈의 작은 온천에서 휴가를 즐기고 있었
다. 그녀에게 왜 역사학자가 하나의 사건사고 기사에 흥미를 갖게
되었는지를 설명하면서 나는 이마와 폐부에 먼 바다의 공기가 와
닿는 것을 느꼈다. 절대적으로 그녀를 설득해야 하는 그 몇 분 동안
바다는 내게 강렬하고 정확하게, 약간은 검객같이 굴라고 격려해
주었다. 다시 며칠 뒤 우리는 파리에서 만났고, 그러고 나서 그녀는
나를 제시카에게 소개해주었다.

낭트에 갈 때면 나는 세실 드 올리베이라를 만난다. 나머지
시간에는 문자를 주고받는다. 이혼녀이며 다 큰 두 딸이 있는 그녀
는 극장, 박물관, 전시회를 자주 찾고 세계 곳곳을 여행한다. 때로
그녀는 손해배상 청구인이기도 하고 때로는 변호인 측에 서기도 한
다. 어느 날 나는 그녀에게 문자를 보내 그녀가 재판에서 변호하는
'무척 아름다운' 젊은 브라질 여인이 열일곱의 나이에 기아나*에서

결혼했고, 몇 백 유로의 빚 때문에 시누이를 칼로 예순세 번이나 찔러 살해했으며, 알리바이를 만들려고 했는지 자신의 아이를 시신 주변에 내버려두었었다고 알려주었다.

세실 드 올리베이라는 이렇게 답장을 보냈다. "재판이 힘들어서 진이 다 빠졌어요. 내일은 폭우가 쏟아진다는데, 바닷가를 거닐고 싶군요."

또 다른 문자메시지. "안 좋게 돌아가네요! 분위기를 좀 풀어야겠어요."

젊은 브라질 여인이 아이를 시신 곁에 홀로 두었다는 사실이 재판에 큰 영향을 미쳤다. 중범죄재판소 재판장은 신체가 심하게 훼손된 채 흥건히 고인 핏물에 잠겨 있는 피해자의 사진, 칼로 난도질당한 얼굴과 목을 찍은 사진들을 천천히 보여주게 했다.

"토요일 혹은 일요일에 판결 나옴. 내게는 사나흘 힘든 밤이겠지만 그녀에게는 여러 해 힘든 밤."

다음 날 내가 그녀의 소식을 물었다. "이번 사건으로 녹초가되었고 스트레스도 잔뜩 쌓였어요. 내일 변론 들어갑니다." "판결을 기다리고 있어요! 불행히도 내 생각으로는 중형을 언도받을 듯합니다."

그러고 나서 이런 메시지가 도착했다. "아름다운 젊은 여성이 심판을 받는다는 게 얼마나 힘든 일인지 상상도 못할 거예요. 마녀재판과 크게 다르지 않아요."

---

* 남아메리카 북동부의 대서양 연안 지방. 프랑스령이다.

마침내 마지막 문자메시지가 왔다. "20년."

몇 달 전 세실 드 올리베이라는 내 편지에 답하는 것을 망설였노라고 고백했는데, 책을 쓰고자 하는 내 계획을 받아들일 수 없어서가 아니라 편지 말미의 문장("변호사님이 이끄는 싸움에 경의를 표하며")이 마치 아첨처럼 느껴져 기분을 상하게 했기 때문이라고 했다.

세실 드 올리베이라를 처음 만났을 때 나는 그녀의 지성과 섬세함과 인간성에 충격을 받았다. 2008년에 에밀리와 함께했던 이도 그녀였다. 에밀리는 당시 열네 살의 중학생으로, 동성애자이자 항상 술에 절어 있어 마을에서 평판이 좋지 않았던 농부 로이크 세셰에게 강간당했다고 거짓 고발한 후 수치와 후회로 마음고생을 하던 아이였다. 두 번이나 유죄판결을 받았음에도 세실 드 올리베이라는 재심 요구를 관철시켰는데, 이는 50년 동안 유죄판결을 받은 자들 가운데 겨우 열 명가량만이 누릴 수 있었던 매우 희귀한 절차였다. 마침내 로이크 세셰가 복권되고 배상을 받음으로써 21세기 초 가장 커다란 사법적 오류 중 하나를 바로잡을 수가 있었다.

세실 드 올리베이라는 자신이 가진 모든 에너지와 자신만이 할 수 있는 타고난 재능을 가지고 사람들을 변호하지만, 스스로의 감정과 형법학자로서의 견고한 경험이라는 덫에 빠지지는 않았다. 그녀가 말하기를, 변호사란 고객을 대할 때 고객이 투옥되어 있고 가여운 데다가 전적으로 당신에게 의존한다고 해서, 말하자면 고객이 당신의 손아귀에 있다고 해서, 그리고 그가 살아오면서 저지른 가장 나쁜 짓에 대한 대변인이 바로 당신이라고 해서 스스로

가 전지전능하다는 느낌에 빠져서는 안 된다. 변호는 긴 호흡이 필요한 청부請負지만, 판사들은 사건 전체를 알지 못하고 논쟁은 오로지 말로써만 이루어지기 때문에 구두변론은 재판 중에 준비해야 한다. 중범죄재판에서 피고는 스스로를 변호할 권리가 없으나 재판의 마지막에서만큼은 재판장이 피고에게 발언을 하겠느냐고 묻는다. 그런 말이 나오면 몇 마디 사죄의 말을 하는 것으로 그치는 편이 낫다. 피고들이 종종 그들의 의도와 다르게 사태를 악화시키는 경우가 있기 때문이다. 어린 소녀들을 강간했던 어느 강간범은 "제가 저지른 일에 대해 사과하지만, 그 아이들이 저와 보냈던 시간을 좋은 추억으로 간직했으면 합니다"라고 말했었다. 또 세실 드 올리베이라는 근친상간의 피해자인 몇몇 아이들이 자신들이 받은 배상금을 다시 가족에게 돌려주더라는 이야기도 해주었다. 이유가 뭘까? "너도 네 아빠한테 그만큼 못된 짓을 했잖아!"가 그 이유라는 것이다.

나는 세실 드 올리베이라가 자신의 일에 있어서 배우이자 관객이며, 또한 자신과 타인 사이에 똑같이 거리를 둔 내부자이자 외부자라고 말하고 싶다. 그녀는 열정적인 변호사지만 결코 어느 한 역할에 집착하지 않으며 하나의 입장에 서지도 않는다. 그녀가 성공한 비결은 뛰어난 재능과 많은 일, 그리고 충분한 양의 아이러니다. 그녀의 말로는 변호사들은 재판이 끝나면 재판장에게로 가 경의를 표하고 불행으로부터 몇 미터 떨어져 나와 멋들어진 어조로 섬세한 농담을 건네는 것이 관례라고 한다. 그러한 계급적 예절은 마치 옛날 전쟁터에서 만난 기사들 간에 지켜지던 예의처럼 초현실주의적인 장면을 연출한다. 그러나 공판 중에 사실이나 증언이 너무나 듣기 힘들 때면 재판장이 눈물을 흘리는 일도 있다.

변호사들의 파업으로 멜롱의 항소심이 무기한 연기되었을 때 세실 드 올리베이라가 파업에 참여한 동료들과 뜻을 달리한 것은 아니었지만, 어쨌든 그녀는 전날 전화로 들었던 제시카의 목소리를 법정에서 꼭 들려주고자 했다. 세실 드 올리베이라는 재판정 발언대에 서서 말했다. "공판에서 심기가 불편해지면 우리는 천장의 황금빛 하늘을 올려다봅니다. 제시카, 그녀는 자신의 고뇌, 애통함, 고독과 함께 홀로 남아 있습니다."

따라서 내가 한 말은 아첨이 아니었다. 2015년 5월 국립사법학교 교장실에서 나를 처음 맞아준 전직 낭트 검사장 자비에 롱생에게 내가 건넸던 말도 마찬가지로 아첨이 아니었다. 자비에 롱생은 언론과 대통령 앞에서 감히 멜롱이 '성적 포식자'가 아니라는 점을 주지시켰던 사람이다. 그는 레티시아를 온전한 모습으로 가족에게 돌려보내겠다고 약속했었다. 연못 위로 노을이 질 때 제일 먼저 "상반신"이라는 말을 꺼냈던 사람이기도 했다.

우리는 마주 보고 테이블에 앉았다. 내가 컴퓨터를 켜는 시늉을 하자 그가 움찔했다. 그는 먼저, 내가 그런 일을 하는 동기를 알고 싶어 했다. 범죄에 환장해서? 불건전한 호기심 때문에? 그는 내가 레티시아나 검사를 영웅시할까 봐 걱정했다. 레티시아는 별다른 사연이 없는 소녀로서 정신병자나 다름없는 마약중독 누범자와 시시덕거린 것이 불행이었고, 검사는 그저 자신의 일을 할 뿐 '자신들이 맡은' 중대한 사건을 두고 거들먹거리는 몇몇 법관들처럼 앞으로 나서기를 원하지 않기 때문이었다.

　　잠시 어색한 시간이 흘렀다. 나는 명석한 지능을 가진 똑똑하고 조심성 많은 그 사내가 내게서 슬그머니 벗어나고 있음을 느꼈다. 그래서 나는 내 책이 한 나라와 한 사회, 그리고 21세기 초의 정의에 관한 것임을 그에게 알리고자 애썼다. 롱생이 귀를 기울였다. 내 말은 더 전문적으로 바뀌었고 그럼으로써 내가 형벌적용판사라는 직업과 사회복귀및보호관찰교정당국 문화에 정통한 식자임을 드러냈다. 그는 긴장을 풀고 만면에 미소를 지으며 말했다. "당신은 오럴 테스트를 통과했소!" 우리는 다음번에는 더 오랜 시간 이야기를 나누자고 약속했다.

＊

　　나와 면담을 했던 사람들 모두 2011년 2월을 기억하고 있었다. 판사들, 검사들 그리고 서기들은 일체성을 갖는 순간처럼, 또는 자각의 순간처럼, 혹은 집단적 저항의 순간처럼 그때를 이야기한다. 보수적이라고 할 수는 없어도 중앙집권적이라 할 기관인 사법부의 법관들에게는 이의 제기라는 전통이 없다. 이것도 최대한 줄여서 말한 것이다. 사법관의 상징과 그들의 관례는 중세 시대로 거슬러 올라간다. 사법관은 아직도 띠가 달린 법복을 입고 레이스로 된 넥타이를 맨다. 반면 의사, 대학교수, 사제 들은 점차적으로 흰 상의와 가운, 신부복을 내려놓았다. 사법관은 독일 점령기와 비시 정권기를 순탄하게 지나왔다. 사법관은 경멸적인 의미에서건 고상한 의미에서건 하나의 '동업조합'이다. 사법관은 자신의 잘못을 인정하기 싫어하며 자신의 잘못이 아닌 '사법적 오류'로 그것을 완곡하게 분류한다.

2월 3일부터 낭트 지방고등법원 법관들은 시급하지 않은 모든 공판을 연기한다(파업을 할 권리는 없으므로 다른 활동은 계속했다). 법정 전체가 들끓어 오른 것이다. 사람들은 서로 "이렇게 계속할 수는 없어" "그만두자고!"라고들 말한다. 복도에서, 카페테리아에서, 회의에서, 총회에서 분노가 손에 잡힐 듯하다. 예심판사이자 노조위원인 자키 쿨롱은 법원 업무의 만성적 인력 부족에 대해 수차례 중앙행정처에 알렸다고 기억한다. "꼭 처벌을 해야겠다면, 사법부 장관이 받아야 한다." 홀에는 프랑스의 모든 사법 관할권 내에 운동이 확산되는 것을 실시간으로 보여주는 지도가 걸렸다.

자비에 롱생 검사장에게는 상황이 미묘했다. 파업에 들어간 검사보들, 자신의 무리를 붙잡고 있을 수 없는 검사, 점점 번져가는 불길…. 이런 상황에서는 자신의 경력도 위험해진다. 결국 롱생은 검사실 법관들을 소집해 자신도 분노에 동감하지만 시급한 형사 사건은 맡아달라고 주문했고, 그들이 자유롭게 운동에 참여할 수 있게 하면서 자신도 그 운동을 지지하기는 했지만 그렇다고 상부의 불벼락이 스스로에게 떨어지도록 하지는 않았다. 대단한 쾌거였다. 지금 그는 국립사법학교의 자신의 사무실에서 내게 미소를 보내고 있다.

마르티노 판사 역시 그 운동을 지지했지만 레티시아 사건이 바로 그 지뢰밭이었으므로 공개적으로 자신을 드러낼 수는 없었다. 만일 시위자들 한복판에 감히 모습을 드러낸다면 그에게 포화가 집중될 것이다. 레티시아 사건 담당 판사를 파면시킨다면 그 얼마나 큰 횡재일 것인가! 더구나 파리 시위 당시 노동총동맹CGT 깃발 앞에서 '사법관 노조' 스티커를 붙인 채 동료들과 한담을 나누는 그의 사진을 3월 〈웨스트프랑스〉가 '낭트의 젊은 판사'라는 제목의 기사와 함께 내보냈을 때 그는 하마터면 파국을 맞을 뻔했다. 팀 전체가 숨을 죽였다. 그 사진은 오랫동안 조사실 벽면을 장식했고, 프란츠 투셰는 아직도 그 사진을 보면 웃음을 터뜨린다.

그 운동은 사건 심리에 아무런 영향을 주지 않았다. 약 50곳 정도의 프랑스 법원이 공판을 연기하고, 사법관 노조가 프랑스 변호사 협회, 경찰 노조, 교도관 노조의 지지를 촉구하며 총파업에 돌입할 것을 주장하던 2월 7일, 마르티노 판사는 손해배상 청구인들을 만났다. 낭트에서 전국적 규모의 시위가 벌어지던 2월 10일에 그는 드조네트 판사, 그리고 멜롱의 선고 이후 보호관찰을 담당했던 형벌적용판사와 함께 법원에 남은 유일한 판사였다.

라보에서 배수 작업이 계속되는 동안, 사법관들의 시위는 규모가 커졌다. 2월 4일에 렌, 브레스트, 캥페르, 오제르, 바이욘, 브장송, 바스테르를 포함한 16곳의 법원이 시급하지 않은 모든 사건을 이송했다. 주말이 지난 후인 2월 7일에는 리옹, 불로뉴, 마르세유, 낭시, 르아브르 등 프랑스 거의 전역에서 총회가 열렸다. 다음 날 비공개로 진행된 임시총회에서 파리 법원이 시급하지 않은 사안들의 공판 연기를 95퍼센트 찬성으로 가결시켰다. 총 195곳의 법원 가운데 170곳의 법원과 항소법원이 시위에 합류한 것이다.

전국적인 규모, 그리고 노조 연합과 직종 연합의 합세는 '낭트 형벌적용판사들'과의 연대를 통한 반발인 동시에 불안의 표현이자 경고의 외침이었다. 예산 부족 사태와 과도한 업무, 집행유예 조건부 보호관찰이라는 불확실한 보호관찰 제도 탓에 빚어진 이 사태는 프랑스 어디에서든 일어날 수 있는 일이었다.

운동의 정점은 2월 10일이었다. 그날, 조합 총동원령에 따라 파리, 마르세유, 리옹, 낭시, 보르도, 툴루즈 등 전국에서 8,000명의 법관들과 사법 공무원들이 시위를 벌인다. 전국적인 대규모 시위가 낭트 지방고등법원 앞에서 일어난다. 14시 30분에는 판사, 법원 서기, 사회복귀 상담사, 교도행정관, 변호사, 경관 등 시위 참여자들의 수가 1,000여 명을 헤아리게 되었다. 프랑스 전역에서 수많은 차량들이 임차되었다. 법관들이 거리로 나섰다. 좌파 인사건 극우파 인사건, 판사건 검사건, 검은색 법복이건 붉은색 법복이건 간에, 렌 항소심 법관들과 앙제의 항소심 법관들까지 거리로 나선 것이다. 레티시아를 존중하는 의미에서 고함을 지르거나 슬로건을 내걸지는 않기로 결정했다. 다만 몇 개의 플래카드가 그들이 주장하는 바를 담고 있었다.

"모든 낭트인들"
"정의가 훼손되었다. 누구의 잘못인가?"
"보다 나은 보호관찰을 위해 보다 많은 방도를"
"공격당한 사법부, 위험한 민주주의"

모든 사람이, 프랑스 대통령이 조준선 위에 둔 낭트의 힘없는 형벌적용판사들과 연대했다. 법원의 한 여성 서기는 이렇게 말했다. "30년 근무하는 동안 저런 건 본 적이 없어요."

그때 모든 증인들이 당혹해하며 기억하는 한 가지 사건이 발생한다. 파트롱 씨가 시위 현장에 나와 시위를 비난한 것이다. 법원 앞에서 그는 의자에 앉아 마이크를 잡았다. "오늘, 당신들은 당신들의 시위에 우리가 겪고 있는 비극적인 사건을 이용하고 있습니다. (…) 성범죄 누범자들을 자유롭게 풀어주지 마시오. 당신들도 그들이 다시 범죄를 저지를 것이라는 것을 알고 있지 않습니까? 그들에게 최고형을 내려 다시는 레티시아에게 일어난 것과 같은 일이 일어나지 않도록 하십시오. 당신들에게도 자녀들이 있을 것이고 손주들이 있을 것입니다. 그런 일이 꼭 다른 이들에게만 일어나는 것은 아닙니다."

멜롱이 성범죄 누범자가 아님이 명백히 드러났으며 예심판사가 강간 조항을 인정하지 않았음에도 불구하고, 파트롱 씨는 정의와 민주주의의 이념을 옹호하기 위해 프랑스 전역에서 모여든 법관들 한가운데서 사르코지의 말을 그대로 전한 것이다. 위풍당당해 보이는 행동이긴 했으나 몇 달 후, 그 자신이 미성년자에 대한 강간과 성폭행 혐의로 조사를 받게 된다. 그날 파트롱 씨는 지방고등법원 광장에서, 미래의 자신을 재판할 판사들 앞에서 스스로에 대해 말할 필요성 같은 것을 느꼈던 것인지도 모른다.

대통령 측근들은 처음부터 그 운동을 비난했다. 법무부 장관 미셸 메르시에가 노조원들을 만나는 동안, 국회 대중운동연합 의장인 크리스티앙 자콥은 사법관들에게 "약간의 연민"을 가질 것을 요구하고 정부 대변인인 프랑수아 바루앙은 "자기 몫의 책임을 떠맡기를 가장 어려워하는 동업조합 중 하나"라고 지적한다. 총리인 프랑수아 피용은 포르닉의 비극이 "업무 태만"에서 비롯된 것임을 상기시킨다. 즉 프랑스 대통령은 가족의 아픔에 귀를 기울였고 프랑스 국민들의 감정에 응답했는데 사법관들은 "그만큼의 연민"도 보여주지 못했다는 것이었다.

그들에게 피해자들이란 주의를 끌고, 대중의 행동을 이끌며, 자신들의 이름으로 취해진 조치들을 정당화하는 데 도움이 되는 존재다. 정부는 그러한 선언을 통해 '연민-치안' 담론의 논리를 드러낸다. 즉 국민감정을 독점함으로써, 비난의 대상이 될 만한 문제 인사들을 지명할 수 있는 권리가 정부에 주어진다는 것이다.

찬사를 받아 마땅한 감정이입인가, 정치가의 회유인가? 아니면 그저 권력의 도구일 뿐인가? 2005년 넬리 크레멜 사건 당시 '사법관들의 분노'를 전했던 기자에게 니콜라 사르코지는, 자신은 우선 '피해자들의 분노'에 관심을 가진다고 답했었다. 엘리제궁전 비서실장인 크리스티앙 프레몽은 대통령이 희생자 가족들을 만날 때 "그 가족들과 살가운 관계를 맺으면서 그들을 진정시킬 단어들을 찾아내는 능력을 발휘한다"고 말한다. 반대로 티엘 판사는 자신의 자서전에서 2월 9일 사법관들의 항거가 한창일 때 연쇄살인범에 의해 살해당한 한 피해자의 어머니에게서 받은 편지를 인용하고 있다. "나는 매일 입에 발린 소리만 듣는 희생자들을 봅니다. 내 눈에는 미끼에 낚이고 이용당하고 때로는 회유되는 희생자들이 보입니다. 권력이 제시하는 정의는 올바른 정의가 아닙니다. 정의의 희화일 뿐이지요." 같은 날《샤를리 엡도Charlie Hebdo》지는 니콜라 사르코지를 독수리로 묘사한 만평을 싣는데 그 독수리는 레티시아의 팔 하나를 부리에 물고 있다. 설명문에는 "야만인에 의해 사지가 찢기고, 썩은 고기를 먹는 독수리에 의해 사체가 회수되다"라고 쓰여 있다.

＊

법관들의 운동을 자기방어를 위한 반사적 행동으로 해석하든, 30년 전에 비해 존경받지 못하게 된 직업 종사자들의 불만으로 해석하든 그것은 자유다. 혹은 그들의 '파업'을 감히 자신들의 최고 명령권이 침해당한 것에 분개한 어느 카스트(계급)의 반응으로 볼 수도 있을 것이다. 또한 권위에 의존하는 계급이, 대담하게도 견고히 구축된 자신들의 집단을 흔들고 그 관례를 어지럽히려는 대통령의 말에 과민해진 것이라고 판단할 수도 있다. 반대로 모든 판사들이 '빨갱이들'이라거나 또는 노조가 줄을 쥐고 흔든다고 믿게 할 수도 있다. 좀 더 평범하게 보아, 사법관들이 자신들의 예산 및 인력 부족의 메시지를 전하려고 했다고 말할 수도 있다. 2011년의 봉기를 17세기 중반 절대왕정의 왕권 상승과 함께 자신들의 특권이 문제시되는 것에 반발하여 법관들과 대영주들이 일으켰던 프롱드의 난과 연결시키려 들 수도 있다.

그러나 사법관, 검사보, 예심판사, 아동법원 판사, 가정법원 판사, 형벌적용판사 들은 하루 종일, 때로는 주말과 야간에도 일하고 있다. 그들이 '결정권자'들의 입장에서 빈약하고 형편없다는 논리로 언제나 쉽게 바꿔버리는 법에 예속되어 있고, 그러면서도 법을 적용하고 사람들을 보호하며 우리 사회가 만들어내는 거대한 비참을 위로하는 공공서비스를 담당하고자 한다는 것을 알고 있을 때, 그들의 직업이 타인의 말에 귀를 기울이는 능력과 타인에게 마음을 열어놓는 개방성 그리고 인간에 대한 존중과 심지어 이타주의의 형태까지 요구한다는 것을 알고 있을 때, 그들에게 "연민"이 부족하다는 총리의 말은 그들을 모독하는 것으로 받아들일 수 있다.

2월 14일 월요일, 감찰 보고서에서 업무 조직 및 정보 유통에 있어서의 '태만'에도 불구하고 사법관들에게 혐의가 없음이 인정되자 노조는 공판 재개를 알렸다. 수많은 법원과 항소심에서 공판 연기가 유지되고 있었지만 판사들은 자신들이 벌인 운동을 '공판 기일의 기간'에 포함시키기로 한 까닭에 곧 숨 가쁜 움직임이 감지되었다. 낭트에서는 니콜라 사르코지가 두 번째로 파트롱 부부를 접견한 날인 2월 17일에 공판이 재개되었다. 그리하여 바르브 블루스의 예전 주인인 알랭 포리상테르가 자신의 동거녀를 교살하고 사체를 훼손한 혐의로 종신형에 처해졌다. 18일에는 렌 지방고등법원의 정상적인 활동이 시작되었다. 레티시아가 실종된 지 정확히 한 달 만에 운동이 끝난 것이다.

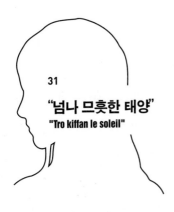

31
"넘나 므훗한 태양"
"Tro kiffan le soleil"

2010년 여름이 끝날 무렵, 이미 외식전문인력 직업기술 기초자격증을 획득한 제시카는 마슈쿨 고등학교 조리직업기술 기초자격증 과정에 등록한다. 레티시아는 서빙직업기술 기초자격증 과정을 준비하며 계속 낭트 호텔에서 일한다. 그녀는 고등학교를 나와 생나제르에 있는 직업훈련센터CIFAM에 들어간다. 그곳은 식품, 외식, 혹은 자동차 관련 직업기술 기초자격증에서부터 전문기술자격증BTS까지 모든 학위를 준비할 수 있는 곳이다.

쌍둥이 자매의 길은 갈라지는 중이다. 제시카는 학교로 돌아가고, 레티시아는 사회생활로 들어선다. 매달 제시카는 아동사회부조로부터 용돈으로 100유로 정도를 받는데 반해, 레티시아는 최저임금을 받는다. 낭트 호텔에서의 실습 사원 생활이 그녀를 변모시킨다. 그녀는 아침마다 출근해서 팀의 일원으로 일하는 것을 행복해한다. 새로운 친구들도 사귀는데 수습 조리사인 스티븐과 윌리암, 그리고 고용주의 아들인 앙토니가 그들이다. 저녁마다 스티븐이 그녀를 기다려주고 두 사람은 스쿠터를 타고 앞서거니 뒤서거니 하며 퇴근한다. 윌리암은 그녀를 사랑하게 되었다. 중범죄재판소에서 진술한 것처럼 그는 그녀가 어느 정도 마음을 터놓고 이야기할 수 있는 상대였고 그녀는 그에게 조언을 해주는 상대였다. 식당에서 그는 항상 무표정한 얼굴이었는데 그러면 그녀가 이렇게 말하곤 했다. "즐거워해야지. 미소 지어. 그래야 손님들이 다시 오고 싶어 하거든." 그녀는 그에게 '미소 짓는 법'을 강의하곤 했다.

2010년 가을, 레티시아는 몰라보게 성장했다. 자유로운 생활을 한다는 자부심, 타인들의 신뢰가 가져다주는 내적인 힘, 한 명의 사회인으로 기능하며 업무와 자질에 있어서 칭찬받고 인정받으면서 시간표가 빡빡하고 매주 바뀜에도 잘 버티고 있다는 만족감, 한쪽 구석에 처박아놓은 헝겊 인형이 되는 대신 스스로를 위해 결정을 내린다는 만족감이 그녀를 성장하게 만들었다. 나아진 것은 단순히 일상생활만이 아니었다. 장래가 어느 정도 보이기 시작한 것이다. 자신이 무엇을 원하는지 알고, 어느 누구도 감시하거나 데려가거나 때리거나 몸을 만질 권리가 없는 독립적인 젊은 여성으로서의 성인의 시기가 시작된 것이다.

레티시아는 한편으로는 한 떨기 푸른 꽃과 같은 감상적인 면과 함께 매력적인 왕자를 꿈꾸는 낭만적인 면이 있지만, 자세히 보면 그녀가 실용주의자임을 알 수 있다. 언제나 일거리가 있는 분야에서 탄탄한 직업교육을 택했기 때문이다. 레티시아는 양동이를 질질 끌고 다니는 코제트*도 아니고 앵무새에 홀딱 빠진 하녀 펠리시테**도 아니다. 온갖 어려움 속에서도 그녀는 싸워 이겨냈다. 멜빵바지의 멜빵만 들린 채 허공에서 대롱거리던 계집아이가 현실에 발을 디딘 것이다.

10월에 라비올레트 부인은 그녀에게 이제 생활비를 버니 집안일도 더 많이 하고, 사회보장보험 서류 작성하는 법도 배우고, 세무서에도 가고, 쇼핑도 하고, 가계부 작성도 알뜰히 하라고 이른다. 레티시아는 그러겠다고 대답하지만 그 모든 일이 그녀에게는 복잡하고 괴상망측하게 보인다. 왜냐하면 파트롱 부부가 모든 것을 해주는 탓에 정작 그녀 자신은 어떻게 돈을 써야 하는지도 모르기 때문이다. 정말로 정신적 장애가 있었다면 즉각 후견인을 두는 것이 마땅했겠지만 레티시아의 경우는 단지 순진하고 경험이 전혀 없었을 뿐이다. 그녀는 다만 작은 진전으로 보상받으면서 낙천적으로 되어간다. 레티시아에게는 삶의 즐거움이, 훈계를 버티게 해주고 불안감을 씻은 듯이 사라지게 만들어주는 것이다. 매혹적인 이 소녀는 그저 예쁜 것들을 누리고 살면서 새로운 지평을 발견하기만을 바랄 뿐이다. 그녀는 비상하는 중이다.

＊

레티시아는 두 주는 낭트 호텔에서(급료를 받는 종업원으로서), 한 주는 생나제르의 직업훈련센터에서(학생으로서) 보내는 방식으로 일과 공부를 병행한다. 직업훈련센터에 갈 때는 포르닉 병

＊　빅토르 위고Victor Hugo의 장편소설 《레 미제라블Les miserables》의 주인공.

＊＊　귀스타브 플로베르Gustave Flaubert의 단편소설 〈순박한 마음Un coeur simple〉의 주인공.

원 앞에 있는 버스 정류장까지 스쿠터를 타고 가 그곳에 세워둔 뒤 6시 40분 버스를 타고 생브레뱅까지 갔다가 다시 스쿨버스를 타고 생나제르까지 간다. 오후 17시 45분에 직업훈련센터에서 나와 포르닉에 도착하면 18시 40분이 되고 그곳에서 다시 스쿠터에 오른다.

직업훈련센터 교육 담당자는 레티시아가 매우 조심스럽게 행동한 까닭에 그녀에 대한 기억이 없다. 그녀는 겨우 3개월을 다녔을 뿐이다. 그래서 교사들도 그녀를 잘 알지 못했다. 친구인 멜리사는 그들에 비해 말이 많았다. 두 사람은 2010년 9월 개학 때 만났다. 멜리사는 자동차 전문정비사 바칼로레아를 준비 중이었고 레티시아는 서빙직업기술 기초자격증 과정에 있었지만 두 사람은 학교 강의를 듣는 주와 직장에 나가는 주가 정확히 똑같았다. 처음 직업훈련센터를 방문했던 날, 전문 바칼로레아 과정 및 직업기술 기초자격 과정의 모든 학생들이 모여 있었다. 거기에 루아르아틀랑티크 지방 태생의 여학생 그룹이 있었다. 레티시아는 외톨이가 되었지만 멜리사가 그녀를 찾아가 만나면서 두 사람은 친해졌다.

두 사람은 점심시간에 만났다. 함께 맥도날드에 가거나 직업훈련센터 근처에 있는 대형마트에서 삼각 샌드위치, 프링글스, 코카콜라 라이트를 사곤 했다. 그리고 상가 갤러리에서 함께 점심을 먹었다.

금세 통해서 우리는 절친이 되었어요. 나도 그녀처럼 소심한 축에 속하죠. 우린 공통점이 많았어요. 예를 들면 부모님 손에 키워지지 않았다는 점 같은 거요. 무지 좋아하는 것도 같았고, 재미있게 함께 웃으며 놀았고, 무지 바보 같은 비법들도 있었죠. 우리는 자주 서로를 뚫어져라 바라보다 배를 잡고 웃기도 했는데 왜 그랬는지는 모르겠어요. 그녀는 줄을 서서 자기 반으로 들어갈 때는 미소를 띠지 않았어요. 나랑 있을 때는 그렇게 자주 웃었는데.

레티시아는 자신의 위탁가정에 대해 불평한다. 외출 권한도 없고 새로 사귄 친구 케빈을 만나러 가지도 못하게 한다는 것이다. 그녀는 포르닉을 떠나 원룸을 얻고자 한다. 두 주 동안 직장을 다닐 때면 레티시아와 멜리사는 문자메시지나 페이스북을 통해 짤막한 메시지를 주고받는다. "어이" "어때?" 등등.

✳

그러나 레티시아의 새로운 삶은 고독과 동의어다. 그녀의 일과표는 언니나 마슈쿨의 다른 학생들과 일치하지 않는다. 그녀는 일을 하고, 그들은 공부를 하는 것이다. 이제 제시카와는 언뜻 스쳐지나가면서나 볼 따름이다. 죽기 며칠 전, 레티시아는 페이스북에 이렇게 적고 있다. "올해는 더 이상 친구들과 같지도 안코 비슷하지도 아나, 에이, 왜냐면 이제 가튼 학교에 다니지 아느니까."

15시에서 18시 30분까지 비는 시간이면 레티시아는 기름값을 아끼느라 파트롱 씨 집으로 가지 않고 라 베르느리에 남곤 했다. 우연히 아는 사람과 마주치지 않으면 그녀는 해변으로 가 지라퐁이나 바르브 블루스에서 콜라를 마신다. 직접적인 만남의 부재를 페이스북과 문자메시지가 메워준다. 마슈쿨 고등학교 졸업반일 때 그런 식으로 케빈과 '데이트'를 했다. 런던으로 수학여행을 다녀온 몇 달 뒤에 두 사람은 문자메시지로 커플이 되었다. 그녀는 매일 밤 그에게 전화를 걸어 모든 일에 대해, 아무것도 아닌 일에 대해 이야기를 나눈다. 이따금 그녀는 위탁가정에 대한 불평을 늘어놓지만 세세한 것까지 털어놓지는 않는다. 두 사람이 '진짜로' 다시 만나는 것은 2010년 12월 말이다.

헌병들이 곧 확인하게 되었지만, 레티시아는 하루 종일, 아침부터 저녁까지, 잠에서 깨어 다시 잠자리에 들 때까지 엄청나게 많은 문자메시지를 주고받는다. 친구들은 실시간 분 단위로 문자를 통해, 간혹 '음성'을 통해 그녀가 하는 모든 일을 뒤쫓는다. 그녀는 케빈과 키스도 하지 않으면서 데이트를 재개하고, 졸업식 이후 한 번도 만나지 못한 리디아에게 마음을 터놓는다. 그녀는 조나단, 마리, 에티엔, 파티마 등 예전 고등학교 친구들 소식을 접한다. 그들은 페이스북에 올라온 셀카를 통해 그녀의 모습을 본다. '원거리 우정'으로 사는 디지털 세대일 뿐 아니라 고독, 사회적 관계의 취약성을 겪으며 16세나 17세 때부터 일하는 자동차 없는 세대이기도 하다.

퇴근하면 레티시아는 녹초가 된다. 그래서 슬리퍼를 신은 채 소파에서 텔레비전을 보며 밤을 보낸다.

그러나 권태와 단조로움을 날려버리는 격정의 순간들도 있다. 10월 12일 화요일, 레티시아는 페이스북에 이렇게 쓴다. "오늘 해변 모드 넘나 므훗한 태양." 태초의 여신인 양 소녀는 자신을 파도에 내맡긴다. 넓은 바닷가에서 인디언 서머*를 기념하는 이 일상의 신화가 내게는 마치 르네 샤르Rene Char**의 시구詩句처럼 울린다.

넘나 므훗한 태양

10월 말의 어느 날 밤, 레티시아는 퇴근하지 않는다. 22시 30분, 23시, 자정…. 파트롱 부부는 잠자리에 든다. 한밤중에 파트롱 씨가 일어나 베란다 창문이 안에서 제대로 잠겼는지 확인한다. 그리고 중간 방 방문을 살며시 열어본다. 침대가 비어 있다. 그는 다시 잠자리에 든다. 새벽 4시 무렵, 그는 또다시 잠에서 깨지만 레티시아는 여전히 돌아오지 않았다. 그는 차를 타고 낭트 호텔까지 갔다가 레티시아의 스쿠터가 갓길에 세워져 있는 것을 본다. 레티시아는 친구들과 파티 중이다. 파트롱 씨는 레티시아가 나올 때까지 경적을 울린다.

— 왜 집에 안 와?

— 여자애들끼리 파티 중이에요.

— 언제 돌아올 건데?

— 곧 가요.

파트롱 씨는 화가 나서 혼자 가버린다.

다음 날, 집에서 말싸움이 벌어진다. 레티시아는 페이스북에 이렇게 적는다. "넘나 쥑이는 여자애들 파티 모드. 게다 새벽 4시에

---

*   가을에 한동안 비가 오지 않고 날씨가 봄날같이 따스한 기간.

**   프랑스 현대시를 대표하는 시인.

자니까, 하루 종일 멍."

파트롱 씨가 이 일을 라비올레트 부인에게 알리자 그녀는 이제 성인이 된 레티시아의 편을 든다.

— 그 아인 자신이 원하는 일을 하는 거죠.

— 우리 집은 호텔이 아니오!

라비올레트 부인은 레티시아에게 간단한 훈계를 한다. "넌 외출할 권리가 있지만 그래도 파트롱 부부에게는 알려야 하고 몇 가지 규칙은 존중해야지. 그래, 재미있게 놀았니?" "네, 무척 좋았어요." 라비올레트 부인은 마음이 놓였다. 레티시아가 스스로 밤을 샐 권리를 행사한 것인데 그것은 좋은 징조였다. 데이트, 섹스, 피임에 대해 말해주는 것 역시 사회복지사의 일이다.

2010년 12월 5일, 레티시아는 페이스북에 이렇게 적는다. "학교 가기 무지 시져 시험 준비 스트레스 짱." 스티븐이 그녀에게 답한다. "오 그래 친구들 만날 방학이 조아." 레티시아의 답. "무지 당근."

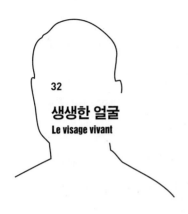

32

생생한 얼굴
Le visage vivant

2011년 2월 7일 10시, 법원 서기와 드조네트 판사가 함께한 자리에서 피에르프랑수아 마르티노는 손해배상 청구인들인 제시카, 파트롱 부부, 프랑크 페레, 실비 라르셰와 그녀의 후견인, 그리고 각자의 변호사들을 접견한다. 부검 결과를 알리는 무거운 일이 그에게 떨어진 것이다.

니콜라 사르코지가 파트롱 가족을 엘리제궁전에서 접견한다고 발표했을 때 두 예심판사는 혹시 속도를 내야 하는 것은 아닌가 하고 생각했다. 그것은 자신들의 영역을 표시하고자 함도 아니었고, 대통령의 '연민'에 의해 레티시아와 가까운 사람들이 먼저 보상을 받기 전에 그들을 만나기 위함도 아니었다. 결국 그들은 손해배상 청구인들을 만나는 경쟁에 뛰어들지 않기로 결정했다. 그리고 자신들의 리듬에 맞춰 정상적으로 업무를 하는 편을 택했다.

나는 낭트의 어느 술집에서 마르티노 판사를 만났다. 그는 내 또래인데 독창적이고 재미있으며 거부할 수 없을 정도로 마음이 끌리는 사람이다. 덥수룩한 금발 머리에 사흘은 깎지 않은 듯한 수염, 두 뺨 위로 길게 자란 구레나룻, 작은 금속 테 안경을 낀 학생 같은 모습이다. 지방고등법원의 모든 사람들이 전혀 판사같이 보이지 않는 이 판사를 그토록 높이 평가하는 것은 그의 뛰어난 업무 능력, 흠잡을 데 없는 서류 작성, 엄격한 논거, 몸소 보여주는 끈기 때문이다. 법의학자인 르노 클레망은 씩 웃으면서 이야기한다. "내 핸드폰에 피에르프랑수아 마르티노의 이름이 떴을 때 생각했지요. '오, 이런. 또 내 머리를 쥐어짜게 만들겠군….'"

자신이 제기한 문제의 해답을 찾기 위해 때로는 팀을 이뤄서, 때로는 사무실에서 외롭게, 증인들을 만나고 증거를 수집하고 추론을 하고 행적을 확인하고 틀린 가설을 소거하는 그 판사에게서 나는 금세 나의 분신 같다는 느낌을 받았다. 내가 그런 생각을 전하자 그는 "방법상의 공통성"을 인정한다. 즉 역사학자와 사회학자를 본받아 예심판사는 사건의 진실에 가장 가까이 가기 위한 모델을 세운다는 것이다. 그와 함께 나눈 네 시간의 대화는 열의가 있었고, 또 중요했다.

마르티노 판사에게는 2월 1일부터 7일까지 일주일 동안 세 가지 사건이 겹쳤다. 라보에서의 시신 발견, 사법관들의 시위, 손해 배상 청구인들과의 만남이 그것이다. 훼손된 레티시아와의 만남 바로 뒤에 법원의 자기 사무실에서 제시카와의 첫 만남이 있었던 것도 그날이다. 사실 그것은 '똑같은만남la même rencontre'이었다. 사무실로 들어오는 제시카를 보았을 때, 아직 그의 머릿속에는 푸른 구멍에 세운 천막 아래서 본 퉁퉁 붓고 진흙이 묻어서 시커멓게 된 쌍둥이 동생의 얼굴이 남아 있었기 때문이다. 언니의 몸통에 붙은 레티시아의 머리를 보며 그는 혼란스러웠다. 그렇지만 인간의 감정이 결코 직업적 영역을 침범하지는 않았다.

손해배상 청구인들과 얼굴을 마주하는 것은 쉬운 일이 아니다. 조의를 표할 수도 없고 사람들이 기대 울 수 있도록 어깨를 내줄 수도 없다. 판사는 공정해야 한다는 의무사항을 준수해야만 한다. 그래서 그는 가장 덜 충격적인 방법으로 소식을 전하기 위해 최선을 다해 단어를 골라가며 요령 있고 쉽게 사태를 설명한다.

우선 두 가지 사실이 확인되었다. 유해는 레티시아의 것이며, 그녀의 사망은 교살이었다.

그다음에는 부검 결과를 설명해야 한다. 주요한 사항은 이미 언론에 노출됐지만 몇몇 디테일한 부분들은 쉬쉬하고 넘어갔다. 레티시아는 심하게 폭행당하고 교살되었으며, 죽어가는 순간에 칼에 여러 번 찔렸다.

병리해부학적 감정에 의해 사망과 관련하여 어느 순간 칼에 찔렸는지를 확정할 수 있다. 상처에서 흘러나온 혈액을 측정하면 된다. 만일 희생자가 이미 사망한 상태라면 더 이상 심장박동이 없으므로 혈액순환도 되지 않고 따라서 상처에서 피가 흐르지 않는다. 만일 희생자가 아직 살아 있는 상태라면 심장의 펌프 작용이 이루어지므로 혈액이 분출된다. 레티시아의 경우 칼에 찔린 시기는 '사망 몇 초 직전 및 직후peri et post mortem'다. 치명적인 것은 아니다. 칼에 찔려 죽음을 맞은 것도 아니고 호흡기 질식에 의해 죽은 것도 아니다. 경동맥의 극심한 압박이 심장박동 정지를 일으킨 것이다.

머리나 팔 혹은 다리가 어떤 것인지는 누구나 알지만, 머리와 두 다리 그리고 두 팔을 잘라 마치 정육점의 기름종이 위에 닭고기 조각을 포개어놓듯 아무렇게나 쌓아놓은 것은 아무도 보지 못했다. 다리는 무릎 부위에서 잘렸고, 팔은 상박골에서 잘려 나갔다. 그리고 머리는 경추 부위에서 잘렸다. 수족의 무게는 13킬로그램이었다. 보통 소녀 몸무게의 4분의 1 정도 되는 무게다.

얼굴은 심하게 구타당한 사람의 것이다. 타격으로 인해 이마와 광대뼈에 혈종이 생겼고 한쪽 눈언저리는 멍이 들었으며 두개골에도 외상이 있다. 뇌는 마구 흔들어놓은 젖먹이 아이와 같은 징후를 드러내고 있다. 대검으로 인한 상처는 목과 두개골 아래쪽에 두드러져 보인다. 팔의 하박부와 손에는 반상출혈이 있다. 타격을 막기 위해 손이나 팔로 얼굴을 가렸을 때 생기는 '방어흔防禦痕'들이다. 물속에 있어서 주름이 진 손바닥을 편 법의학자는 자잘한 상처들이 줄지어 나 있는 것을 확인했다. 스스로를 방어하기 위해 레티시아는 칼날을 붙잡았고 그로 인해 손가락이 잘린 것이다. 따라서 그녀는 당시에 의식이 있었다. 피가 조금 났으므로 그 상처들은 사망 직전과 직후에 생긴 것들이다. 즉 심장박동이 막 정지하려는 순간이거나, 혹은 이미 정지된 상태였다.

오른쪽 발목에는 피부 박리가 있었는데 뼈가 드러날 정도로 살이 벗겨져 있었다.

그 모든 상처들은 끔찍한 폭력이 있었음을 드러내고 있다. 우선 극도로 심한 구타를 당한다. 빗발치듯 가해지는 구타, 구타의 홍수, 도저히 끝날 것 같지 않은 구타다. 그중 몇 대는 막아내는 데 성공하지만 이미 정신이 없는 상태다. 목이 졸리고 이어서 칼에 수도 없이 찔린다. 분노와 피에 젖은 칼질이다. 나중에 로다 교수가 재판정에서 설명하듯, 부검은 상당히 고전적인 시나리오를 그려낸다. 왜냐하면 누군가를 교살하기 위해서는 먼저 무력화시켜야 하기 때문에 살인자는 두 주먹과 자기 온몸의 체중을 이용할 필요가 있다. 악착같이 칼로 찌르는 것은 빈사 상태에 빠진 희생자를 약화시키거나 혹은 완전히 숨통을 끊기 위한 것이다. 요컨대 레티시아는 빠져나올 가능성이 전혀 없었다.

비록 불완전하긴 하나, 부검은 '교통사고로 인한 치사'라는 멜롱의 주장을 거짓으로 만든다. 레티시아는 납치되고, 구타당하고, 칼에 찔리고, 목이 졸리고, 토막이 난 것이다. 그렇다면 어디에서? 언제? 그녀는 강간까지 당한 것일까?

마르티노 판사와 드조네트 판사는 모든 손해배상 청구인들을 소환했지만 우선적으로 제시카와 대화를 했다. 실비 라르셰는 매우 소극적이었다. 경호원의 에스코트를 받으며 법정에 들어선 프랑크 페레는 뒤로 물러나 있었다. 차츰차츰 아버지로서의 지위를 찾으려 하는 그였지만 진정으로 그렇게 되지는 않았다. 우직하면서 선의를 가지고는 있지만 어색함과 강박적인 웃음, 잠재적 폭력성, 가족사의 무게 때문에 프랑크 페레는 골치 아픈 대화 상대였다.

파트롱 씨의 태도가 두 명의 판사를 거북하게 만들었다. 3주 전부터 그는 백색 행진 때나 자신의 집 앞에서 언론에 떠들어댔고, 엘리제궁전에서의 접견도 그런 사태를 정리하지는 못했다. 판사 집무실에서 그는 떡하니 자리를 차지하고 질문을 퍼부어 다른 사람들의 말문을 막았다. 손해배상 청구인들 가운데 오직 그만이 그곳이 자기 집인 양 목청 높여 떠들었다. 마침내 두 명의 판사가 그를 한쪽 구석에 고립시켜놓았다. 나중에 그의 말에 신경을 써볼 생각이었다.

그러자 제시카가 남았다. 레티시아가 언제나 가까이하던 유일한 가족이었다. 판사들과의 면담에서 제시카는 무너지지 않았다. 계속 이야기의 끈을 놓지 않았다. 과묵하고 벌벌 떨면서 그녀는 어떠한 질문도 하지 않았다. 그리고 상처 입은 짐승의 눈으로 판사의 말에 귀를 기울였다.

제시카로서도 자신이 어떤 느낌인지 설명하기가 어려웠다. 실종으로 인한 쇼크, 흥분한 언론, 기다림, 불안, 사고 불능…. 그녀는 18세의 어린 나이였고 게다가 파트롱 씨가 그녀에게 저지른 일도 있었다. 그녀가 그런 순간을 버텨낼 수 있었을까? 자기 동생과 같은 얼굴을 한 그녀, 그래서 어떤 면에서는 동생에게 생명을 불어넣고 있던 그녀. 이번에는 그녀 자신이 죽어가고 있었다.

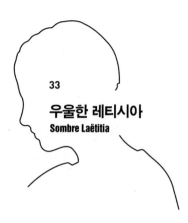

33
우울한 레티시아
Sombre Laëtitia

2010년 11월. 나비는 날지 않는다. 레티시아는 덜 명랑해지고 더 내성적인 성격이 되는데 아무도 그 이유를 알지 못한다. 그녀를 잘 알고 있던 모든 이들, 제시카와 파트롱 부인, 파트롱 부부의 딸들, 그리고 파비앙은 그녀가 변하는 것을 보게 된다. 그녀는 야위고, 손톱을 물어뜯기 시작하고, 몇 시간이고 방에서 나오지 않는다. 어느 날 파트롱 씨는 캄캄한 어둠 속에 있는 그녀를 발견한다.

— 너 뭐 하니?

— 아무것도요. 음악 듣고 있어요. 친구들한테 문자메시지도 보내고요.

집에서는 하찮은 일로 시끄러운 잔소리가 끊이지 않는다. 레티시아는 거짓말을 한다고 야단맞는다. 자신이 새로운 친구들과 사귀는 것을 본 라비올레트 부인의 말에 용기를 얻어 데이트를 하기는 했다. 기분이 상한 파트롱 씨는 가급적 그녀의 외출을 막는다.

디지털 바다에 던져진 유리병 같은, 페이스북에 뜬 메시지들로 그녀의 의혹과 내적 위험을 짐작할 수 있다.

12월 14일

친구랑 대따 욕하고 싸웠다. 넘 조아하는 친군데 지금은 후회 :(

12월 15일

속마음이 어떤지도 모르면서, 우리가 어떤 일을 겪으며 사라왔는지 모르면서 우릴 판단하는 모든 이들에게, 우리의 연약함은 당신들 생각보다 더 쉽게 상처를 입는다.

레티시아와 제시카는 알게 모르게 멀어지고 있다. 그녀들은 이제 한방에서 자지 않는다. 친구들도 서로 다르다. 레티시아가 낭트 호텔에서 일할 때 두 사람의 시간표는 완전히 다르다. 레티시아가 자고 있는 7시에 제시카는 등교한다. 그리고 제시카가 이미 잠들어 있는 시간인 22시 30분에 레티시아는 집에 돌아온다. 이따금 아침 일찍 혹은 밤늦게 마주치는 경우도 있다. "즐거운 하루 보내." "잘 자." 그게 전부다.

그 어느 때보다도 더 멀찍감치, 그리고 은밀하게 레티시아는 자신의 언니-엄마의 그림자에서 벗어난다. 이후 두 사람의 인격은 대립적인 쌍을 이룬다.

액세서리, 화장 / 트레이닝복, 끈 매는 운동화

텔레비전 / 운동

여자아이 / 남자아이

이성 / 동성

제시카는 말한다. "레티시아는 완전한 자유를 원했어요. 나는 무척이나 외로웠지요."

파트롱 부부와 함께 있을 때면 레티시아는 그들과 거리를 둔다. 제시카가 입양 이야기를 꺼내자 레티시아는 큰 소리로 웃는다. "언니가 미쳤나 봐!" 제시카는 자발적으로 식탁을 차리지만 레티시아는 한 번도 그러지 않는다.

몇 달 전 파트롱 씨가 레티시아의 뺨를 때렸다. 그날 밤 그녀는 예상보다 일찍 귀가했다.

— 발음 교정사와 만나기로 했잖아?

— 안 갈래요.

— 그러면 안 돼.

파트롱 씨가 꾸짖는다.

— 내가 하고 싶은 대로 할 거예요.

— 안 돼. 약속을 했으면 지켜야지.

목소리 톤이 올라간다. "진저리 나요!" 그녀가 파트롱 씨에게 그렇게 말한 건 그때가 처음이다. 손바닥이 날아와 그녀의 따귀를 올려붙였다. 레티시아는 울기 시작했다. 다음 날 그녀는 침대 위에 짤막한 사과의 말을 남겼다.

이따금 월요일마다 들랑드 부인은 그녀에게 주말에 뭘 했는지 묻곤 한다.

— 집안일이요.

레티시아가 대답한다.

— 그래, 그래서 네가 변하는구나….

들랑드 부인은 한숨을 내쉰다.

어느 날 레티시아는 여사장에게 하소연한다. "전 하는 짓마다 다 잘못되었대요. 언니밖에 몰라요." 그녀는 집을 나가 자신만의 삶을 살고 싶어 한다. 당장 그녀의 생활은 출근하고 서빙하고 청소하고 퇴근하고 또 출근하고 서빙하고 청소하고 퇴근하는 것이다. 일이 끝나고 동료들과 함께 남아서 한잔하는 경우는 결코 없다. "부모님이 기다리세요." 몇 번이나 그녀는 들랑드 부인에게 거기 남아 잠을 잘 수 있는지 물어본다.

11월 말과 12월 초, 레티시아는 자신이 마음을 주는 어린 동생인 파비앙에게 보고 싶다며 글을 쓴다. 파비앙의 말이다.

우리는 라 베르느리에서 다시 만났어요. 그리고 해변을 거닐며 오누이처럼 이야기도 하고 서로 살갑게 굴었죠. 그날은 누나가 평소 같지 않았어요. 속내 이야기를 하긴 했지만 평소보다 훨씬 말이 없었죠. 새 팔찌를 하고 있더군요. 자세히 보려고 스웨터 소매를 걷어 올렸을 때 팔뚝에 흔적이 있는 게 보였어요. 말라붙은 피처럼 딱지가 졌더군요. 나는 물었어요. "팔에 그게 뭐야?" 누나가 대답했죠. "아무것도 아냐. 예전 거야." 나는 좀 더 캐물어보려 했지만 누나는 아무 말도 하지 않았어요.

소원해진 자매, 파트롱 씨와의 말다툼, 집안에서의 불편함, 그녀가 느낀 갇혀 있고 외롭다는 느낌이 레티시아와 친부모 사이가 갑자기 가까워진 것을 설명해준다. 9월에 페레 가족 전체가 낭트 시상에 모였다. 그 작은 무리 속에 쌍둥이들, 프랑크 페레와 그의 새로운 여자친구, 그들 두 사람 사이에서 난 어린 딸, 스테판, 델핀 그리고 사촌들이 있었다. 레티시아는 그들에게 낭트로 돌아가고 싶다고, 가서 아파트를 구하고 독립적인 생활을 하며 가족들과 좀 더 가까이 있고 싶다고 말했다.

12월, 그녀는 외가인 라르셰 쪽과 다시 연락을 했다. 삼촌이자 대부인 알랭이 자신의 딸과 함께 낭트 호텔을 찾아왔다. 그리고 바르브 블루스에서 한잔 마셨다.

11월 10일

내 가족들 모두와 다시 만나니 마음이 따뜻해지네.

11월 13일

오늘 내 대부와 사촌 여동생을 만났음 :〉

12월 말, 프랑크 페레는 딸을 만나러 낭트 호텔로 갔다. 들랑드 부부가 그를 환영했고, 레티시아가 그에게 와 볼에다 키스를 해주었다. 그는 커피를 주문했고, 다른 손님들 접대에 앞서 레티시아가 직접 커피를 가져다주었다. 프랑크 페레는 점잖게 머물렀으나 자신의 딸을 연신 곁눈질했다. 그녀는 미소를 지은 채 날렵하게 식당 안을 오락가락했다. 그는 딸이 자랑스러웠다. 어느 순간 그는 딸이 손님들의 대화를 끊고 식사가 끝났는지 감히 묻지 못해 우물쭈물하는 모습을 보았다. '고급 식당 종업원'으로서의 경험이 풍부했던 프랑크 페레는 그녀에게 조언을 해주었다. "식당업에서는 손님들과 가까워져야 하고 모든 걸 말해야 한단다." 그런 다음 그는 떠났다. 그것이 그가 자신의 딸을 마지막으로 본 때였다.

당시의 기쁨이 레티시아의 페이스북에 나타나 있지만, 사실 그것은 불확실한 재회다. 가족이 셋이나 되지만 진정한 가족은 아니기 때문이다.

그해 가을, 레티시아는 우울하다. 그녀가 야윈 것은 식욕부진 때문일까? 그녀의 슬픔은 자유의 욕망이 좌절된 까닭일까? 식당 일과 고된 객실 청소에 기진맥진해서일까? 멜롱은 라 베르느리 거리에서 그녀에게 접근했던 것일까? 또 다른 은밀한 이유가 있는 것은 아닐까? "우리의 연약함은 당신들 생각보다 더 쉽게 상처를 입는다."

그녀는 분명 밤이 되기 전 저녁에는 우울했을 것이고, 아침에는 불안했을 것이며, 내면 깊은 곳에서 변하는 것은 아무것도 없을 거라고 생각하며 어떻게 해야 하루가 끝날 때까지 버틸 수 있을지를 스스로에게 물어보았을 것이다.

34

"낚시는 잘하셨나?"
"Vous avez fait une bonne pêche?"

　　심리 중 마르티노 판사와 드조네트 판사는 원칙적인 입장을 취했다. 그것은 멜롱은 인간이며, 그를 인간으로 대하고 존중해야 할 뿐 아니라, 그에 반하는 증거가 나올 때까지는 무죄로 추정한다는 것이었다. 그들의 심리는 피고에게 불리하거나 유리한 증거를 끌어내는 것을 목적으로 하고 있었다.

　　그들은 토니라는 사람, 멜롱이라는 인간, 어린 소년, 불량 청소년, 마약중독자, 여자를 낚는 사람, 레츠 지방 도둑 패거리의 우두머리를 이해하고자 했다. 드조네트 판사는 그에게서 긍정적인 부분, 혹은 최소한 그로 하여금 그런 짓을 저지르게끔 만든 요인들을 찾고자 했다. 마르티노 판사와는 반대로 그는 멜롱이 감옥에서 강간범들에 대한 증오심과 함께 남성다운 정체성을 보였기 때문에 강간을 저질렀을 가능성은 없다고 보았다. 판사들은 멜롱을 어느 정도 이해했는데, 그것은 역설적으로 범죄의 잔혹성에서 유래한 것이었다. 즉 혐오가 멜롱을 범법행위라는 견딜 수 없는 고독 속에 가두었다는 것이다. 두 명의 판사 모두 그의 가련한 이력과 혼란스러운 인격을 '괴물'의 것으로 믿고 싶어 하지 않았다. 그들은 멜롱을 정상적인 유형의 사람이라는 인식하에 심문하려는 것이었다.

2011년 1월 20일 새벽 멜롱이 르 카스포에서 체포되었을 때 그는 아직 증거들을 은폐하는 단계에 있었다. 그는 시신을 토막 내 물속에 가라앉히고, 창고를 물과 휘발유로 닦고, 세제로 청소를 하고, 레티시아의 개인 의복과 나무판자 그리고 연장을 불태웠다. 이제 남은 일은 푸조 106에 불을 지르는 것뿐이었다. 조사를 받을 때 그가 헌병들에게 제출한 진술서는 모호하기 짝이 없었지만 사체가 발견되지 않았다는 사실이 그를 보호해주었다. 그가 수사관들과 레티시아를 조롱하고 있는 것일 수도 있었다. 그는 수사관들이 사체를 찾을 수 없으리라고 확신하고 있었기 때문이다. 푸른 구멍에서의 사체 발견과 함께 멜롱은 궁지에 몰리게 되었다. 수사관들은 매우 강했다.

멜롱에게는 게임이 끝난 것이나 마찬가지였다. 그는 종신형을 피할 수 없을 것이다. 그 패배가 도발적인 언사와 빈정대는 침묵을 배가시켰다. 그와 더불어 대통령의 선언과 사법관들의 시위가 그에게 스포트라이트를 쏟아지게 했다. 그는 인기인, 스타 범죄자가 되어 텔레비전 뉴스 첫머리에 나오고, 국가원수급의 에스코트를 받으며 이감되었다.

낭트에서 전국적인 시위가 있었던 2월 10일, 자비에 롱생은 라보 연못의 배수 작업이 끝났지만 상반신은 발견되지 않았다고 발표했다. 그러나 수색이 완전히 허사는 아니었다. 레티시아의 핸드폰 외에도 연못가에서 검은색 노끈 조각이 발견되었던 것이다.

2월 11일 정오가 조금 지난 시각, 멜롱은 브쟁르코케 형무소에서 나와 판사에게로 갔다. 복면을 하고 무장한 헌병순찰대의 굵은 팔에 이끌려 가면서 그는 에스코트를 하는 헌병들에게 소리를 질렀다. "와! 이거야, 멋진 팀이군! 오늘은 퍼즐을 제대로 맞추려나 보지?" 몸수색을 한 후 그에게 수갑을 채우고 방탄조끼를 입혔다. 사이드카에 둘러싸인 죄수 호송차 안에서 그는 차창에 입김을 불고 손가락으로 'LP + TM'*이라고 썼다. 그리고 창살 너머로 헌병들을 불렀다.

어이, 친구들. 무릎뼈랑 정강뼈는 찾았나? 서둘러, 여러 조각이 없을걸. 이런 속도라면 더 이상 남아 있는 게 없을 거라고! 니들은 똥통에 빠진 거야. 레티시아, 레티시아. 나는 네게 모든 걸 집어넣었고, 네 간을 먹었지. 나머지는 육회로 먹었어야 했는데. 레티시아, 넌 맛있더라! 매일 밤 네 생각을 하는데, 오늘 밤 나를 보러 와. 나는 널 토막 냈지. 팔 그리고 다리. 난 널 흙 속에 파묻었지. 사르코지의 남자들, 사르코지의 여자들이여! 파업은 다 나 때문이야. 나는 사법부를 혁신할 것이다.

커다란 웃음소리와 함께 쩌렁쩌렁한 목소리로 그는 공주의 목숨을 대가로 감옥살이하는 것을 기뻐하며 대통령이 접견해주지 않은 레티시아의 친아버지를 비웃었다.

* '레티시아 페레'와 '토니 멜롱'을 뜻한다.

호송 행렬은 13시 45분에 법원에 도착했고, 사진기자들의 플래시 세례를 받으며 멜롱은 지하 출입구로 들어갔다. 감방에서 멜롱은 배가 고프다며 노래를 부르기 시작했다.

레티시아, 난 네게 모든 걸 집어넣었고 네 엉덩이를 쑤셨지. 낚시는 잘하셨나? 그녀가 어디 있는지 말해주길 원한다면 내게 먹을 걸 달라고. 서둘러 그녀를 찾으시지. 왜냐하면 좀 있으면 아무것도 남아 있지 않을 테니까.

그는 더욱더 크게 소리쳤다.

널 사랑해, 레티시아아아아! 레티시아아아아! 난 널 사랑해!

가장 끔찍한 것은 이런 미치광이 같은 행동이 그의 상당한 수준의 지능을 드러내고 있다는 것이다. 최소한 멜롱은 뛰어난 홍보 전문가였다. 선량한 민중에게서 공포를 자아내기 위해 그는 '괴물'로서의 자신의 이미지를 꾸미고, 피에르 프랑수아 라스네르Pierre François Lacenaire처럼 자신의 '전설'을 만드는 작업을 하고 있었다. 라스네르는 수차례의 살인을 저지른 후 1836년에 처형된 살인자이자 시인으로서, 그는 자신의 감방을 문학 살롱으로 만들고는 손님을 받아서 문학과 철학을 논하고, 서한을 교환하고, 교수대에 올라가기 몇 주 전에 비망록까지 작성한 자였다. 살인은 미디어로 들어서는 '열려라 참깨'이자 피날레였다. 결국 멜롱은 '성공'한 셈이었다. 자신이 변화시킨 희생자와 영원히 결합한 범인은 트리스탄과 이졸데, 보니와 클라이드처럼 죽음을 이겨낸 것이다.

식사를 하자마자 멜롱은 잠잠해졌다.

14시 30분, 그는 마르티노 판사의 집무실로 인도되었다. 심리 방청석에는 헌병순찰대 헌병들이 무장을 한 채 경비를 서고 있었다. 멜롱이 도착하기 전, 경호팀장이 판사 집무실에 나타났다. 그는 그 장소를 한번 둘러보고 출구를 확인한 뒤 페이퍼 나이프, 가위 등 상처를 입힐 수 있는 물건들을 회수했다. 그리고 이렇게 결론지었다. "수갑은 채워둬야 합니다."

문이 열리고 멜롱이 집무실로 들어왔다. 그의 몸은 인상적이었다. 산처럼 우람한 근육, 죄수 특유의 분위기, 뒤로 묶은 길고 검은 머리, 말끔하게 면도한 관자놀이, 벨제뷔트*처럼 두 군데가 약간 불룩하게 튀어나온 이마, 약간 찢어진 눈, 우윳빛 살결, 거의 없는 눈썹…. 그에게선 그가 저지른 행위에서 비롯된 것 말고도 무언가 묘한 분위기가 풍겨 났다.

멜롱은 판사의 책상 앞에 앉았다. 네 명의 헌병이 의자 양쪽에 서서 그에게서 한순간도 눈을 떼지 않았다. 다른 헌병들은 각각의 문 앞에서 경비를 섰다. 사람들은 그가 수사 중에 자살하는 것을 탈출하는 것 이상으로 두려워했다. 남은 생애를 감옥에서 썩지 않기 위해 멜롱은 '영광스럽게' 죽을 수 있는 깜짝 행동을 시도할 가능성이 있는 사람이었다. 심문 중 촬영한 녹화 테이프를 보면 그가 습

---

*   악마의 이름. '파리 대왕'으로 불리기도 한다.

관적으로 출구를 무심히 바라보는 모습이 보인다.

마르티노 판사는 헌병들에게 사내의 속박을 풀어줄 것을 요구했다. 헌병들은 멈칫거렸고 판사는 계속 요구했다. 원칙상 그렇게 해야 하기도 했지만 판사는 신뢰 관계를 만들고자 한 것이다. 그점에 있어서는 실패였다. 왜냐하면 서로 마음이 잘 통하지 않았으니 말이다. 드조네트 판사는 2003년의 강도 사건 이래 존재해온 관계의 가느다란 끈을 계속 유지하지 못했다. 멜롱은 굳게 입을 다문 채, 무심하고 오만한 태도로 '공공의 적 1호ennemi public numéro 1'로서의 역할에 갇혀 있었다. 마르티노 판사가 그의 기분이 상하지 않도록 부드럽고 예의 바르게 말을 걸었다. 그러나 대답이 없었다. 믿기지 않을 만큼 오랜 시간 심문을 했건만 아무것도 나오지 않았다. 판사들은 크게 실망했다. 그들은 심문에만 초점을 맞추다 15시간이나 낭비한 것이다.

— 멜롱 씨, 오늘은 말을 하고 싶지 않은 날인가 보군요. 마음이 정해지면 우리에게 알려주십시오.

드조네트 판사가 마무리를 지었다.

— 편지를 쓰지요.

멜롱이 툭 말을 던졌다.

호송차를 타고 돌아가는 길에 그는 조용했다.

자비에 롱생은 저녁에 기자회견을 열고 멜롱의 침묵을 유감스럽게 생각하며 그의 침묵 탓에 시신을 매장할 수 없다고 말했다. 그는 또한 용의자의 도움이 없어도 조사는 계속될 것이라고 발표했다.

이틀 후, 식사가 충분하지 않다며 멜롱은 수감자에게 배분된 키트에 들어 있던 세제 한 스푼을 삼켰다. 렌 병원 검사실에서 그는 경호헌병에게 말을 던졌다. "너, 사브네 쪽으로 해수욕하러 왔었지?"

2011년 2월 14일, 법무부 장관은 사법관 노조와 교도관 노조의 방문을 받았다. 감사 보고서가 공개되었다. 낭트의 형벌적용판사와 사회복귀및보호관찰교정당국 직원들의 결백이 밝혀졌다.

멜롱은 정신과 의사의 검진을 받았다. 스웨터에 달린 두건으로 얼굴을 반쯤 가린, 적대적이며 폐쇄적인 그는 "또 다른 개새끼"인 두 번째 남편 때문에 자신을 버린 어머니를 향해 계속 욕설을 내뱉었다. 의사의 진단은 애정과 교육의 결핍, 폭력과 근친상간의 개념들, 관계의 병리학, 나르시스적 측면, 충동적 성격, 도덕 개념의 상실, 처벌에 대한 무감각 등이었다.

2월과 3월, 여러 차례 이감되는 중에 멜롱은 공권력을 욕하거나 외설적인 말을 뱉었다. 그는 프랑스 국가 〈라 마르세예즈La Marseillaise〉의 가사를 바꿔 부르고, 레티시아의 운명을 비꼬고, 모래와 삽에 대해서 말했다. 또 어떤 때는 갑자기 생각에 빠지곤 했다. 그럴 때면 잠잠히 극도의 집중력을 보이면서 침착하고도 대단히 신중한 목소리로 말했다. 3월 말, 직권으로 플루게르네벨 의료센터의 중증 정신병 환자 치료소로 이송된 그는 그간 어느 정도 정이 든 경호팀장에게 말을 걸었다.

내가 자전거를 쳤습니다. 그녀가 쓰러졌고, 쓰러진 지점에 차를 세웠는데, 다쳤더군요. 아직 숨을 쉬고 있었는데, 발에서 발목 아래까지 피가 흘렀지요. 헬멧을 벗기고 트렁크에 실었는데,

(…)

시체를 창고에 두었는데, 녹색으로 된 철망이 있어요. 머리를 자르는데, 이빨이 딸까닥거려서, 기절했어요.

이빨이 딸까닥거리다…. 가증스럽긴 하지만 사실처럼 울리는 디테일이었다. 체험하고 또 체험한 디테일.

예심판사들은 레티시아에 대한 멜롱의 행적을 조사해 1월 18일 화요일 밤을 재구성했다. 처음에는 '여자 후리기'였다. 수사 결과 멜롱은 여러 주 전부터(실제로는 그의 예전 여자친구와 절교한 뒤 그녀가 성폭행과 살해 협박으로 그를 고소한 이후) 강력한 성적 좌절 상태였다. 1월에 그는 자신과 마주친 모든 여자들과 동침하고자 했다. 친구들의 여자친구들, 길 가던 여자들, 나이트클럽에서 만난 모르는 여자들, 돈이 궁한 여자 마약중독자들, 그를 붙잡지 않는 매춘부들, 바르브 블루스의 단골들, 그가 장갑을 산 르클레르크 드 포르닉의 캐셔. 매번 제안을 하고, 서툰 찬사도 늘어놓고, "핸드폰 번호를 주고 좀 친해져볼래요?" 하고 말을 건네곤 했다. 그러나 그날은 레티시아와 함께 거의 낭만적인 시간을 보냈다. 핸드폰으로 사진을 찍고, 석양에 산책도 하고, 선물로 장갑도 주고, 샴페인까지.

두 번째는 살인이었다. 멜롱은 그날 밤 잠자리를 같이하기 위해서라면 무슨 일이든 할 준비가 되어 있었지만, 침을 질질 흘리면서 여고생을 자빠뜨리기 위해 이리저리 배회하다 풀숲에서 불쑥

튀어나오는 부랑자는 아니었다. 둘 중 택해야 한다면 그는 차라리 연쇄살인마를 택할 것이다. 차장검사나 헌병들이 보기에 레티시아는 최초의 희생 제물이었고, 그 살인은 일종의 모의훈련이자 범죄 세계로 들어가기 위한 세례나 다름없었다. 다른 희생자들이 그 뒤를 이었을 것이고, 아마도 그의 어머니가 종착지가 되었을 것이다. 반대로, 정신과 의사들이 볼 때 실제 행위로의 이행은 탈선의 갑작스러운 변화, 끔찍한 메커니즘의 귀결이다. 멜롱이 저지르는 위법 행위의 실체는 도둑이 되는 것이지, 쾌락을 위해 죽이는 **시리얼킬러***가 아니다.

레티시아와 저녁나절을 보내면서 그는 모든 것을 즉흥적으로 한다. 마약 복용은 그의 타고난 공격성을 증대시켰다. 알코올과 코카인에 절은 그는 즉각적이고 충동적인 해결책들을 연달아 선택한다. 나는 그녀에게 다가간다, 그리고 꼬신다, 만날 약속을 잡는다, 그녀에게 담배를 피우게 하고 술을 마시게 한다, 내 집으로 데리고 간다, 그녀와 관계를 가지려 한다, 그녀를 스쿠터가 있는 곳에 데려다준다, 그녀를 멈춰 세우려 한다, 부딪친다, 그녀를 트렁크에 싣는다, 차로 데리고 온다, 그녀를 죽인다. 그다음 어떻게 시신을 처리할 것인가? 나는 구덩이를 판다, 땅이 너무 단단하다, 그녀를 토막 낸다, 그녀를 쓰레기통에 넣는다, 통발을 만든다, 그리고 그것을 연못에 던진다.

그것이 시시각각 그에게 제기되는 질문들에 대한 끔찍하기

---

*   연쇄살인범.

짝이 없는 해답들이다. 매 단계마다 잘못된 해답이 그를 새로운 문제에 직면하게 만들고 그러면 그는 새로운 해답을 찾아야 했다. 그래서 그는 잘못된 답, 가증스럽고 돌이킬 수 없는 답, 극도로 폭력적이고 동정을 모르는 성격, 즉 법이나 도덕이나 타인의 고통 따위는 아랑곳하지 않는 자신의 성격과 연관된 답을 선택한 것이다. 시신 훼손, 그것은 정신병과 여성 혐오가 혼합된 결과이기도 하지만, 실용적이다. 멜롱은 렌의 브르타뉴 법정에서 열린 항소심에서 자기 방식으로 그 사실을 말한 바 있다. "일단 일이 저질러졌으니 뒤로 돌아갈 수도 없지요. 그래서 더 나아갔는데, 매번 상황이 더 악화되었습니다."

이러한 즉흥성은 그가 가진 능력들을 전혀 저하시키지 않았다. 흔적을 지우고 알리바이를 만들기 위해 그가 전개한 일련의 조직적 행동, 이것이 세 번째 순간이다. 레티시아의 죽음 이후 그의 모든 감각은 깨어 있었다. 새벽 4시 17분에 보낸 거짓 문자메시지, 40센티미터 깊이의 구덩이, 시신 절단, 아틀랑티스에서의 약속, 라보로의 여행, 통발 제조, 창고 청소, 정원에 있던 화로와 세제…. 그는 쉬지 않았다. 심지어 그 효율성까지 인정받았을 정도다. 재판 중에 멜롱이 끊임없이 주장한 바와 반대로, 납치에 이은 살인은 "정녕 하찮은 아무것도 아닌 순간"이 아니며 알코올과 마약에 의한 광기에서 비롯한 충동적 행동도 아니다. 완전한 의식하에 저질러진 그의 범죄는 시간 속에 새겨진다.

역사학자 필리프 아르티에르Philippe Artières는 이렇게 쓰고 있다. "19세기의 마지막 10년 동안에 토막 살인이라는 범죄가 어둠 속에서 나온다." 흉측한 사건들, 언론에 대문짝만 하게 나오는 기사, 법의학 전공 논문들이 새로운 방식의 출현을 입증하고 있다. 그것은 희생자를 토막 내는 것이다. 살인범은 죽이는 것에 만족하지 않고 죽음 이후에도 계속 자르고, 목을 베고, 배를 가르고, 내장을 들어내는 식으로 훼손을 이어간다. 살인범의 증오는 상처를, 갈기갈기 찢긴 핏빛 시신의 속을 깊이 파고든다. 아르티에르는 계속해서 말한다. "토막 난 시체는 여성의 시신이다." 그리고 인간의 잔해를 받아들이는 것은 거의 언제나 강이나 하천이다. 19세기 말의 위대한 법의학자들인 앙브루아즈 타르디외Ambroise Tardieu, 폴 브루아르델Paul Brouardel, 알렉상드르 라카사뉴Alexandre Lacassagne는 범죄자의 행동을 역으로 거슬러 올라간다. 그리하여 부검은 진실과 정의를 밝히기 위한 과학적 '절단'이 된다. 외과 의술의 정확함이 범죄의 속임수를 패퇴시키는 것이다.

✳

그렇지만 한 가지 일이 멜롱을 괴롭힌다. 그것은 그의 갑옷에 균열을 내고, 아무리 그가 스스로 '괴물'이 되고자 해도 끝내는 자신의 행동을 받아들이지 못하리라는 걸 증명하고야 말 것이다. 1월 19일 수요일, 그가 아틀랑티스에서 베르티에를 만났을 때 푸조 106의 트렁크에는 피가 흥건했고 레티시아의 살점들이 들어 있는 두 개의 쓰레기통은 통발을 제작하는 데 쓰일 철망과 함께 시멘트 블록 옆에 놓여 있었다. 멜롱의 긴급한 요청에 따라 베르티에는 15시경 쇼핑센터로 갔고 그곳에서 멜롱은 그에게 핸드폰 배터리를 맡기며 없애버리라고 지시했다.

멜롱의 시간 활용이라는 측면과 그가 당시 감수해야 했던 위험의 측면에서 볼 때, 그 만남은 정말 이해하기 힘들다. 왜 그는 귀중한 시간을 허비하면서까지 사방에 감시 카메라가 있고 사람들로 북적이는 쇼핑센터에, 그것도 멀쩡한 대낮에 모습을 드러낸 것일까? 게다가 뒷좌석 너머에 짐칸이 없는 탓에 끔찍한 화물로 가득 찬 쓰레기통이 트렁크에 실려 있는 모습을 고스란히 내보이는 도난 차량 옆에서 말이다. 멜롱 자신이 혼자 없앨 수 있었으면서, 게다가 휴대폰의 나머지 부분은 푸른 구멍에 곧 던져버릴 생각이면서, 왜 없애야 할 배터리 이야기를 지어낸 것일까?

범죄자의 시각에서 보면 그 만남의 목적은 명백하다. 부담을 함께 지는 것, 그리고 가능하면 베르티에를 연루시키는 것이다. 그에게 손을 빌려달라고 하는 것, 그것은 그를 공범으로 만들기 위함이다. 베르티에가 벗어날 수 있었던 것은 제3의 인물, 즉 그날 동행했으며 그가 있음으로 해서 멜롱이 베르티에를 라보로 데리고 가지 못했던, 베르티에의 친구 덕분이다.

멜롱은 자신의 전략에 또 다른 친구를 끌어들이려고 시도했다. 조금 궁색하고, 마약도 좀 하고, 경찰에도 거의 모든 사건에 관여한 것으로 알려져 있던 루루라는 사내로, 그는 한쪽 팔이 없었다. 비극적 사건이 있기 전날인 1월 17일 월요일, 멜롱과 루루는 하루 종일 같이 지내며 훔친 구리를 팔고 라 베르느리와 포르닉에 있는 바를 전전했다. 자정 무렵, 그들은 예전 감방 동기와 그의 여자친구와 함께 키46에 있었다. 사내들은 감옥과 무기 이야기를 했다. 떠나기 전에 멜롱과 루루는 행여 성적인 접대라도 받을까 싶어 여자에게 코카인을 권했다. 그들의 흉악한 인상과 거기서 풍겨나는 불편한 느낌에 경각심이 든 여자는 그것을 거절했다.

두 명의 공범은 다시 르 카스포로 가서 술을 몇 잔 마시고 코카인을 했다. 취하고 흥분한 루루가 멜롱의 소총을 만지다가 사고로 총알이 발사되었다. 1월 17일 밤에서 18일 사이, 그들은 낭트 부근인 베르투에 있는 동물 병원을 털러 갔다. 르 카스포로 돌아오는 길에 루루는 멜롱을 도와 푸조 106의 짐을 비웠다. 훔친 물건인 피시 본체, 모니터, 키보드, 개 사료 포대 따위를 창고의 잡동사니 두는 곳에 쌓아두었다. 루루가 가고 난 후 잠을 이룰 수 없었던 멜롱은 또다시 코카인을 흡입했다.

다음 날 저녁, 루루가 바르브 블루스로 멜롱을 찾아왔다. 22시가 조금 지난 시각에 도착한 그는 무척 어려 보이는 레티시아와 마주쳤다. 취한 손님들끼리 언쟁이 있은 뒤 멜롱과 레티시아는 키46으로 떠났다. 루루는 그 커플을 따라가기를 포기하고 바르브 블루스에 남아 인터넷으로 매춘부들을 찾으며 그날 밤을 보냈다. 그가 막 그곳을 떠나려던 참인 1시 무렵, 그는 멜롱의 푸조 106이 전조등을 끈 채 바 앞을 전속력으로 달려 두세 번 지나치는 것을 목격했다. 외톨이가 된 그는 낭트의 호스티스 바에서 밤을 보내고자 했다. 어린 소녀와 포르닉 방향으로 떠난 이후 행동이 매우 이상했던 멜롱에게 그는 새벽 3시까지 연락을 취하려고 애썼다.

라보가 발견된 후, 멜롱은 새로운 시나리오를 꾸미며 루루를 끌어들이려 했다. 내용인즉슨 르 카스포에서 그 불구자가 레티시아를 어떻게 해보려 했는데 멜롱이 끼어들면서 총이 발사되었다는 것이었다. 시나리오에 따르면 돌아오는 길에 강간의 위험에서 벗어나 마음이 놓인 레티시아가 감사의 마음에서 자신을 구해준 멜롱에게 구강성교를 해주었다. 그렇다면 욕망이 좌절된 루루가 뒤따라와 소녀를 죽었다는 것인가?

사실 수사관들은 루루에게 관심을 보였다. 바르브 블루스에서 그가 레티시아를 보았었고, 레티시아가 납치되었던 바로 그 순간에 로제르 로에서 그리 멀지 않은 곳에서 그의 핸드폰이 작동된 바 있기 때문이었다. 조사 중 자신을 향한 의심이 매우 심각한 수준이라는 사실을 깨달은 루루는 울음을 터뜨렸다. 그는 "계집아이"의 죽음에 자신은 조금도 연루되지 않았다고 말했다. 다행히 그의 핸드폰은 1시 30분부터 낭트에서만 사용되었고, 매춘부들이 외팔이 손님을 기억했다. 첫 번째 공판에서 멜롱은 증언을 하러 온 루루에게 말했다. "너한텐 미안하다."

심문 내내 멜롱은 공범을 만들어내고자 안간힘을 썼다. 중범죄재판소 법정에서 그는 시체를 토막 낼 때 X라는 사람과 "일을 분담"했다고 주장했다. 이런 계략과 꾸며낸 이야기는 멜롱의 보다 비장해진 면모를 잘 드러낸다. 즉 자신이 저지른 범죄의 흉악함에 짓눌린 그는 혼자서는 그 무게를 감당하지 못하는 것이다. 그가 한 거짓말의 비도덕성이 그의 내면에 극도의 도덕적 감정이 남아 있음을 역설적으로 말해주고 있다.

35

연말 파티
Fêtes de fin d'année

크리스마스, 우울한 시기, 정신적인 질식, 의기소침. 바다는 살을 엘 듯이 차갑고, 갈매기는 바람에 맞선다. 라 베르느리는 황량하다. 몇몇은 바캉스를 떠나지만 대부분의 사람들은 남아 있다. 사람들은 가족과 모여 값비싼 요리를 먹는다. 그들은 행복할까, 아니면 억지로 그러는 것일까?

레티시아와 제시카에게 크리스마스는 중요한 날이지만, 그녀들이 잃은 모든 것을 떠올리게 하는 날이기도 하다.

2010년 12월 23일, 레티시아는 페이스북에 이렇게 적는다
모두에게 메리 크리스마스

12월 24일
모두에게 즐거운 탄 그리고 맛있는 만찬 ☺ 트키 가족과 함께

'성' 자를 빼먹었다. 다시 읽어보지도 않고 그녀는 너무 빨리

게시물을 포스팅했다. 그녀는 제시카에게서는 담요를, 파트롱 부부에게서는 식기를, 파트롱 부부의 딸들 중 한 명으로부터는 예쁜 팔찌를 선물로 받았다. 파트롱 가족에게 그녀는 주말에 맛있는 식사를 제공했다.

12월 25일 오후, 쌍둥이 자매와 라르셰 가족, 실비, 알랭 그리고 그들의 부모가 포르닉 역에서 만났다. 그들은 따뜻한 코코아를 마시러 갔다. 가족과 식당에 대한 대화가 이어졌다. 라르셰 부인은 레티시아가 자랑스러웠다. 직장을 얻었기 때문이었다. 대부로서의 자신의 역할을 중시하는 알랭 라르셰는 그녀에게 일하는 데 있어서의 몇 가지 요령을 가르쳐주고, 금전 출납기에 넣어두는 돈과 팁에 대해 이야기했다. "내 공주를 보는 것도 이번이 마지막이구나." 그는 그렇게 말하며 눈물을 감추기 위해 창문 쪽으로 고개를 돌렸다. 쌍둥이 자매는 스쿠터를 타고 떠났다.

크리스마스 선물로 레티시아는 들랑드 부인에게 두 명의 아기천사에 둘러싸인 천사 조각상을 주었다. "이 천사는 두 명의 어린 쌍둥이와 함께 있는 당신이에요. 왜냐하면 그 쌍둥이는 당신처럼 좋은 엄마를 둔 행운을 지녔으니까요." 레티시아는 회계 직원과 함께 회계를 배우게 해달라고 그녀에게 요청했다.

12월 마지막 며칠 동안 파트롱 부부와 제시카는 브레스트에 있는 친구들 집에 파티를 하러 떠났다. 일이 있는 레티시아는 홀로 집에 남았다.

그녀는 그들이 없는 틈을 타, 몇 달 전부터 전화로 '데이트'를 하던 케빈을 만났다. 그녀는 기차를 타고 포르닉에서 낭트로 간 다음 그곳에서 다시 버스를 타고 소리니에르로 갔는데 케빈과 그의 어머니가 마중을 나와 있었다. 어느 카페에서 케빈은 내게 그 장면을 이야기했다. 나는 "죽을 때까지 포커"라고 새긴 그의 문신을 보았다. 케빈은 수줍어 몸을 떨면서 슬퍼했다.

레티시아는 작은 가방을 들고 있었는데, 우리는 그녀를 차에 태웠어요. 내가 여자애를 집에 데리고 간 건 그때가 처음이었어요. 내게는 굉장한 일이었지요. 우리는 함께 텔레비전을 보고 함께 잠을 잤어요. 그 후에 문자메시지와 전화로 연락을 주고받았지요.

밤에 레티시아는 케빈의 어머니와 대화를 했다. 위탁가정에 넌더리가 난다, 작으나마 집을 갖고 싶다, 케빈은 자기 엄마와 함께 사니 운이 좋다는 내용이었다. 레티시아는 수줍고 예의 바르며 얌전한 모습을 보였다. 다음 날 그녀는 다시 버스를 탔다.

케빈의 어머니는 델핀 페레를 통해 기꺼이 그 울적했던 밤을 내게 들려주겠다고 전해왔다. "기억에 오래 남을 거예요. 왜냐하면 내 아들이 내게 처음 소개해준 여자친구니까요."

포르닉으로 돌아오면서 레티시아는 자신의 페이스북 계정에 '연애 중'임을 선언한다.

1월 1일

내가 새해를 보지 못했으면 하고 바랐던 모든 사람드레게 해피 뉴 이어 2011년 행보기 가드카기를

전문가들의 시대
Le temps des experts

1984년 10월 볼로뉴에서 손발이 묶인 채 익사체로 발견된 네 살배기 그레고리 빌맹의 죽음이 지금까지도 진상이 밝혀지지 않는 까닭은, 무엇보다 수사관들이 결정적인 증거들을 이용할 줄 몰랐거나 할 수 없었기 때문이다. 아이의 몸을 묶었던 밧줄, 바지에서 발견된 모발, 익명의 편지에 남겨진 지문들, 오디오 카세트에 녹음된 익명의 편지 작성자가 내는 목소리, 자신이 범죄를 저질렀다고 주장하는 편지에 남겨진 서체의 부조가 바로 그 증거들이다.

이러한 수사 실패의 직접적인 결과로 1987년 로니수부아에 한 세기 범죄학 수사의 정점을 알리는 국립헌병대과학수사연구소가 창설되었다. 사실 프랑스에서 과학수사의 싹이 트기 시작한 것은 19세기 말이다. 파리 경시청 소속의 알퐁스 베르티용 Alphonse Bertillon 이 사진과 신체적 특성의 일람표에 근거한 인체 감식을 보다 완벽하게 가다듬었다. 파리는 신원 확인 부서와 독극물 연구소를 갖추게 되었다. 예심판사 에밀 푸르케 Émil Fourguet 는 일련의 매춘부 살인 사건에서 범행 일자, 장소, 단서, 증언 그리고 살해 방식 등을 비교

하며 일거에 프로파일러가 되었다. 1910년 리옹에 최초의 과학수사 연구소를 설립하는 일은 법의학지인 라카사뉴의 제자 에드몽 로카르Edmond Locard의 일이 되었다. 이제 전문가들의 시대에 접어든 것이다. 그러나 흔적들은 보존하기 어렵고 그것들로 무엇을 밝혀내기도 어렵다. 그리하여 언론의 열정과 지역 간 경쟁의식을 바탕으로 진전과 실패가 거듭된다.

국립헌병대과학수사연구소에는 250명의 헌병과 민간인, 그리고 생물학, 독물학, 치과학, 사고분석학, 탄도학, 정보과학 또는 타포노미taphonomy*, 유기체의 해체를 연구하는 사인死因 연구의 한 지류 등에서 국제적으로 권위가 있는 전문가들이 있다. 물론 대학 부속병원이나 보르도에 있는 두트르메퓌치 법의학 연구소에도 매우 수준 높은 전문가들이 있다. 국립헌병대과학수사연구소의 전직 혈흔 형태 분석가이자 블루스타의 발명가인 필립 에스페란사Philippe Esperança는 현재 마르세유의 범죄과학 분석 연구소에서 근무하고 있다.

전문가들의 역할은 수사관들에게 문제 해결의 요소들을 제공하는 것이다. 그러나 그들의 업적을 고지식한 기술 편중으로 치부해서는 결코 안 될 것이다. 유의미한 감정鑑定이 되려면 어떤 추론을 먼저 세우고, 감정을 실시했을 때 그 추론과 맞아떨어져야 하며 그래야 비로소 감정 결과는 증거가 된다. 오늘날에도 그레고리 사건은 심각하게 평가되겠지만, 그래도 아마 쉽게 해결될 것이다.

레티시아 실종 이후 한 해 동안, 마르티노 판사의 요청에 의

---

*   시간이 지나며 부패하는 생물 및 그것의 화석화 과정을 연구하는 학문.

해 유전자 채취에서부터 멜롱의 신발 밑창에서 발견된 흙의 분석을 거쳐 스쿠터 사건의 재구성에 이르기까지 70회 이상의 감정이 실시되었다. 그 모든 감정이 사건 해결에 유효한 것은 아니었지만 적어도 의혹을 지울 수 있을 만큼 행해졌다는 장점은 있다.

계속된 감정들은 레티시아의 마지막 순간들이 어떠했는지를 알려주고 있다. 나는 2011년 1월 18일과 19일에 있었던 사실들을 시간순으로 다시 배치해보았다.

A. 코카인 흡입

독극물 징후로 보아 레티시아는 1월 18일 17시경 해변에서 마리화나를 피우고 저녁에 바르브 블루스나 키46에서 코카인을 한 것으로 보인다. 자발적인 것이었을까? 멜롱이 그녀의 방어 본능을 마비시키기 위해 콜라에 마약을 넣은 것일까? 법의학자 르노 클레망은 낭트 대학 부속병원 독극물 연구소와 함께 코카인이 직접 비강에 접촉했다는 사실을 밝혀내는 데 성공했다. 레티시아가 흡입을 통해 마약을 복용했다는 뜻이다. 첫 번째 과학적 감정이었다.

B. 구강성교

기관 삽입을 통해 레티시아의 구강에서 채취한 내용물에서 국립헌병대과학수사연구소의 전문가들은 멜롱의 전립선액을 발견했다. 연못에 잠겨 있었던 기간을 고려할 때 이것은 또 하나의 성과였다.

이는 자정과 새벽 1시 사이에 구강성교가 있었음을 보여준다. 따라서 레티시아와 멜롱 사이에 성관계가 있었는데 그녀가 동의를 했는지 아닌지, 처음에는 거질하다가 결국 순응했는지, 아니면 반승낙했다가 나중에 후회했는지, 구강성교가 강제로 이루어졌는지, 또는 동의하에 이루어진 뒤 강간 시도가 뒤따랐는지, 혹은 마약 흡입 후 쇼크 상태에서 경직된 채로 거절하지 못했다가 나중에야 자신이 강간 피해자임을 깨닫고 그 사실을 윌리암에게 전화로 밝혔는지는 알 수 없다. 헌병들이 반드시 상반신을 찾아야 하는 것은 그러한 법의학적 이유 때문이기도 하다.

C. 스쿠터 사고

이 건은 세계적인 권위를 누리고 있는 국립헌병대과학수사연구소 소장 장 필립 드프리에스터에게 맡겨졌다. 마르티노 판사의 요청에 따라 그는 사고와 상처 간에 일치하는 점을 찾아내기 위해 르노 클레망 박사와 협력했다. 푸조 106과 스쿠터의 손상, 접촉으로 인해 옮겨 묻은 물질, 도로에서 수집한 파편, 그리고 도로와 갓길에 난 자국들을 고려하여 만들어낸 가장 그럴싸한 시나리오는 다음과 같다.

스쿠터는 라 로제르 로 위를 시속 40킬로미터 미만으로 달리고 푸조 106의 속도는 그보다 좀 더 빠르다. 스쿠터가 있는 곳까지 도달한 차량은 급브레이크를 밟고, 바퀴가 오른쪽 갓길로 10도 정도 돌고 범퍼에 스쿠터 받침대가 걸려 끌리면서 아스팔트에 줄무늬가 생기기 시작한다. 자동차와 스쿠터가 서로 떨어지는 순간 스쿠터가 오른쪽으로 쓰러지면서 15미터가량 미끄러진다. 떨어지면서 레티시아는 오른쪽 발목을 다친다. 그 피부 찰과상이 사고로 입은 유일한 부상이다. 왜냐하면 그녀는 머리에 헬멧을 쓰고 있었고 몸의 다른 부분은 옷에 감싸져 있었기 때문이다. 또한 레티시아의 오른쪽 플랫슈즈에서 마모된 부분을 찾아냈다.

사고 분석 결과는 의도치 않게 그녀와 부딪쳤다는 멜롱의 진술과 일치하지 않는다. 실제로 푸조 106의 제동장치는 **접촉 이전에** 작동되었기에 운전자가 사고가 날 것을 미리 예상했음을 알 수 있다. 에너지의 전이가 충분하지 않았기 때문에 스쿠터는 공중으로 들리지 않았다. 따라서 레티시아는 납치되는 순간에는 아직 살아 있었고 의식이 있었다. 21시 30분경에 스티븐과 그랬던 것처럼 멜롱의 조작은 스쿠터의 오른쪽을 압박하여 억지로 멈춰 세울 수도 있는 것이었지만, 경과는 전혀 달랐다. 접촉 사고가 있었기 때문이다.

D. 레티시아의 피

르 카스포의 가택수색 후 국립헌병대과학수사연구소로 전달된 32개의 봉인된 봉투가 푸조 106의 오른쪽 문, 뒷좌석, 트렁크 안, 도끼날, 그리고 창고 안쪽에 포개진 마호가니색 가구 위(피의 분출은 무개 자동차에 가려진 축축한 곳에서 있었다)에서 레티시아의 유전자 프로파일을 확인하게 해주었다. 또한 푸조 106의 핸들과 조수석 문에서 멜롱의 유전자와 뒤섞인 레티시아의 유전자가 발견되었다.

푸조 106의 왼쪽 앞문 바로 위 지붕에서 레티시아의 지문이 발견되었는데, 이로써 화가 난 소녀가 길거리에서 운전자와 열린 차창을 통해 이야기를 나누었다는 앙토니 들랑드의 증언이 확인되었다.

E. 시신 절단

국립헌병대과학수사연구소의 현미경을 통해 이루어진 감정은 경추, 상박골, 대퇴골이 곤봉에 맞아 으스러졌거나 도끼에 맞아 골절된 것이 아니라 톱에 의해 잘렸다는 결론을 내렸다. 다섯 군데의 뼈 부위에 남겨진 단서와 긁어낸 흔적은 금속제 톱에 의한 것이었다. 르 카스포의 정원 화로에서 발견된 톱의 톱날 하나와 톱니가 검사 결과와 일치했다. 절단 방향은 뒤에서 앞쪽으로였다. 머리는 톱날이 등에서 목 쪽을 향했다. 다리는 무릎 뒤에서 슬개골 방향으로 잘렸다. 따라서 몸통은 배 위에서 잘릴 수 있었다.

2011년 1월 19일 오후로 접어들 무렵, 이웃 사람 하나가 창고에서 울려드는 둔중한 소리를 들었다. 그러나 그 소리가 어떤 소리인지는 알지 못했다.

F. '수제' 통발

철망을 잘라 만든 '푸른 구멍'의 통발은 노끈으로 묶인 채 시멘트 블록이 매달려 있었다. '닭장' 타입의 철망과 검은색 나일론으로 된 '곡식 묶음' 타입의 노끈은 모든 점에서 르 카스포에서 압수한 것들과 일치했다. 현미경으로 통발과 롤에 감긴 철망의 절단면을 검사한 결과 완벽하게 일치했다. 멜롱의 사촌은 수사관들에게 노끈이 감긴 패, 1.6미터 길이의 베니어판, 50리터짜리 검은색 쓰레기통 두 개, 그리고 창고에 있던 연장 여러 개가 사라졌음을 알린 바 있다.

✳

자비에 롱생은 라보에서의 배수 작업이 끝나자 이렇게 발표했다. 수색은 필요한 만큼 계속될 것이다, 라고. 2월 말부터 새로운 작전에 75명의 헌병, 10명의 잠수부, 르 로의 그라마에서 온 네 마리의 수색견, 제6공병대의 병사들이 동원되었다. 멜롱의 (거짓) 진술에 따라 프란츠 투셰는 사브네 호수와 라 베르느리 해변에 대한 수색을 명령했다. 또 다른 '안전지대'들도 확인되었다. 생질크루아드비 해병대에 의해 보강된 낭트 하천 경비대는 생브레뱅의 침수된 2곳의 옛 채석장, 라보 근처의 루아르 강변 모래 지역, 르 카스포, 아르통앙레츠, 게랑드, 라 몽타뉴 주변의 늪지, 생테티엔드몽뤽의 연못들, 그리고 라 보스앙지크레의 연못들도 탐색했다.

들끓던 언론도 마침내 가라앉았다. 어떻게 보면 더욱 심각한 또 다른 비극이 발생했기 때문이었다. 그것은 리비아 내전, 일본의 쓰나미와 후쿠시마 원전 사고였다. 알렉상드라 튀르카는 우연히 사브네 호수에서의 수색 작업에 대해 알게 되었다. 그녀는 현장을 확인하고는 헌병대가 여전히 매우 은밀하게 수사를 계속하고 있음을 알게 되었다. 사건은 아직 종식되지 않았던 것이다.

액세서리들, 커터 칼, 레이스천이 발견되었지만 레티시아와는 관련이 없었다. 수사관들은 그 지역의 위성사진과 사건이 있었던 기간 동안의 조수潮水 비율을 전송받았다. 헌병들의 요청에 따라 루아르아틀랑티크 수렵 협회는 목격자를 찾는다는 호소문을 배포했다.

야생 습지들이 훼손되고, 꽃밭이 사람들의 발에 짓밟혔다. 냇물의 흐름이 차단되고 우물이 다 열리고 갈대가 쓰러졌지만, 헛수고였다. 아무것도 없었고, 소녀는 그 어느 곳에도 없었다.

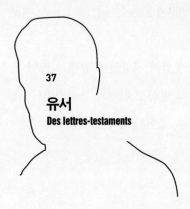

37

유서
Des lettres-testaments

2011년 연초에 레티시아는 세 통의 편지를 작성했다. 그녀가 죽기 전까지 아무도 그 편지들의 존재를 알지 못했다. 파트롱 부부의 가택수색 당시 헌병들이 그 편지들을 압수하여 가까운 사람들에게 읽혔다. 그러자 사람들은 대경실색하고 도무지 믿기지 않는다며 눈물을 흘렸다. 미래를 바라보던 그 명랑한 소녀가 한순간 자신의 죽음을 생각할 수 있었으리라고 어떻게 상상할 수 있을까? 그녀를 알던 모든 사람들에게 레티시아는 행동하는 아이였지 결코 자기 성찰에 잠길 아이가 아니었다. 삶을 끝낼 생각을 할 아이는 더더욱 아니었다.

파트롱 부부의 딸과 그녀의 딸에게 보내는 작별 편지

넌 애 엄마이자 끝내주는 친구야. 메리스, 이러케 떠나 미안. 하지만 이런 상황에선 더 못 살아 (…) 너희 남은 삶이 행복하길 바라.

'나의 천사 케빈'에게 보내는 작별 편지

널 무지 사랑해 멀리 있다 해도 넌 항상 내 맘속에 있어. 행동에 옴 기기로 결심했는데, 슬퍼 (…) 삶은 그렇듯 축제야. 이후에도 네 인생 잘 살고 내 걱정 말고 사라 잘 살기 바라 내가 위에서 널 볼 테니까.

레티시아의 유언

내가 이렇게 하며 감사의 말을 하기도 저네 죽는다면.

그녀는 자신의 옷은 민간 구호소에 주고, 돈은 제시카에게, 그릇은 자기 어머니에게, 반지는 이복동생에게, 말에 관한 책은 파트롱 부부의 또 다른 손녀인 아나에게 준다고 쓰고 있다. 그리고 그녀는 장기 적출을 요구한다.

내 장례식에 내가 아는 모든 사람드리 다 오면 조케써.

그리고 결론을 대신해 이렇게 적고 있다.

아 마자 당신들 주변을 둘러바. 거짓말하는 사람이 나뿐마는 아냐.

레티시아는 자신의 죽음을 바라보고 있다. 그녀는 자신이 사랑하는 모든 이들에게 작별을 고하고 보잘것없는 자신의 소장품과 장기를 나누어준다. 그녀는 자신이 가지고 있는 모든 것 중에서 가장 아끼는 말에 관한 책을 아나에에게 준다. 두 사람은 종종 함께 그 책을 보곤 했다.

그것은 자살을 암시하는 편지들이다. 레티시아는 자신의 죽음 이후 자신의 신체와 소지품을 어떻게 할지 지시 사항을 내리는 것이다. 그녀는 자신의 죽음을 안타깝게 여기지만 동시에 명확한 의식 속에서 냉철하게 바라본다. "행동에 옮기기로 결심했는데, 슬퍼" "이러케 떠나 미안". 그러한 해석은 11월과 12월에 레티시아가 슬픔에 빠져 있었다는 것과 팔뚝에 여러 줄의 상처(자살을 시도했다는 걸 감추기 위한 상처들)가 있음을 알린 파비앙의 증언과 부합한다.

레티시아의 고통을 이해하기 위해서는, 이제 그녀의 목소리는 영원히 꺼졌으므로 방법상의 허구, 즉 상상 가능한 가설에 의존하여 한 영혼의 비밀을 파헤치고 그녀에게 일어난 사건들의 진실을 수립할 필요가 있다.

픽션 1. '개 같은 삶'을 끝낸다?

2010년 가을 내내 레티시아는 위탁가정에 대해 불평을 늘어놓았다. 너무 엄한 교육, 지나치게 엄격한 원칙들, 질식할 듯한 분위기, 매순간 이루어지는 감시 등. 하지만 그렇다고 해서 파트롱 부부를 향한 그녀의 애정이 줄어든 것은 아니다. 이는 그녀의 선물(크리스마스 만찬이 있던 주말에 "냉냉고 안에" 넣어둔 초콜릿 상자)이나 3월에 부부와 함께 겨울 스포츠를 위해 떠났을 때의 기쁨을 보면 알 수 있다.

마찰이 빈번하고, 말다툼이 자주 반복된다. 2011년 1월 4일,

한밤중에 귀가한 레티시아는 친구들과 지라퐁에 있는 가라오케에 갔었다고 주장했다. 파트롱 씨와는 또 한 번 풀어야 할 일이 생긴 것이다. "넌 돌아오지 않았어, 내가 잠을 자지 않았거든. 어디 있었니? 네 친구들 이름을 대!" 그녀는 그렇게 할 수 없었다. 간단하게 조사를 끝낸 파트롱 부부는 그녀가 거짓말을 한다고 야단을 쳤다. 지라퐁에는 가라오케가 없었던 것이다.

사춘기가 지나자 성장에 대한 위기감과 함께 자유에의 갈망이 일었다. 어쨌든 열여덟 소녀가 자신의 날개로 훨훨 날아보고 싶은 것은 정상적인 일이니 말이다. 그러나 레티시아의 마음은 애정과 가치관으로써 자신을 반듯한 성인으로 키워준 파트롱 부부에 대한 감사와, 자신을 그들로부터 멀리 떼어놓을 독립에 대한 갈망으로 분열돼 있었다. 몇 주 전에 그녀는 페이스북에 이렇게 썼다. "이 개같은 삶 왕짜증." 죽기 일주일 전인 1월 10일, 그녀는 이렇게 쓰고 있다. "삶은 예상치 모타는 것들로 가득해서 걸 극복해야 하는데, 몇 번이나 삶이 우릴 가라안게 하는지 그래서 슬퍼 ☹"

픽션 2. 유사 근친상간의 발견?

어쩌면 레티시아는 자기 언니가 성적인 대상으로, 위탁가정 아버지의 딸이면서 그의 연인이 되어버렸음을 알았을지도 모른다. 만일 파트롱 씨가 제시카를 장악하고 있었다는 것을 알았다면 레티시아는 파트롱 씨에 대한 맹목적인 분노와 배신감을 느끼면서도, 실체를 알게 된 한 남자에 좌지우지당하는 언니에 대한 절망적인 공감 또한 느꼈을 수 있다.

"당신들 주변을 둘러바. 거짓말하는 사람이 나뿐마는 아냐."
이 문장은 레티시아로 하여금 거짓말을 했다고 야단을 맞게 한 1월 4일 한밤의 가라오케 사건과 관계된 것이다. 그녀의 유언장이 가족들이 이해할 수 있는 범위 내에 있는 것이라면, "다른 거짓말쟁이들"에 대한 암시는 파트롱 가족의 일원과 제시카를 가리키는 것일 수밖에 없다.

따라서 레티시아는 살아가며 최소한 세 가지 유형의 강간을 겪었다고 할 수 있다. 즉 자신의 아버지가 어머니에게 행한 가족 내 강간, 그리고 위탁가정 아버지가 자신의 쌍둥이 언니에게 행한 유사 근친상간적 강간, 그리고 그녀가 멜롱에게 당한 가족 외 강간. 그녀에게 남자란 잔혹한 늑대 같은 존재였다.

픽션 3. 파트롱 씨의 공격?

파트롱 씨는 레티시아와 관련해서는 조사를 받지 않았고, 어떤 처신으로 처벌받은 적은 더더욱 없다. 이 점에 대해 예심판사는 면소免訴* 판결을 내렸다. 멜롱의 첫 번째 재판에서 파트롱 씨는 어린 손주들의 머리를 걸고 자신은 "레티시아의 머리털 하나도" 건드리지 않았다고 맹세했다(재판장은 무뚝뚝하게 그를 냉대했다: "그 아이들을 이 모든 일에 끼워 넣지 마시오."). 그러나 불리한 증거가 없다 해도 혹 레티시아 또한 자기 언니처럼 위탁가정 아버지에게 성적인 공격을 받지 않았을까 의문을 가져볼 수는 있다.

---

*   공소권이 없어져 기소를 면하는 것.

페레와 라르셰 가족 측에서는 만장일치로 그 명제를 받아들인다. 2011년 8월, 파트롱 씨에 대한 심문이 끝난 후 프랑크 페레는《마리안느Marianne》지에 "제시카의 말에 따르면 레티시아 역시 성폭행을 당했다"고 밝혔다. 알랭 라르셰는 RTL에서 제시카의 고발을 확인해주었다. '레티시아는 자기 언니처럼 성폭행을 당했다'라고《파리마치》지는 레티시아의 지인들에게 확인한 뒤에 기사 제목을 붙였다.

롤라는 프란츠 투셰에게 레티시아가 라 베르느리 해변에서 했던 고백을 전했다. "사실 난 질 파트롱에게 강간당했어." 그날 레티시아는 아직 충격에서 벗어나지 못했는지 얼굴이 창백하고 상태가 무척 좋지 않았으며 더 이상 말을 잇지도 못했다. 또 한번은 롤라에게 말하기를 자기는 "더러운 성격" 덕분에 위탁가정 아버지를 밀어낼 수 있었지만 제시카는 그러지 못할까 봐 두렵다고 했다. 만일 레티시아가 다른 이에게(자신의 언니나 파비앙이나 케빈에게) 그런 사실을 고백하지 않았다고 해도, 어쨌든 그녀는 파트롱 씨의 집을 벗어나기 위해 할 수 있는 모든 일을 다 했다. 게랑드에 있는 기숙학교로 간다든지, 낭트 호텔에 방을 잡는다든지, 파트롱 씨 딸의 집에서 묵는다든지.

라비올레트 부인은 2010년 8월 롤라의 사건일지 일이 있은 직후, 쌍둥이가 아무런 감정 변화나 놀라움 없이 다만 형식적으로 "아니오"라고 부정했던 일을 똑똑히 기억하고 있다. 그녀는 성폭행이 있었는지에 대해서는 입을 열려고 하지 않았다. 그럼에도 그녀는 만약 그런 일이 있었다면 레티시아는 저항했을 것이라고 생각한다. 왜냐하면 그녀는 제시카보다는 덜 고분고분했기 때문이다. 제시카는 파트롱 씨의 그림자였지만 레티시아는 그렇지 않았다. 그렇지만 그녀는 이런 말을 덧붙였다. "만일 그런 일이 일어났는데 그녀가 집을 떠나거나 반항하거나 거절하지 못했다면, 분명 그 일이 그녀를 자살로 몰고 갔을 겁니다. 절망이 너무나 컸을 거예요. 진정으로 신뢰하는 가족 안에서 그런 일이 또 벌어지다니 말이죠!"

파트롱 씨 사건 담당 여판사는 레티시아에 대한 성폭행이 있었는지는 분명치 않다고 판단했다. 그녀는 내게 무척 신중한 태도를 보였다. "그런 일이 일어났을 수도 있겠지만 정황증거가 충분하지 않았습니다. 레티시아의 증언도 없었고, 그녀가 일기 같은 것을 남겨놓지도 않았으니까요. 그를 중범죄재판에 넘기려면 확실성의 관점에서 볼 때, 그 이상의 과감함이 필요했습니다." 내가 마르티노 판사에게 속으로는 어떤 확신을 갖고 있는 것이냐고 묻자 그는 마찬가지로 신중하게 대답했다. 파트롱 씨가 레티시아를 성폭행하거나 혹은 하려고 시도했다면 "능히 그럴 수 있는 일"이지만 재판관에게는 법적으로 인정받은 객관적 증거에 의거한 진실만이 있을 뿐이며, 따라서 법적인 결정이 내려지지 않은 까닭에 우리는 결코 그 진실에 다가갈 수 없을 거라는 것이었다.

그에 의하면, 라비올레트 부인 앞에서의 쌍둥이들의 소극적인 태도, 해변에서의 레티시아의 고백, 자살을 암시하는 편지들과 실종 당일 밤 파트롱 씨의 태도, 즉 차 문소리를 듣고 파자마 바람으로 토치램프를 들고 나갔다가 아무 성과 없이 집 안으로 다시 들어오면서 레티시아가 어디 있는지 전혀 알려고 하지 않았다는 태도

등은 하나로 수렴되는 바가 있다는 것이다. 평소에, 1월 4일까지 그
는 레티시아 뒤를 졸졸 따라다녔으나(이에 대해 레티시아는 끊임없이
불평했다) 그때는 한밤중인데도 그녀가 어디에 있는지 알려고 하지
않은 데다 전화 한 통조차 걸지 않았다. 6시 30분경 잠에서 깬 그는
중간 방이 비어 있고 베란다의 유리문이 자물쇠로 잠겨 있지 않았
기 때문에 그녀가 여전히 돌아오지 않았다는 것을 알고 있었다. 새
벽에 비스듬히 자빠져 있는 차디찬 스쿠터가 발견되었을 때도 그는
여전히 그녀를 찾으려고 하지 않았다. 그러는 대신 아침이 돼서야
제시카의 핸드폰으로 여러 차례 전화를 걸었다.

　왜 그는 레티시아에게 그렇게 무관심했던 것일까? 그녀가 진
상을 밝히려 하고 있었기 때문에 그녀의 운명에 무심했던 것일까?
그 점에 대해 파트롱 부인에게 물었을 때 그녀는 격하게 대답했다.
"아동복지국에서 그 일로 수없이 질책을 받았어요! 걔는 다 컸어요.
그러니 자기가 하고 싶은 대로 한 거죠." 그 주장은 수긍할 만했다.

　여기서 세 번째 픽션은 버리도록 하자. 판사들처럼 나 또한
진실에 도달할 수 없을 것이며 여하튼 의심을 하더라도 파트롱 씨
에게 일부러 불리한 방향으로 하지는 말아야 한다고 생각한다.
　실제로 그런 의문이 정말로 중요한 것은 아니다. 레티시아가
파트롱 씨와 제시카의 관계의 본질을 안 것만으로도 그녀의 생활
이 흔들리고, 세 살 때처럼 허공에 매달린 느낌이 들며, 거짓이 모
든 것을 타락시켰다고 깨닫는 것은 물론, 혐오스러운 폭력이 여전
히 그곳, 즉 거실의 양탄자 위, 그녀들이 함께 쓰던 방, 미소, 엄격

한 원칙, 조언, 카드놀이, 크리스마스 그리고 캠핑카를 타고 간 휴가 한가운데 숨어 있었다는 것을 깨닫기에는 충분했을 것이기 때문이다. 당신에게 모든 것을 가르치고 당신을 보호해야 할 남자가 몸으로 대가를 받는 것이다. 그러므로 레티시아에 대한 성폭행이나 성폭행 시도가 있었느냐 아니냐는 중요하지 않다. 지배라는 것도 본질적으로는 폭력이기 때문이다. 여러 해에 걸쳐 파트롱 씨가 제시카에게 행한 성적 착취 또한 마찬가지로, **어쩔 수 없이** 레티시아를 약하게 만들었다.

레티시아는 전력을 다해 가족을 갖기를, 다정스러운 관계망 속에 들어가기를 원했다. 그러나 퇴폐와 맞닥뜨린 그녀는, 항체가 없는 제물이었다.

＊

레티시아가 남긴 마지막 사진 중 하나는 파트롱 부부의 집 베란다에서 멜리스와 함께 찍은 것이다. 레티시아가 파트롱 부부의 손녀보다 여덟 살이나 많긴 해도 동갑처럼 보인다. 보는 사람을 흐뭇하게 만드는 멋진 사진이다. 멜리스가 깔깔대며 웃는 레티시아를 껴안고 있다. 마치 자매인 양 두 사람은 얼굴을 맞대고 있다. 레티시아의 눈은 기쁨으로 반짝인다. 팽뵈프 숙소에서 나와 포르닉에서 새로운 생활을 시작하며, 언니보다 10센티미터나 작은 그녀가 눈을 감고 어쩔 줄 몰라 하며 거실에서 열세 번째 생일 축하 파티를 한 때로부터 5년이 지났다.

2011년 1월 4일부터 레티시아는 낭트 호텔에서 다시 일을 시작한다. 1월 7일 밤에서 1월 8일까지 멜롱과 베르티에는 태양열 집열판 회사를 털면서 훔친 르노 트래픽 차량을 타고 떠난다. 1월 8일, 3월에 휴가를 떠날 수 있다는 사실을 알게 된 레티시아는 파트롱 씨의 목에 매달리며 "프티 루, 프티 루. 아빠와 함께 스키 타러 갈래!" 하고 소리친다. 1월 9일, 그녀는 페이스북에 이렇게 적는다. "어제 저녁은 친구들과 무지 조아씀 특히 막심 때문에 웃겨주거씀." 1월 10일, 멜롱은 루루, 제랄드, 클레오, 파트릭 그리고 다른 단골손님들과 함께 바르브 블루스에서 저녁을 보낸다.

1월 10일부터 14일까지 레티시아는 생나제르의 직업훈련센터를 다닌다. 1월 14일 금요일, 실비 라르셰가 딸들에게 전화를 건다. 낭트에서 포르닉까지 갈 여비가 없어 딸들과 만나기로 했던 약속을 지키지 못하겠다는 것이었다. 멜롱의 사촌은 자기 가족과 피레네산맥으로 스키를 타러 간다. 토니 멜롱은 홀로 르 카스포에 남아 집을 지키며 동물들에게 사료를 준다.

레티시아의 마지막 한 주다. 이에 대해 파트롱 부인이 마음에 걸렸던 일 하나를 털어놓았고, 제시카가 그것을 확인해주었다.

학교에 있었던 1월 그 주에 레티시아는 언니와 부쩍 가까워졌어요. 저녁이면 둘이 꼭 붙어 앉아 함께 티브이를 보았고, 아주 나지막한 소리로 귀엣말을 주고받곤 했죠. 그녀들은 소리 내어 웃고 속닥거렸어요. "사랑해, 언니" 하고. 정말 화해를 했구나! 저는 그게 기뻤지만, 돌이켜 생각하니 그 아이는 떠나기 전에 일을 바로잡고 싶었던 것 같아요.

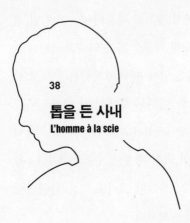

38

톱을 든 사내
L'homme à la scie

　　2011년 2월 말, 이미 모든 사람들이 '포르닉의 비극'을 잊었다. 프랑스의 모든 법정에서는 공판이 재개되었다. 레티시아에게는 무엇이 남았는가?

　　2011년 2월 15일, '형 집행의 태만에 관한' 국회 청문회에서 심문을 받은 법무부 장관 미셸 메르시에는 낭트 법원의 형벌적용판사 수가 이론적으로 필요한 정원에 미달됨을 인정하고, 그러한 맥락에도 불구하고 감사 결과 그들에게 가할 그 어떤 비판도 없다고 밝혔다. 멜롱이 출소하기 6개월 전, 멜롱 사건을 담당했던 형벌적용판사는 서류에 "긴급 – 사회복귀및보호관찰교정당국에 알려 책임지게 할 것"이라고 언급해놓았었다. 그 사안은 그다음 달에 사회복귀및보호관찰교정당국으로 넘어갔다.

　　지방고등법원, 사회복귀및보호관찰교정당국, 경찰, 헌병대에 대한 감사 보고서에서는 개인의 것이든 집단의 것이든 어떠한 잘못도 드러나지 않았다. 당시 〈르몽드 Le Monde〉에 났듯이 프랑스 대통령이 "너무도 성급한 결론 des conclusions bien hâtives"을 이끌어냈던 것이다.

2월 23일, 미셸 메르시에는 낭트 지방고등법원을 찾지만 푸대접을 받는다. 사법관들과 검은 옷을 입은 서기들이 보란 듯이 "사법부에 예산을"이라고 적힌 배지를 단 채 두 줄로 늘어선 사이를 장관이 통과한다. 그것은 존경의 울타리가 아니라 침묵의 벽이다. 홀에 사람들이 그렇게 모인 것은, 마치 언론 조작처럼 여겨지던 것에 대한 그들의 대답이었다. 19시에 장관은 언론에, 자신은 "들으러 온 것이지 나누어주기 위해 온 것이 아니"라고 밝힌다.

네 곳의 '주범' 가운데 가장 심하게 당한 곳은 '교도행정'이었다. 1월에 루아르아틀랑티크의 사회복귀및보호관찰교정당국에 가장 강도 높은 감사가 이루어졌는데, 교정당국 국장은 불과 1년 전에 업무감사를 맡았었던 바로 그 감사관들이 던지는 불같은 질문 공세에 일곱 시간이나 시달려야 했다. 그는 졸지에 페스트 환자가 되어버려 더 이상 동료들도 그에게 말을 걸지 않았고, 사람들은 전화를 걸어 "이것은 국가의 문제니 당신은 어느 누구에게도 말하지 말라!"라고 고함을 질러댔다. 그의 대기실은 프랑스 전역에서 몰려든 기자들의 습격을 받아 점령당했다. 그 시기를 힘겹게 보냈으며 상급기관의 보호를 받지 못한다고 느꼈다는 그의 말은 분명 완곡하게 표현된 것이다.

법무부 장관이 국회 청문회에서 말했듯 멜롱의 서류만 들춰봐도 그가 위험한 누범자라는 사실을 알기에는 충분하다. 그의 범죄 기록을 제대로 확인하지 않았기 때문에 사회복귀및보호관찰교정당국에서는 오로지 가장 최근에 있었던 법관 모독의 죄목만을 적용했던 것이다. 그리하여 그 서류는 어렵고 제대로 조직되지 못한 업무 환경 한가운데서 잊혀버렸다. 그러나 장관도 인정하는 것처럼 루아르아틀랑티크 사회복귀및보호관찰교정당국에는 '충분한 예산'이 없었고, 멜롱을 보호관찰했다 하더라도 반드시 그 범행을 막을 수 있었으리라고 확신할 수 있는 것도 아니었다.

한 사람의 목이 날아간다. 그것은 렌 교도행정연락사무소장의 목으로, 그는 시위가 끝날 때인 2월 17일 사직한다. 이는 사회복귀및보호관찰교정당국 국장이 감사 권고 사항을 실행에 옮기는 것을 연락사무소장이 돕지 않았기 때문에 그가 처벌을 받았다고 생각할 수 있다. 또한 단두대의 칼날이 가장 고립되어 있으며 제도적으로 가장 약한 주범인 교도행정에 떨어졌다고 생각할 수도 있다. 계급 사슬의 끝에 위치하며 제대로 인정받지 못하고 인기도 없는 교도행정이 범인으로 제대로 찍힌 것이었다.

레티시아 사건 직후 다섯 번째 형벌적용판사가 낭트 법원에 임명되었고, 미셸 메르시에는 법관, 법원 서기, 특수교육 교사직 등 485개 보직을 신설한다고 발표했다. 2012년 법무부 중앙행정처와 조합의 공동연구 그룹에서는 검사실에 300명의 법관을 채용할 것을 적극 권장한다. 국립사법학교의 사법연수생 수는 135명에서 2012년 212명으로, 그리고 2016년에는 366명으로 늘었다. 루아르아틀랑티크 사회복귀및보호관찰교정당국 국장은 그간 요청했지만 아무 소용없었던 기구 편성과 인력 충원, 그리고 6명의 계약직 직원을 얻어냈다. 사회복귀및보호관찰교정당국은 프랑스 전역에서 직원을 공모할 수 있게 되었다. 그리하여 2011년 회기가 시작되면서 200명의 상담사가 충원되었음이 발표되고, 2년 후에는 상담사 1명당 담당 건수를 40건으로 내리기 위해 3년에 걸쳐 총 1,000개의 보직이 신설될 것이라는 정부 발표가 나온다. 이러한 인력 증원이 단지 과중한 업무를 해소하기 위한 것일 뿐이라 하더라도 어쨌건 정치권으로서는 비상조치를 취한 것이었다. 정책과 제도의 실패란 곧 국가의 실패이기 때문이다.

사건사고와 그에 이은 논쟁은 행정부를 심사숙고하게 만들었다. 교도행정 담당자들은 개방형 형벌에 진정한 위험이 숨어 있다는 것을 발견하게 되었다. 그들의 역할은 탈주와 폭동을 막는 것에 그치지 않는다. 법망하에 있지만 외부에 존재하는 사람이 범죄를 저지를 가능성이 더 크기 때문이었다.

교도행정 지도부에 레티시아 사건은 마치 전기 충격처럼 작용했다. 2011년 11월 8일 자 공문에 의해, 범죄학적 진단의 사용이 프랑스의 모든 사회복귀및보호관찰교정당국에 일반화되었다. 대상자의 위험성뿐 아니라 그들의 가정환경과 사회복귀 전망을 평가하는 개별 범죄학적 진단은 "최적의 전담 방식을 결정"할 수 있게 해줄 것이다(그럼에도 불구하고 사회복귀및보호관찰교정당국 직원들과 노조원들은 여전히 이에 대해 적대적이다).

2011년 1월 31일 떠들썩하게 예고되었던 성범죄자보호관찰국 창설은 프랑스 최고재판소에 의해 부결되었다. 현행 법률 규정과 맞지 않다는 것이 그 이유였다.

2011년 여름부터 법원, 감옥 그리고 사회복귀및보호관찰교정당국에서 '레티시아 효과'가 나타나기 시작했다. 명문화되지는 않았지만 형벌이 강화되었음은 즉각적인 소환의 증가와 선택적 형

벌의 축소로 나타났다. 루아르 지방과 브르타뉴의 납세자 명부에
오른 인구가 1년 만에 7퍼센트 증가함으로써 인구 과밀률이 135퍼
센트로(이전의 122퍼센트에서) 뛰었다. 교도-노동 총동맹이 강조하
듯 교도관 수는 변하지 않았고 신축 교도소의 건물 구조는 구금자
와 교도관 사이의 인간관계를 파괴하고 있다. 아직도 사회복귀 상
담사의 업무량은 1인당 평균 100여 건에 이른다. 언제라도 포화 상
태에 다다를 수 있는 것이다.

2012년 3월 27일 자로 입법 준비 중인 법안은 범죄자를 감
옥에 가두는 관점을 선호하고 있다. "형벌의 효과적인 집행을 확실
시"하기 위해 그 법안은 감옥과 폐쇄된 교정센터의 수용 능력을 증
대시킬 것을 제안한다. 법안은 800곳에 각 8만 명씩 수용하는 것을
목표로 한다. 그것이 사람들이 확인할 수 있는 유일한 '레티시아 법
안'인데, 억압적인 정책이자 선거 위주의 정책이다. 대통령 선거 캠
페인이 한창이던 2012년 3월에 공포된 이 법안은 매우 빈약한 규범
적 내용과 함께 예산에 우선권을 두고 있다(입법 준비 중인 법안 전체
가 그렇듯이 말이다). 레티시아가 죽은 지 1년 후, 하나의 법안이 범죄
의 의미를 이렇게 밝히고 있다. 집행유예가 너무 많다, 형량을 너무
조정한다, '그들을' 너무 많이 밖으로 내보낸다, 감옥이 더 많이 필
요하다.

레티시아 사건이 긍정적인 결과를 맞았다고 생각할 수도 있
다. 살인자는 종신형을 받았고, 국가는 자신의 잘못을 인식하게 되
었으며, 사법부와 교도행정당국은 인력 충원을 공고했고, 범죄자들
에 대한 감시는 더욱 강해졌으니 말이다. 그러나 이는 형벌 정책의

강화 또한 동반하게 되었는데, 대중이 범죄 전체에 대해 오로지 범죄자 전원의 투옥만을 선호하게 되었다는 것이다. 그런데 누가 알겠는가? 그런 인간 쓰레기장이 새로운 멜롱을 만들어낼지?

＊

레티시아 사건이 처벌의 결과만을 낳은 것은 아니었다. 그 사건은 또한 새로운 정치 시대를 알렸다. 연민과 공공 안전의 수사학은 명령적 기능이 있어 수행적이기 때문에 그 효과는 발화發話 행위 자체에, 또한 읽어서 그 뜻을 헤아릴 수 있는 테두리 내에서 발생한다.

1338년 암브로조 로렌체티Ambrogio Lorenzetti＊는 시에나 시청 건물에 선한 정부와 악한 정부를 나타내는 벽화를 그렸다. 한쪽에는 번창하며 정의에 의해 평화로워진 사회가, 다른 쪽에는 전쟁과 황폐해진 풍경, 분노, 폭정, 분열하는 정치 공동체가 그려졌다. 불화를 일으키는 도구가 있는데, 그것은 톱이다. 전쟁의 상징인 투구를 쓴 인물 옆에 흐트러진 머릿결에 검은색과 흰색의 옷을 입은 한 여인이 거대한 톱으로 무언가를 썰고 있다. 그러나 벽화가 손상되어 그것이 무엇인지 지금은 확인할 수 없다.

거의 7세기가 지난 후, 레티시아의 죽음은 선한 정부와 악한 정부에 대한 새로운 알레고리를 그려낸다. 우선 꿈이 있다. 그것은 합의에 의한 투명한 기능에 기초하고 진실의 담론에 의해 키워진,

---

＊ 14세기에 활동한 이탈리아 시에나파의 화가.

정의와 통합과 안정의 정부다. 맞은편에는 현실이 있다. 그것은 범죄자들이 우리들 가운데서 우리와 매일 마주치며 살아간다는 생각, 같은 시민이 있어야 할 자리에 싸워서 이기거나 가두어야 하는 적들이 있다는 생각에 기초한 '공포에 의한 정부'이다. 역사학자 파트릭 부슈롱Patrick Boucheron은 로렌체티의 벽화를 분석하며 "어떻게 공포를 쫓을 수 있을까" 묻는다. 오늘날 이 질문은 당면한 현실의 문제다.

니콜라 사르코지의 입에서 나온 말들은 토니 멜롱의 손에 잡힌 금속 톱과도 같았다. 그것은 절단의 도구, 칼이었다. 그의 연설은 분열의 행위다. 그리하여 사회는 온통 피투성이가 되었다. 그런 의미에서 레티시아는 그녀의 죽음으로 야기된 연민을 넘어, 프랑스의 화신이다. 2011년 겨울 동안 그녀는 자신의 몸을 민주주의에 빌려준 것이다.

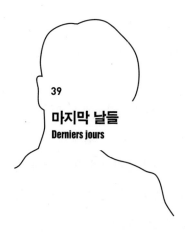

39

마지막 날들
Derniers jours

<u>2011년 1월 15일 토요일</u>

할머니의 80세 생일 축하를 위해 생트파잔느에서 성대한 파트롱 가족 잔치가 열렸다. 쌍둥이의 친엄마는 그녀들을 찾아올 수 없었으므로 레티시아와 제시카가 그녀를 초대해달라고 부탁했다.

파트롱 씨는 인자한 모습으로 말했다. "애들이 그러고 싶다면야…."

할머니는 전화를 받고 대답했다. "50명이 오는 거나 52명이 오는 거나."

메뉴는 어마어마하게 큰 타르티플레트*로 정해졌다.

파트롱 부인의 기억에 레티시아는 하루 종일 경계심을 늦추지 않고 뒤로 물러나 있었다. 그녀에 따르면 한 장의 사진이 그 사

---

* 넓적한 그릇에 감자, 양파, 베이컨을 르블로숑 치즈와 함께 얇게 썰어 넣고 오븐으로 구워낸 요리.

실을 증명한다.

　사진 속에는 테이블 끝에서 마주 보는 쌍둥이 자매가 있다. 레티시아는 검은색 소매가 달린 하얀색과 옅은 보라색 모티프 드레스를 입었다. 펜던트를 걸고 귀걸이를 했으며, 입술에 립스틱을 바르고 눈에는 푸른색 아이섀도를 칠했다. 그녀는 근심에 찬 눈길로 돌아앉아 있다. 그녀의 접시는 비어 있고 부스러기만 몇 개 남아 있다. 종이 냅킨은 마구 구겨진 채 둘둘 말려 있지만 다른 사람들의 것은 손도 대지 않은 채 접시 오른편에 놓여 있다.

　사진에는 슬픔이 감돈다. 모든 사람이 저마다 홀로인 듯 보인다. 피곤해 보이는 레티시아는 지치고 창백한 모습으로 마치 누가 부른 양 몸을 돌리고 있다. 그녀의 맞은편에 있는 제시카는 일그러진 웃음을 띠고 있다. 제시카 곁에 앉은 파트롱 씨는 반대편을 보고 있다. 파트롱 부인은 생각에 잠겨 있다. 식탁은 정성스레 차려져 있다. 흰 종이로 된 식탁보 위에 세로 방향으로, 냅킨에 어울리는 초록색 색종이 조각이 점점이 뿌려진 은색 띠가 펼쳐져 있다. 생트파잔느 연회실의 기막힌 광경이다.

　만일 제시카가 일어나 건배사를 한다는 구실로 50명의 손님 앞에서 자신의 위탁가정 아버지가 자신과 "떼려야 뗄 수 없는" 관계이며 그가 자위행위를 할 때 자기에게 휴지를 들고 있으라고 한다는 말을 했다면 이야기는 달라졌을 것이다.

　만일 레티시아가 그 자리를 빠져나와 그저 앞만 보고 달렸다면, 다리가 버텨주는 한 멀리 달아나 다시는 돌아오지 않았다면 이야기는 달라졌을 것이다.

그러나 둘 다 감히 그러지 못했다. 그녀들은 심지어 서로 말을 하지도 못했다. 그녀들의 젊음에는 말이 없었다.

제시카는 첫 번째 사진의 순간으로부터 바로 몇 초 뒤에 같은 앵글로 찍은 두 번째 사진을 지갑에 가지고 있다. 쌍둥이 자매는 파트롱 부부의 옆, 테이블 끝에 있다. 레티시아는 삶은 달걀과 새우를 곁들인 콘 샐러드를 먹는 중이다. 그녀는 왼손에 나이프를 쥐고 있다. 머리핀으로 긴 밤색 머리를 묶은 상태다. 목걸이, 황금색 팔찌도 보인다. 맞은편에 앉은 제시카의 모습은 보이지만 파트롱 부부의 모습은 보이지 않는다. 가위로 조심스럽게 머리 부분을 잘라버렸기 때문이다.

오후에 레티시아는 세 번이나 파트롱 씨의 딸 중 한 명에게 이야기를 좀 할 수 있겠느냐고 물었다. 그러나 그녀는 자신의 사촌들과 삼촌들, 숙모들과 재회하느라 정신이 없었다. "레티, 나중에. 조금만 이따가." 불행히도 기회는 다시 오지 않았고, 그래서 그녀가 무슨 말을 하려고 했는지는 아무도 모른다.

오후에 레티시아는 어린아이들과 한참을 놀아주었다. 여덟 살인 아나에에게 그녀는 말에 관한 책을 주며 이런 헌사를 써주었다.

너를 위해
나의 아나에
널 무척 사랑해
레티시아가

책을 주면서 레티시아는 이렇게 말했다. "이제 난 이런 책을 읽기에는 너무 컸어."

집에서 그녀는 텔레비전 앞에 앉아 저녁을 보냈다.

포르닉의 어느 바에서 멜롱은 루루, 클레오, 파트릭 그리고 다른 몇몇과 함께 코냑을 들이켰다.

2011년 1월 16일 일요일

파트롱 부부는 점심 식사에 친구들을 초대했다. 디저트로 잠두콩이 든 갈레트*가 나왔다. 언제나 그렇듯 손님들 앞에서 레티시아와 제시카는 무척 조심스럽다. 날은 맑지만 춥다. 파트롱 부인은 쌍둥이에게 바깥이나 한 바퀴 둘러보라고 권한다. "우리 같은 늙은이들이랑 함께 있지는 마!" 제시카는 나가려 하지만 레티시아는 거절한다. 날씨가 너무 추워서 그럴 마음이 나지 않는다는 것이다.

제시카는 그 증언을 확인해주었다. 보통 레티시아는 외출하는 것을 좋아하는데 그 일요일에는 거절했다고 그녀는 말했다. "나는 '그거 쿨하지 않은데' 하고 생각했지만 동생 없이 혼자 산책하는 건 싫어서 둘 다 안 나갔어요."

---

* 둥글고 납작한 모양의 과자.

레티시아는 휴가다. 그녀는 지난주에는 직업훈련센터에 다니고, 화요일에야 다시 일을 시작한다. 제시카는 학교에 가기 전에 그녀에게 포르닉에 있는 데카트롱에 가서 작은 탁구대를 사달라고 부탁한다.

파트롱 씨는 집에 있는 작업장에서 일을 하고 있다.

오전에 파트롱 부인은 기발한 액세서리들을 정리한다. 쓰레기통에 처박힐 한 무더기의 액세서리 중에서 레티시아가 두 쌍의 목걸이를 골라낸다(한 쌍은 르 카스포의 꺼진 화덕에서 그을린 채 발견된다).

레티시아는 자기 방에 한동안 있다가 거실에서 쉬고 있는 파트롱 부인을 만나러 간다.

— 겨울 옷장을 정리했어요.

그 말은 좀 더 찾기 쉽게 얇은 옷들은 위에 두고 두꺼운 옷들은 아래에 두었다는 뜻이다.

— 시간이 걸렸구나. 하지만 어쨌든 다 했으니.

파트롱 부인이 대답한다. 오후에 그녀가 묻는다.

— 스쿠터에 기름은 있니?

— 내일 채우죠.

레티시아는 페이스북에 마지막 메시지를 올린다. 심장병을 앓고 있는 페레의 사촌에게 그녀는 이렇게 답한다. "사촌 무슨 일야 내가 항상 여기 널 위해 있다는 걸 아라줘."

저녁 식사는 다섯이 한다. 파트롱 부부, 쌍둥이 자매 그리고 가엘이다. 평소와 다름없는 저녁이다. 그리고 그것이 제시카가 자신의 동생을 마지막으로 본 때다.

멜롱은 루루와 함께 바를 전전한다. 포르닉 해변에 있는 키 46에서 그들은 예전 감방 동료를 만나 그의 여자친구와 함께 저녁 나절을 보낸다. 남자들은 감옥살이하던 시절을 이야기하고 샴페인 잔을 부딪치며 여러 가지 총의 장단점을 논한다. 멜롱이 여자에게 코카인을 권하지만 불신에 찬 여자는 거절한다.

멜롱과 루루는 술에 취해 흥분한 상태로 르 카스포에 돌아온다. 밤에 멜롱은 베르투에 있는 동물 병원("내가 점해뒀지, 동물 병원.")을 턴다. 르 카스포로 돌아오자 루루는 그를 도와 훔친 물건을 창고에 쌓아두고 자기 집으로 돌아간다. 멜롱은 재판에서 이렇게 말한다. "잠이 오지 않더라고요. 그래서 코카인을 또 했습니다."

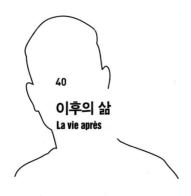

40
이후의 삶
La vie après

언론은 또 다른 사건사고들을 찾아냈고 시청자들은 채널을 돌리기에 바빴지만, 레츠 지방은 여전히 충격에서 벗어나지 못하고 있었다. 일종의 토네이도가 라 로제르 로 변에 줄지어 선 주택들을 덮쳤고, 라 베르느리의 작은 해수욕장과 마슈쿨 직업고등학교, 생 나제르의 직업훈련센터를 쑥대밭으로 만들었다. 라 베르느리, 포르닉뿐 아니라 아르통앙레츠, 팽뵈프, 라보의 사람들은 범죄의 잔혹함에 충격을 받고, 폭발적인 언론의 반응에 정신이 나가 멍한 상태에서, 마치 나폴레옹 군대가 지나간 후의 시골 사람들처럼 감히 숨을 쉬기도 힘들어했다.

레티시아의 가족, 그녀의 친구들, 학교 친구들, 특수상담 교사들, 일반 교사들 모두가 정신적으로 타격을 받았다. 그녀는 잔인하게 살해당했을 뿐 아니라 시신도 온전치 않았다. 그래서 매장할 수조차 없었다.

파트롱 부인은 "먹고 씻는 것도 잊었어요. 잠자리에 들지만 잠을 자지 못한답니다. 한순간도 제정신인 적이 없어요. 혼이 나가

버렸으니까요. 이제 우리는 더 이상 우리가 아니랍니다"라고 말한
다. 집에는 항상 사람들이 있었다. 가족, 친구, 이웃, 오트사부아 지
역의 재앙 때문에 온 에르몽 가족이 그들이었다. 아동복지국에서
나온 두 사람도 상주했다. 팽뵈프의 정신과 의사인 카 부인이 팔로
제시카를 부축하고 있었다. 라비올레트 부인도 마찬가지였다. "밤
새도록 핸드폰을 켜놓았어요. 24시간 내내, 일주일 내내요. 이건 정
말 너무나 무책임하고 정신 나간 일이에요."

납치 사흘 후, 파트롱 씨는 제시카를 학교로 데리고 갔다. 그
는 깜짝 놀란 선생들에게 자신이 결석시켰노라고 말했다. 제시카가
교실로 들어갔다. "모두 알고 있었어요. 마치 내가 짐승이라도 되는
양 바라봤죠. '쟤가 왜 온 거야?'라는 말을 들을 만했어요."

제시카는 죽어라 공부했고 언제나 숙제를 더 많이 내달라고
했다. 파트롱 씨는 여학생들이 정숙한 차림으로 등교할 수 있도록
학교에서 학부형들에게 통신문을 보낼 것을 요구했다.

3월에 제시카는 파트롱 가족과 함께 겨울 스포츠 여행을 떠
났다. 레티시아가 기뻐서 팔짝팔짝 뛰었던 여행이다.

대통령 덕분에 제시카는 팽뵈프와 낭트 사이에 있는 소도시
펠르랭에서 일주일간 헌병대 연수를 받았다.

그녀는 동생에게 편지를 썼다.

2011년 3월 4일, 19번째 생일날. 제시카는 이렇게 말했다.
"내 생일은 개 생일이기도 해요. 레티시아가 그렇게 가버리기 전까
진 우린 언제나 함께 생일 파티를 했어요."

마르티노 판사는 제시카와 그녀의 친부모, 파트롱 부부 그리

고 모든 변호사들을 접견했다. 재판은 상당히 진척되었지만 갈수록 더 끔찍해지기만 했다.

그녀는 외출도 하지 않았고 파트롱 부인과 쇼핑하러 나가지도 않았다. 사람들은 그녀에게 다시 운동을 해보라고 조언했다. 그렇게 멍하니 정신을 놓고 지내던 어느 날 오후, 파트롱 씨가 그녀의 가슴과 엉덩이를 만지고 성기 가까이 손을 가져다 대며 자위행위를 해달라고 신호를 보냈다. 그 일은 거실에서 일어났고, 작업장에서, 그리고 카 부인 댁에서 돌아오면서 다시 시작됐다.

봄날인 어느 금요일, 파트롱 가족은 마슈쿨 고등학교 구내식당에 식사를 하러 갔다. 제시카는 접대원 차림으로 식사 접대를 했다.

그녀는 어떻게 해볼 수 없는 불안에 시달렸다. 학교에서 교사들은 과제를 주며 학생들이 다른 것에 신경 쓰게끔 만들려고 난리를 피웠다. 그녀는 엄청나게 열심히 공부했지만 수준은 점점 떨어졌다. 이제는 붉은색 고기를 자를 수도 없게 되었다.

파트롱 부부는 그녀를 입양하는 것을 원하지 않았다.

6월에 그녀는 조리직업기술 기초자격증 시험에 합격했다. "메추라기를 잘라야 했는데, 메추라기 앞에서 그만 울기 시작했어요." 그녀는 졸업을 맞았다.

7월에 그녀는 동갑내기 친구인 쥐스틴과 자주 외출했다. 쥐스틴은 다름 아닌 1월 18일 오후 레티시아가 차 안에서 섹스를 했던 조나단의 여동생이다.

스쿠터는 여전히 봉인되어 있었다. 헌병들이 재판 때까지는 스쿠터가 필요하다고 했던 것이다.

　그녀는 동생의 옷가지 몇 벌만 보관하고 많지는 않지만 나머지는 자선단체에 기부했다. 친부모들이 그 일로 그녀를 원망했다. 옷가지를 담은 상자들은 아주 오랜 시간 레티시아의 상큼하고 향기로운 내음을 간직하게 될 것이다.

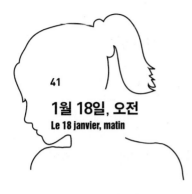

41

1월 18일, 오전
Le 18 janvier, matin

레티시아의 삼촌인 스테판 페레는 한숨을 쉬며 내게 이렇게
말했다. "그 아이는 하루 동안 너무나 많은 일을 했더군요! 애가 그
모든 잘못을 저지르려면 10년은 걸릴 겁니다."

한 여자의 삶에 있어서의 24시간.

_____2011년 1월 18일 화요일

레티시아는 8시 30분쯤 일어난다. 흰 꽃무늬의 푸크시아 튜
닉를 걸치고 밝은색 청바지에 플랫슈즈를 신고서 주방으로 아침 식
사를 하러 간다. 제시카는 학교에 갔고, 가엘은 포르닉에 있는 해산
물 전문 레스토랑에서 근무하고 있다. 파트롱 씨는 작업장에서 분
주히 일하고 있다. 파트롱 부인만 남아 울타리의 가지치기를 하고
있다.

날이 무척 춥다. 9시경, 파트롱 부인은 베란다로 와 커피를

한 잔 마신다. 그녀는 개수대 앞에 있는 레티시아를 본다.

— 이렇게 이른 시간에 왜 설거지를 하니?

— 벌써 깼어요.

— 놔둬라, 나중에 하게.

— 아뇨, 아뇨. 제가 할게요.

파트롱 부인은 다시 울타리로 간다. 잠시 후, 그녀는 레티시아의 스쿠터가 출발하는 소리를 듣는다.

— 오후에 봐염, 미미!

상의로 몸을 따뜻하게 감싸기는 했지만 레티시아는 가냘프게 보인다. 푸른색과 흰색의 아라베스크로 장식된 헬멧이 그녀의 실루엣에 즐거운 터치를 더해준다. 파트롱 부인은 생각한다. '말랐구나. 점심 땐 밥 먹을 시간도 없고. 할 수 있는 만큼만 해야지.'

보통 레티시아가 작업장에 있는 파트롱 씨에게 다녀오겠다고 인사를 할 때는 경적을 울린다. 그날 그녀는 경적을 울리지 않았다. 나중에 그는 그 사실에 가슴 아파했다.

스쿠터는 라 로제르 로로 접어든다. 시간은 10시 30분.

레티시아는 낭트 호텔 뒤편의 작은 길에 스쿠터를 주차한다. 그녀는 일을 시작하기 전에 고등학교 때 친구인 조나단과 문자메시지 몇 통을 주고받는다. 두 사람은 15시에 라 베르느리 시청 앞에서 만나기로 한다.

침대에서 벌떡 일어나자마자 멜롱은 장물아비에게 전화를 걸어 저녁에 르 카스포에서 만나자고 한다. 그는 장물아비에게 전날 밤 베르투의 동물 병원에서 훔친 컴퓨터 기기들을 팔아먹을 셈이다. 정신을 차리려고 그는 바르브 블루스에서 커피와 코냑을 마시고, 쇼피 드 라 베르느리 편의점으로 가서 맥주 한 팩을 산다. 맥주 몇 캔을 마신 다음 마리화나를 피우고 혹시 받을 돈이라도 있는가 싶어 좌우를 둘러본다. "난 뭐 다른 날과 마찬가지로 그렇게 하루를 시작했습니다."

낭트 호텔에서 레티시아는 식탁을 차린다. 한 층의 방을 모조리 차지하고 있는 노동자들을 위해 스무 벌가량의 식기를 차려야 한다. 11시 30분에 그녀는 스티븐 그리고 청소부와 함께 식사를 한다. 뭔가가 자꾸 그녀를 괴롭힌다.

식당 영업은 12시에 시작된다. 레티시아는 주문을 받고 음료를 내오고 스티븐이 주방에서 준비한 음식을 내온다.

15시에 레티시아는 라 베르느리 시청 정면의 주차장에서 조나단을 만난다. 그들은 차로 드라이브를 하려고 한다. 조나단은 쓰레기 하치장으로 가는 길에서 차를 세운다.

파트롱 부인은 레티시아의 문자메시지를 한 통 받는다. "라 베른에 있어." 파트롱 부인은 생각한다. "적어도 미리 알려주니 걱정은 안 해도 되겠네."

차 안에서 레티시아와 조나단은 잠시 수다를 떤다. 갑자기 둘은 묘한 표정으로 서로를 바라보다가 키스한다. 둘은 뒷좌석에서 섹스를 한다. 그런 다음에는 어색해한다. "이건 우리 둘만 알자, 응?" 조나단은 레티시아를 라 베르느리의 크레디 뮤투얼 은행 앞에 내려준다.

레티시아의 핸드폰이 울린다. 친구인 리디아다. 그녀는 걸으면서 통화를 한다. 삶이 그녀에게 미소를 짓는 듯하다.

라 베르느리의 장외마권 판매 바인 '만사형통'에서 멜롱은 연거푸 맥주와 코냑을 들이켠다. 첫 번째 레이스를 보기에는 너무 늦어서 그는 두 번째 경주와 라피도 즉석 복권으로 만족한다. 담배를 피우기 위해 바에서 나가는 순간 그는 해변을 향해 걸어 내려오는 레티시아를 본다.

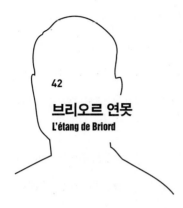

42

브리오르 연못
L'étang de Briord

어쨌든 브리오르 연못은 수사관들의 리스트에 있었다. 멜롱이 그곳에서 멀지 않은 곳에 사촌의 자녀들을 데리고 가 하루 종일 있었는데 잠시 식품점을 털러 가느라 아이들에게 낚싯대를 맡기고 자리를 비운 적이 있기 때문이었다. 2011년 4월 9일 오후로 접어들 무렵, 산책하던 여자가 무릎과 어깨 부위가 절단된 사람의 몸통을 발견한다. 몸통은 전면을 아래로 한 채 민물 낚시터의 수면에 둥둥 떠 있었다. 공포에 사로잡힌 여자는 마치 살인자가 곧바로 쫓아오기라도 하는 양 길 한복판으로 달리기 시작했다.

라보에서처럼 모든 것이 다시 시작되었다. 예심판사들, 당직 차장검사, 헌병대 사령관, 조사반장, 수사 책임자, 법의학자, 하천 경비대 잠수부들, 현장 감식 전문가들이 모두 모였다. 주말이었고, 날씨는 무척 화창했다. 투셰는 친구들과 정원에서 바비큐 파티 중이었다. "모두에게 작별 인사를 하고 즉시 현장으로 출발했지요."

시신을 방수포에 담아 올리는 방식으로 작업이 진행되었다. 진흙이 약간 묻어 있는 몸통은 엄청나게 무거웠다. 방수포를 열자 드러난 몸통은 가슴과 허리와 엉덩이와 다리 사이를 나일론 줄로 여러 번 감아 시멘트 블록을 매달아놓은 채였다. 그것은 그냥 하얀 살덩어리, 도자기처럼 새하얀 살덩어리였다. 처음에 브래지어와 팬티 자국으로 여겼던 줄무늬가 있었지만 실은 시멘트 블록을 매단 노끈들이었다.

로다 박사는 넓적다리 근육 한 조각을 떼어냈지만 아직도 첫번째 부검의 기억이 머릿속에 남아 있었기에 피해자의 신원에 대한 한 점의 의심도 없었다. 즉각 연못가에서 기자회견이 열렸다. 알렉상드라 튀르카는 전화로 전문을 불러주기 위해 자리를 떴다.

레티시아 사건: 낭트와 포르닉 사이에서 인간의 상반신 발견

__AFP, 2011. 4. 9. 16시 33분

시신에는 26킬로그램의 시멘트 블록이 매달려 있었다. "물이 따뜻해지면 보이겠지"라고 늙은 헌병 한 명이 알렉상드라 튀르카에게 말한 적이 있었다. 시신의 부패로 인해 가스가 차면서 몸통이 시멘트 블록과 함께 떠오르게 된 것이다. 물의 흐름이 전혀 없었으므로 목격 장소인 둑길 아래까지 흘러왔을 가능성은 배제되었다.

브리오르 연못은 아르통앙레츠와 낭트 사이의 포르생페르 면에 위치해 있다. 좁은 도로에 깔린 아스팔트는 햇볕에 뜨겁게 달구어졌지만 다른 곳에서는 햇빛이 새로이 돋아나는 나뭇잎 사이로 스며들어 초록색과 검은색이 감도는 짙은 올리브색으로 반사되면서 오히려 차갑게 느껴졌다. 그것은 시큼해 보이는 녹색 수초로 덮

이고 눈이 부실 징도로 어지러이 비치는 은빛 햇살로 인해 연못의
녹청색과 물빛이 더욱 두드러지는 것과 같았다. 그곳은 마치 바닥
은 물이고 벽면은 빛이며 천장은 나뭇잎 그리고 중앙 홀은 도로로
되어 있는 성당과도 같았는데, 그 도로를 따라가다 보면 숲에서 나
가는 가로 회랑*처럼 다른 도로와 직각으로 만나게 된다. 측면이 가
시덤불로 뒤덮이고 울타리로 가로막힌 흙길이, 흡사 잠자는 숲 속
의 공주가 있는 보이지 않는 성으로 나를 이끄는 듯했다.

　　그 장소는 고립되어 있고 사람의 통행도 거의 없으며 길도
거의 찾을 수 없는, 개인 사유지인 사냥터의 경계였다. 범행 장소를
고르는 그 뛰어난 안목을 통해 멜룽이 왜 그토록 자신만만했으며
수사관들을 비웃는 듯한 태도를 보였는지가 설명된다.

　　위로라도 하려는 것처럼 모든 관계자들이 브리오르를 찾았
다. 상반신의 발견은 기다리던 순간이기도 했지만 또한 두려운 순
간이기도 했다. 두개골과 목에 난 자상이 그 아래 부위에 대해 행해
졌을 잔인한 짓을 짐작케 했기 때문이다. 사람들은 무언가 끔찍한
것이 나올까 봐 두려워했다. 그것도 몇 주 동안이나 그래왔다. 수색
작업은 수많은 인력을 동원하게 만들었고 시간과 에너지를 잡아먹
었다. 한마디로 말해, 조사 자체를 가로막고 있었다.

　　그러므로 일단은 후련한 느낌이었다. 마침내 온전한 시신을
찾았으니 말이다.

　　분위기는 라보 때보다 훨씬 더 느슨했다. 그때와 같은 불안

---

*　　십자형 교회당의 좌우 날개 부분을 일컫는다.

감, 그때와 같은 끔찍함과 절망감은 없었다. 라보에서는 연못의 주변 상황과 겨울 날씨에 죽음이 축축이 배어 있었다면, 브리오르의 자연은 즐겁게 재잘대고 있었다. 그래서 처음 시신을 확인했을 때는 거의 안심하는 분위기였다. 모두가 그보다 더 좋지 않은 상황을 예상하고 있었기 때문이었다.

발견된 시신의 신원 확인 결과 레티시아로 확인

__ 〈르피가로Le Figaro〉, 2011. 4. 9. 18시 04분

시신의 발견이 언론으로서는 비교적 한가할 때인 주말에 이루어졌음에도 기사는 듬성듬성 나왔다. 파트롱 씨는 언론에 소감을 말했다. "저는 사람이 한 일이라는 느낌이 들지 않습니다. 수사관들에게 모자를 벗어 경의를 표합니다." 고모는 레티시아의 페이스북에 메시지를 올렸다. "마침내 널 찾아냈단다. 이제 평안히 떠날 수 있겠구나."

몸통은 낭트 대학 부속병원으로 옮겨져 로다 교수와 르노 클레망 교수에 의해 부검에 들어갔다. 물속에 오래 잠겨 있어서인지 피부는 석회 같은 모습을 하고 있었다.

성기에는 아무 상처도 없었다. 하지만 강간 후에 항상 상처가 남는 것은 아니며, 설령 상처가 있었다고 해도 시체가 부패되는 과정에서 사라졌을 가능성도 있었다. 허벅지 안쪽에도 멍이 없었다. 흉곽은 부서져 있었다. 목이 졸릴 때 기도가 막히면서 폐포에 지나친 압력이 가해져 마치 헬륨가스 풍선이 터지듯이 깨져버린 것

이 있다. 가슴, 등, 옆구리에서는 죽음에 임박하여, 그리고 사후에 생긴 상처들이 발견되었다. 칼이 심장과 왼쪽 허파를 관통했다(만일 피해자가 살아 있었을 때 찔린 상처였다면 심장의 상처로 인해 즉사했을 것이다). 대부분의 상처는 왼쪽 옆구리 부분에 집중되어 있었다. 서로 마주 보고 있었다면 살인자는 왼손으로 목을 조르고 오른손으로 칼을 휘둘렀을 수 있다. 따라서 극심한 폭력이 행해지기는 했으나 강간은 없었을 것이다. 어쨌든 그 증거를 찾아낼 수 없었다.

시신은 증거물이자 죽음의 기록이 되었다. 시신의 연구는 역사적으로 존재해왔는데 이는 대량 살상과 집단 학살을 기록하기 위한 것이었다. "이제는 **법의학의 차례**forensic turn"라고 하며 범죄 사건을 전적으로 법의학이 해결하는 것은 텔레비전 시리즈물에나 나오는 이야기다.

몸통을 시멘트 블록에 묶는 데 사용된 끈에서 레티시아의 DNA와 섞인 멜롱의 DNA가 확인되었다.

＊

6월 6일, 마르티노 판사는 드조네트 판사와 함께 집무실에서 토니 멜롱을 만났다.

— 전문가들의 보고서에 따르면 레티시아의 사인은 교살로 나왔습니다. 이에 대해 할 말 있습니까?

— 난 모릅니다. 어쩌면 헬멧 끈 때문일지도 모르겠습니다.

심문이 끝나자 멜롱은 아홉 쪽에 달하는 장문의 편지를 판사들에게 건넸다. 그 편지에서 그는 자기 버전으로 사건을 진술해놓았다. 라 베르느리에서의 만남, 둘만의 해변 산책, 바르브 블루스와 키46에서의 음주, 르 카스포로의 이동, 라 베르느리로 되돌아옴, 스쿠터를 타고 떠난 레티시아, 그녀에게 장갑을 주기 위한 추격 질주, 치명적인 교통사고, 푸조 106에 시신 싣기, 다시 르 카스포로 돌아옴, '푸른 구멍', 다음 날 아침 절단된 시신의 발견, 아틀랑티스에서의 베르티에와의 만남, 통발을 라보에 빠뜨리고 몸통은 브리오르에 빠뜨림, 국립대테러부대에 의한 체포, 그리고 마지막으로 미지의 키 큰 여자. "나는 아직까지도 무슨 일이 벌어진 건지 정말로 궁금합니다."

수사관들은 어디서 레티시아가 살해되었는지 알지 못했다. 이는 행정적인 문제를 야기했다. 호적에 사망 기록을 하고 매장을 하기 위해서는 어느 행정구역에서 사람이 죽었는지를 알아야만 하기 때문이다. 마르티노 판사가 설명했다. "그녀의 출생 지역 시청에서 그녀가 어디에서 죽었는지를 물어왔습니다. 에, 그러니까… 그녀는 라 베르느리와 르 카스포 사이에서 사망했습니다."

2011년 6월, 판사는 매장 허가증을 발부했다.

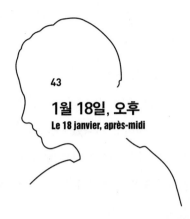

43

1월 18일, 오후
Le 18 janvier, après-midi

내가 토니 멜롱을 처음 만난 것은 2014년 11월 렌에 있는 브르타뉴 고등법원에서 열린 항소심에서였다. 그 법원은 푸른색 바탕에 샹들리에, 황금빛 장식, 하늘 그림, 금색 백합이 화려하게 펼쳐져 있는, 공화국의 명소 가운데 하나로서 왕정의 추억을 되살려주기에 충분한 곳이었다. 얼마 전 20명가량의 카메라맨들이 비어 있는 피고석을 찍다가 법정 경위에 의해 가차 없이 내쫓겼다. "자, 나가요!" 그들은 부끄러워하는 초등학생들처럼 도망쳤다. 재판관들이 좌정하자 피고가 입장했다. 여섯 명의 헌병들에게 둘러싸인 그는 흰 줄이 쳐진 붉은색 수의를 입고 걸어 들어왔다.

"피고의 족쇄를 풀어주시오."

피고가 자리에 앉았다. 피고석에서 세 걸음 떨어진 자리에서 나는 그가 반쯤 놀라고 반쯤 즐거워하는 시선으로 청중을 둘러보는 모습을 보았다. 그는 용모에 신경을 쓰는 잘생긴 사내였다. 삭발한 머리, 가느다란 콧수염, 입술 아래로 세모꼴을 이룬 수염. 그는 연신 턱 근육을 움직여 껌을 씹었다.

변호사들의 파업 때문에 재판장은 공판 연기를 선포했다. 멜롱은 일어나며 말했다. "내가 재판받으러 이곳에 온 게 두 번쨉니다. 변호사들의 행동을 존중합니다만, 재판은 해야지요."

2011년 1월 18일 오후에 레티시아와 함께 라 베르느리 해변을 거닐 때, 그는 전혀 다른 사람이었다. 새까만 머리를 뒤로 묶어서 면도한 관자놀이를 드러내 우윳빛 얼굴을 도드라지게 했었다. 그러나 새벽 1시에서 2시 사이에 벌어진 끔찍한 범죄가 오후 3시의 독특하고 재미있고 매력적인 멜롱을 잊게 만들었다.

낭트에서 열렸던 첫 번째 재판과 1년 후 역시 낭트에서 최종적으로 열린 항소심에서 멜롱은 레티시아와 연인처럼 지냈던 그날 오후를 이야기했다. 심문조서를 읽었기 때문에 그는 자신에 관한 증언의 내용을 알고 있었고 그래서 좋은 인상을 남기기 위해 정반대의 입장을 취하고자 애를 썼다. 그가 몇몇 사항들—2010년 여름에 만났다는 것, 해변에서의 코카인 흡입, 키스를 나눈 일—에 대해서는 거짓말을 한 것일 수도 있지만, 전체적으로 그가 한 이야기는 증인들에 의해 확인되었고, 특히 근본적인 사실 하나, 즉 어찌되었건 무슨 이유에서건 간에 레티시아가 토니에게 끌렸다는 사실은 확증되었다.

나는 장외마권 판매 바인 만사형통에 있습니다. 나는 경주를 놓쳐서 한두 잔 정도 마십니다.
나는 레티시아를 봅니다. 16시 전입니다.
나는 금방 그녀를 알아봅니다.

그녀가 거리로 내려와 우리는 눈이 마주칩니다.

— 레티시아! 뭐 해?

— 해변에 가요.

우리는 해변을 향해 걸으며 이야기를 나눕니다.

— 그동안 어떻게 지냈어?

내 차는 라 메르 로에 주차되어 있습니다. 나는 맥주를 가지고 해변으로 갑니다.

나는 맥주를 마시고, 그녀에게 건넵니다.

나는 마리화나를 피우고, 그녀도 몇 모금 피웁니다.

내가 코카인을 흡입하자, 그녀가 말합니다. "맞아, 나도 낭트에서 해봤어요."

우리는 함께 코카인을 소량 흡입합니다.

우리는 계속 이야기를 나눴습니다. 나는 그녀의 손금을 봐주며 환심을 사려고 했습니다.

나는 그녀가 명랑하고 매력적이라고 느꼈고 동시에 뭔가를, 고통이랄까, 그녀가 제대로 인정받지 못하고 있다는 느낌을 받았습니다. 번개처럼 그런 건… 아니었지만 우리 사이에 뭔가 통하는 게 있었습니다. 잘 모르겠지만 아마 눈빛에서 그랬던 것 같습니다.

우리는 잠시 걸었고 그때 석양이 지고 있었습니다.

나는 사진을 찍어주겠다고 했습니다. 그녀는 예뻤고, 환한 미소를 띠고 있었습니다.

아, 그래요, 말씀드린다는 걸 잊었는데, 우리는 해변에서 키스를 했습니다.

18시에 우리는 바르브 블루스로 갔습니다. 거기서 나는 술을 한잔 했고, 그녀는 코카콜라를 마셨습니다.

그녀는 일터로 돌아갔습니다.

우리는 식당 앞에서 포옹한 채 서 있었습니다. 헤어지는 순간, 다음에 다시 보자고 말하는 순간, 우리는 키스를 했습니다. 모든 것이 잘돼가고 있었습니다.

차 한 대가 왔습니다. 식당 주인집 차라는 걸 알고 그녀는 겁이 났는지, 아니면 수치스러웠는지 뒤로 몸을 뺐습니다.

들랑드 부인이 내렸습니다. 그녀는 남편이 차를 몰고 들어갈 수 있도록 대문을 열기 시작했습니다.

나는 한쪽 대문을 붙잡아주었습니다.

그녀가 말했습니다. "당신은 지금 사유지에 들어와 있어요. 나가주시기 바랍니다."

나는 말했습니다. "아뇨, 나는 레티시아를 위해 여기 있는 겁니다."

나는 그녀의 식당을 칭찬해주었습니다. "기회가 되면 꼭 오겠습니다."

레티시아가 킥킥거렸습니다. 잘은 모르겠지만 아마 우스웠나 봅니다.

그 후 그녀는 일을 했습니다.

나는 미리 살펴볼 겸 프로 앤드 시 상점에 갔습니다.

그리 오래 머물지는 않았습니다.

쇼피 편의점에서 다시 맥주를 샀습니다.

바르브 블루스로 돌아갔습니다. 그곳은 종종 음악이 흐르고 많은 술을 마시게 되는, 밤에만 여는 바입니다.

나는 이미 코냑 한 병을 마셨고, 가끔 보드카를 몇 잔 마셨습니다.

나는 그녀를 기쁘게 해주려고 했습니다. 장갑 이야기도 했었습니다.

나는 클레오와 그녀의 친구 제랄드에게 물어봤고, 그들은 아르통에
있는 슈퍼U에 가보라고 했습니다. 그때가 19시나 19시 30분쯤이
었을 겁니다.

나는 포르닉에 있는 르클레르크로 갔습니다. 갤러리에서 어떤 부인
과 마주쳤는데, 그녀가 내게 "문 닫았어요"라고 말했습니다.

나는 계산대가 있는 층에 도착했습니다. 경비원 한 명과 한창 계산
중인 캐셔가 있었습니다.

나는 말했습니다. "미안하지만, 내 여동생 것을 사려고 합니다. 내
일부터 직장에 나가거든요."

캐셔가 대답했습니다. "빨리 고르세요. 바로 앞에 있어요."

나는 눈대중으로 짙은 색 장갑 한 켤레와 붉은색 장갑 한 켤레를 골
랐습니다.

나는 20유로 지폐로 계산했습니다. 그녀가 거스름돈을 주려 하기
에 나는 "됐어요, 가지세요"라고 했고, 그녀는 "그러면 안 돼요"라고
했습니다. 나는 윙크를 하면서 "전화번호를 주세요. 그러면 나중에
잔돈 줄게요"라고 했습니다.

밖으로 나오다 또 한 사람과 마주쳤는데, 상점의 점원이었습니다.

그녀는 기다리고 있었습니다.

나는 차로 돌아가, 대마초를 말아 피웠습니다.

나는 기다리고 있는 그녀를 봅니다. 추우면 차에 타라고 말합니다.

그녀는 대답하지 않습니다. 나를 무시합니다.

나는 출발해 속도를 올립니다.

내내 나는 빠른 속도로 달립니다. 포르셰도 아니고 페라리도 아니고 작은 푸조 106이지만, 어쨌든 나는 바퀴 구르는 소리와 시동 거는 소리가 좋습니다.

나는 바르브 블루스로 돌아갑니다. 그들에게 장갑을 샀다고 말합니다.

다시 한잔 마십니다.

전화를 받습니다. 베르투에서 한탕 한 후에 친구와 약속을 했었습니다. 오후 늦게 다시 통화를 하기로 했었습니다. 그런데 까맣게 잊고 있었습니다.

나는 약속 시간 늦게 르 카스포에 도착합니다. 20시 30분이 지났습니다.

그는 고함을 지르기 시작합니다. 그가 열을 내는 만큼 나도 열을 내기 시작했습니다. 그는 내게 이제 술을 끊을 때도 되지 않았느냐는 말까지 했습니다.

나는 평소처럼 흥분한 상태입니다. 많이 마셨습니다. 기분이 좋지 않지만 약간 흥분했습니다.

나는 그에게 물건을 보여주지만, 그는 관심이 없습니다.

나는 라 베르느리로 돌아갑니다.

바르브 블루스에는 슈터 시합이라는 게 있는데, 그건 알코올음료들, 그러니까 보드카, 안에 뭐가 들어가는지 잘 모르겠지만 거기에 맥주를 섞고, 아몬드 코냑도 넣고, 그리고 화장실에 가서 코카인을 섞어 마시는 겁니다.

나는 클레오에게 코카인 2그램을 팔기로 했습니다.

나는 꽤 자주 밖에 나가 마리화나를 피웠습니다.

어느 순간 나는 바에서 나왔는데, 식당 쪽에서 스쿠터 소리가 들렸습니다. 시간을 보았더니 21시 30분쯤이었습니다.

나는 약속한 대로 레티시아를 찾으러 식당으로 갑니다.

나는 스쿠터가 출발하는 것을 봅니다. 그녀인지는 알 수 없습니다.

나는 내 차—뭐 훔친 차입니다만—를 타러 갑니다. 시청 앞 주차장에 도착합니다.

스쿠터가 내 앞을 지나갑니다.

나는 라이트를 켜서 신호를 보냅니다. 그 사람은 살짝 고개를 돌리지만 속도를 줄이지도 않고 차를 멈추지도 않습니다.

나는 "이런 빌어먹을!"이라고 말하고, 그자의 해명을 듣기 위해 스쿠터를 가로막으려고 합니다.

나는 스쿠터를 따라가며 경적을 울리지만, 그 사람은 뒤를 돌아보고 약간 갈지자를 그리며 갑니다. 나는 멈추라고 신호를 보내며 스쿠터가 있는 곳까지 따라갔지만, 앞에 차들이 옵니다. 나는 사고를 내고 싶지 않습니다.

우리는 원형 교차로로 들어갑니다. 스쿠터가 교차로를 빠져나가고, 나는 계속 경적을 울리며 라이트를 깜빡입니다.

스쿠터가 도로 입구에 정지합니다.

나는 물었습니다. "너, 넌 누구야?"

그 사람은 내가 흥분했다고 말합니다. 나는 그걸 모릅니다. 모두들 내가 흥분했다고 말합니다. 아닙니다. 나는 암페타민, 코카인, 술을 마셨을 뿐입니다.

나는 라 베르느리로 돌아갑니다. 전화를 걸어보았는데, 받지 않습니다.

그녀를 만납니다.

그녀는 자신의 스쿠터 옆에 서서 헬멧을 손에 들고 나를 기다리고 있습니다.

✳

그날, 멜롱은 스스로를 자랑스럽게 여겼다. 그는 하루 종일 술을 마시고, 여러 차례 코카인을 흡입하고, 암거래를 하고, 장물아비와 비즈니스를 하고, 움직이는 모든 것을 낚으려 하고, 공격적인 어조로 말했다. 반대로 레티시아는 평소의 그녀와 매우 달랐다. 그녀는 남자친구를 속였고, 불량한 사람과 어울려 대낮부터 담배를 피우고 술을 마셨다. 막 사춘기를 벗어나고 고등학교를 졸업한, 낭만적이고 연약한 그녀. "그런 지슬 해서 우리를 아프게 하는" 못된 남자아이들에게 충격을 받아 문자메시지와 텔레비전으로 살며 술도 마시고 않고 담배도 피우지 않고 외출도 별로 하지 않고 설사 하더라도 오직 친구들하고만 하는 그녀였다. 그런데 2011년 1월 18일에 모든 금기가 깨졌다.

증인들 모두 도저히 이루어질 것 같지 않은 이 커플에 충격을 받았다. 긴 머리에 가죽 재킷 차림을 한, 조금은 무시당하곤 하는 알코올중독자 우두머리와 나란히 선 소심하고 연약한 소녀. 다 큰 남자의 팔에 안긴 어린아이. 바르브 블루스에서 제랄드와 루루는 그녀가 열여섯 살이라고 생각했다. 한편 멜롱의 장물아비는 르카스포에서의 만남을 이런 말로 표현하고 있다. "그는 내게 열아홉 살의 '순결한 소녀'와 약속이 있다고 말했습니다. 그 말에 나는 약간 충격을 받았습니다."

멜롱은 레티시아에 대하여 자신이 전지전능하다는 느낌을 키워갔다. 그는 그녀를 '도망치지 못하게' 만들 수 있을 만한, 다루기 쉬운 "건수"로 여긴 것이다. 스티븐이 탄 스쿠터를 쫓아가 갓길에 세우게 했을 때 그가 보인 공격성은 여기서 비롯된 불안감으로 설명할 수 있다. 즉 멜롱은 처음으로 레티시아가 자신에게서 빠져나간다는 느낌을 받았던 것이다. 만약 그녀가 다음 날 일을 해야 하기 때문에 일찍 자야 한다는 사실을 미리 알렸더라면 어땠을까? 만약 그녀가 다른 여자들처럼 잘 빠져나가는 "못된 년"이라면? 마리화나, 코카인, 사진들, 콜라, 장갑… 그 모든 것들이 아무 소용 없었으리라.

2011년 1월 18일은 멜롱에게는 평소와 다름없는 날이었지만 레티시아에게는 그렇지 못했다. 왜 그녀에게서 그렇게 엄청난 판단 능력의 상실이 일어난 걸까? 왜 그날이었을까? 무엇이 그녀의 일상을 그토록 격하게 마비시켰는지, 우리는 알지 못한다.

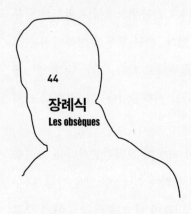

44

장례식
Les obsèques

예외적으로 프랑크 페레와 실비 라르셰는 어떤 일에 합의하는 데 성공했다. 두 사람은 대리석 가공 공장에서 딸을 위한 묘비를 골랐고 딸을 자신들 가까이, 낭트에 묻어줄 것을 요구했다. 그 말을 듣고 제시카는 펄쩍 뛰었다. "레티시아가 라 베르느리에 묻히지 않으면 난 앞으로 절대 두 분과 말을 하지 않을 거예요!"

페레 가족에 의하면 제시카는 파트롱 부부의 조종을 받고 있었다. 그 시기에 그녀는 완전히 무력했다. 약에 취해서 무슨 일에나 그러라고 대답했으며, 고통에 짓눌리고 파트롱 씨의 감언이설에 넘어간 채 잠에 빠져 있었다. 그렇지만 지금의 제시카에게는 아무런 후회도 없다. 6년을 살았고 또 친구들이 거기에 있으니 레티시아가 라 베르느리에 있는 것이 당연했고, 게다가 그녀는 그곳에서 직업 훈련까지 받았다. "포르닉 시장이 레티시아가 묻힐 영구적인 무덤을 제공했어요. 당연히 비용을 내야 하지만 어쨌든 영구히 있게 되지요. 나도 벌써 그 옆에 자리를 마련했어요."

레티시아의 장례식은 2011년 6월 25일 토요일에 많은 군중이 참석한 가운데 라 베르느리 성당에서 거행되었다. "레티시아, 우리의 마음속에 잠들다"라는 문구와 함께 두 개의 대형 초상화가 벽면을 장식했다. 도처에 흰 장미꽃이 그득했다. 사람들이 일그러진 얼굴로 서로를 부둥켜안았다. 친구들. 이웃들. 구경꾼들. 숨어 있는 파파라치들. 뒷면이 유리로 된 회색 장의차 행렬을 따라가기 위해 가족은 군중들 사이로 길을 트며 나아가야 했다. 사람들이 운구한 흰색의 작은 관이 스테인드글라스로 장식된 어두운 중앙 홀로 잠겨 들었다.

성당 안에는 흰 리본으로 표식을 단 지인들만이 들어갈 수 있었다. 촛불이 초상화 주변으로 금빛 물결을 일렁이게 했다. 카 부인은 제시카의 뒤를 졸졸 따라다녔다. 제시카와 파비앙은 서로 알아보고 포옹을 했다. 제시카는 자신의 부모에게서 멀리 떨어진 파트롱 가족 곁에 자리를 잡았다. 사제는 설교를 하며 울고 있는 청중들에게 "증오와 복수와 죽음의 힘"에 맞서 저항할 것을 요구했다. 그레고리오성가가 성당 안에 울려 퍼졌다. "네 손을 조금이라도 더 오래 잡아줄 것을." 가장 절친했던 친구의 장례식에 롤라를 참석하지 못하게 한 파트롱 씨는 성범죄 누범자 파일을 만들 것을 주장했다. "어쩌면 성폭행이라는 견디지 못할 고통으로부터 우리 아이들을 보호할 수도 있을 것입니다."

성당에서 나오자 프랑크 페레가 뒷걸음질을 쳤다. 동생이 그를 부추겼다. "가봐, 딸이잖아!" 결국 그는 제시카에게 다가가 팔을 붙잡으려고 했지만 그녀가 거부했다. 대통령 공보자문위원인 프랑크 루브리에가 망원렌즈에 잡혔을 때 적당한 각도가 나올 만한 위치에 서서 그녀를 위로했다.

독수리 떼나 다름없는 기자들이 모여들어 장례식이 마비될 지경이었으나, 그들은 모든 프랑스인들이 함께할 수 있을 정도의 강력한 기사들을 내보냈다. AFP통신의 장세바스티앙 에브라르는 친아버지와 파트롱 씨 사이에 끼어 있는 제시카의 사진 여러 컷을 찍었다. 짧게 자른 머리에 두 볼은 눈물로 얼룩진 검은 상복의 소녀가, 부정과 절망의 승리 앞에 눈부신 아름다움을 내맡기는 비극의 주인공과 같은 모습으로 찍힌 그것들은 영원히 남을 만한 사진들이었다. 어른들이 "우리는 무너졌다" 혹은 "우리의 고통에는 이름이 없다"라고 외칠 때, 제시카는 그들 너머를 멍하니 바라보고 있었다. 마땅히 말할 자격이 있는 그녀는 아무 말도 하지 않았다. 할 말이 없었다. 사람들이 당혹해할 정도로 강렬하면서도 초점을 잃은 시선과 눈물 외에는 아무것도 없었다. 아무리 많은 사람들에게 둘러싸여 있어도 그녀는 어쩔 수 없이 혼자라는 것, 영원히 버려졌다는 것, 절대적이고 결정적인 몰이해 속에 빠져 있다는 것이 느껴졌다. 그녀의 불행에 비하면 모든 글은 진부하기만 했다.

묘지로 오르는 길은 끝나지 않을 것처럼 힘들었다. 제시카는 카 부인의 팔에 기대 거의 최면 상태에서 자신의 십자가 길을 걸었다.

＊

나는 세실 드 올리베이라와 함께 장밋빛 대리석으로 된 묘비 앞에 서 있다. 묘비에는 해변의 풍경, 바위들, 정박해 있는 한 척의 배, 파도를 막아선 등대, 하늘에 떠 있는 갈매기 등이 새겨져 있다. 백합, 장미, 천사, 비둘기, 시, "내 딸에게" "나의 친구에게" "우리는 영원히 널 잊지 않을 거야" "우리의 마음속에 영원히 머물기를"과 같은 글이 적힌 플레이트 등 헤아릴 수 없을 만큼 많은 추모의 마음들이 있다. 바로 옆에선 이웃 마을 주민들이 기증한 세상에서 가장 오래된 나무 가운데 하나인 은행나무가 자라고 있다.

그날 저녁 나는 제시카에게 문자메시지를 보내 우리가 "레티시아를 보러" 갔다 왔노라고 알렸다. 답신이 왔다. "내 동생 무덤이 어떻던가요?" 내 가족은 유태인이기 때문에 "꽃도 왕관도 없을" 테지만, 제시카는 자랑할 수 있다. 그것은 사랑이 넘쳐흐르는, 다정하고 안온한 아름다운 무덤이기 때문이다.

1주기 기념 행진은 라 베르느리 도심에서 출발해 묘지에서 끝났다. 이번 행진에는 제시카도 불참하고 여섯 명 정도의 지인들만 참여했다. 프랑크 페레는 "관광산업에 해가 된다"며 시청에서 별로 좋아하지 않는다고 말했다.

제시카는 1년에 몇 번 정도 묘지를 찾는다. 친구들도 다녀가고 모르는 사람들도 많이 다녀간다. 이따금 무덤 위에 새로운 꽃이 놓이면 제시카는 누군가가 동생 생각을 했다는 걸 알게 된다. 제시카는 묘지에 와 혼자 있기를 좋아하는데 이는 동생에게 이런저런 이야기도 하고 소식도 전해주기 위해서다. 친구들과 함께 올 때도 말을 하긴 하지만 '머릿속'으로만 한다. 이따금 사람들이 다가와서 묻는다. "당신이 언니인가요?" 그들은 그녀를 자세히 쳐다보고는 용기를 내라고 격려한다.

햇빛과 악천후에 내맡겨진 '2' 자 모양의 초 두 개가 아기 천사상과 추모 명판 사이에 놓여 있다. 그 초의 존재가 나를 당황케 했는데, 나중에야 제시카가 2014년 5월 4일에 맞은 자신의 스물두 번째 생일을 이곳에서 기념했다는 사실을 알게 되었다. 그녀는 친구 두 명과 함께 왔었다. 그리고 작은 파이를 4등분했다. 그녀들은 노래를 부르고, 촛불을 끄고, 케이크를 먹었다. 제시카는 동생의 몫까지 먹었다. "그러지 않으면 한참 기다려야 할 것 같았거든요" 하고 미소를 띤 채 그녀는 말했다.

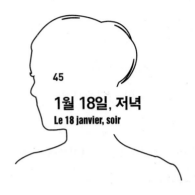

45

1월 18일, 저녁
Le 18 janvier, soir

어둠이 깃든 라 베르느리의, 카나리아빛 노란색 벽과 푸른색
차양이 있는 낭트 호텔 앞에서 레티시아는 얌전히 멜롱을 기다리고
있었다. 그가 늦자 그녀는 케빈에게 전화를 걸었는데 아마도 바로
그 순간 멜롱이 도착했을 것이다. 케빈이 그녀 곁에서 어떤 남자가
속삭이는 소리를 들었기 때문이다.

22시였다. 제시카는 다음 날 강의가 있어서 큰 방에서 잠자
리에 들었다. 들랑드 부인은 레티시아의 스쿠터가 여전히 도로에
있다는 사실에 놀라며 낭트 호텔을 떠났다.

멜롱과 레티시아는 바르브 블루스의 맨 안쪽 자리에 앉아 있
었다. 바에 있던 손님들이 취하기 시작했다. 그들 가운데 루루와 제
랄드, 클레오, 이반 그리고 다른 단골들이 있었다. 몇몇에게는 데스
페라도와 베일리스를, 다른 이들에게는 보드카와 카라멜을 섞은 슈
터를, 그리고 원하는 모든 이에게 길게 뿌린 코카인이 제공되었다.
술에 취해 시끄럽게 떠드는 소리, 커다란 웃음소리, 핀볼 게임과 미
니 축구 게임을 하며 지르는 탄성 들. 슈터 시합의 열기가 정점에

달했다. 레티시아는 커피 잔을 앞에 두고 한껏 움츠렸다. 코카인을 한 것을 후회하는지도 몰랐다.

제랄드와 이반이 클레오를 두고 말싸움을 벌였는데, 이반이 클레오를 유혹하려고 했기 때문이었다. 멜롱이 자리에서 일어나 이반의 어깨에 손을 올렸다.

— 어이 사촌, 진정하지. 난 여기 한잔하러 온 거지 사람들이 서로 욕설 퍼붓는 걸 들으러 온 게 아니야.

— 내가 뭐 어쨌다고? 원하면 한판 붙든가!

이반이 아우성쳤다.

멜롱과 이반이 서로를 밀치자 잔이 뒤집히고, 레티시아의 커피 잔이 떨어져 깨지고, 욕설이 난무했다. 바르브 블루스의 웨이터가 카운터를 돌아 나와 껴들었다. 멜롱이 웨이터의 멱살을 잡았다.

결국 멜롱은 그쯤에서 참고 테라스로 나왔다. 이반이 바에서 그에게 욕설을 퍼부었다.

— 네 엄마는 창녀야! 이름과 주소를 말해봐. 네놈 머리통에다 총알을 쏴서 박아줄 테니까!

멜롱이 문을 열고 고함을 질렀다.

— 내 이름은 토니다! 끝장을 보려면 아르통앙레츠 르 카스포로 와라. 매일 거기 있으니까. 널 기다리지!

멜롱이 다시 바로 돌아가려는 걸 손님들이 말렸고 다른 사람들은 이반을 둘러쌌다. 세 명의 손님이 취객들의 싸움을 피하려고 바르브 블루스를 떠났다. 겁에 질린 레티시아는 테라스 한쪽 구석에서 훌쩍였다.

항소심에서 그 장면을 언급하며 멜롱은 원고석에 앉아 있는 프랑크 페레에게 말했다. "미안합니다, 페레씨. 하지만 그녀가 어린 시절이 떠올랐다고 내게 말하더군요."

바르브 블루스의 웨이터가 멜롱의 태도를 질책했다. 멜롱이 대꾸했다.

— 그럴 땐 눈에 보이는 게 없어.

레티시아는 헬멧을 손에 들고 떠날 채비를 했다. 멜롱이 말했다.

— 일이 이렇게 돼버렸으니, 가자.

레티시아와 멜롱은 바다를 향해 걸어갔다. 루루가 소리쳤다.

— 어디 가는 거야?

— 포르닉으로.

멀리서 멜롱이 대답했다.

22시 30분, 제시카는 자고 있었다. 파트롱 부인도 잠자리에 들었다. 가엘은 집 밖에 있는 원룸에 있었다.

푸조 106이 전속력으로 라 메르 로를 거슬러 올라가다 포르닉 방향으로 접어들었다. 루루는 그 커플을 따라가는 것을 포기하고 매춘부들과 밤을 보내기 위해 바르브 블루스의 컴퓨터 앞에 앉았다. 친구들이 고주망태가 된 이반을 데리고 나갔다.

23시가 되기 조금 전, 멜롱은 해수욕장 옆에 있는 포르닉 카지노 앞 주차장에 푸조 106을 주차시켰다. 그는 전날 예전 감방 동료였던 루루와 그의 여자친구와 함께 몇 잔 마셨던 라운지 바인 키

46으로 레티시아를 데려갔다.

멜롱은 바텐더에게 레티시아를 소개하고 샴페인 두 잔을 주문했다. 재판에서 바텐더는 이렇게 진술했다. "전 그가 그녀를 지배하고 있다고 생각했습니다. 그가 쳐다보자 그녀는 더 이상 움직이지도 못하고 아무것도 하지 못하더군요." 멜롱은 부둣가로 나와 담배를 피웠고, 바에 남은 레티시아는 불안한 듯 신경질적으로 핸드폰을 톡톡 치고 있었다. 23시 2분, 윌리암이 그녀의 핸드폰으로 전화를 걸었다.

— 나 술 마셨어. 마시지 말았어야 했는데.

23시 30분, 들랑드 씨는 잠을 자러 가다 레티시아의 스쿠터가 여전히 길에 세워져 있는 것을 보았다.

폭력과 마약 밀매로 형을 살았던, 멜롱의 예전 감방 동료인 파트릭과 제프가 바르브 블루스로 와 루루, 제랄드, 클레오 그리고 다른 이들과 어울렸는데 모두 술에 취해 있었다. 두 사람은 그날 로슈포르에서 위스키를 마시고 페탕크*를 하며 놀았었다. 사람들이 그 둘에게 언쟁이 있었던 이야기를 해주고 토니가 어린 소녀와 함께 떠났다고 알려주었다.

포르닉 카지노 맞은편 부두에서 레티시아와 멜롱은 푸조 106으로 되돌아왔다. 차는 르 카스포 방향으로 출발했다.

*

---

* 쇠공으로 하는, 구슬치기의 일종.

나는 생트파잔느에서 환승하는 낭트발 기차를 타고 포르닉에 도착했다. 어둠이 깔리고 가랑비가 내렸다. 해수욕장은 야간의 젖은 모래 속에 파묻혀 있었고 바람에 마스트가 삐걱거렸다.

키46은 이름만 바뀐 것이 아니었다. 두 명의 친구와 테이블에 앉아 있던 주인의 손짓이 알려준 바에 따르면 아예 문을 닫았다. 새로 개조된 바에는 대형 플라스마 티브이 스크린이 달렸고, 시간이 멈춘 것 같은 벽시계가 있었다.

나는 카지노로 방향을 전환했다. 크리스마스트리처럼 휘황찬란한 슬롯머신 앞에서 노부인들이 미친 듯이 연금을 탕진하고 있었다. 숙달된 보안 요원들이 내게로 와 조언을 해주었다. 돈을 딸 수 있다는 약속들, "캐시" "잭팟" "슈퍼 보너스"가 요란한 색채와 함께 터진다. 돈과 상투적 표현의 작은 사원이랄 수 있는 각각의 슬롯머신은 한 명의 여신을 모시고 있었다. 뻣뻣한 머리칼의 무녀인 '섀도 다이아몬드'가 배경의 마천루들같이 기하학적으로 가공된 다이아몬드를 움켜쥔 채 푸른 눈으로 차갑게 당신을 바라보고 있다. 담벼락이 이끼로 뒤덮인 '골든 타워'에서는 분홍색 드레스를 입은 공주가 머리에 카네이션을 꽂고 입은 반쯤 벌린 채 아련한 먼 곳으로 시선을 던지며 자신을 구해줄 기사를 애타게 기다리고 있다. '스카이 라이더'는 동양 여성 같은 외모를 한 아마존 여전사로서 왕관과 초록색 뱀가죽 브래지어를 걸친 모습이, 뒤에서 서서히 형체를 드러내는 용을 곧 죽여버리고 말리라는 인상을 주었다.

어느 슬롯머신 앞에서 레티시아는 자신의 운을 시험해보려고 했을까? 어떤 허구적이고 이상적인 여성상이 곧 죽게 될 어린 소녀와 동행했을까?

나는 멜롱이 푸조 106을 주차했던 주차장에서 잠시 서성거렸다. 질 드 레츠 성이 젖은 도로 위에 노란 빛의 웅덩이를 드리웠고, 카지노의 네온 불빛은 어둠 속에 형광색 흉터를 남기고 있었다. 나는 배를 띄우는 콘크리트 경사로로 내려갔다. 바람이 어둠을 가르고 있었다. 바다는 어둠과 뒤섞인 채 아주 가까이서 으르렁대는 소리만 낼 뿐이었다. 나는 다시 경사로로 올라가 어둠의 소용돌이를, 서서히 일어서는 마스트의 한숨 소리를 피했다. 그리고 키46에서 시킨 샴페인 잔을 비우지도 않고 자리를 떴다.

46

거래의 결말
La fin du deal

　장례식이 끝난 후 알랭 라르셰는 제시카에게 모든 일을 이야기해주었다. 그녀의 아버지가 어머니에게 한 일과 그녀들이 어렸을 때 왜 아버지가 감옥에 있었는지를. 더 이상 아버지를 만나고 싶지 않았던 제시카는 스스로 새로운 가족인 파트롱 부부를 선택했다. 거실의 소파와 작업장에서 추행이 재개되었음에도 그녀는 부부에게 자신을 입양해달라고 부탁했다. 그녀는 그들의 성을 따라 '제시카 파트롱'이 되고 싶었다.

　2011년 7월 14일, 파트롱 부부의 딸 하나가 "프티 루"의 무릎에 앉아 있는 제시카를 발견하고 자기 어머니에게 가서 일렀다.

　— 엄마, 조심해. 제시카가 엄마 자리를 노린다고.

　— 미쳤구나, 가엾은 녀석! 아무 말이나 막 하다니!

　아연실색한 파트롱 부인이 말했다. 그녀는 제시카가 원하는 것이라면 무조건 들어주는 남편에 대해 기껏해야 정신적 지배일 뿐이지 그것이 성적인 것일 거라고는 꿈에도 생각지 못했다. 제시카는 그들에게 애정을 표시했고, 그것이 전부였다.

바로 그날 저녁 제시카와 파트롱 부부 사이에 말다툼이 벌어졌다. 부부는 가을에 타이티 섬 여행을 예정하고 있었고 제시카는 자기도 반드시 따라가야겠다는 입장이었는데 파트롱 부인이 티켓을 두 장만 구한 것이었다.

— 널 데려가는 건 말도 안 된다. 넌 학교에 가든가 일을 해야지.

제시카는 울면서 파트롱 부인의 품에 안겼다.

— 미미, 미미. 왜 나를 입양하려고 하지 않아요?

8월 초 어느 금요일 저녁, 똑같은 장면이 재현되었다. 제시카는 자신을 입양해달라고 간청했다.

— 왜 타이티에 날 데려가려 하지 않는 거죠?

파트롱 부인이 소리를 쳤다.

— 널 타이티에 데리고 가지 않는 것뿐만이 아니야, 넌 일자리를 구해야 해. 자격증도 땄으니 아파트를 구해라. 이제 그만해!

험한 말들이 튀어나왔다. 제시카는 식탁에서 일어나 자기 방으로 피신하며 쾅 소리가 나게 문을 닫았다. 몇 분 후, 그녀가 다시 나왔다. "롤라를 만나러 갈래요." 파트롱 씨는 그녀가 나가는 모습을 보았다. 그는 그녀가 1년 전 자신에게 불리한 사건일지를 제출했던 친구 집으로 간다는 사실을 알았다.

이후는 예전 같지 않았다. 제시카가 변했다. 그녀는 다시 불안 발작을 일으키기 시작했다.

2011년 8월 8일 월요일, 레티시아와 가장 친했던 친구 롤라와 제시카의 어린 친구 쥐스틴이 파트롱 씨에 대한 소송을 제기했다. 롤라는 2007년 이후 저질러졌던 여러 번의 추행으로, 쥐스틴은 7월에 제시카의 방에서 나와 화장실로 가던 중에 당한 추행에 대해 소송을 제기한 것이었다. 8월 15일, 파트롱 씨는 포르닉 헌병대에 구속 수감되었다. 헌병들의 조사를 받은 제시카는 상세한 진술을 했다. 그러자 갑자기 범죄 처리 절차로 상황이 전환되었다.

동료들을 통해 정황을 알게 된 프란츠 투셰는 마르티노 판사에게 사법공조 의뢰의 틀에서 소녀들을 재심문할 수 있게 허가해달라고 요청했다. "그것이 자살을 암시하는 레티시아의 편지들과 연관이 있는 것 같습니다." 롤라는 투셰에게 레티시아가 해변에서 파트롱 씨에 관해 했던 비밀 이야기를 털어놓았다. 그녀 자신도 파트롱 씨가 레티시아의 엉덩이를 쓰다듬는 걸 보았다고 했다. 투셰는 마르티노 판사를 위해 조서를 작성했다. 검사장에게 사실을 알리고 다른 예심판사를 잡아야 했다. 일이 더 복잡하게 꼬이느라 그랬는지, 파트롱 씨는 레티시아 사건에서 손해배상 청구인이었다.

그날 밤 파트롱 씨 집에서 나온 제시카는 긴급히 롤라의 위탁가정으로 가 그곳에서 묵었다. 며칠 후 그녀는 다시 떠나야 했다. 어렸을 때와 같은 방랑 생활이 다시 시작되었다. 배낭을 메고, 짐이 든 상자들을 양손에 들고, 시설에서 살며 주말에는 무엇을 할까 궁리하고, 시내를 쏘다니다, 다시 짐을 꾸리고 이사를 하는 것. 몇 달 뒤, 제시카는 장애인 노동자로 인정되고 보호의 목적에서 후견인을 두게 된다.

파트롱 씨는 심문을 받았다. 그는 쥐스틴과 롤라에 대한 성추행과 레티시아와 제시카에 대한 강간을 완강히 부인했지만, 제시카에 관해서는 그녀가 성년이 되었을 때부터 "감정적인 관계"를 가졌다는 것을 인정했다. 위탁가정의 아버지가 자신의 딸로 소개하고 또 자신에게 가족으로 입양해달라고 부탁하는 아이와 성적인 관계를 가져왔던 것이다.

기자들은 여러 경로를 통해 그런 사실을 이미 알고 있었기 때문에 소식은 매우 빠르게 퍼져 나갔다. 레티시아 사건이 언론에서 잠시 잠잠해지는 듯싶었던 8월, 그 한 달 동안 소식은 마치 천둥이 치듯 터져 나갔다. 살해되기 전에 레티시아가 위탁가정의 아버지에게 강간당했었다는 뉴스는 특히나 추접했다. 알렉상드르 튀르카는 이렇게 말했다. "그건 우리 머리 위로 하늘이 무너진 것이나 마찬가지였어요. 우리는 공포와 비참함 아래 이르렀는데, 마침내 바닥에 닿은 거죠."

레티시아 사건: 성추행과 강간 혐의를 받는 위탁가정 아버지
__AFP, 2011. 8. 17. 12시 12분

레티시아: 강간으로 무너진 위탁가정 아버지

"수사를 계속하던 헌병들은 레티시아의 쌍둥이 언니를 소환했다. 그녀는 몇 년 전부터 질 파트롱과 특별한 관계를 이어오고 있었다고 밝혔다. 그녀는 소송을 제기하지는 않았다. '그 사람이 내게 앙심을 품는 걸 원하지 않아요'라고 그녀는 수사관들에게 고백했다. '내가 원하는 것은 그가 그 짓을 멈췄으면 하는 거예요. 비록 그럴 만한 짓을 저지르긴 했지만 난 그 사람이 감옥에 가는 걸 원하지 않아요. 치료를 받았으면 해요.'"

__ 〈웨스트프랑스〉, 2011. 8. 18

경악, 혐오. 기회만 있으면 성도착자들과 성범죄자들을 비난
했던 그렇게 올바른 사람이 그럴 수가! 아무도 생각 못 했고, 의심
조차 못 했으리라…. 쌍둥이가 파트롱 씨 집에서 보금자리를 찾을
것이라는 기대, 그리고 그러한 기대를 무너뜨리는 비극적인 사건이
일어난 이후에도 제시카만은 지탱해줄 수 있는 가족일 것이라는 마
지막 환상이 그렇게 무너졌다. 그것은 사건 속의 사건이었으며, 공
포 속의 공포였고, 끔찍함 속의 암울함이었다.

비록 최종적으로 파트롱 씨가 레티시아에 대한 성추행으로
재판을 받거나 판결을 받지는 않았지만, 당시 피해자들이 조사를
받은 것은 어디까지나 **레티시아 사건이라는 범위 안에서**였다. 상세
한 자료가 없었기 때문에 레티시아에 관한 증거들이 기각되었고 결
국 예심판사에 의해 면소 판결이 떨어졌다. 대신 파트롱 씨가 청소
년기와 성년 이후의 제시카를 성추행한 사실은 입증되었다. '제시
카 페레의 이중 고통'이라고 《파리마치》에서 기사 제목을 뽑았다.
파트롱 씨는 구름 위에 올랐던 만큼이나 빠르게 불구덩이 속으로
떨어졌다. 그에게 마이크를 내밀었던 사람들이 이제는 그에게 침을
뱉었다. 사실상 제시카의 폭로가 오로지 자녀들의 행복에만 신경을
쓰는 좋은 가장으로서의 그의 이미지에 치명타를 가한 것이다. 파
트롱 씨는 가면을 벗었다. 포르닉의 청렴한 사람, 레츠 지방 위탁가
정의 대표, 희생자들의 옹호인, 불행한 아이를 위해 헌신하는 사람,

온전한 인간의 위엄을 갖춘 사람이었던 그가 온갖 곳에 손을 집어
넣는 위선자, 시의회의 돈으로 부자가 된 아동 강간범이 되었다.

알랭 라르셰는 극심한 혐오감을 표명했다. 스테판 라르셰는
파트롱이 자신들을 아무짝에도 쓸모없는 사람들, 낭트의 거지들이
라며 얼마나 멸시했는지를 기억했다. '모범적인 아버지'의 코미디
는 '엄청난 성도착자'라는 파렴치함을 숨기고 있었다. 파트롱 부인
은 자신의 남편이 유죄라는 사실을 믿지 않았다. 남편에 대한 사랑,
남편이 훌륭한 사람이며 위탁아동들의 친부모보다 더 뛰어나다는
오만, 그리고 실제로 드러난 추악한 모습을 인정하지 않으려는 현
실 거부 등이 뒤섞여버린 까닭이다.

제시카가 프랑크 페레에게 도처에서 '진짜' 아버지 행세를
하는 자가 저지른 짓을 이야기하자 그는 피가 끓었다.

— 내 그놈의 아가리를 박살내야겠다!

— 아빠, 아빠가 다시 폭행을 하면 감옥에 가게 되요. 난 아
빠가 감옥에 가는 거 싫어요.

— 오케이.

프랑크 페레가 중얼거렸다.

8월 말이 되어서야 제시카는 파트롱 씨를 고소하기로 했다.
레티시아의 죽음 이후 그녀의 법적 대리인은 파트롱 가족의 변호사
가 맡고 있었다. 유지될 수 없는 상황이었다. 그리하여 세실 드 올
리베이라가 무대에 등장하게 되었다. 제시카에게 있어서는 '파트롱
에게 길들여지기'의 종말이었으며, 자신의 어머니와 마찬가지로 정
신병원에서 심리 치료를 받는 일의 시작이었다.

9월에 클레망틴 역시 파트롱 씨를 강간과 성추행으로 고소하는데, 그 일은 2003~2004년으로 거슬러 올라간다.

파트롱 씨와 제시카는 각각의 변호사가 참관한 가운데 예심판사 집무실에서 일곱 시간 동안 마주했다. 그는 무척 느긋했고, 이죽거리며 제시카의 말을 깔아뭉갰으며, 고장 난 복사기를 고친답시고 의자에서 벌떡 일어나기도 했다. 반면 그녀는 겁먹고 움찔거렸으며, 자위행위와 손가락 삽입 장면을 묘사해야 할 때는 수치스러워했다. 법원에서 나오면서 세실 드 올리베이라는 이렇게 밝혔다. "열두 살 반의 나이 때부터 아버지로 간주하고 있다가 청소년기에 자신을 추행한 사람과 마주한다는 것은 무척 어려운 일이지요." 수많은 정보 유출 덕분에 언론은 제시카에 대한 파트롱 씨의 행동들을 상세히 기술할 수 있었다. 사건을 담당한 예심판사는 이렇게 평했다. "구역질이 나서 조사를 제대로 하기 힘들군요."

2011년 12월 8일, 세실 드 올리베이라는 마르티노 판사에게 파트롱 가족이 더 이상 레티시아의 손해배상 청구인이 될 수 없도록 해달라고 요청했다. 그 가족은 그해 가을 타이티 섬에 가지 않았다. 비행기가 뜰 날짜에 파트롱 씨가 감옥에 있었기 때문이었다.

파트롱 부인 입장에서는 세 어린 소녀인 롤라, 쥐스틴, 클레망틴이 거짓말을 하는 것으로 보였다. 남편은 그녀들 가운데 어느 누구에게도 어긋난 행동을 하지 않았다. 그런데 (성기가 아닌) "다른 뱀장어"가 제시카와 성관계를 갖는 잘못을 저질렀던 것이다. "이 양반아, 그러지 말았어야지! 손은 팔 끝에 그냥 얌전히 매달려 있기만 하면 되는 거란 말이야." 파트롱 부인은 자기 남편이 제시카를 성추행하지 않았다는 것을 증명하기 위해 2011년 여름에 있었던 입양과 타이티 섬 여행 문제를 근거로 내세웠다. "그 아이가 강간당했는데 우리랑 떨어지기 싫어하다니요? 강간당했는데 입양되기를 바라나요? 나는 재판에서 그 여자애들이 '파트롱에 길들여졌다'고, 그 아이들이 자신들이 원하는 대로 할 수 없었다고 말한 보육교사를 용서하지 못하겠어요. 젠장! 아이들은 묶여 있지도 않았다니까요."

제시카, 그녀는 모든 것을 잃었다. 동생, 입양가정, 순결, 삶의 기쁨, 익명성 그리고 평온을. 그녀는 동생이 죽었을 때가 아니라, 자신이 파트롱 씨의 노리개였다는 걸 알게 된 가족이 위기를 맞은 후에야 침묵을 깨기로 결정했다. 청소년기 내내 그녀는 가족의 사랑과 안정적인 생활, 그리고 어딘가 있을 곳에 대한 바람의 대가로 위탁가정 아버지의 추행을 견뎠다. 약간의 애정과 자신의 몸을 맞바꾼 것이다. 집에서 살 수 있고 누군가에게 의지할 수 있게 된 행운의 대가로 받은 오욕이었다. 그의 손녀들 생일파티에 참석할 권리를 갖기 위해 견뎌야만 하는, 할아버지가 내미는 타락한 손길이었다. 사랑받기 위해서는 그런 곤욕을 치러야만 했다.

레티시아의 장례식이 있은 뒤 삼촌이 그녀에게 자기 가족의 비밀, 즉 아버지의 강간, 그리고 어머니가 앓는 우울증의 원인을 알려주었을 때 제시카에게는 오직 하나의 장래, 파트롱 가족이라는 장래 외에는 없었다. 그런데 그들은 그녀를 입양하고 싶어 하지 않았다. 그들은 그녀를, 그들에게 받아들여지기 위해 모든 것을 바쳤던 그녀를 원하지 않았다. 타이티 섬에서의 휴가, 그녀는 그것을 자신에 대한 포기라고 보았다. 그 대신 그녀는 일자리와 아파트를 '스스로의 힘으로 구해야 했다. 다시 말해 나가라는 것이었다. 그녀는 자신이 가장 아끼던 가족이라는 존재, 그녀가 침묵을 지키며 견뎌 낼 수 있게 해준 유일한 그것을 잃은 것이다. '애정의 대가로 강간을 당하는' 거래가 깨진 것이다.

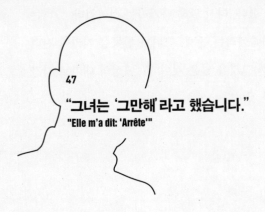

"그녀는 '그만해' 라고 했습니다."
"Elle m'a dit: 'Arrête'"

포르닉 카지노 주차장을 나선 푸조 106은 르레 해안 도로를 타고 교량 쪽으로 향했다. 차는 시내를 빠져나와 어둠에 잠긴 시골의 좁은 길로 접어들었다. 레티시아는 여전히 핸드폰을 손에 꼭 쥐고 있었다.

자정의 르 카스포. 황량한 촌락, 축축한 숲, 검은 하늘을 배경으로 한 나무들의 실루엣, 폐차된 자동차의 잔해들이 쌓여 있고 얼어붙은 물웅덩이로 갈라진 땅, 그리고 그 땅을 둘러싼 건물, 헛간, 두 대의 캐러밴과 나무 울타리… 당신은 그것들을 상상해야 할 것이다. 차 문을 열면 얼어붙을 것 같은 차가운 공기가 당신의 코를 찌른다. 어두운 물체들이 당신 주위에 우뚝 솟아 있다. 차가운 어둠 속에 풍경이 굳어 있다.

레티시아와 윌리암 사이에 주고받던 문자가 끊겼다. 자정에서 30분이나 지난 시간이었다.

로트바일러는 사슬에 묶여 있었다. 멜롱은 사촌이 자신이 비운 동안 살아도 된다고 했던 그 집으로 레티시아를 데리고 들어갔다.

멜롱은 음악을 튼 다음 레티시아에게 보드카와 코카인을 권했고 성관계를 갖자고 말했는데, 레티시아는 꿈에도 생각지 않았던 일이었다. 그는 보챘고 결국 강요에 의한 것이겠지만 그녀가 구강 성교를 해주었다. 어느 순간 레티시아는 몸을 뒤로 뺐다.

멜롱은 재판에서 그 장면을 이야기했다. "그녀는 '그만해'라고 했습니다. 나는 중간에 그만두는 바람에 기분이 상했고 일종의 좌절감에 빠졌습니다."

격노한 그는 그녀의 목을 잡고 얼굴을 가까이 들이대며 소리쳤다. "너도 다른 년들처럼 창녀일 뿐이야!" 그가 벽으로 밀치는 바람에 그녀는 머리를 부딪혔다. 그녀는 쓰러져 울었다.

"나는 수없이 사과를 했고, 그녀에게 말했습니다. '내가 뭐가 씌었나 봐, 돈을 원해?' 그녀가 말했습니다. '날 집에 데려다줘.'"

재판장은 레티시아가 르 카스포에서의 그 상황을 강간으로 여길 수도 있었겠느냐고 물었다.

— 그렇습니다.

멜롱이 대답했다.

0시 35분, 윌리암과의 대화가 재개되었다. "심각한 일이 있는데, 너한테 말하려고".

윌리암은 걱정이 되어 과음한 것 아니냐고 물으면서 그녀가 두 명의 남자와 동시에 데이트를 하러 간 것 같다고 생각했다.

0시 47분, 레티시아의 문자. "이젠 심각하지 아나."

피고석에 선 멜롱은 돌아가는 길에 차 안에서 차분하게 이야기를 나누었다고 주장했다. 자기를 거부하는 이유가 뭐냐고 물었던 것 같고, 그녀는 "그쪽 방면에 문제"가 있다고 변명했으며, 자신은 그녀에게 누군가와 그 문제를 의논해보라고 조언했다는 것이었다. "다 털어놔야 해."

변호사석에서 일어난 세실 드 올리베이라는 화를 내기 시작했다.

— 르 카스포에는 칼빈 소총, 탄약, 로트바일러가 있어요. 레티시아는 당신에게 구강성교를 해줬죠. 그건 그녀가 남자친구에게도 해주지 않던 것입니다. 그런 다음 당신은 그녀를 매춘부 취급했고 목을 조르려 했습니다. 그런데 돌아오는 차 안에서 그녀가 당신에게 그런 고백을 했다고요? 멜롱 씨, 내 생각에 그 순간 레티시아는 극도의 공포에 사로잡힌 상태였습니다. 그 소녀는 죽을 만큼 겁이 났던 겁니다! 그녀는 오로지 한 가지, 자신이 살아날 수 있을까만 생각했던 것입니다.

운전을 하는 도중에 멜롱은 레티시아가 문자메시지를 보내는 것을 보았다.

그는 새벽 1시 조금 못 되어 낭트 호텔에 그녀를 내려주었다. 푸조 106의 비상등이 텅 빈 골목길에 깜빡이고 있었다. 앙토니 들랑드는 자신의 원룸 창문으로 레티시아를 보았다. 헬멧을 손에 든 채 열린 차창으로 몸을 기울인 그녀는 화를 내며 운전대에 앉은 멜롱과 이야기를 하고 있었다. 멜롱의 진술에 따르면 레티시아는 이렇게 말했다고 한다. "난 너같이 반응하는 사내들을 이해 못 하겠어." 그는 이렇게 토를 달았다. "우리 사이가 좋진 않았지. 그건 확실해."

완곡어법이다. 사실 레티시아는 화가 났고 당황하기도 했다. 그녀의 비난은 신랄할 수밖에 없었다. 그녀는 결정했다. 헌병대에 가서 고소하기로.

멜롱은 마침내 자신에게 닥칠 위기를 깨달았다. 그에게 있어서 르 카스포에서의 구강성교는 당연히 받아야 할 보수였다. "난 네게 코카인도 줬는데 이제 네가 날 빨아줘야지." 그러나 레티시아는 그런 식으로 살아오지 않았다. 그녀가 고소하기로 결정했다는 것을 그가 조금 더 일찍 알아차렸다면 아마도 르 카스포에서 그녀를 없애버렸을 것이다. 어쨌건 스쿠터가 있는 곳까지 데려오지는 않았을 것이다. 레티시아의 분노를 접한 멜롱은 그녀가 그 일을 말할 것임을 알았다. 그런데 그는 조건부 보호관찰 딱지가 붙은 집행유예 상태였다. 그러면 또다시 강간범으로 재판을 받아야 할 것이고 미성년자 성추행범의 오명을 뒤집어쓸 것이다. 그는 다시 감옥에 가는 것은 두렵지 않았지만, **그런 일**로 감옥에 가야 하는 것이 두려웠다.

0시 58분, 레티시아는 자신이 강간당했다는 말을 하기 위해 윌리암에게 전화를 걸었다. 그리고 배터리가 다 됐으니 나중에 다시 전화하겠다고 했다.

스쿠터가 출발했다. 멜롱은 무티에앙레즈 방향으로 질풍처럼 달리다가 생각을 바꾸었다.

바르브 블루스의 주인이 손님들에게 알렸다. "마지막 잔입니다. 문 닫습니다!" 그러고 나서 바로 루루와 파트릭, 제프 그리고 웨이터는 흰색 푸조 106이 두세 번, 몇 분의 간격을 두고 포르닉레 무티에 방향으로 전속력으로 달리다가 다시 반대 방향으로 달리는 모습을 보았다. 차는 라이트를 모두 끈 채 시속 80~100킬로미터로 질주했다.

— 저 미친놈 누구야?

누군가 소리쳤다.

— 저런, 그 친구군.

루루가 말했다.

처음 멜롱이 지나간 것은 급히 서둘러 출발한 것이었고, 두 번째는 레티시아를 붙잡아 입을 다물게 할 생각으로 반대 방향으로 달린 것이었다.

"다시 바르브 블루스 앞을 지나쳤습니다. 멀리 빨간 불빛이 보여서 액셀을 밟고 또 밟았습니다."

멀리서 깜빡거리는 빨간 불빛은 레티시아가 탄 스쿠터의 미등이었다.

원형 교차로에서 푸조 106은 로제르 로로 접어들어 위쪽 인도로 올라가 곧장 왼쪽으로 꺾었다. 그러자 차는 스쿠터 몇 미터 뒤까지 따라붙었다.

멜롱은 옷깃에 털이 달린 레티시아의 실루엣을 보았다.

레티시아는 자신이 쫓기고 있다는 것을 느꼈을까? 백미러로 점점 다가오는 푸조 106을 보았을까? 그랬다면 그녀는 속도를 올렸을 것이다. 집까지 겨우 50미터만 남겨놓았으니 말이다.

멜롱은 어쩌면 21시 30분에 스티븐과 그랬던 것처럼 고양이와 생쥐 놀이를 하고 싶었는지도 모른다. 어쩌면 그는 일부러 추돌

사고를 냈는지도 모른다. 확실한 것은 어느 순간 그가 핸들을 오른쪽으로 꺾으며 큐브레이크를 밟았다는 것이다. 급제동 때문에 차체가 낮아지며 스쿠터의 지지대를 걸어 그대로 몇 미터 끌고 가다가 서로 떨어지자 스쿠터가 갓길로 미끄러졌다. 레티시아가 쓰러졌다. 시간은 1시 5분경이었다.

그녀는 거의 의식이 없었다.

정신을 차리려고 애쓰는 중이었다.

발목을 다친 그녀가 충격과 고통 혹은 두려움 탓에 구조 요청을 하지 못한 게 아니라면 아마도 소리칠 시간이 없었을 것이다. 멜롱은 그녀가 의식을 잃었다고 확신했다. 어쩌면 공포 때문에 몸이 마비된 것인지도 몰랐다. 하지만 어쨌든 그녀는 살아 있었고 의식도 있었다.

로제르 로에는 인적이 없었다.

"그녀를 잡았어. 트렁크에 넣어야지. 자, 됐어."

플랫슈즈가 스쿠터 옆에 떨어졌다. 차 문이 덜컹거리는 소리에 제시카와 이웃집 여자가 잠에서 깼고, 이미 깨어 있던 파트롱 씨는 경계심을 가졌다.

푸조 106이 막 문을 닫는 바르브 블루스 앞을 세 번째로 전속력으로 지나쳤다. 멜롱이 운전석에 앉아 있었고 맨발의 레티시아는, 몸이 접힌 채로 트렁크에 갇혀 있었다.

얼근히 취한 파트릭과 제프는 바에서 나와 여자친구 집으로 가 밤을 보내기로 했다. 1시 10분경, 로제르 로를 통해 포르닉으로 향하던 그들은 길가에 쓰러져 있는 스쿠터의 미등을 보았다.

— 트럭이 있으면 저걸 실어가는 건데….

한 사람이 말했다.

작업장에 도둑이 들었을까 봐 걱정이 된 파트롱 씨는 파자마 차림으로 토치램프를 들고 밖으로 나왔지만 연료가 부족해 불이 너무 약했고 그 구간은 가로등이 켜 있지 않았기에 이내 다시 들어가 잠을 잤다.

1시 18분, 루루는 멜롱에게 메시지를 남기지만 핸드폰이 연결된 건 라 베르느리 중계소까지였다. 푸조 106은 아르통앙레츠 방면으로 달리고 있었다.

1시 23분, 윌리암은 레티시아에게 문자메시지를 보냈다. "너한테 미안. 이해해줘."

다섯 시간 뒤, 제시카의 핸드폰이 문자메시지가 도착했음을 알렸다.

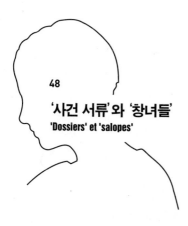

48

'사건 서류'와 '창녀들'
'Dossiers' et 'salopes'

멜롱의 재판은 2013년 5월 22일 낭트 법원에 위치한 루아르 아틀랑티크 중범죄재판소에서 열렸다. 법원은 루아르 강을 따라 세워진 진회색의 웅장한 건물로, 출구가 우아한 다리로 이어져 있었다. 와인색 포석이 깔리고 환한 빛이 들이치는 커다란 정육면체의 법정에는 유리로 된 작은 정육면체 모양의 자리가 있었다. 피고가 그곳에 앉았다. 두건을 쓴 정예 헌병들에게 둘러싸여 피고석에 앉은 그는 판사들, 배심원들, 손해배상 청구인들, 그리고 자신의 어머니를 마주 보고 있었다. 방청석에는 페레 가족, 라르셰 가족, 멜롱 가족 이렇게 세 가족이 나란히 앉았는데, 끔찍하게도 서로 닮아 있었다. 40명의 증인과 15명의 전문가들이 법정에 소환되었다. 약 50곳의 언론사가 긴장된 분위기 속에서 벌어지는 설전을 보도했다.

2012년에 마침내 수사가 매듭지어졌다. 파트롱 씨는 레티시아가 납치되던 날 밤의 일과 혹여 있었을지도 모르는 멜롱과의 전화 연결 그리고 금전 관계의 확인을 위해 다시 수감되었다. 그는 멜롱의 모든 지인들과 멜롱을 도왔다고 떠벌린 두세 명의 정신 나간 사람들과 마찬가지로 무혐의로 풀려났다. 헌병은 전화교환원들에게 1월 18일에서 19일 사이 라 베르느리, 아르통앙레츠, 아틀랑티스, 라보 그리고 브리오르에서 발신된 모든 핸드폰을 확인해달라고 요청했다. 다섯 곳 모두에서 발신된 유일한 핸드폰은 멜롱의 것이었다(그는 쿠에롱을 지나면서 핸드폰을 껐고 따라서 라보에서는 잡히지 않았다). 모두 8만 5,000대의 핸드폰이 적어도 한 번은 이 중계소들에 잡힌다. 47대의 핸드폰이 중계소 네 곳에서 발신되었다. 헌병은 모든 회선을 하나씩 확인했고 그 소유주들을 헌병대로 소환했다.

스쿠터 사고는 예심판사들, 대심재판소 검사장, 국립헌병대 과학수사연구소 전문가, 법의학자, 변호사들이 입회한 가운데 재연되었는데 멜롱은 면도칼을 혀 밑에 대고 감방에서 나가지 않겠다고 해서 그 자리에 없었다. 나중에 강제로 법원에 끌려온 그는 도발적인 태도를 취하며 판사에게 반말을 하고, 트림을 하고, 카메라에 대고 가운뎃손가락을 들어 보이기도 했다. 그런 까닭에 심문은 채 5분도 걸리지 않아 끝이 났다. 4월에 프란츠 투세 준위는 최종 보고서에 마침표를 찍었다.

예심판사들은 끝까지 강간 문제를 놓고 논의했다. 그들은 강간의 증거로 전립선액, 푸조 106에서 내리면서 레티시아가 화를 낸 사실, 윌리암과의 전화 통화, 멜롱이 "너무 그렇게 보챘던 것"을 사과한다며 보낸 문자메시지, 그녀의 "성기를 쑤셨다"고 확언하는 노래를 내세웠다. 그리고 레티시아의 반응이 범행의 동기를 제공했다. 그녀가 고소하기로 결심한 것이 바로 그것이다.

레티시아가 르 카스포에서 있었던 일을 강간으로 여긴 것은 사실이지만, 강간 여부를 판단하는 기준이 법적으로 규정되었는가? 그녀는 명확하게 거부 의사를 밝혔는가? 그늘은 술을 마셨고 코카인을 흡입했다. 재판에 앞서 생나제르 검사장이자 차장검사인 플로랑스 르콕은 마르티노 판사에게 자신은 논고에서 '강간 주범'이라는 용어를 채택할 수 없을 것이라고 털어놓았다. 재판에서 진술이 부인될 위험을 피하기 위해서는 절대적으로 확실한 사실만을 다뤄야 한다는 것이었다. 결국 판사들은 강간에 대해서는 면소 판결을 내리기로 결정했다.

18개월에 걸쳐서야 예심이 종료되었는데 사건의 복잡함과 정치적 맥락에 비추어볼 때 이는 예외적인 경우였다. 다년간 경험이 있던 마르티노 판사는 완벽한 사건 처리 능력을 보여주었다. 레티시아는 1월 18일 밤에서 1월 19일 사이에 사라졌고, 멜롱은 20일에 체포되었으며, 22일에 뚜렷한 증거와 함께 심문받았다. 까다로운 지형과 도처에 있는 물웅덩이와 한 명의 목격자도 존재하지 않는다는 불리한 상황에도 불구하고 수사관들은 3개월 만에 온전한 시신을 찾아내는 데 성공했다. 그들은 기소를 유지할 수 있는 거의 모든 자료들을 확보했다.

2012년 8월 23일, 예심판사가 기소 명령서 하단에 서명을 했다. 토니 멜롱, 33세, 고물상, '누범자로서 납치에 이은 살인 혐의'로 심문을 받음, 브쟁르코케 수용소에 유치, 위 사람을 루아르아틀랑티크 중범죄재판소에 회부하여 법에 따른 심판을 받게 한다.

*

재판은 2주간 계속되었다. 공판 일정은 다음과 같다. 배심원단 추첨, 사실 확인, 피고의 인성 검사 그리고 정신과 의사, 심리학자, 수사관, 전문가, 증인, 손해배상 청구인에 대한 심문이 있게 되고 이 과정 중에 피고에 대한 심문이 있을 수 있다. 마지막으로 손해배상 청구인 측 변호사의 구두변론, 차장검사의 구형, 피고 측의 구두변론에 이어 평결이 내려지게 된다.

루아르 지방헌병대 조사반장과 프란츠 투셰는 수사 과정을 되짚으며 수사상의 어려움, 진척 사항, 요행수佛倖數 등을 진술했다. 전문가들은 스쿠터 사고, 살해, 시신 절단, 통발 제조 건 등을 분석했다. 친인척인 실비 라르셰, 알랭 라르셰, 프랑크 페레, 스테판 페레와 델핀 페레는 고인을 떠올리고 그녀의 죽음 이후 자신들의 생활을 진술했다. 증인인 멜롱의 모친, 멜롱의 예전 여자친구들, 그의 사촌, 베르티에, 루루, 파트롱 가족, 라비올레트 부인, 들랑드 부부, 앙토니, 케빈, 스티븐, 윌리암, 바르브 블루스의 손님들, 키46의 바텐더는 희생자나 피고의 인간성을 기술하고 '범행에 이르기까지의 과정'을 이해하는 데 도움을 주었다. 사람들이 멜롱의 음란한 노래를 듣는 동안, 학대받은 레티시아의 사진들이 펼쳐졌다.

조나단과 쥐스틴의 모친은 한창 재판이 진행 중일 때 핸드폰이 울리는 바람에 법정에서 퇴정당했는데 나가는 동안 "꽥, 꽥, 꽥" 하는 오리 소리가 길게 울려 퍼졌다.

중앙 일간지들은 재판 과정을 대서특필했고, 〈르몽드〉지는 플로랑스 오브나가, 〈르피가로〉지는 스테판 뒤랑수플랑이 기사를 썼다. 〈프레스 오세앙〉과 루아르 지방 프랑스3의 특파원들은 낭트 법원에서 논쟁 과정을 인터넷으로 생중계했다. 시시각각으로 재판 진행 상황을 전하는 그들의 현장 기사는 마치 법정에 있는 듯한 느낌을 주었다.

이 보고 외에도 나는 알렉상드르 튀르카의 노트를 확보했다. 그녀가 내게 보내준 파일에는 전보문같이 간결한 문체로 즉석에서 작성한 메모와 AFP통신의 그날의 속보가 나란히 들어 있었다. 차라리 그녀의 메모에서, 군더더기 많은 단어들 속에서, 두서없이 적은 문장의 토막들에서, 마치 무정형의 돌덩어리에서 조각 작품이 튀어나오듯, 잘 다듬어져 세상에 나갈 준비가 된 속보들이 솟아나고 있었다. 사건의 중심에 선 기자의 작업에 대해 범접할 수 없는 아우라를 느끼게 해주는 그 뒤섞임은 매력적이었다. "심지어 재판이 진행 중일 때도 긴급한 사안이 있으면 메모들 가운데서 속보가 저절로 만들어집니다. 실수도 보이고 취약한 부분들도 보이고 취할 것인지 말 것인지 고민한 흔적도 보이겠지요. 정확한 것처럼 보인다고 해도 그 메모들은 불완전할 수밖에 없어요. 전부 타이핑할 수가 없으니 내가 전송하기로 마음먹고 미리 골라놓은 문장들이 있는 까닭이지요." 두세 번 더 읽어본 후에 'axt'라는 서명을 한 속보는 유선으로 AFP통신에 전송되고 그곳에서 모든 언론에 유포된다.

심한 고통을 겪은 시신의 사진에 법정이 얼어붙다, 그러나 진술을 바꾸지 않는 멜롱

__ AFP, 2013. 5. 29

너무 충격받아 멜롱의 면전에서 증언하지 못하는 제시카

__AFP, 2013. 5. 30

법정 논쟁에서 간접적으로 멜롱과 여성들과의 관계가 드러났는데, 말하자면 그것이 레티시아가 갇힌 함정의 본질이었다. 2010년 말에 멜롱을 고소했던 그의 전 여자친구는 멜롱이 감언이설을 잘하며 "여자들이 듣기 좋아하는" 다정하고 아름다운 말을 구사할 수 있음을 인정했다. 증언대에서 한 정신과 의사는 멜롱이 친절하고 상냥한 모습을 보일 수 있다고 증언했다.

파리의 시평時評 담당자들이 멜롱을 '괴물'로 규정한 반면 변호사들은 그가 소녀에게 보여준 태도들을 강조했다. 환심을 사려는 태도, 술, 그리고 원나이트 스탠드. 그것은 살인자가 가진 신사적 면모이다.

5월 28일 화요일, 공판 5일째, 11시 58분.

— 나는 당신의 핸드폰에서 나온 두 장의 레티시아 사진과 당신이 그녀에게 선물한 장갑, 그리고 당신이 그녀를 다시 데려다주었다는 사실에 마음이 쓰였습니다. 어떻게 설명하시겠습니까?

실비 라르셰의 변호사가 물었다.

— 사진이라…. 그녀는 그걸 좋아하더군요.

— 장갑은 왜 샀습니까? 스쿠터를 탈 때 손 시리지 말라고요?

— 예.

— 그 순간 당신과 그녀 사이에 어떤 관계가 성립되었다고

생각합니까?

— 서로를 알아간다는… 어쩌면 우정이 생긴 것이겠죠.

— 그 이상은 아닙니까?

— 우린 결혼을 생각하진 않았습니다.

멜롱이 잘라 말했다.

재판장은 휴정을 알렸다. 공판은 14시에 재개되었다.

'창녀'들을 사로잡기 위해 멜롱은 지성과 매력과 폭력을 혼합했다. 그의 뇌는 코냑과 코카인에 절었지만, 그는 꽤나 똑똑하고 말주변이 좋은 자로서 뛰어난 기억력을 가지고 많은 어휘를 구사할 수 있었으며 매우 기민한 임기응변 능력이 있었다. 재판이 시작될 때 인성 검사에서 세실 드 올리베이라는 어렸을 적 멜롱이 개를 산 채로 오븐에 가두었다는, 다니엘라라고 하는 자의 증언을 암기해서 말했다. 멜롱이 그녀의 말을 잘랐다. "미안하지만 그건 D1156호에 나오는 마놀라의 이야기입니다." 그는 자신의 사건 서류를 외우고 있었다.

금요일 오후가 다 지나갈 무렵 또 한 번의 반격이 있었다. 일주일간 계속된 논전으로 다른 모든 사람들처럼 기진맥진해진 재판장은 행여 재판 중에 무슨 사고라도 생겨 멜롱을 퇴정시키는 일이 생길까 두려워서 그를 배려하려고 애썼다. 모두들 피곤한 데다 주말이 다가오는데도 불구하고, 세실 드 올리베이라는 피고에 대한 정식 심문에 들어가 자백을 받아내고자 에둘러서 질문을 던지기도 하고 때론 직접적으로 공격에 나서 그를 몰아붙이기도 했다.

— 르 카스포에 가자고 어떻게 그녀를 설득했나요?

— 그녀가 내가 사는 곳을 보고 싶어 했습니다.

— 23시 30분에 말인가요?

— 그렇습니다. 그녀는 이렇게 말했지요. "내가 성인이 되긴 했어도 새벽 4시가 지나서 돌아가면 안 돼요."

— 당신이 레티시아의 시신을 절단할 때 창고의 조명은 어땠습니까?

— 무슨 말도 안 되는 장난인지! 나, 나는 그녀의 시신을 절단하지 않았습니다.

— 멜롱 씨, 창고의 조명이 어땠나요?

— 불빛에 관해선 난 아무것도 모릅니다.

재판장이 변호사에게 자중하라고 말했다.

— 그래요, 올리베이라 선생….

세실 드 올리베이라가 얼굴을 붉혔다. 그 기세를 탄 피고가 이렇게 말했다.

— 선생님, 냉정을 잃으신 것 같군요.

지금까지도 세실 드 올리베이라는 그 일을 삭이지 못하고 있다. 멜롱이 감히 자신의 면전에서 '냉정'을 운운하다니. 그 자신은 2011년 1월 19일 하루 종일 희생자의 차갑게 식은 피를 냉정하게 닦아냈으면서.

또 다른 유형의 경쟁의식이 그로 하여금 사람들과 맞서게 했다. 르 카스포에서의 성폭행에 관해 질문한 실비 라르셰의 변호사에게 멜롱은 이렇게 대답했다.

— 욕구불만이어서든 내가 더 어른이어서든 어쨌든 내가 화

를 냈습니다! 나는 그걸 당연한 준비 행위처럼 여겼습니다. 여자애들이 그렇잖아요. 처음에는 안 된다고 하지만 몸을 좀 달궈주면 금세 좋다고 하거든요. 나로선 그게 여자들에게 잘 통했지만 당신의 경우는 그럴 것 같지 않군요.

중범죄재판정에서 범죄자에게 그렇게 모욕을 당한 변호사는 밤새도록 끙끙 앓았다. 멜롱은 자신을 '사나이' '무적의 레슬러'라고 여겼지만, 재판이 끝날 무렵 그를 울린 한 여자가 있었다. 가차 없이 논고하며 "사이코패스인 이 정신이상자는 자신만의 법칙을 따를 뿐이다"라고 말했던 차장검사 플로랑스 르코크였다.

레티시아를 대하는 멜롱의 태도는 성욕, 마초주의 그리고 소유욕의 지배를 받았다. 그와 가까웠던 사람들이 말했다. 그는 기분이 상하면 미친 듯이 화를 내며 말이나 행동이 무척 공격적이 된다고. 질투심이 많고, 독재적이며, 복수심이 강하고, 유독 술을 마셨을 때 폭력적이 되는 토니는 '그의 아들의 모친'이 말하듯 "특히 '노ᴺᴼ'라고 말해서는 안 되는 사람"이며 그랬다가는 욕설과 구타가 난무하는 끔찍한 분노 발작을 일으킨다는 것이었다. 가장 최근의 여자친구와 있을 때 '정신분열증'은 흉부를 발길질하고 가슴을 칼로 찌르는 방식으로 나타났었다. 2010년 12월 말, 살인이 있기 3주 전, 그녀는 그를 성폭행 및 살해 협박으로 고소했고 즉시 자신의 아파트 문 자물쇠를 바꿨다.

멜롱에게 있어서 여자란 소모품, 반쯤은 사물이고 반쯤은 창녀인 존재였다. 그에게는 그것이 여성의 용도였으며 여성은 그것을 위해 만들어졌다. 필요한 경우 여자에게 마리화나, 돈, 핸드폰을 주고 데리고 나간다. 그런 다음 "여자는 그런 행동의 목적을 알게 된다". 멜롱은 또한 '서류들'을 떠올린다. 서류란 펼쳐보고, 처리하고, 버리는 것이다. 만일 조금이라도 반항하면 여자는 위험에 처하게 된다. 섹스는 폭력에 의거하지만 섹스의 거부 역시 폭력을 유발한다.

다른 모든 여자들에게 일어날 수 있었던 일이 레티시아에게 일어났다. 멜롱의 모친과 그의 전 여자친구는 그런 사실에 무척 놀랐다. 자기들이 먼저 그 일을 당하리라고 생각했기 때문이었다. 결국 멜롱의 나르시스적인 연약함에 의해 촉발된 야만성이 18세 소녀에게 가해진 것이고, "아주 부드러운 그녀의 어린 살결"은 물에 잠긴 고깃덩이가 되고 말았다. 범죄를 저지른 후에도 그에게 레티시아는 즉각적인 만족의 동기, '착하고' 심지어 '약간 돼지 같은' 소녀로 남았다.

레티시아의 입장에서 볼 때 마음이 끌리기도 했지만 그것은 관대한 애정, 삶에 상처를 입은 다 큰 어른에게 느끼는 연민의 감정이었다. 그래서 그녀는 그가 섹스를 요구하는 순간 바로 혐오감을 느꼈다. 르 카스포에서 멜롱은 구강성교로 시작을 했지만 다음 순간 반항을 하고 발버둥치지는 않았다고 해도 어쨌든 그녀는 스스로 멈춘 것이다. 그리고 그러한 저항은 자신의 모든 희망이 수포로 돌아간 데다 자존심까지 상한 멜롱에게는 견딜 수 없는 것이었다. 흰거위가 늑대를 물러나게 한 셈이고, 어린아이가 초인에게 수치를 안겨준 셈이었으니 말이다. 레티시아는 착하고, 밝고, 아름다우며 모든 이들의 칭찬을 받았다. 그녀는 모든 사람이 갖고자 하는 처자 혹은 며느릿감이었다. 반면 멜롱을 좋아하는 사람은 그보다 더 망가진 몇몇 친구들을 제외하면 자기 자신뿐이었다. 멜롱에게 레티시아는 그 즉시 파멸시켜야 할 적이 되어버린 것이다.

그러나 멜롱은 역겨운 냉소주의와 상대의 감정을 누그러뜨리는 명석함의 중간에 서서, 레티시아가 "멋지고 생기발랄하며 솔직하고 진지한 소녀"이며 "내면에 어떤 고통"을 안고 있다고 주장할 수 있었다. 그 점에 대해 프랑크 페레의 변호사는 통렬하게 맞받아쳤다. "그녀는 '멋졌고' 그런 그녀를 그가 토막살해했다."

49

오래전부터의 균열들
Les failles archaïques

제시카가 파트롱 씨를 따랐듯이, 레티시아는 멜롱을 따랐다. 쌍둥이가 가진 온순함은 혹 남성 폭력이 남긴 흔적일까? 레티시아는 마지막 날의 대부분의 시간을 미래에 자신을 살해하게 될 자의 명령에 따르는 데 보냈다.

그렇지만 멜롱에게 다가갔던 모든 여자들은 그의 폭력성을 예감했거나 겪었다. 1월 초에 캐셔, 매춘부, 그리고 바와 나이트클럽의 손님들 가운데 그의 접근을 원천적으로 차단하고 자신을 지킨 여자들은 수두룩하다. 재판에서 클레오는 멜롱이 바르브 블루스의 화장실에서 자신을 안으려고 하기에 그를 있는 힘껏 뿌리쳐야만 했다고 증언했다. "그의 요구에 겁이 났습니다. 나는 그와 전혀 엮이고 싶지 않았습니다." 바에서의 말다툼 후 레티시아 역시 그를 두려워했다. 하지만 그녀는 도망치는 대신 그 자리에 남았다.

그날 레티시아는 그녀답지 않았다. 어쩌면 그녀가 처음 깬 금기가 다른 모든 것을 설명해줄지도 모른다. 술과 마약은 그녀의 성향을 변모시켰고 방어, 나아가 생존을 위한 반사적 행동에까지 영향을 미쳤다. 흥분시키고 억제를 푸는 효능을 가진 칵테일이 어린 레티시아에게서 파괴적인 효과를 낳았을 수도 있었다.

키46을 나온 후, 나는 그녀에게 내가 사는 곳도 볼 겸 차로 집까지 가보자고 제안했습니다. 그녀는 반대하지 않았습니다.

엄밀히 말해 멜롱은 그녀에게 강요하지 않았다. 그렇지만 열여덟 살의 순진한 소녀를 마음대로 움직이는 일은 같은 나이일 때 벌써 2년이라는 세월을 감옥에서 보낸 바 있는 사내에게는 식은 죽 먹기였다. 그는 강한 인상을 주는 사람이었고, 그녀는 감수성이 예민한 사람이었다. 제시카가 그곳에 있어서 "이렇게 해" "그렇게 하지 마" 하고 말해주는 것도 아니어서 레티시아는 감언이설에 쉽게 넘어갔다. 게다가 그녀는 차가 없었기 때문에 스쿠터를 놓고 왔을 때부터 멜롱에게 의지할 수밖에 없었다.

그러나 이런 설명은 지나치게 단순하다. 순진하기는 해도 바보는 아니며, 금지된 것의 경계를 알고 있고, 해로운 술과 폭력, 지나친 성욕과 악독함을 이미 접해본 적 있는 레티시아는 케빈, 스티븐, 윌리암의 앞에서 세 차례에 걸쳐 뒤로 물러섰던 경험이 있었다. 그녀는 어린 친구인 케빈에게 전화로 속내를 털어놓았다. 나머지 두 명이 볼 때 그녀는 "감정을 밖으로 드러내지 않으며" "근심에 사로잡혀 있고" "자신이 원하지 않는 일을 저지른 까닭에 후회하는" 듯했다. 그럼에도 그것이 그녀로 하여금 하루 종일 고집스레 걷게 만든 파국의 길, 어떤 면에서는 조나단의 차 안에서 불장난으

로 시작된 그 파국의 길의 끝에 그녀가 다다르는 것을 막아내지 못
했다.

《인 콜드 블러드》에서 캔자스 연구소 연구원들은 가족, 친
구, 이웃 들에게 질문한 결과 "그 방대한 지역에 사는 모든 주민들
가운데 클러터 가족이 살해될 가능성이 가장 희박하다"는 사실을
이해하게 된다. 그렇다면 별다른 사연도 없는 작은 마을에서 별다
른 사연도 없는 식당 종업원인 레티시아의 경우는 어떠한가? 안타
깝게도 2011년 1월 18일에 그녀가 희생자가 된 것은 완벽한 우연에
의한 것은 아니다. 레티시아는 확고히 드러나는 희생자는 아니지만
잠재적 희생자였다. 그녀가 멜롱에게 끌렸다면, 그것은 아마도 그
에게서 오빠나 연인, 친구 혹은 아버지의 모습을 찾으려고 했기 때
문이 아니었을까? 세 가지 가능성을 살펴보도록 하자.

1. 배신당한 순결함

멜롱의 행적과 폭력성에도 불구하고 그날 저녁 그는 매우 고
전적인 유혹의 방식을 취했다. 해변에서의 산책, 손금을 봐주며 늘
어놓는 입담, 바에서의 한잔, 밤에 만나기로 한 약속, 야간 드라이
브…. 저녁 내내 멜롱은 손 큰 왕자였다. 코카인, 선물, 야간 바, 샴
페인. 왜냐하면 그로서는 운이 좋은 날이었기 때문이다. 성적 무력
감에 빠져 있던 상황에서 그는 우연히, 더할 나위 없이 상냥하고 진
지하며 매력적이고 고분고분한, 그가 평소에 자주 만나던 최저생계
비 수급자인 마약중독자들이나 매춘부들보다 훨씬 나은 소녀를 만
나게 되었다. 그가 3주 동안 접근했던 모든 여자들과 달리 레티시아

는 줄행랑치지 않았다.

친절히 대해주고, 낭만적으로 말을 걸어오고, 자신의 말에 귀를 기울여주고, 자기 핸드폰으로 함께 사진도 찍고, 술도 한잔 사주고, 스쿠터를 탈 때 손이 시릴까 봐 장갑까지 사주는 사람에게 위탁가정에 들어간 소녀는 여러 모로 끌릴 수밖에 없었다. 멜롱과 레티시아, 과연 풋사랑의 시작이었을까? 그들의 공통점은 분명했다. 갈라섬, 저버림, 시설 수용, 학업 실패, 가난 그리고 매우 무능력한 아버지라는 인물이 끼어 있는 가족사가 그것이다.

멜롱은 레티시아에게 이렇게 말하지 않았다. "따라와, 내가 널 강간할 거야, 널 죽일 거고 널 토막 낼 거야." 그는 오히려 이렇게 말했다. "내가 널 지켜주지." 혹은 "내 어린 시절도 순탄치 않았어." 그래서 그녀는 그를 다른 눈으로 보게 되었다. 흉악한 주변인이나 맥주와 마약으로 바보가 된 주거 부정의 인물로 보는 대신에 사려 깊은 오빠, 가정적인 사내, 외롭고 절망한 남자로 그를 보게 되었던 것이다. 어쩌면 멜롱은 자기 아들, 이제는 더 이상 아빠가 없는 어린 소년의 사진을 그녀에게 보여주었는지도 모른다. "내가 8년 동안 아들과 면담했던 시간을 다 합쳐봤자 난 그 아이를 고작 48시간 본 거야. 사람들은 내게서 내 아버지를 앗아가더니 이제는 내 아이를 훔쳐갔어. 지금 나는 생지옥에 빠져 있지만 여기서 나갈 거야. 나는 내 몫을 챙길 거고, 그렇게 하면 판사도 내게 아들을 돌려주겠지."

어쩌면 레티시아는 자신의 아버지가 자신을 보러 낭트 호텔에 왔던 일, 자신을 자랑스럽게 여기던 일이 기억났는지도 모른다.

그즈음 그녀는 자기 가족과 가까워졌고 "마음이 따뜻해졌다". 그녀는 아버지의 사랑, 오빠의 애정, 멜롱이 기대했던 엉덩이 이야기와는 거리가 먼 든든한 남자와의 우정이 그리웠다. 레티시아는 삶에 큰 상처를 입어서 자기보다 더 힘들게 고생을 한 것으로 보이는 다 큰 남자에게 뭔가를 줄 수 있으리라고 생각했다.

타고난 관대함으로 자라난 간호사 콤플렉스가 그녀로 하여금 자신이 멜롱을 도울 수 있으며 그러면 그도 스스로의 고통을 이해하게 될 것이라고 생각하게 만들었다. 어린 누이가 오빠에게 그러듯이, 딸이 아버지에게 그러듯이 그녀는 그를 기쁘게 하기 위해 그가 자신에게 기대하는 모든 일을 했다. 심리학자들이 말하듯 "유기공포증에 걸린" 그녀의 과거가, 다른 모든 이들이 그랬던 것처럼 자기를 유기하지 못하게끔 하기 위해 그들을 유혹하고 붙잡고 관심을 끌어야만 하는, 타인과의 관계의 본질을 결정한 것이다.

그리하여 일시적인 연정은, 도난 차량인 푸조 106의 트렁크에서 피바다로 끝을 맺고 말았다.

2. 청소년기의 해방

레티시아는 파트롱 씨의 집에서 숨이 막혔다. 그녀에게는 그 어느 것도 할 권리가 없었다. 조금만 늦게 돌아와도 야단을 맞았다. 그녀는 모든 사람에게 자신은 그 집을 나가 사랑하는 사람과 낭트에 정착하고 싶다고 말했다. 그리하여 **배드 보이**bad boy, 규칙과 법을 무시하고 삶을 허비하며 금지된 것들을 접하게 되는 부랑아가 생겨난다. 유혹, 흥분. 그러한 로맨스의 시작은 어린 소녀로 하여금 의식적으로건 아니건 결핍을 메울 수 있게 해준다.

　왜냐하면 토니 멜롱은 젊은 시절의 프랑크 페레이기 때문이다. 알코올중독자인 아버지와 수용시설들, 소소한 범죄, 툭하면 나오는 주먹질, 기어이 폭발하는 폭력 사이에서 엉망이 된 유년 시절. 그리고 관대한 마음, 확신, 모순적인 안전, 도전적인 언동, 삶을 더 우습게 만드는 광기의 씨앗…. 마약에 손을 대고, 심야 바를 전전하고, 모르는 사람의 차에 타고, 자정이 넘어서 집에 돌아가는 것, 그것이야말로 페레의 정신에 충실하면서 파트롱 가족의 굴레에서 벗어나는 좋은 방법이었다. 이는 왜 어린 소녀가 주중인데도 22시라는 늦은 시각에 누추한 술집의 취객들 사이에 있었는지를 설명해준다. 다음 날 한 손님을 통해 그런 사실을 알게 된 들랑드 부부는 그 말을 믿지 않았다.

　애정과 명석함이 결여되고 어린 시절부터 보호 시스템이 작동하지 않게 돼버린 레티시아에게 멜롱은 해방의 인물이었다. 페이스북에 남긴 메시지들을 보면 아직도 청소년기에 머물고 있음을 알 수 있을 정도로 느리게 성장한 레티시아는 멜롱을 성숙의 가속기, 새로움과 전율에의 약속, 미지의 공범으로 보았다. 마찬가지로 〈반짝이는 모든 것〉의 어린 고양이는 불씨만 당겨주면 언제나 사랑에 빠질 태세로 닿을 수 없는 세계의 경계를 방황하고 있다. 레티시아는 미치도록 사랑을 받고 싶어 했고, 누군가에게 의지하고픈 절절한 심정이었으며, 또한 닻줄을 내리고 싶어 했다. 멜롱은 그러한 열망의 대용물로서 그녀의 눈을 현혹할 수 있었다. 메르세데스 벤츠 쿠페 대신 쓰레기통이나 다름없는 푸조 106, 반지 대신 르클레르크 상점에서 산 장갑, 5번가* 대신 포르닉에 있는 키46으로.

그러나 그러한 '입문'은 어디서 멈춰야 했을까? 라비올레트 부인은 증언대에서 이렇게 대답했다. "그것이 위탁가정에서 자라는 모든 청소년들이 안고 있는 어려움입니다. 그들은 여러 해 동안 지나치리만치 틀에 갇혀서 살아야 하는데 그러다 보니 자유를 갈망하게 되는 거죠. 레티시아는 분명 도가 지나쳤습니다. 그녀에게는 한계가 없었던 것이지요." 마침내 자립을 할 수 있게 된 레티시아로서는 그 한계를 알 수 없었다. 알아챌 수 없을 만큼 빠른 속도로 바닷물이 당신을 둘러싸고는 단단한 육지로부터 떼어놓듯이, 레티시아는 몇 시간 만에 발 디딜 땅을 잃어버리고 만 것이다. 그리고 물에 잠겨버렸다.

그러나 아동복지국의 수용시설에 있었다고 해서 반드시 청소년기에 무모한 위험을 무릅쓰게 되는 것은 아니다. 몇 년 전, 우리가 빈곤했던 시절, 우리가 좌절할 수도 있었을 무기력한 시절로 돌아가보자. 어느 날 AFP통신 기자인 알렉상드라 튀르카는 내게 이렇게 말했다. "레티시아는 예전에 우리가 그랬듯이 우울에, 때로는 절망에 빠진 청소년인 거죠. 우리들이야 무척 운이 좋아서 다시 돌아와 우리의 길을 갈 수 있었지만, 그녀는 그러지 못한 겁니다."

3. 죽음의 부름
우리가 그러한 위험에 처했을 때, 희미한 한 줄기 불빛이 우

---

* 뉴욕 맨해튼의 중심가.

리를 구했다. 그것은 부모님이 우리에게 쏟는 애정, 그리고 혹여 우리가 죽는다면 그분들이 느낄 슬픔에 대한 우리의 두려움이었다. 그래서 우리는 낭떠러지 끝에서 걸음을 멈추었고, 뒷걸음질 쳐서 다시 집으로 향하는 길로 접어들었다. 그러면서도 미지의 세계로 향하는 그 몇 걸음을 아쉬워하지는 않았다.

그러나 그 어떤 것도 레티시아를 멈춰 세우지 않았다. 누가 그녀를 아끼는가? 아빠는 맥주를 마시고 취해서는 쥐어박고, 엄마는 약을 먹고 잠을 자며, 파트롱 씨는 훈계를 하면서 엉덩이를 만진다. 레티시아는 따른다. 그녀가 지닌 트라우마의 기억이 은밀하게 그녀를 이끈다. 공격적인 사람들이 명령을 내리면 당신은 굴복한다. 그들이 당신을 향해 손을 치켜들면 당신은 쇼크 상태에 빠진다. 정신이 움츠러들기라도 한 듯 위험과 패닉은 당신으로부터 일종의 무기력함을 이끌어낸다. 당신의 의지는 마비된다. 그런 일이 당신에게 일어나듯이 다른 사람에게도 일어난다.

레티시아의 운명은 어떤 아이들은 평생 상처받기 쉽다는 것을 보여주고 있다. 직업자격증, 스쿠터, 헬멧, 핸드폰, 은행 계좌와 월급이 있다고 해도 그들은 내내 위험에 처해 있다.

레티시아가 세 살일 때, 그녀의 어머니는 그녀를 이렇게 말했다. "나는 애들 아빠가 걜 죽일까 두려워요. 그는 그 아이를 사랑하지 않으니까요." 이후 그녀는 공공연히 울보, 조무래기로 지목되었다. 삶의 마지막에 이르러 창백한 얼굴에 평소답지 않게 쓸쓸한 표정을 한 레티시아는 롤라에게 자신이 위탁가정 아버지에게 강간당했다고 고백한다. 그리고 그녀는 세 통의 유서를 쓰고 유서에서 자신의 소지품과 장기를 기증하겠다고 밝힌다. 실종되기 전 주에 그녀는 언니에게 사랑한다고 거듭 말한다. 1월 15일, 그녀는 말에 관한 책을 아나에게 준다.

1월 18일 화요일, 레티시아가 늑대의 아가리에 몸을 던지는 방식에는 자살과도 같은 무엇인가가 있다. 그렇지만 이는 그녀가 모르는 사람의 손을 빌려 스스로 죽었다는 말은 아니다. 전화 통화 속에서의 그녀의 후회, 문자메시지에 나타난 반항("더 이상 심각하지 않아"), 푸조 106에서 내리면서 화를 냈던 것, 멜롱이 그녀를 추적할 때 스쿠터를 타고 돌아간 것, 이 모든 것은 정반대의 사실을 가리킨다. 레티시아는 삶을 갈망했던 것이다. 그러나 17시부터 자정까지 자발적으로 위험에 빠진 것은 유년 시절의 메아리와 같은 비극적인 울림을 지니고 있다.

함정에 빠져 잡아먹히는 짐승.

소포클레스에서 포크너에 이르기까지 가족에게 닥친 운명 앞에서의 체념.

인간의 법칙에의 굴복.

레티시아는 그 계승자이다. 멜롱이 그녀의 아버지와 같다면, 연약하고 생기가 꺼진 자신의 어머니처럼 그녀 역시 커터 칼로 위협하며 강간하는 남자를 만나도록 운명 지어진 것은 아닐까?

그녀는 그런 일이 재발되는 것을 수긍하고, 그것에 동의했다.

"어쨌건 상관없어. 난 이미 죽었으니까."

멜롱과 마주치기도 전에 레티시아는 막다른 골목에 있었다.

해변에서 롤라에게 고백했던 것처럼 그녀는 위탁가정의 아버지에게 성폭행을 당했을까? 파트롱 씨의 실체가 무엇인지, 그가 어떤 종류의 "애정"으로 제시카와 아동복지국에서 맡긴 다른 아이들에게 접근했는지 아는 것만으로도 그녀에게는 충분했다. 그때부터 레티시아는 도저히 어찌해볼 수 없는 상황에 갇히고 말았다. 만약 자신이 그 집을 떠난다면 언니를 버리는 셈이 되고, 남는다면 자신의 불행에 찬성하며 제 운명을 파트롱 씨가 지어주는, 그의 집에서 겨우 두 걸음 떨어진 곳에 있는 집에 평생 가두어놓는 셈이 되리라. 그때가 되면 그녀들이 거부할 수 있을 만큼 강해지기라도 할까?

✳

결국 레티시아는 "노No"라고 말했다. 멜롱에게 "노". 권위에 대해, 코카인에 대해 "노". 당신 대신 남들이 내려주는 결정에 대해서도 "노". 협박과 성희롱에 대해, 구타와 강요된 성관계에 대해 "노". 그녀는 그에게 라 베르느리로 데려다 달라고 강력히 요구했다. 푸조 106의 차 문에 기대어 그녀는 그의 눈을 똑바로 바라보면서 고소하겠다고 선언했다. 그녀는 주저하지 않고, 떨지도 않고, 명확하고 강한 목소리로 "노"라고 말했다. 그것이 그녀의 생명을 앗아갔다.

그녀는 자유로운 여성으로 죽었다.

그녀가 사라짐으로써 제시카는 해방되었다. 레티시아의 죽음은 그녀의 친구들에게 파트롱 씨에 관한 불리한 증언을 할 수 있는 용기를 주었다. 자신의 동생 덕분에, 동생의 친구들 덕분에 제시카는 로제르 로의 잘 다듬어진 울타리를 벗어날 수 있었다.

그녀는 현재 자유로운 여성으로 살아가고 있다.

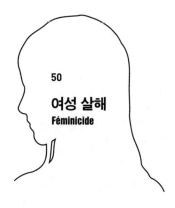

50

여성 살해
Féminicide

레티시아는 구타당하고, 칼에 찔리고, 목이 졸렸다. 그녀의 시신은 금속 톱에 의해 토막이 났고, 쓰레기통에 담겨 있다가 물에 던져져서 물고기 밥이 되었다. 레티시아는 '과잉 살해'를 당했다. 몇 시간 만에 생기발랄한 소녀가 살덩어리, 피투성이가 된 사지, 잘린 머리, 시멘트 블록이 달린 몸통으로 변해버린 것이다. 이러한 소멸이, 중단된 구강성교로부터 시작된 시퀀스를 매듭지었다. 그녀의 내면에 굴복해야 할 여성이, 깔아뭉개고 파괴되어야 할 여성이 있다는 점에서 레티시아는 **여성으로서** 죽임을 당한 것이다. 처벌이자 동시에 복수이기도 한 레티시아 살해는 여성 혐오 범죄이다.

내 아내는 눈에 눈물이 그렁그렁한 채 내게 말했다. "그녀도 자기 엄마의 품에 안겨 있던 아기였어요." 나는 그 점에 대해서는 확신할 수 없다고 대답했다. 처음부터 레티시아의 삶은 카오스였고 갈기갈기 찢긴 상태였기 때문이다. 하지만 내 아내의 말이 옳았다. 실비 라르셰는 자기 딸의 시신을 찍은 사진들을 보여달라고 했다. 그녀의 변호사와 정신과 간호사는 그 점에 있어서 매우 유보적이었지만, 라르셰 부인은 끈질기게 요구했고 또 그럴 명분이 있었다. 그녀는 끝까지 자신의 아이와 함께하고 싶었던 것이다.

✳

　재판에서는 그 모든 일을 말해야 했다. 법의학자들이 줄줄이 증언대에 섰고, 일상과 거리가 멀고 현실성이 떨어지는 용어들, '외상성 상처들의 시간대별 도표' '조르기의 메커니즘' '목의 연골 기관' 같은 용어들에 익숙해져야 했다.

　라보와 브리오르에서 찍은 사진들도 보아야 했다. 절단된 사지, 반상출혈로 가득하고 개흙으로 뒤덮인 머리, 노끈으로 시멘트 블록에 묶인 몸통. 사람들은 무심한 푸른 전나무들로 둘러싸인 연못, 그 공포의 호수에 빠진 듯한 느낌이 들었다.

　사체 사진들이 나열되는 동안 멜롱의 얼굴은 무척 일그러져 있어서 사람들은 그가 울고 있다는 느낌을 받았다. 그가 입을 열 것인가? 그러나 사람들에게 숨 돌릴 틈을 주기 위해 재판장이 휴정을 결정했다. 그리고 다시 공판이 재개되었을 때는 멜롱이 빈정거리는 표정을 되찾은 뒤였다.

　부검과 재판이 시작되는 가운데 멜롱은 새로운 시나리오를 만들어냈다. 스쿠터와 사고를 낸 후 그는 의식이 없는 레티시아를 방수포에 둘둘 싸서 차 트렁크에 넣었는데 불운하게도 그 과정에서 그녀가 질식사했을 것이라는 내용이었다. 그는 칼로 여러 번 찔렀다는 사실은 인정했지만 흉측한 납치로 믿게 하고자 시신을 찌른 것뿐이라고 주장했다. 이미 죽은 희생자를 칼로 찌른다? 아무리

기절했다고 하더라도 살아 있는 소녀와 시체, 생명이 없는 물체, 생기 없는 덩어리는 구분해야 하지 않겠는가? 멜롱은 자신의 '바보로서의 논리'를 내세웠다. 그렇다면 목을 조른 흔적은? 그것은 자신이 낸 흔적으로 르 카스포에서 구강성교를 한 이후라고 했다. 그러나 그 분노의 행동은 겨우 몇 초만 지속되었으므로 죽음으로 이어지지는 않았다고 했다. 그렇다면 레티시아의 손에 나 있는 방어흔은? 그것은 아마 트렁크 안에 고철들이 쌓여 있었기 때문에 거기서 입은 상처일 것이다.

그는 나중에 자신의 친구에게 도움을 청했다고 하면서도 그 친구가 누구인지 밝히고 싶지 않다고 말했다. 그 X라는 사람이 낮에는 법의학자이고 밤에는 **시리얼킬러**로서 시신을 사라지게 할 줄 아는 미국 드라마 시리즈 주인공 "덱스터처럼" 하자고 그에게 말했다는 것이었다. 공범은 그에게 톱을 들라고 했다. 멜롱은 '왼쪽 팔부터 시작'했으나 작업을 계속할 수 없어서 X가 대신 그 일을 했다.

멜롱 자신도 인정은 했다. 자신의 진술이 말도 되지 않고 "엉망진창"이라는 것을. 어쨌든 그의 진술에 의하면 그는 스스로에게 주고 싶어 하는 이미지와 부합되지 않는, 피해자와 강도와 기사의 사이 어딘가에 위치해 있다. 레티시아의 생명을 앗아간 뒤에 그는 거짓말을 통해 그녀가 맞아야 했던 죽음의 진실을 부인한다.

'영광'을 얻고자 하는 범죄자의 쇼를 봐주어야만 했다. 모든 언론에서 떠들어대는 그 재판을 참관하기 위해 청중들이 법원 앞에 줄을 섰다. 법정은 사람들이 너무 많이 몰리는 바람에 중계실을 붙여야만 했다. 멜롱은 그런 사실을 알고 있었다. 그로 인해 오만함과 스스로가 강하다는 느낌이 배가되었다. 그는 섹스와 죽음을 말하며 희열을 느꼈다. 르 카스포에서의 구강성교에 대한 이야기는 그 자신에게 쾌락을 주었는데 그것은 그날 밤 그가 느꼈던 그런 종류의 쾌락이 아니라 청중들에게서 공포를 야기함으로써 얻는 즐거움이 더 큰 쾌락이었다. 한 정신과 의사는 이렇게 말했다. "그는 자신이 사람들에게 겁을 줄 수 있다는 것을 알고 있고 그것이 그가 기대고 있는 힘 가운데 하나입니다." 피고석에서 멜롱은 칼로 레티시아를 찌르던 장면을 떠올리며 욕조에서의 움직임을 재연했다.

세실 드 올리베이라의 설명에 따르면 남성이 여성을 살해하는 것은 종종 매우 격렬한 육체 대 육체의 행위로서, 성적 관계가 좌절되었을 때 나타나는 여성을 소유하는 방식이라고 한다. 에로스와 타나토스. 법의학자 클레망 르노에 의하면 교살은 성적인 의미가 있는 범죄이다. 레티시아의 입에서 정액이 아닌 전립선액이 나온 것으로 미루어 사정이 이루어지지 않았음을 알 수 있다. 궁극적인 폭력의 발산은 이러한 좌절과 연결 지어야 할 것이다. 살해는 일종의 보복 행위였다. 사정을 할 수 없었기 때문에 남자는 살해를 한 것이다.

멜롱은 태연하게 답변을 해 법정을 싸늘히 얼어붙게 만들었다. 다 합쳐서 무려 44번이나 칼로 찔렀음을 차장검사가 상기시키자, 그는 놀랐다.

— 마흔네 번이라고요? 아, 이런….

나중에 재판장이 지적했다.

— 희생자의 몸통과 시멘트 블록의 무게는 51킬로그램이었

습니다. 멜롱 씨, 운반하기 어려웠을 텐데요.

— 그건 시멘트 한 포대의 무게입니다.

그는 구강성교와 칼로 찌른 행위만을 인정했다. 그는 살인도, 시신의 절단도, 절단된 시신을 두 군데에 수장한 것도 모두 부인하며 X에게 책임을 떠넘겼다. 살인을 하고 레티시아에게서 꺼져가는 생명을 보았다는 쾌락, 그는 그 쾌락을 '자신의' 피해자에게서 빼앗은 궁극의 비밀로 간직했다.

— 당신이 살아오면서 가장 나빴던 기억은 무엇입니까?

세실 드 올리베이라가 질문했다.

침묵이 흘렀다. 몇 초 후, 그가 대답했다.

— 이번 사건에서 내가 저지른 일입니다.

또 다른 날, 그녀는 질문 공세를 강화했다.

— 당신은 몇 시에 칼로 찔렀습니까?

— 1시가 넘어서, 1시 30분입니다.

— 달은 어땠습니까?

— 붉고 선명했습니다.

마지막으로 레티시아가 어느 정도의 고통을 겪었을지 법의학자에게 질문해야 했다. 세실 드 올리베이라가 물었다.

— 고통의 단계로 볼 때 레티시아의 고통이 어느 정도라고 하시겠습니까?

르노 클레망이 대답했다.

— 고통은 극도로 커서, 10 가까이 되리라고 봅니다. 그렇지만 고통을 무화無化시키는 스트레스의 요소들이 있어서 고통을 0의

수준으로 떨어뜨릴 수도 있습니다.

— 레티시아는 자신이 죽는다는 사실을 알았을까요?

— 의식을 잃었을 수 있습니다. 단말마의 고통은 그리 오래 지속되지 않아서 1분이나 1분 30초가량 되었을 겁니다.

라르셰 부인이 법정을 나갔다.

＊

사건 초기에 헌병들이 루아르 강, 그리고 움푹 팬 길과 건초 더미 속까지 소녀를 찾아 헤매고 있을 때, 멜롱은 감방에서 이죽거리고 있었다. 백색 행진 때 파트롱 가족 변호사는 그를 향해 외쳤다. "그가 인류 공동체를 완전히 떠난 게 아니라면, 레티시아가 어디에 있는지 결국은 알려주게 될 것입니다." 멜롱은 침묵을 깨지 않았다. 그리하여 그는 자신이 저지른 살인에 모독과 조롱, 외설, 레티시아의 인간성 말살, 레티시아의 친지들에 대한 멸시를 추가했다.

멜롱을 변호해야 한다. 나는 이렇게 말하고자 한다. 그런 존재의 변호를 맡을 사람들이 있다는 사실을 기뻐해야 한다고. "그들 모두를 변호한다"고 알베르 노 변호사는 말하곤 했다. 1977년, 오브의 중범죄재판소 법정에서 바댕테르 씨와 보키용 씨는 영광스럽게도 7세 소년 살해범을 사형으로부터 구해냈다. 만일 다른 시대였다면 멜롱은 사형에 처해졌을 거라는 사실을 감춰서는 안 될 것이다. 따라서 그를 변호한다는 것, 어쩔 수 없이 변호할 수밖에 없다는 것은 곧 정의의 이념을 옹호하는 것이며, 사형 제도에 관한 모든 논거, 증오의 외침과 "나는 찬성한다" "프랑스는 두려워한다"라는 혐오스러운 주장에 반대하는 것이다.

재판에서 사람들이 과대망상증 환자, 배후 조종자, 다중 전과자, 그리고 "사이코패스"라고 표현한 토니 멜롱은 인류 공동체를 떠난 것이 아니다. 왜냐하면 그에게 붙인 그러한 속성들이 바로 인간적인 것이기 때문이다. 그 대신 그는 자유인의 공동체를 영원히 떠났다. 그는 남은 생애를 감옥에서 보낼 채비를 하고 있다. 재판에서 보여준 그의 태도는 이러한 관점과 연결 지어서 보아야 할 것이다. 수색이 정점에 달하고 있을 때 레티시아가 어디에 있는지 말하지 않는 것은 은폐하고 무고함을 주장하는 전략의 일부이다. 모든 것이 밝혀졌는데도 살인을 자백하지 않는 것, 후회하고 있음을 표현하지 않는 것, 시신을 절단하는 이야기를 하면서 호주머니에 손을 넣고 있는 것, 이런 태도들은 또 다른 논리, 즉 감옥을 유일한 미래로 보는 논리에 근거한다.

멜롱은 행형行刑의 코드를 완벽히 꿰고 있었다. 필요하다면 폭력을 써서 자신을 '존중하게' 만드는 것, 자신의 '위업(2003년에 저지른 세 번의 무장 강도 사건)'을 인정받는 것, '사내답게' 행동하는 것(성범죄자들을 학대하는 것), 자신의 공범들을 '넘기지' 않는 것(소위 X라고 하는 자), 피해자들을 조롱하는 것("나머지로 타르타르스테이크를 만든다.")이 그것이다. 〈프랑스수아르France-Soir〉지에 그가 저지른 무장 강도 사건의 피해자인 어느 상인의 증언이 실렸는데, 당시 돈을 갈취하려는 단순한 마약사범에 지나지 않았던 멜롱이 빈정거리면서 얼굴에 미소를 띠고 있었던 게 기억난다고 그는 말했다. 재판에서 그 상인은 이렇게 증언했다. "그는 자주 손목시계를 봤습니다. 그가 조롱하고 있는 게 분명했습니다."

1997년에 동료 수감자를 강간한 후 멜롱은 성폭행범으로 이름을 알리지 않기 위해, 또 그런 자로 살아가지 않기 위해 상당한 기교를 부려야만 했다. 감옥에서 그는 눈에 띄는 사람, 강인한 자, 감히 범접해서는 안 될 사람으로 남았다. 심문에서 재판에 이르기까지 한순간도 그는 진실을 밝히려고 하지 않았다. 2013년, 그에게 있어서 관건은, 자신의 행위를 인정하거나 자신이 초래한 고통을 뉘우치는 것이 아니라 미래를 준비하는 것이었다. 그리하여 사르코지 시대의 '공공의 적 1호'는 중범죄자 수용 감옥에서 자신의 명성 그리고 자신이 저지른 범죄의 잔혹성으로 영광을 누리게 된다.

고통에 단계가 있을까? 악에도 단계가 있을까?

토니 멜롱은 종신형을 선고받았다. 그중 22년은 절대 감형할 수 없는 형기였으며 안전 구금*이 추가되었다. 그는 항소를 제기했고, 항소 제기는 그의 권리였다.

---

* 중대한 범죄를 저지른 자나 재범의 위험이 매우 높은 범죄자일 경우에 형 집행이 끝나도 안전시설에 감금하여 의학적, 사회적, 정신적 치료를 영구히 받게 하는 제도.

51

밤의 침묵
Le silence dans la nuit

매장 허가 이전에 발부된 사망 확인서에는 "레티시아 페레 양의 사망은 2011년 1월 19일 금일까지 확정되지 않은 장소에서 발생하였고, 2011년 2월 1일 라보쉬르루아르에서 확인되었음(44)"이라고 적혀 있다.

레티시아가 집단 학살 중에 실종된 것은 아니지만, 그 몇 줄을 읽으면서 나는 장클로드 그륌버그Jean-Claude Grumberg*가 쓴 〈아틀리에L'Atelier〉**의 희비극적 장면을 떠올리지 않을 수 없었다. 1949년에 젊은 과부가 마침내 '드랑시에서 사망, 센'이라고 적힌 남편의 사망 서류를 얻어내는 장면이다. 동료가 화를 낸다. "왜 단순하게 사실을 적지 않는 거야?" 레티시아의 경우 만약 진실을 알았더라면 그것을 밝혔을 것이다. 그러나 그녀가 어디서, 몇 시에 목숨을 잃었는지 우리는 알지 못한다. 그저 그녀 역시 하마터면 무덤조차 만들어주지

---

* 　프랑스 스트라스부르 출신의 극작가, 시나리오 작가.
** 　제조 공장의 남녀가 1945년부터 1952년까지 각자 나치 점령하의 생활을 떠올리는 이야기를 그린 10장으로 구성된 희곡.

못할 뻔했다는 것만 알 뿐이다.

살인은 그녀가 납치된 시간인 1시 5분(레티시아의 핸드폰에 남겨진 마지막 통화는 포르닉 중계 기지를 통한 것이다)에서 멜롱의 핸드폰이 아르통앙레츠 중계소를 거친(그는 르 카스포로 돌아갔다) 2시 13분 사이에 있었다. 아무리 그녀를 강간하기 위해서라고 하더라도 모두 잠들어 있을 작은 마을로 그녀를 산 채로 데리고 돌아온다는 건 너무나 위험했다.

1시 10분에 파트릭과 제프는 차에서 로제르 로 길가에 버려진 스쿠터를 보았다. 그때 레티시아는 바르브 블루스의 마지막 손님들이 보는 가운데 전속력으로 라 베르느리를 가로질러 간 푸조 106의 트렁크 안에 있었다. 1시 42분에 레티시아의 핸드폰이 꺼졌다. 배터리가 다 소진되었는지, 아니면 멜롱이 배터리를 빼 통화를 차단시켰는지는 알 수 없다. 1시 54분에 윌리암은 레티시아에게 마지막 문자메시지를 보냈다. "니가 무슨 일이 있나 겁나 답장 해 널 너무 조아해 널 일코 싶지 아나 널 사랑해 넌 내 유일한 친구 널 사랑해 넘나 널 일을 순 업서 사랑해." 푸른 구멍의 진흙 속에서 발견된 레티시아의 핸드폰에 그 문자는 '읽지 않음'으로 표시되어 있었다.

멜롱은 핸드폰에 관해 "그때까지 그녀가 가지고 있었다. 왜냐하면 나중에 내가 빼앗았으니까"라고 주장했다. 만일 그가 1시 42분에 핸드폰을 껐다면 살인이 1시 30분경에 일어났으리라고 추정할 수 있다. 그렇다면 레티시아는 맨발로, 발목에 상처를 입은 채 푸조 106의 컴컴한 트렁크 속에 20분 이상 갇혀 있었을 것이다. 어쩌면 강간이나 강간 시도가 있었을 수도 있는데 브리오르 연못에 두 달 반가량 가라앉아 있었기 때문에 그 흔적은 찾아낼 수 없었다.

살해 장소도 알려지지 않았다. 멜롱은 레티시아를 차 트렁크에 실은 뒤 라 베르느리와 D66 사이의 도로를 탄 다음 비포장도로를 통해 작은 숲까지 갔고 스쿠터 사고를 부랑자의 범죄로 위장하기 위해 그곳에서 그녀를 칼로 찌르고는 목을 졸랐다고 주장한다. 멜롱이 레티시아를 차 트렁크에서 끌어내 바닥에 내동댕이친 후 깔고 앉아 땅바닥에서 살해한 것으로 생각해볼 수 있다. 어쨌든 외부 공간에서 살인이 일어났다. 왜냐하면 칼로 더 광범위하고 더 강하게 찌를 정도의 폭력이 발생하기 위해서는 충분한 공간이 필요하기 때문이다. 더구나 만일 레티시아가 차 안에서 바로 살해되었다면 천장에 피가 튀었을 것이다. 그런 다음 시신을 트렁크에 실었다면 피가 흘러나왔을 것이다.

손에 난 방어흔이 증명하듯 레티시아는 당시에 의식이 있었다.

또한 1시 5분경 납치되었을 때부터 1시 30분경 작은 숲이나 차 트렁크 안에 있었을 때까지 레티시아는 패닉 발작 같은 엄청난 공포를 겪었으리라고 상상할 수 있다. 그녀는 몸부림치고, 비명을 지르고, 손과 발로 푸조 106의 금속판을 두드렸을 것이다. 그리고 멜롱은 차를 세우고 밖으로 튀어나와, 증오심에 불타서 끝장을 내기로 결심했을 것이다.

모든 일이 상상 가능하다.

✳

오늘 밤, 나는 오랜 불면에 시달렸다. 내 신경과민은 찌는 듯한 날씨 탓일 수도 있고 어쩌면 내 딸들이 하계학교에 들어간 탓일 수도 있지만, 또한 이 챕터를 써야 한다는 생각 때문이기도 하다.

나는 활짝 열어놓은 창문—이 창은 정확히 5년 전 여름 폭우에 부서졌다—아래 앉았고, 꼼짝도 않는 밤의 대기 속에서 봉투 뒷면에 몇 줄을 끼적였다. 그러다가 더 이상 아무것도 쓰지 않으리라고 마음먹었다. 비명이 잦아든 후의 작은 시골길, 얼음장 같은 어둠 속에서의 부재와 침묵 외에는 쓸 것이 아무것도 없었던 까닭이다. 게다가 여러분은 이미 모든 것을 알고 있다.

나는 봉투를 컴퓨터 위에 올려놓고 제시카, 파트롱 씨, 이웃집 여자처럼 잠을 자러 갔다. 그들과 마찬가지로 여러 해가 흐른 뒤에 내가 달리 할 수 있는 일이 아무것도 없음을 알았기 때문이다.

52

불의의 영역들
Sphères d'injustice

2년 전 세실 드 올리베이라의 사무실에서 제시카를 만났을 때, 나는 그녀에게 슬픈 질문들은 빼고 마치 레티시아가 우리 곁에서 조금 떨어진 채 뾰루퉁해 있거나 단순히 겁을 먹고 의자에 앉아 있는 것처럼 행복한 질문들만, 살아가는 일에 대한 질문들만 하겠다고 약속했다.

어느 날 우리는 카페에서 인물 알아맞히기 게임을 했다.

꽃이라면? 백합.

풍경은? 바다. 레티시아, 걔는 해파리를 불러내는 재능이 있었어요. 해파리들 틈에서 수영을 하면서 그 작은 수중 귀신들이 너무 무서워서 제시카가 올 때까지 살려달라고 소리를 쳤지요.

장소는? 걔의 방.

욕설은? 제시카는 소리를 질렀다. "파트롱 부부의 집에서는 험한 말들을 하지 않았어요. 하지만 우리가 도착하자 욕을 많이 하더군요."

색깔은? 푸른색. 걔는 푸른색을 무척 좋아했는데 빨간색과 검은색도 좋아했어요. 노란색만 빼고 전부 다요.

요리는? 걔는 브뤼셀 양배추와 엔디브 햄 말이를 싫어했어요. 미코 콘 아이스크림은 콘 부분만 좋아했고요. 그래서 아이스크림만 먹고 콘은 남겨줘야 했어요.

노래는? 걘 자신이 〈재미난 인생*〉을 위해 태어났다고 생각했어요.

✳

제시카가 병원에서 나왔을 때였다. 나는 노트북을 케이스에 넣고 그녀와 이야기를 나누었다. 그녀는 밝았다. 손톱은 물어뜯은 흔적이 있었다. 그녀는 봄 기운을 물씬 풍기는 강렬한 파란색의 바지를 입고 있었다. 붉은색 머리 한 가닥이 짧게 자른 검은 머리 위로 흘러내려와 있었다. 동성의 연인과 막 헤어진 후였지만, 그 연인의 어머니는 제시카라면 언제고 문을 활짝 열어주겠다고 약속했다. 정신병원에서는 의사들이 핸드폰과 날카로운 물건들을 압수했다. 청소년 병실은 이미 다 찼다. 그래서 그녀는 55평방미터의 아파트로 이사해 혼자 살고 있었다. 그녀는 에어매트 위에서 잔다. 그녀의 후견인은 먹거리와 옷가지를 사라고 매주 100유로씩 준다. 그녀는 운전면허를 따려고 현재 교통법규를 배우는 중인데 "머릿속에 잘 들어가지 않는다"고 한다.

파트롱 씨가 조사를 받게 된 후 제시카는 말 그대로 가족에

---

* 베로니크 상송의 노래. 영화 〈반짝이는 모든 것〉의 삽입곡이다.

서 쫓겨났다. 그녀는 죄인, 매춘부 취급을 받았다. 멜리스의 생일날 그녀가 문자메시지를 보내자 "우린 벌써 널 잊었다"라는 답신이 왔다. 가장 비열한 공격은 파트롱 씨의 딸들 가운데 하나가 자기 아버지의 재판 때 가한 것이었다. "레티시아가 자살하려고 했다면 그건 자기 언니가 레즈비언이기 때문입니다."

때때로 동생을 보러 갈 때 제시카는 파트롱 씨의 집 앞을 지나간다. 그녀는 현관 너머로 흘깃 눈길을 주며 차들이 주차되어 있는지, 혹시 무슨 변화가 있지는 않은지 살핀다. 그녀는 그들을 다시 만나고 싶어 하지만 그들은 그걸 원하지 않는다. 그녀의 입에서 "미미"나 "프티 루"라는 말은 하인들이 사용하는 말인 "부인"과 "선생님"이라는 말로 바뀌었다. 파트롱 씨의 누이는 대형마트 출구에 성금 모금 부스를 만들어 쌍둥이에게 지키게 했었다. 그 기억이 뚜렷한 제시카는 지난 크리스마스 때 그 부스를 지키는 사람들에게 유아용 변기를 사주었다.

제시카는 팽뵈프의 심리학자인 카 부인에게 치료받는 것을 중단해야 했다. 시의회에서 더 이상 비용을 지불하려고 하지 않는 탓이다.

항소심 전날 제시카는 긴급히 친아버지에게 전화를 걸었다. 레티시아가 보고 싶었기 때문이다. 두 사람은 한밤중에 라 베르느리 묘지를 찾았다.

제시카는 보상금 조로 동생 사건으로는 5만 유로를, 파트롱 씨 사건으로는 2만 유로를 받게 되었다.

제시카는 레티시아를 구하지 못한 자신을, 그녀가 납치되던 날 밤에 구조 요청을 듣지 못한 자신을 원망했다. 그녀들의 아버지가 레티시아를 공중으로 번쩍 들어 대롱거리게 했던 날, 제시카는 너무 어려서 동생을 도울 수 없었다. 그러나 이제 그녀는 다 자랐다. 이제라면 도울 수 있었을 텐데.

그녀는 매일 레티시아 생각을 한다. 즐거웠던 일들과 슬펐던 일들을. 그녀는 동생과 함께 있으면서 말해주고 싶다. "어떻게 지내? 어떻게 됐어?" 동생의 꿈을 꾸는 날도 있다. 날씨는 화창하고 두 사람은 해변에 있다. 같이 해수욕도 한다. 그것은 이전의 삶이다. 그러나 악몽을 꾸는 날도 있다. 제시카는 멜롱, 파트롱 씨와 함께 배 위에 있다. 레티시아는 익사하는 중이다. 두 사람은 갑판에 서서 잡담을 나누며 꼼짝도 하지 않는다. 또 다른 악몽은 이렇다. 멜롱이 레티시아에게 저질렀던 똑같은 짓을 제시카에게 저지르려고 한다. 잠에서 깨면서 그녀는 자신의 몸을 더듬는다. "어휴! 난 아직 살아 있구나."

＊

제시카는 불의 굴레에서 살아서 빠져나왔다. 그녀는 숙명과 죽음을 이겨냈다. 그녀는 여전히 동생의 쌍둥이 언니지만, 세상 이편에 있는 쌍둥이다.

정오에 수백 명의 공무원들이 식판을 들고 그녀 앞을 지나 그녀가 네모나게 자른 오이, 그녀가 갈아놓은 당근, 그녀가 정성스레 작은 잔에 담아 진열대 위에 올린 베린을 먹는다. 대수롭지 않은 그 소녀의 안에 우리 시대의 영웅이 숨어 있고, 그 정신력이 우리가 삶의 크고 작은 불행과 만났을 때 우리의 본보기가 된다는 것을 안 다면, 구내식당에 있는 모든 사람들은 무릎을 꿇을 것이다. 제시카 와 같은 사람들 앞에 서면 우리는 더 이상 어느 곳의 사장도, 어느 곳의 교수도 아니며 그저 부서지기 쉬운 영혼을 손에 쥐고 나아가 는 아주 왜소한 한 명의 인간일 뿐이다.

인간답다는 의미에서의 인간으로서 레티시아의 고통, 즉 독 일산 사냥개의 보호를 받는 아기, 들어 올려 좌우로 흔들림을 당하 지만 자신이 받는 충격을 말로 표현할 수 없는 어린 계집아이, 더 이상 주변의 거짓을 감당할 수 없어 유일한 책과 자신의 장기를 기 증하는 청소년, 칼로 난자되어 상체가 연못에 둥둥 떠다니는 소녀 인 그녀의 고통을 감내하기가 어렵다.

남성적 의미로서의 인간은 더 나쁜 존재다. 가끔 내가 제시 카의 곁에서 거북함을 느끼는 것은 내가 남자이기 때문이고, 그녀 가 살아오는 내내 남자들이 그녀에게 나쁜 짓을 했기 때문이다. 남 자들, 분란이 생기면 커터 칼로 해결하는 것도 남자이고, 당신 앞에 서 주먹을 휘두르는 것도 남자이고, 당신이 들고 있어야 하는 키친 타월에 정액을 쏟는 것도 남자이고, 당신을 칼로 찌르는 것도 닭의 목을 자르듯 당신의 목을 자르는 것도 남자이다. 남자들에게 있어 서 당신은 쾌락의 대상, 노리개일 뿐이다. 또한 장관들, 지도자들, 텔레비전에 나와서 떠드는 사람들, 알고, 명령을 내리고, 옳은 사람 들, 당신에 대해, 당신의 위에서, 당신의 속에서, 당신을 통해 말하 는 사람들도 남자들이다. 결국 언제나 남자들이 이긴다. 그들은 당 신을 자기들이 원하는 것으로 만들어버리는 까닭이다.

처음으로 나는 나의 성이 수치스러워졌다.

　나는 인텔리들이 사용하는 프랑스어, 너무나 딱딱해서 소셜 네트워크, 트위터, 이모티콘, 문자메시지의 유연한 막으로 스며들지 못하는 언어로 말한다. 제시카는 대중적인 프랑스어, 웨스트 지방의 은어로 말한다. 그녀는 "그건 너무 골 때린다"라고 하고, "오늘 오후"를 "오늘 이따"라고 하며, "레티시아가 떠났을 때"라고 완곡어법을 사용한다. 간략하며 결코 자신의 이름을 쓰지 않는 그녀의 언어는 이렇다. "당근 알지요" "만남에 쏠리는데, 그들이 날 필요로 해요". 나는 말의 존재이고 그녀는 입이 무거운 존재다. 그녀는 딱딱하게 굳어 있지만 나는 쉽게 변한다. 그렇지만 우리는 서로 많은 이야기를 나누는 데 성공했다. 우리의 대화는 행복의 순간이고, 함께 있으면 우리는 편안해진다.

　나는 한 번도 제시카에게 전화를 건 적이 없으며 그녀가 어디에 사는지도 알지 못한다. 한번은 소송에 관한 문제로 제시카를 만난 뒤에 세실 드 올리베이라가 내게 말했다. "그녀는 당신을 '작가'라고 부르면서 신뢰하고 있더군요." 내게는 커다란 위안이었다.

　나는 세실 드 올리베이라나 알렉상드르 튀르카와 같은 여성들을 알고 있다는 사실이 자랑스럽다. 변호사, 기자 같은 직업들은 진중하고 무거우며, '여성들을 위한' 직업이 아니다. 당신은 1897년 법학박사인 잔느 쇼뱅Jeanne Chauvin이 변호인 선서를 하기 위해 파리 상고법원에 섰을 때 비웃음거리가 되어 내쫓겼다는 사실을 알고 있는가? 1900년이 되어서야 변호인석은 여성들에게 문을 열었고 그로부터 30년이 지난 뒤에도 그 길을 밟는 여학생들은 전체의 18퍼센트에 불과했다. 사법관이라는 직업이 남자들만의 전유물이 아니게 된 것은 프랑스 여성이 유권자가 되고 피선거인이 된 지 2년 후인 1946년의 일이다. 해방이란 무엇인가? 일을 할 수 있고, 투표권을 가지고, 신체가 구속되지 않고 자유로우며, 성적인 선택에 책임을 지고 자신의 삶을 사는 것이다.

나는 종종 제시카 생각을 한다. 그녀는 모든 것—그녀의 아버지, 밤에 혼자 귀가하는 것("들려오는 모든 소리와 함께"), 담배를 피우는 것, 술을 마시는 것, 파티를 하는 것—을 두려워한다. 그녀의 동생이 샴페인 한 잔을 마셨다가 목숨을 잃었기 때문이다. 나는 그녀를 돕고 싶고, 보호하고 싶고, 지지하고 싶고, 침대 밑판과 가구들을 살 수 있게 이케아에 데려가고 싶고, 우리 아이들에게 그렇게 해주듯이 혼자 길을 갈 수 있게 힘을 주고 싶다. 그러나 제시카는 아무도 필요로 하지 않는다. 설사 힘든 일이 생긴다고 해도 그녀에게는 부모, 삼촌들, 후견인, 변호사, 직장 동료들, 어렸을 적 친구들, 라 베르느리에 사는 친구들이 있을 터이다. 제시카는 오로지 자신의 동생, 여섯 조각이 난 채 장밋빛 대리석 아래서 잠자고 있는 동생만을 필요로 한다. 쌍둥이라는 것은 한없이 미묘한 균형이다. '연약한 하나'가 없으면 '강한 하나'도 자신을 잃고 마는 탓이다.

*

레티시아는 끝까지 남자들의 먹잇감이었다. 그리고 제시카의 행운이란 더 이상 남자들에게 기대할 것이 아무것도 없다는 것을 깨달았다는 것일 테다.

레티시아 사건은 21세기의 타락한 남성성, 남성들의 독재, 흉측한 부성, 좀처럼 죽지 않는 가부장제의 유령을 드러냈다. 알코올중독자인 아버지, 그는 활기 넘치고 감상적이기도 한 어릿광대나 다름없는 신경질적인 사람이었다. 또한 아버지 역할을 한 돼지, 그는 순진한 눈빛을 한 사악한 자로서 성인군자 행세를 하며 당신의 몸 이곳저곳을 쓰다듬는 자였다. 마약중독자에 허풍쟁이이며 소유욕이 강한 두목, 그는 **결코-아버지가-되지-못할-자**였고, 맨손으로 사람을 죽이는 오빠였다. 우두머리, 그는 권력을 쥔 남자로서 대통령, 결정권자, 사람을 선동하는 힘이었다. 알코올중독에 의한 섬망증, 겉만 번지르르한 악덕, 발작적 살인, 범죄 포퓰리즘, 이것은 네 가지의 문화이며, 남성 타락의 네 가지 유형이고, 폭력을 영웅시하는 네 가지 방식이다.

그러나 사람들은 **멜롱=파트롱=사르코지**의 도식을 합리적이라고 주장할 수 없다고 말할 것이다. 물론이다. 나는 **각자 자신의 영역에서의** 폭력에 대해 말하는 것이다. '정의의 영역들'이 있는 것처럼 불의의 영역들, 거짓에 찬 가족들, 조작의 기술들, 강제의 유형들이 있는 법이다. 우리는 은행가가 길모퉁이에 세워진 오토바이를 훔쳐 타는 세상에 사는 것도 아니고 불량 청소년이 탈세와 돈세탁을 하는 세상에 사는 것도 아니다. 어느 누구도 권총강도가 사법부의 독립성을 위험에 빠뜨릴 거라거나 대통령이 한밤중에 어린 소녀의 목을 졸라 죽일 거라고는 생각하지 않는다. 각자가 쾌락, 지배, 영광, 권력 등 자신만의 이유로 그녀를 집어삼킨 것이다. 각자 자신이 강구할 수 있는 범위 내에서 사회 구성원들에게 피해를 주고, 사회를 다치게 하고, 공공질서에 혼란을 야기한다. 각자 자신의 행동 영역 안에서 무언가를 망쳤던 것이다.

국가는 성차별적인 가부장적 괴물이 아니다. 수사 과정 내내 마르티노, 드조네트, 롱생 그리고 투셰와 같은 사람들은 진실을 밝히고자 하는 열정으로 움직였다. 그리고 그 열정은 저주나 욕설로 드러나는 것이 아니라 법치주의 국가의 규율 내에서 이루어지는 이성적 사유로서 드러난다. 롱생과 같은 이에게는 법이 제일이고, 투셰는 그림자 인간이 되어 일한다. 마르티노는 보고서를 읽거나 전화로 응답을 하며 며칠을 보낼 수도 있다. 모두가 각자의 의무를 다했을 뿐이다. 그들이 레티시아에게 존엄성을 되찾아주었다는 이유로 행여 감사의 인사를 받았을 것 같지는 않다.

그러나 나 역시 남자가 아니던가? 나는 학위를 받은 대가이기보다는 사회학을 다루는 작가다. 나는 난데없이 불쑥 튀어나와 당신에 대해, 당신 삶의 커다란 드라마들에 대해 조사를 하고, 당신의 비밀을 파고들며, 당신의 상처를 다시 열고, 당신과 가까운 사람들에게 질문을 하고, 당신 존재의 의미를 설명한다고 주장한다. 그런데 책에 나온다는 것, 책에서 객관화되고, 해부되고, 해석되고, 대중에게 넘겨진 자신을 본다는 것, 그것 역시 폭력의 한 형태다.

나는 남자일 뿐 아니라 권위 있는 인물로(후추와 소금이라는 이름의 체인 레스토랑에서 대학교수급으로, 그 밖에 파리 시민 등으로) 알려져 있다. 권위자들 앞에서 사람들은 관망만 한다. 대개 그런 자들과 얽히면 좋을 것이 없기 때문이다.

제시카는 언제나 똑바른 자세를 한 채 말이 없으며, 결코 먼저 말을 꺼내는 법이 없고 다른 사람들이 하는 말을 알아들을 때까지 기다린다. 굳어버린 미소, 긴장하며 기다리는 뻣뻣함. 그것은 몸에 붙어버린 두려움이며, 오래전에 습득한 반사작용이자 모든 행동거지의 기본 구조와도 같은 유년 시절의 기억이다. 권위 앞에서 사람들은 아무것도 거부하지 못한다. 제시카는 머릿속에 얄팍한 생각을 가지고 세세한 질문들, 이미 방향이 정해져 있는 질문들을 던지는 사람들에게 간략하게, 고분고분 대답을 한다. 이미 유년 시절부터 질문받고, 조사받고, 예측되고, 해석되는 데 익숙해져 있는 그녀는 마치 투명하고 여리디여린 나비의 날개 같다. 그런 질문을 던지는 사람들로는 아동판사들, 사회복지사들, 고아원의 보육교사들, 심리학자들, 위탁가정의 부모가 있었고, 2011년부터는 헌병들, 의사들, 전문가들, 예심판사들, 중범죄재판소의 재판장들 그리고 마지막으로, 컴퓨터를 켠 채 도심의 어느 카페에서 코카콜라나 따뜻한 코코아를 사주는 역사사회학자가 있었다.

나는 제시카와 그의 친지들의 명확한 동의를 얻었다. 그리하여 나는 그들의 발언, 그들의 존엄성, 그들의 고통을 존중하기 위해 모든 것을 다했다. 몇몇 이름은 가명으로 바꿔주기도 했다. 나는 증오와 욕설을 침묵 아래 흘려보냈다. 글을 쓰기에 앞서 나는 들어주는 사람이었다. 하지만 나 자신이 억지로 끼어들기도 했고 서툴기도 했다는 점을 배제할 수는 없다. 조사를 진행하며 그러한 결점들을 피해 가기란 쉬운 일이 아니다.

멜롱의 항소심에서 제시카의 증언이 끝난 후 나는 브르타뉴 고등법원의 층계 위로 그녀를 만나러 갔다. 그리고 증언을 듣고 울었다고 말해주었다. 그녀는 장난기 어린 미소를 지으며 이렇게 대답했다. "귀엽네요. 우는 남자라니!"

✳

제시카, 우리의 딸. 아침마다 일어나고, 출근하고, 유도를 하고, 운전면허를 따려고 노력하고, 동성 친구를 사귄다. 이미 이것은 사물의 질서에 대한 승리이며, 예전에 가졌던 굴종의 메커니즘이 눈에 띄지 않게 마모되어감을 보여주는 것이다. 배낭을 메고 도시를 걷는 익명의 젊은 여인. 두 사람 몫의 레지스탕스. 부디 그녀가 우리를 용서하기를. 이 책은 그녀를 위한 것이다.

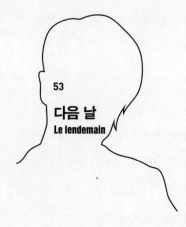

53

다음 날
Le lendemain

예심판사들에게 써 보낸 편지의 내용과 달리, 멜롱은 재판에서 자신이 공범인 X의 도움을 받아 시신을 절단하고 물에 빠뜨렸음을 인정했다. 그러한 변호 전략에 대해 약간의 지면을 할애하는 것은 나의 의무다. 하지만 그의 진술을 믿지 않고 수사관들이 밝혀낸 사건의 전모를 소개하는 것은 나의 권리다.

_____ 2011년 1월 19일 화요일

레티시아에게 거짓 사과 문자메시지를 보낸 후 멜롱은 몇 시간 동안 잠을 잤다. 그는 새벽에 일어나 베르티에와 함께 훔친 트럭을 버렸던 도로를 따라가며 가까운 들판에 구덩이를 파려고 했다. 땅이 너무나 단단했다.

어둠 속에서 제시카는 키가 꽂힌 채 비스듬히 쓰러져 있는 스쿠터를 보았다.

— 프티 루, 프티 루. 레티시아의 스쿠터가 바닥에 버려져 있어요!

제시카는 스쿠터 뒤에 서서 울었다. 레티시아의 핸드폰은 '부재중 음성메시지' 상태였다. 학교에 도착한 제시카는 케빈의 품에 안겼다.

지친 멜롱은 코카인 한 줄을 코로 흡입하고 맥주를 몇 잔 마신 뒤 기력을 회복했다. 레티시아의 시신은 피가 흥건하게 고인 트렁크 안에 웅크린 모습으로 있었다.

라 로제르 로에서는 헌병들이 범죄 현장을 통제하고 있었다. 현장에 급파된 개 조련사들이 개를 데리고 인근의 들판을 샅샅이 뒤지기 시작했다. 상공에선 헬리콥터 한 대가 선회하고 있었다. 프란츠 투셰는 조사반 동료들로부터 소식을 들었다.

제시카는 파트롱 부부와 동행해 포르닉 헌병대에 출두했다.

페인트 통, 녹슨 고철, 펑크 난 타이어들과 가스통이 어지러이 널린 헛간에서 멜롱은 레티시아의 옷을 벗겼다. 그리고 얼굴이 바닥을 향하게 해서 마호가니색 가구 옆 널빤지에다 그녀의 시신을 뉘었다.

포르닉 헌병대에서 수사관들은 윌리암, 스티븐, 케빈, 앙토니를 차례로 심문했다. 낭트 호텔 손님의 말에 따르면 레티시아는 전날 밤 바르브 블루스에 갔다.

멜롱은 톱을 사용했다. 상박골, 척추뼈. 이가 딱딱 소리를 냈다.

그는 토막 낸 시신을 검은 플라스틱 쓰레기통 두 개에 담아 푸조 106의 뒷좌석에 실었다. 훼손된 몸통은 시멘트 블록을 매달아 널빤지 위에 그대로 두었다. 전체 부피가 너무 커서 쓰레기통과 함께 푸조 106에 같이 실을 수 없었다.

생나제르 검사실에서는 수사를 위한 법적 근거를 준비하고 있었다. '납치 및 감금'.

13시에서 14시 사이, 르 카스포에 사는 이웃 사람이 헛간에서 나는 둔탁한 소리를 들었다. 멜롱은 베르티에에게 전화를 걸어 아틀랑티스에서 만나자고 약속을 잡았다.

그는 바지에 흙을 잔뜩 묻힌 채 시커먼 손으로 길을 나섰다. 14시부터 그의 핸드폰은 셰메레, 부그네, 생에르블랭 그리고 아틀랑티스 중계 기지에 접속되었다. 쇼핑센터인 '스피드와 파라노' 주차장에서 그는 베르티에에게 털어놓았다.

— 내가 멍청한 짓을 했어.

국립헌병대과학수사연구소 소속 비행기가 지역 공항에 착륙했다.

멜롱은 차를 몰아 자신이 젊은 시절 수영과 낚시를 자주 했던 라보 연못이 있는 곳으로 향했다. 15시가 조금 넘은 시각, 그의 핸드폰 신호가 쿠에롱 중계 기지에 잡혔다.

헌병들은 파트롱 씨 집에서 작은 중간 방을 수색하여 레티시아의 칫솔과 빗을 수거했다.

15시 30분경, 멜롱은 푸른 구멍 기슭에서 통발을 만들었다. 그는 풀밭 위에 커다란 철망 조각, 검은색 노끈, 시멘트 블록, 팔다리, 머리를 내려놓았다. 통발이 준비되자 그는 낭떠러지에서 그것을 떨어뜨리고 배터리를 분리한 핸드폰을 멀리 던졌다. 연못에 파문이 일었다. 통발이 바닥에 닿는 순간 수면은 다시 잠잠해졌다.

포르닉 헌병대에서는 수사관들이 레티시아의 핸드폰과 신용 카드가 사용되는지 지켜보고 있었다.

몸통에 시멘트 블록을 매다는 작업을 하기 위해 멜롱은 르 카스포를 다시 지나쳐야 했다. 도중에 그는 차를 세우고 맥주 한 잔을 마시고는 담배 한 갑을 샀다. 그리고 코르드메에서 휘발유 10리터가량을 사서 양철통에 담았다. 코르드메의 주유소 직원이 손님들을 맞아 주유를 돕고 있었지만 트렁크에 피가 흥건히 고인 도난 차량에 직원을 시켜 주유를 할 수는 없었다.

멜롱은 셰비레 다리를 통해 루아르 강을 건넜다.

라 베르느리앙레츠에서 일어난 어느 소녀의 불안한 실종
__〈웨스트프랑스〉, 2011. 1. 19. 16시 53분

르 카스포에서 멜롱은 간선도로를 피해 포르생페르로 방향을 잡았다. 어둠이 내리고 있었다. 브리오르 연못을 따라 나 있는 작은 길은 인적이 없었다. 몸통은 검은 물속으로 사라졌다.

카 부인이 제시카가 기운을 찾는 걸 돕기 위해 파트롱 씨의 집을 찾았다.

알렉상드르 튀르카는 상사를 설득하여 속보를 내보냈다.

포르닉에서 젊은 여성 실종 후 대대적인 수색

__AFP, 2011. 1. 19. 18시 39분

포르닉에서 헌병들은 흰색 푸조 106의 운전자 신원을 확인했다. 그들은 쿠에롱에 있는 동료들과 연락을 취했다.

르 카스포로 돌아온 멜롱은 남은 휘발유로 화로를 불태웠다. 그리고 거기에 레티시아의 소지품들—청바지, 푸크시아색 반코트, 털가죽이 달린 상의, 속옷들, 푸른색과 하얀색 아라베스크 무늬가 있는 스쿠터용 헬멧, 파트롱 부인의 귀걸이, 그리고 시신을 절단할 때 사용한 널빤지와 도구들까지 함께 태웠다.

나는 청소를 시작했습니다. 사방에 휘발유를 뿌렸습니다. 상당히 피곤했고, 골목길은 매우 추웠습니다. 화로에 불을 붙이고 옷가지, 온갖 것들, 널빤지… 그런 것들을 태웠습니다. 그러고 나서 씻고 옷을 갈아 입은 다음 벗은 옷 역시 태웠습니다. 내 핸드폰은 벽난로에 집어넣었는데, 잠을 이룰 수가 없었습니다. 사흘 동안 나는 잠을 자지 못했습니다.

헌병들은 멜롱이 아르통앙레츠 인근에 있는 사촌의 집에 레티시아와 함께 있을 것이라고 장담했다. 프란츠 투셰가 말했다. "르 카스포에서 그놈을 잡을 거요."

렌의 중범죄재판소 검사장이 루아르아틀랑티크의 사회복귀 및보호관찰교정당국에 긴급 전화를 걸어 관련 서류 내용을 알고자 했다. 그러나 간부 한 명이 자신은 그런 데 신경 쓸 시간이 없다고 대답했다. 검사장은 의자에서 굴러떨어질 뻔했다. 자비에 롱생은 경각심을 주기 위해 사회복귀및보호관찰교정당국 국장에게 문자메시지를 보냈다.

RTL의 파트리스 가바르, 프랑스 블뢰 루아르오세앙의 안 파트리스, 아이텔레의 장미셸 드 카즈가 포르닉에 도착했다.

"시작부터 낌새가 좋지 않아."

제시카는 파트롱 부부와 밤을 지새웠다.

레티시아는 어디에 있을까? 어제 그녀는 일꾼들에게 식사를 접대했고 식당에서 손님들 사이를 누비며 미소를 짓고 있었다. 오늘 밤 그녀는 검은 물속에, 그리고 푸조 106의 피에 젖은 트렁크 속에, 하늘로 향해 올라가는 불길 속에 있었다.

마침내 멜롱은 잠을 잘 수 있었다. 23시에 헌병들이 르 카스포에서 수색 작업을 개시했다.

54

사건사고 기사, 민주적 사건
Fait divers, fait démocratique

어떤 계층들에게는 사건사고 기사들과 그것으로 먹고사는 신문들(1928년 가스통 갈리마르Gaston Gallimard*가 언론과 변호인단의 뛰어난 필력에 힘입어 창간한 《탐정Détective》 같은)을 경멸하는 것이 품위 있는 태도다. 범죄란 일상의 피거품, 사디즘이 일용하는 빵, 잔인한 험담, 무지한 자들과 수다스러운 아낙네들의 소일거리로서 사람들의 불행으로써 살찌고 사람들의 추악한 내면을 엿보기를 좋아한다.

사건사고 기사는 사기다. 그런 기사는 예외적인 것을 부각시키고 무의미한 사적 비극에 가치를 부여한다. 무언가 있어 보이려고 하지만 엄격히 말해 사건사고 기사는 아무것도 아니다. 설령 무엇인가가 있다고 해도 그것은 미끼 또는 속임수거나, 혹은 스포츠의 영역에서 보면 어느 정도 짜고 하는 프로레슬링 같은 것일 뿐이다.

사건사고 기사는 불건전하다고 보수주의자들은 덧붙인다.

---

*   프랑스의 대형 출판사인 갈리마르Librairie Gallimard의 설립자.

사건사고 기사는 가증스러운 행위들을 부각시키고, 강간과 살인의 세부적인 면에 사람들을 빠뜨리기 때문이다. 그것은 국민들의 저열한 본능을 부추긴다. 또한 사람들을 무감각하고 야만적으로 만든다. 그리고 피에 익숙해지게 만든다. 사건사고 기사라는 것은 약간은 파괴적인 게 아닐까?

사건사고 기사는 반동적이라고 포스트마르크스주의자들은 말한다. 중요한 주제들, 사회적 불평등, 먼 곳에서 벌어지고 있는 전쟁들, 전 세계의 기아 같은 '진정한' 문제들을 가려버리기 때문이다. 그것은 시민들 스스로가 민주적 권리를 행사하는 습관을 버리게끔 만든다. 사회학자 피에르 부르디외Pierre Bourdieu가 말하듯 그것은 "기분 전환diversion"을 시켜주는 것이다.

사건사고 기사는 우파적이지 않을까? 시청률의 부산물인 그것은 정직한 사람들에게 겁을 주고, 그들의 공포와 불안감과 수상한 도시인들에 대한 강박증, 길모퉁이마다 연쇄살인마가 있으리라는 믿음을 강화시킨다. 만일 범죄가 우리들의 집 문 앞에까지 와 있다면 더 많은 경찰, 더 엄한 진압, 더 많은 감옥이 필요할 것이다. 그래서 우리에게는 카처*처럼 그 모든 것을 싹 쓸어버릴 강력한 사람이 필요하다.

사건사고 기사는 지배당하고 배신당하는 국민의 아편이자, 시급히 없애야 할 정치-언론 조작이다.

---

*   독일 청소장비 업체의 제품 브랜드.

1870년대 중반, 망스에서 노동자로 있다가 파리에서 하녀 생활을 하는 코트뒤노르 출신의 일자무식 젊은 여자 잔느마리 르마나크는 퇴역 군인으로서 직업이 없던 서른 살 연상의 남자와 살림을 차렸는데, 남자는 술을 마시고 그녀를 혹독하게 학대했다. 두 사람의 사랑 이야기는 불행으로 끝났다. 1876년 남자는 그녀의 배를 갈라 창자는 화장실에 버리고 시신을 둘로 잘라서 돌에 매달아 센 강에 버렸다. 역사학자 브뤼노 베르트라Bruno Bertherat에게 이 살인 사건은 "통합 과정의 실패un échec du processus d'intégration"를 의미했다. 브르타뉴 출신으로 고향을 떠난 젊은 여성이 수도에 자신의 자리를 마련하는 데 실패했다는 것이다.

신원 확인의 목적으로 시체 공시소에 전시된 잔느마리의 시신 앞에 호기심에 찬 20만 명의 구경꾼들이 줄을 지었다. 1877년 3월, 중범죄재판소 법정에 수많은 사람들이 몰려들어 질식할 듯한 분위기가 되자 재판소 측은 100여 명의 사람들을 쫓아냈다. 군중들 가운데 작가들과 여배우들도 눈에 띄었다. 60명가량의 증인들이 줄지어 증언대에 섰다. 법의학자는 피고를 압박했다. 잔느마리는 산 채로 절단되었으리라는 것이었다. 시신의 사진들이 배심원들에게 배부되었다. 법률 신문과 대량 부수를 찍는 언론들이 사건에 여러 페이지를 할애했다.

1877년 7월에 마르세유에서 또 다른 사건의 판결이 났는데 그 사건이란 "여성 토막살해라는 유명한 범죄"였다. 즉각 신문 가판대에서 특별 호외가 10상팀에 판매되었다.

바닷가에서 형체를 알아볼 수 없을 정도로 끔찍하게 토막 난 사람의 사체가 시트에 싸인 채 발견되었다. 여기서는 두 다리와 팔 하나가, 저기서는 몸통과 척추뼈에 매달린 머리가, 그다음에는 팔 하나가 나왔다. 마리아 보이어의 모친의 유해였다! (엄청난 센세이션, 피고들은 무척 흥분한 것으로 보인다, 마리아는 얼굴을 가린 채 심하게 오열한다.)

법원에서 재판정까지 이 음산한 비극의 마지막 장을 보기 위한 군중들로 가득 찼다.

사람들은 모든 것을 보고, 모든 것을 알고 싶어 한다. 열띤 토론의 광고로써 자극되었던 그들의 호기심은 현대의 통신수단에 의해 더욱 확대되었다. 어떤 방식으로 보건, 사건사고 기사는 19세기 대중 언론의 비약적 발전과 불가분의 관계에 있다. 로버트 파크 Robert Park와 시카고학파의 사회학자들은 객관적 정보를 제공하는 뉴스 옆에 **동정을 불러일으키는 기사**human interest stories, 사건사고, 차에 치인 개와 사람들, 잃어버린 아이들, 일상적 삶의 드라마들이 나타나는 것을 보았는데 그러한 기사들의 속성은 사람들에게 충격을 주고 희생자들과의 즉각적 동화同化를 야기하는 것이다.

그러한 진짜 비극의 힘은 위험스럽게도 그것들을 문학, 픽션, 오락의 쪽으로 끌어당긴다. 그렇다면 지식과 비판적 해석의 영역인 '진정한' 저널리즘과 쉽고 사람들의 감정을 다루는 데 능숙한 특정 기사 전담 기자, 사건사고 담당 기자, **폭로 기사 전문 기자**의 '나쁜' 저널리즘을 구분해야 할 것인가? 진지한 신문인가 아니면 전율을 일으키는 짜릿한 종잇장인가? 확실한 것은 후자가 성공을, 그것도 대성공을 거두었다는 것이다.

여기서 우리는 사건사고 기사를 접하는 두 번째 태도에 이르게 된다. 그것은 경멸의 대척점에 선 매혹이다. 그 삶이 연극 작품으로도 만들어졌던 카르투슈Cartouche*에게는 수많은 팬이 있었다. 그러나 부르주아 사회의 저 밑바닥으로부터 매혹적인 공포의 물결, 모호한 스캔들, 절반은 분노이고 절반은 찬탄인 외침이 솟아오르는 것을 느끼기 위해서는 1830년대의 라스네르와 피에르 리비에르의 범죄를 기다려야 한다. 법정 신문이 판을 치던 시대다. 사람들은 핏물의 강과 그 강을 흐르게 한 자의 악마 같은 대담함 앞에서 눈을 번쩍 떴다. 멸시받고 두려움에 떨던 범인은 영웅이 되었다. 사람들은 그의 위업을 밝히고, 그에게 애가哀歌를 바치고, 그의 사진을 출판한다. 유명 인사가 된 것이다.

이후 장밥티스트 트로프만, H. H. 홈스, 잭 더 리퍼, 바쉐, 랑드뤼, 해리 파워스, 외젠 바이드만, 프티오 박사, 위뤼프 사제, 테드 번디가 나오고 독살녀 앙리에트 카나비와 파팽 자매를 위시한 몇몇 여자들도 빼놓을 수 없다. 미성년자 강간범, 두개골 파쇄자, 매춘부 토막살해자, 연쇄 교살자…. 살인범은 공포로 사람들을 유인하고, 사람들로 하여금 겁을 내게 함으로써 찬양까지는 아니어도 흥미를 야기한다. 그는 위대한 반反사제이며, 사탄이고, 이해해야 하는 배척자이자, 감히 법을 위반하고 기성 질서를 파괴하며 부

---

* 18세기에 루이 드 부르기뇽Louis de Bourguignon이 이끌었던 도적 무리의 이름.

르주아의 관습을 발아래 깔아뭉갠 자다. 그는 반항의 본능을 지니고 있기에 사회 전체, 헌병, 경찰, 판사, 배심원, 형리, 콧수염을 기른 엄숙주의자들에게 공격을 받는 것이다. 20세기 들어 비판적 사상가, 시학자, 철학자, 역사학자 들이 범죄자라면 오금을 못 쓰게 되었다. 불쌍한 어릿광대이자 제도에 핍박받는 천민인 범인은 사람들을 침묵하게 만들기 위한 언어를 구사하며, 사람들이 질식시키려고 하는 자유를 구현한다. 그는 모든 것에 억압받는 **소수자들** 중 하나다.

범인은 너무나 가증스럽고 그토록 잔혹한 행위들에 대해 유죄이므로 평범한 사람들, 가정의 아버지와 어머니들, 학생들, 식료품상들, 공증인 사무소의 서기들 등 질서 있는 소소한 삶을 살아가는 그 모든 익명의 사람들보다 우월해진다. 그는 악에 관한 자신의 모든 소질로써, 그리고 용기로써 익명의 사람들을 내려다본다. "바이드만*이 5시 발행판에 나타났다"라고 소설가 장 주네Jean Genet는 《꽃의 노트르담Notre-dame-des-fleurs》 서두에 풍자적으로 썼다. 피투성이 올림포스에서 누가 그와 함께할 수 있을 것인가? 그것은 예술가이다. 예술가 역시 사회의 적이며 고통받는 자, 선택받은 자다. 그리고 타이탄과 맞서 싸우는 자다.

이것은 낭만주의 이래 수많은 작가들이 작품에서 끓어오르는 무시무시한 힘을 억누르기 위해 사건사고 기사를 독점하고, 그것에 의존했음을 설명해준다. '위대한' 범죄자는 '위대한' 작가의 분신

---

*　'빌로드 시선의 살인자'라는 별명을 가진 1930년대 독일의 유명한 살인자.

이며 저주받은 형제다. 여기서 초현실주의자들과 비올레트 노지에르*, 장 주네와 필로르주** 그리고 SS***, 트루먼 카포티와 《인 콜드 블러드》에 나오는 페리, 미셸 푸코Michel Foucault와 미셸 리비에르****, 노먼 메일러Norman Mailer*****와 《사형집행인의 노래Executioner's song》에 나오는 길모어, 에마뉘엘 카레르Emmanuel Carrere******와 그 '적'인 장클로드 로망은 서로 거울 속 이미지와 같은 관계를 형성하게 된 것이다.

＊

'위대한' 범죄자는 없다. 모든 범죄자는 초라하고 보잘것없다. 그것은 범죄자의 대다수가 사기, 위조 또는 노부인 대상의 강도나 오토바이 도둑(라스네르, 로망 그리고 멜롱의 경우처럼)처럼 벌이가 신통치 않은 범죄자들이어서가 아니라, 그저 범죄자이기 때문이다. 20세기가 우리에게 약간의 눈물을 남겨주었다면, 그 눈물은 레티시아, 제시카, 그리고 그녀들의 엄마를 위해, 기댈 언덕도 없고 평안

＊　　　18세 때 부친을 살해한 죄로 사형선고를 받았다가 1963년 사면 복권되었다.

＊＊　　모리스 필로르주. 강도, 살인 등으로 단두대 형에 처해졌다. 장 주네가 선호한 범죄자.

＊＊＊　나치 친위대.

＊＊＊＊1835년 노르망디에서 발생한 살인 사건의 범인으로, 청소년인 리비에르는 임신한 자신의 모친, 남동생, 여동생을 잔인하게 살해했다. 미셸 푸코는 콜레주 드 프랑스에서 19세기 정신의학과 형법의 관계를 강의하다 이에 관한 책을 펴낸 바 있다.

＊＊＊＊＊미국의 소설가로 1979년 퓰리처상 소설 부문을 수상했다. 《사형집행인의 노래》는 그의 대표작이다.

＊＊＊＊＊＊프랑스의 소설가. 대표작 《적L'adversaire》에서 살인자 장클로드 로망의 실화를 바탕으로 인간 존재의 심연을 다루었다.

히 잠을 이루지 못하는 모든 피살자들을 위해 간직하도록 하자. 우리의 매혹과 우리의 애정이 무고한 사람을 향하도록 하자.

레티시아는 우리를 필요로 한다. 나는 소격_{estrangement}* 작업을 통해, 태양이 다른 모든 별들 가운데 그러하듯 그녀가 어떤 점에서 평범하고 또 어떤 점에서 예외적이었는지를 보여줌으로써 그녀를 뚜렷하게 구분할 것이다.

그것은 명예롭게 하고 유명하게 하고 애도하는 것이 아니라, 이해하는 것이다. 롤랑 바르트_{Roland Barthes}는 사건사고 기사가 "총체적 정보_{information totale}"라고 썼다. 사건사고 기사는 그 자체에 모든 지식을 내포하고 있다. '사건사고 기사를 완벽히 알기' 위해 세상 전체를 알 필요는 없다. 그렇지만 사람이 신화에 만족할 수 있을까? 만일 만족한다면, 그것은 해독 불가능한 것 앞에서 포기하는 셈이 될 것이다. 위대한 기자이자 진실이라는 대지 위의 밀렵꾼인 에드위 플레넬_{Edwy Plenel}**은 '사건사고 기사의 고귀함', 인지적 타격 능력에 대해 말한 바 있다. 서로 다른 영역들을 뒤섞고, 우선권의 순위를 뒤집고, 지식의 위계질서를 혼란에 빠뜨림으로써 사건사고 기사는 "이견을 제기하기 때문에 중요하고, 부차적이기 때문에 타당한" 정보-무질서의 유형 자체를 만들어낸다. 에드위 플레넬의 말이 옳으며 그런 까닭에 우리는 "잡다한" 사건사고라고 말해서는 안 된다. 끔찍이도 비극적이고 절대적으로 특이한 까닭에 사건사고 기사

---

*   소격 효과. 일명 '낯설게 하기'.

**   〈르몽드〉 편집장 출신이자 독립 언론 메디아파르_{Medaipart} 대표. 2001년 메디치상 에세이 부문 수상자이기도 하다.

는 인간과 역사의 심층을 탐색할 수 있게 해주기 때문이다. 단언컨대 사건사고를 역사의 대상으로 이해하기 위해서는 사회, 가족, 아이, 여성들의 조건, 대중문화, 폭력의 형태, 미디어, 사법, 정치, 도시 공간으로 눈을 돌려야 한다. 그렇지 않으면 사건사고는 분명 하나의 신화, 운명의 정지, 닫혀버려 뚫고 들어갈 수 없다는 의미로서의 다이아몬드로 남게 될 것이고, 그렇게 되면 그저 손바닥에 올려놓고서 동정과 불안, 수수께끼와 경악, 우연과 우연의 일치 사이의 반짝거림에 찬탄할 뿐 우리를 전율케 하지만 곧 다른 것으로 대체되어 잊고 마는, 일종의 죽음의 기적으로 남게 될 것이다. 조사 전문 기자와 리포터, 헌병과 예심판사처럼 연구자는 조사를 해나간다. 만일 연구자가 같은 방법을 택하거나 같은 진실 추구의 목적을 택한다고 하더라도 같은 대상을 택하는 것은 아니다. 그는 같은 것을 말하는 것이 아니다.

린드버그 아들 유괴 사건*? 그것은 대공황 시대에 있었던 국가적 단합의 순간이다. 1933년 비올레트 노지에르의 부친 독살 사건은? 젊은이들의 탄생과 여성 해방을 말한다. 도미니시 사건**? 그것은 가문 중심주의의 붕괴와 농민들의 종말을 뜻한다. 공증인이 광부의 딸을 살해한 혐의로 기소되었던 1970년대의 브뤼에앙아르

---

* 대서양 횡단비행에 성공한 찰스 린드버그Charles Lindbergh의 아들이 1932년에 납치 살해된 사건.
** 1952년 8월 세 명의 영국인이 도미니시 농장 근처에서 살해된 사건으로, 농장주 가스통 도미니시가 범인으로 체포되어 유죄임이 명백히 입증되지 않은 채로 형을 선고받았으나, 후에 드골 대통령에 의해 사면되었다.

투아 사건*은? 계급투쟁 속의 프랑스, 모택동주의자들과 광산촌의
방식이다. 병적인 허언증 환자 장클로드 로망**이 저지른 다섯 건
의 살인은? 오로지 거짓과 공허함에 지나지 않을까 봐 두려워하는
사회의 전략을 말하고 있다. 2006년에 일어난 일란 할리미*** 살해
는? 가난, 지적 빈곤 그리고 인종차별에 의해 부패해가는 서민 거
주 외곽 지역의 몰락을 뜻한다.

사회는 레티시아를 위해 많은 것을 해주었다. 사회복지사들,
아동판사들, 상담교사들, 심리학자들, 교사들, 전문가 육성자들, 공
공서비스라고 불리는 그 모든 직업의 사람들이 요정조차 요람을 보
호하지 못했던 그 어린 소녀와 함께했다. 그러나 그녀의 삶은 범죄
에 의해 끝나고 말았고, 그 범죄는 프랑스 전역을 뒤흔들고 행정부
와 사법부 사이에 위기를 불러일으키기도 했다.

우리는 장학생들, 전향자들, 공화주의적인 능력 위주의 영웅
들, 역경을 헤치고 나와 결정론의 사슬을 깨고 운명의 칙령을 돌려

---

*   1972년 브뤼에앙아르투아에서 15세의 소녀가 살해된 채 발견되고, 뚜렷한 유죄
     의 증거가 없음에도 공증인인 피에르 르루아와 그의 정부가 체포, 기소되었다.
     당시 극좌파는 몰락해가는 석탄 광산 지역에서 두 사람이 부르주아 계층에 속
     해 있다는 이유로 계급 간 갈등으로 몰아가려 했고 언론에도 대대적으로 보도
     되었다. 그러나 두 사람은 증거가 없어 풀려났다. 현재까지도 미제 사건으로 남
     아 있다.
**   1993년 1월, 18년 동안 의사, 연구자 행세를 하며 자신의 신분을 속였던 장클로
     드 로망은 자신의 정체가 발각될 처지에 놓이자 아내와 아들, 딸 그리고 자신의
     친부모를 살해했다. 이 사건은 에마뉘엘 카레르의 소설 《적》의 소재가 되었다.
*** 2006년 유태계 청년인 일란 할리미가 약 20명가량으로 구성된 '야만인 갱'이라는
     단체에 의해 납치, 감금, 고문, 살해된 사건으로 살인범들은 유태인인 할리미가
     부유할 것으로 판단하여 목표로 삼았다. 이 사건은 인종차별적인 성격을 띠고 있
     어 상당한 논란을 불러일으켰으며 책과 영화로도 소개되었다.

세운 모든 이들을 사랑한다. 그리고 우리는 학대받는 아이들을 보호하고, 최하층 계층의 아이들을 가르치고, 도시의 젊은이들을 사회에 통합시키고, 혜택을 받지 못한 자들에게 두 번째 기회를 주기를 좋아한다. 우리는 대개는 이런 일에 성공하지만 레티시아에 대해서는 실패하고 말았다. 그녀의 과거가 그녀를 붙잡았고 그리하여 불평등의 추는 인정사정없이 다른 방향으로 기울어버렸다.

레티시아에 대해 이렇게 말할 수 있을 것이다. "그녀는 운이 없었어, 나쁜 사람들과 마주친 거야. 그녀가 작은 손가락을 까딱댈 때마다 그녀는 삶의 따귀를 맞은 거지"라고. 또한 이렇게도 말할 수 있을 것이다. 은밀한 파괴의 과정, 실책의 연속, 예고된 죽음의 연대기라고.

민주주의의 실패는 그리스비극으로 변형된다. 사회연대가 무력하여 공격당하고 상처 입은 자들을 도와주지 못할 때, 이들은 고독 속에 빠지고 그 고독 속에서 가장 야만적인 자가 가장 연약한 자를 죽이게 된다. 그런 이후에 국민들은 침묵의 추모 행진을 벌이기만 하면 되고, 그때 나타나는 집단적 일체감은 슬픔의 표현인 만큼, 정치에 대한 불신이기도 하다. 사람들은 살해된 순수함과 절대적 잔인함의 손쉬운 이분법에 만족한다. 그러나 성녀와 괴물을 믿는 사회는 불안한 사회이며, 사회에 대한 신뢰감을 약간이라도 되찾기 위해서는 신성성의 전이가 필요하다. 정치가들은 그런 사실을 잘 이해했고 그래서 희생자들의 아우라를 손에 넣기 위해 노력한다. 권력가가 머리 없는 여인을 차지하는 것이다.

이런 일의 반복을 피하기 위해서는 어떻게 해야 할 것인가?

어떻게 해야 아이들을 자신들이 물려받은 저주의 길이 아닌 다른 길로 가게 할 수 있을 것인가? 나는 레티시아와 제시카의 이부異父 자매들, 그리고 토니 멜롱의 아들을 위해 생각한다.

✳

사건사고 기사, 신문에서 보게 되는 야만적인 사가saga, 센세이셔널한 환상…. 우리는 그것을 역사적이고 사회학적인 날카로운 조사를 통해 깨뜨릴 수 있다. 우선 경찰, 사법 그리고 언론의 영역에서 **사건을 이해하고** 개인과 집단의 관건이 무엇인지를 포착해야 한다. 어떤 점에서 사건사고가 무언가의 징후나 유별난 면으로 나타나거나 또는 프리즘으로 작용하는지를, 또 어떤 점에서 평범한 면이나 상태를 나타내거나 혹은 감수성 그리고 규범과의 관계에 있어서 폭로자이자 교란자 역할을 하는지를 적시해야 한다.

그런 다음 **사건을 열어야** 한다. 이는 사건이 하나의 범죄로 귀착되는 것이 아니라 보다 커다란 무엇인가와 연결되어 있음을 보여주는 것이다. 사회상을 밝히고, 순간을 구별 짓고, 표현과 담론과 갈등을 포착하고, 외양 너머에 이해해야 할 무엇인가가 있음을 이해해야 한다. 비정상적 논리의 일관성과 기이한 특성들의 공통성을 찾아내고 살인자에서 희생자로, 아이에서 가족으로, 개인에서 그 삶의 이력으로, 관계적인 것에서 사회구조적인 것으로 넘어가야 한다.

마지막으로 **사건을 사라지게 해야** 한다. 희생자를 죽음으로부터 자유롭게 만들고 자기 자신으로 복원되게 하기 위해서는 종말

을 잊어야 한다. 탁한 물을 다시 맑게 하는 것이다. 사건사고 기사
는 수많은 문제를 제기한다. 그중 첫 번째는 어떻게 한 사람의 삶을
죽음으로 몰아갈 수 있는가 하는 것이다. 그렇지만 잔혹 동화는 그
각각의 속에 들어 있는 신비의 부분이 더 흥미를 끄는 법이다.

사건사고 기사를 질 나쁜 대중적 취미의 상징이나 저질 언
론의 기벽으로 멸시하는 대신 그것이 가진 민주적 잠재력을 상기하
도록 하자. 왜냐하면 그것은 사람들의 감정을 자극하며 무엇보다도
우리에게 그들에 관해 말해주기 때문이다. 그렇게 해서 **동정을 불러
일으키는 기사**human interest stories는 소위 '인문적'이라고 하는 학문들의
소재가 될 수 있고, 그 조사는 불가분하게 대상과 형식을 향하게 된
다. 그때 사건사고 기사는 픽션 쪽으로 가는 것이 아니라 실재의 문
학, 사회학의 인도를 받은 세상의 탐구 쪽으로 가게 된다. 10년 전
에 소설가였던 나는 사실이 아닌 것을 썼다. 당시 박사 학위 논문
준비자이기도 했던 나는 사실에 대한 것을 쓰지 않았다. 오늘 나는
사실을 쓰고자 한다. 이것이 바로 레티시아가 내게 준 선물이다.

예심에서 판사는 조사반장에게 "진실을 밝힐 수 있는 모든
단서"를 수집해달라고 한다. 그리고 전문가들에게는 "진실을 밝히
는 데 도움이 되는 모든 관찰"을 해달라고 요구한다. 증언을 하기
에 앞서 증인은 자신이 부모도 인척도 쌍방 어느 쪽도 편들지 않을
것임을 인정하고 "모든 진실을, 오직 진실만을" 말할 것을 선서한
다. 이는 우리 시대 이전 1세기에 키케로Cicero가 역사학자들이 지켜
야 한다고 정한 규칙 바로 그것이다. 재판에서 레티시아의 유해 사
진이 공개된 후 재판장은 피고석에 주저앉은 피고에게 이렇게 말했

나. "우리의 입장은 단순히 처벌에 이르는 것만은 아닙니다. 우리는 진실을 알고자 합니다."

만일 우리가 그녀 존재의 진실, 그녀가 겪어야 했던 고독, 그녀가 선택했던 길들, 그리고 그녀가 처했던 환경이나 사회와 따로 떼어서 생각한다면, 레티시아 죽음의 진실은 그다지 중요하지 않을 것이다. 레티시아가 무엇을 했으며 남자들이 그녀에게 무슨 짓을 했는지 우리가 이해할 수 있게 해준 수사관들의 모든 작업은 민주주의와 무관하지 않다. 안전은 하나의 권리이므로 우리는 악당들을 체포한다. 우리는 프랑스 국민의 이름으로 그들을 재판한다. 그래서 나는 생각했다. 18세의 나이로 살해당한 국민 딸의 삶을 이야기하는 것은 공공서비스의 임무와 마찬가지로 모든 이가 관심을 가질 만한 프로젝트라고.

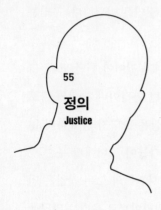

토니 멜롱의 항소심은 2015년 10월 13일부터 16일까지 렌의 브르타뉴 고등법원에서 열렸다. 나는 피고인과 재판장석에서 몇 미터 떨어진, 손해배상 청구인 자리와 취재진 자리의 사이에서 참관했다. 기피 신청 때문에 배심원단은 두 명의 남성과 일곱 명의 여성으로 구성되었다. 그 전에 토니 멜롱은 "죽은 (자신의) 희생자를 정당하게 평가해주기를" 원했었다. 피고는 '납치 감금 치사'로 기소되었지 살인이나 시신 절단 혹은 여성 살해(이 개념은 몇몇 라틴아메리카 형법에 존재한다)로 기소되지 않았다. 재판정에서는 1심과 동일한 형량을 선고했지만 안전 구금은 빠졌다. 그렇게 해서 분명 더 나아지기는 했다.

그 두 주 동안 사람들의 관심사는 예루살렘 아랍 지역의 봉쇄와 미국 대통령 선거의 시작, 그리고 프랑스에서는 담당 환자들의 죽음을 앞당긴 혐의로 기소된 응급처치 전문의의 재판과 대형 교통사고였다. 이는 중앙 언론사가 렌으로 달려가지 않았다는 신호였고, 기사에는 모두 'AFP통신과 공동'이라는 단서가 붙어 있었다.

둘째 날부터 듬성듬성 자리가 빈 방청석에는 AFP통신, 〈웨스트프랑스〉 혹은 〈프레스 오세앙〉 기자만 있었고 가끔 법원 출구 앞에 프랑스3 브르타뉴 팀이 와 있을 뿐이었다. 휴정된 시간에 알렉상드르 튀르카와 함께 커피 자판기 앞에 있다가 그 광경을 보고 나는 깜짝 놀랐다. 그녀는 내게 이렇게 말했다. "아니, 당연한 거죠. 다른 사건사고에 비하면 이미 충분한 관심을 받은 사건이니까요. 시간은 흘러가고, 장례식 준비는 진행되고, 신문기자들에게도 마찬가지죠. 이젠 레티시아가 떠나도록 내버려두어야 해요."

브르타뉴 고등법원의 대형 홀은 수많은 불빛으로 번쩍였고 샹들리에의 전구 불빛도 벽을 장식한 금박과 벽지와 섬세한 내장재 위로 반사되고 있었다. 재판장석은 반원형의 긴 테이블 너머에 있었다. 판사 두 명의 보좌를 받는 재판장과 양쪽에 자리한 배심원들, 자신들의 임무가 어렵다는 것을 알고서 주의를 기울이고 있는 그 남녀들이 앉은 한쪽 끝에 차장검사가, 다른 쪽 끝에 여자 서기가 앉아 있었다. 재판장과 차장검사는 각각 붉은색과 검은색 법복을 입고 있었고 두 명의 배석판사는 서기 그리고 변호사들과 마찬가지로 검은색 법복을 입고 있었다. 헌병들이 법정 안쪽과 바깥, 금속 탐지대 앞을 지키고 있었다.

법정 공방은 공개적이며, 구두 심문과 반대 심문이 있다. 중범죄재판소를 매혹적인 지적 무대로 만드는 데 충분한 요소다. 사람들은 말로 싸운다. 한 전문가가 피고에게 반박하고, 피고는 증인의 말에 반대한다. 그곳은 재량권에 따라 발언권을 배분하는 강력한 질서, 즉 재판장의 질서에 의해 통제되는 민주적 투기장이다. 가족들 앞에 앉아 있는 손해배상 청구인 측 변호인들과 피고의 방벽처럼 자리하며 변론을 맡는 변호인들 간 맞대결의 구도는 선한 자들이 악한 자들과 맞부딪치는 것 같다는 생각을 하게 할 수도 있다. 그러나 살해당한 어느 가장을 대변하던 변호사가 며칠 후에는 폭력을 통한 지저분한 문제 해결에 연루된 마약상의 변호사가 되기도 한다. 변론은 언제나 결정적인 발언이며 그것은 현존하는 가장 위대한 것 중 하나이다.

재판은 원칙이지만 행정, 말 그리고 관례이기도 하다. 사람들은 재판정에 분장을 하고 나타나 각자 맡은 역할을 수행한다. 엄숙함, 법복들, 선서 그리고 관례들(재판이 개시되면 일어나는 것, 종이 울리면 법정 경위가 "전원 기립!" 하고 외치는 것 등)은 위압적인 장식을 이룬다. 증언대에는 수많은 증인들이 쥐죽은 듯 침묵을 지키고 있다.

중범죄재판은 곧 헤어져야 한다는 것을 알고 있는 작은 집단의 사람들에게 강렬한 체험을 하게 해준다는 점에서 영화 촬영이나 여름 캠프와 공통점이 있다. 단일 행동, 외부와 차단된 채 지내는 몇 주, 함께하는 순간들, 모닝커피에서부터 휴식 시간에 하는 식사를 거쳐 저녁에 마시는 차, 그리고 휴정…. 이런 것들은 세상을 벗어나고 일상을 벗어난 경험에 일종의 입문의 성격을 부여한다.

그 나날들은 끔찍하고 지겹다. 추워서 다 함께 벌벌 떨며 기다린다. 금요일 저녁이 되어 브르타뉴 고등법원을 빠져나오면, 거리에 사람들이 있고 자동차와 상점과 카페테라스가 있으며 마치 아무 일도 없었던 것처럼 삶이 계속되고 있었다는 것을 확인하고는 놀라게 된다.

✳

　법정 경위처럼 헌병 하나가 중앙 통로로 나아갔다. 키가 크고 갈색 머리에 각진 어깨를 가진 그 헌병은 흔들림 없는 자세로 법정에 군대식 경례를 하고는 군모를 마이크 뒤편의 작은 테이블에 놓았다. 프란츠 투셰였다. 그는 한 시간 반 동안 메모 없이 전체 수사 과정을 요약하여 발언했다. 2011년 1월 18일 레티시아의 시간대별 일정, 피고의 검문, 시신 수색, 통화 기록 확인, 공범의 부재. 공술의 말미에 차장검사는 이렇게 선언했다. "저는 약 60건의 중대 범죄를 다루었습니다. 하지만 이처럼 뛰어난 수사 작업을 보는 것은 처음입니다."

　전직 국립헌병대과학수사연구소 소장이자 현재는 통합병과 부대 중령인 장필립 드프리에스데는 푸조 106이 스쿠터를 들이받기 전에 급정거했음을 입증했다. 스크린 위로 자동차와 스쿠터, 번호가 매겨진 노란색 표지들, 페인트 흔적들, 그리고 현미경으로 관찰한 파편들의 사진이 떴다. 사고는 거리와 속도를 감안하여 눈금이 매겨진 커다란 지도 위에 재현되었고 충돌의 각 단계들도 재현되었다.

　휴정이 되자 나는 복도에서 서류를 정리하는 그에게 다가갔다. 그는 두껍게 제본한 서류를 가리키며 말했다.

　— 이 보고서는 수백 시간의 작업을 나타냅니다. 우리의 일은 고고학자들처럼 단서와 흔적을 수집하는 것이지요. 우리는 그 신호들을 해독합니다. 기호학과도 같은 것이지요.

나는 그에게 넌지시 롤랑 바르트를 말했는데 그는 내게 움베르토 에코Umberto Eco로 대답했다.

— 이 보고서를 작성하느라 팀 전체가 고생했습니다. 장인적인 의미에서 걸작인, 범죄학적 채색 삽화라고 할 수 있지요. 우리는 확인되고 증거에 의거한 담론을 생산했습니다. 진실의 단초를 제공하는 것, 그것이 우리가 사회와 희생자들에게 마땅히 갚아주어야만 하는 것입니다.

어두운색 상의와 잘 다려진 흰색 셔츠를 입고 머리는 박박 민 데다 염소수염에 가느다란 콧수염까지 기른 토니 멜롱은 거의 나른하기까지 한 부드러운 목소리로 발언했다. 그는 스스로에게 거리를 두고 있음을 보여주고자 노력했다. "재판장님, 그건 더 복잡합니다. 저는 청소년기에 범죄를 저질렀습니다. 재판장님, 저는 젊었습니다…." 등등.

더러운 까마귀 같은 멜롱, 선동자 멜롱, 트레이닝복을 입고 추잉 껌을 씹는 멜롱은 잊어라. 이제는 이슬람 신자가 되어 참선을 하는 멜롱이다. 그런데 그가 정말로 변했을까? 브쟁르코케에 함께 수감돼 있는 이슬람 테러리스트와 친분을 맺었다는 것은 그가 여전히 감옥의 '특권층'을 이용하는 방식에 연연한다는 것을 보여준다. 피고석에 선 멜롱은 변호인들과 필사적으로 논전을 벌이고, 질문의 근거를 반박했으며, 증인들을 비방하고, '거짓말은 금이다'를 설파했다. 그를 숨겨준 자로서 그동안 X로 불렸으나 이번에는 분명히 이름이 지목된 사람이 증언대에 나와 자신의 결백을 주장한 순간, 멜롱은 큰 소리로 "거짓말쟁이!"라며 울부짖었고 그 소리에 청중이

깜짝 놀라고 헌병들이 긴장했다. 다음 날 그는 자신의 감방에서 나오기를 거부했다.

전문가들의 의견이 레티시아가 라 로제르 로에서의 사고 후에도 살아 있었다는 것으로 일치되고 있었기에 그는 초연하게 자신이 그녀를 죽였다는 사실을 인정했다. 그러나 충돌 사고는 의도적인 것이 아니었으며 당시 레티시아는 움직임이 없었다고 주장했다. 그는 떠돌이 노숙자의 범죄로 믿게 하고자 목을 조르고 칼로 찔렀다는 진술을 고집했으며, 이는 모든 범죄 의도의 부인, 따라서 살인죄를 면하고자 하는 행위나 마찬가지였다. "난 뭐 '될 대로 돼라'였고, 논리가 없어요." 아무것도 자백하지 않고 후회하는 기술이다.

세실 드 올리베이라는 이렇게 말했다. "멜롱 씨, 당신이 내 질문에 관심을 가지고 있는지 아닌지 모르겠군요. 문제는 마지막 밤의 진실입니다. 레티시아는 결코 그 진실을 주변 사람들에게 말할 수 없을 것입니다. 나는 여기서 제시카만을 대신하고 있지만, 우리 모두 우리와 가까운 사람이 겪은 가장 끔찍한 일을 아는 것이 중요합니다. 이해하시겠습니까, 멜롱 씨?"

대답이 없었다.

세실 드 올리베이라가 다시 물었다. "레티시아가 마지막으로 한 말은 무엇이었습니까?"

멜롱이 대답했다. "에, '안녕'이었죠. 우린 다시 만나기로 했으니까요."

당혹한 세실 드 올리베이라가 말했다. "죽기 전에 레티시아가 한 마지막 말이요!"

멜롱은 이렇게 답했다. "그게 재미있으시다면야…."

재판장이 벌컥 화를 냈다. "어떻게 그런 말을 할 수 있습니까? 멜롱 씨, 듣기 싫습니다! 답변을 하고 싶지 않으면 하지 마십시오. 여기선 아무도 재미있어하지 않으니 말입니다!"

스쿠터 사고를 떠돌이 노숙자의 범죄로 위장했고 담배 파는 카페에 들렀고 이미 죽은 여자의 목을 졸랐다. 두서없는 설명이었고, 성사되기에는 너무나 대담한 전략이었다. 왜냐하면 정말로 레티시아가 불행하게 도로 위의 사고로 죽은 거라면 멜롱은 도로교통법 위반과 시신 훼손죄에 해당될 터인데 이는 중범죄재판소까지 올 사건이 아니기 때문이었다. 변호인이 무죄 석방을 주장할 수도 있는 상황이다.

레티시아의 친지들이 연달아 증언대에 섰다. 파트롱 씨는 낭트 구치소에서 화상회의 방식으로 증언했다. "나는 두 사람을 위해 해야 할 일을 했다고 생각합니다."

어느 순간, 짧은 머리에 안경을 쓰고 청바지와 후드 스웨터를 입은 아름답고 늘씬한 제시카가 앞으로 나가 낭랑한 목소리로 말했다.

나는 매일매일 동생이 보고 싶어요. 내가 원하는 모든 것은 그 아이가 내 곁에 있는 것, 나에게 힘을 북돋아주는 것, 내게 "언니, 해봐. 언니는 강해"라고 말해주는 것입니다. 동생이 저 위에서 나를, 내가 시련처럼 겪어나가는 모든 것을 지켜보고 있다는 걸 알아요. 오늘

나는 처음으로 당신 앞에서, 토니 멜롱 앞에서 증언을 합니다. 이건 내게 대단한 일입니다.

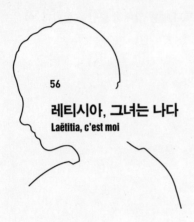

56

레티시아, 그녀는 나다
Laëtitia, c'est moi

2014년에 노벨 문학상을 수상하면서 파트릭 모디아노Patrick Modiano는 이렇게 말했다. "나는 항상 시인과 소설가는 일상생활에 침잠한 것으로 보이는 존재들, 외견상 진부해 보이는 사물들에 신비를 부여한다고 생각했습니다. (…) 사람들 각자의 밑바닥에 있는 그 신비와 인광을 벗기는 것이 시인과 소설가 그리고 화가의 역할입니다." 나는 여기에 역사사회학자의 역할도 마찬가지라는 말을 덧붙이고자 한다.

나는 나 자신과 전혀 상관없는 사연, 즉 유기되는 아기들, 고아원에서 강간당하는 소녀들, 학대받는 하녀들, 성폭행을 당하고 살해되는 여자 행인들의 사연 외에는 아무것도 물려받은 것이 없는, 발랄하면서도 우유부단한 미지의 여성을 주인공으로 선택했다. 레티시아는 이 세상에 딱 18년을 머물렀지만, 때로 내게는 수 세기를 살았던 것으로 보이기도 한다.

나는 텍사스 주 칼리지 스테이션에 있는 블루 베이커 레스토랑의 폭신한 의자에 앉아 월귤 케이크를 먹으며 이 책의 2장을 썼고, 4장은 악천후 탓에 모든 비행이 취소된 뒤 황급히 휴스턴 공항으로 나를 태우고 가는 셔틀버스 안에서 썼다. 나머지 다른 장들은 내 집과 여러 카페, 국립 도서관 그리고 비록 몇 페이지에 불과하지만 플로렌스, 봄의 햇빛에 취한 회양목 미로의 출구에 있는 쉬파노이아 빌라에서 썼다. 심지어 수영장에서 크롤 영법으로 수영하면서 머릿속으로 쓰기도 했다.

그 모든 순간에 나는 레티시아와 함께 있었고 그녀는 나를 떠나지 않았다. 나는 그녀의 침묵을 말하기 위한 단어들을 찾았고, 갈라지는 부분에 연속성을 부여했으며, 그녀가 두꺼운 불행의 한가운데에 개척한 자유의 오솔길을 따라가려고 애썼다. "순종적이지만 반항적이기도 한 그녀."

삶은 우리를 만나게 해주지 않았다. 어떻게 하더라도 그것은 불가능했을 것이다. 그녀는 한 번도 파리에 온 적이 없고, 나는 그녀가 죽기 전에 한 번도 포르닉에 간 적이 없었으니 말이다. 만일 만났더라면 그녀는 나를 늙고 귀찮은 사람으로 여겼을 것이고, 나는 그녀에게 무슨 말을 해야 할지 몰랐을 것이다. 그녀는 내가 보지 않는 텔레비전 시리즈물과 특히 핸드폰에 관심을 쏟고 있었기 때문에 내 질문들에는 전혀 흥미를 보이지 않았을 것이다. 우리는 공통점이 전혀 없지만, 그래도 레티시아, 그녀는 나다.

그녀는 대문자를 예쁜 모양으로 삐치게 써서 서명을 했지만 나는 철자가 다르게 쓰인 것들도 보았다. Laetitia, Lætitia, Laeticia, Laëtica, Laëti, Léti… 심지어 Laietitia도 있었다. 조사를 하는 내내 세르주 갱스부르Serge Gainsbourg*의 노래가 머릿속을 떠나지 않았다.

여덟 글자를 치며

내가 키우는 것은 나의 고통

엘레당라 테이테야

바람 부는 대로 가야 한다면

난 그댈 위해 가겠네

엘레당라 테이테야

내가 좋아하는 프랑수아 트뤼포François Truffaut 감독의 영화들에는 들어가지 않지만, 나는 〈녹색 방La Chambre Verte〉이라는 영화도 좋아한다. 세실 드 올리베이라가 그 디브이디를 내게 주며 이렇게 말했다. "이건 완전히 당신이 환장할 종류지." 그 영화는 쥘리앵 다벤느라는 홀아비의 이야기인데, 그의 젊은 아내와 2차 세계대전에서 죽은 이들을 회상하는 내용으로 되어 있다. "이 잔인하고 가차 없는 세상에서 나는 잊지 않을 권리를 갖고자 한다. 설령 잊지 못하는 유일한 사람이 나라고 해도." 만일 사람들이 죽은 자들에게 신경을 쓰지 않는다면, 그들을 사랑하지 않는다면, 존중하지 않는다면, 보호하지 않는다면, 그들은 어떻게 될까?

제시카는 그것을 알기에 동생의 무덤에 꽃을 바치고, 동생의 생일을 기념하고, 동생의 액세서리를 하고 다닌다. 사실 제시카는 레티시아가 되었다. 그녀는 동생의 너그러움과 동생의 용기와 동생

---

*   프랑스의 싱어송라이터이자 배우 겸 감독.

의 아름다움을 가졌으며 동생이 누리지 못했던 직업적 성공을 이루고 동생이 빼앗긴 미래를 살고 있다.

레오폴딘*의 무덤 위에 히스를 얹는 것은 항시 하는 일은 아니다. 운 좋게도 아직 우리의 아이들은 살아 있다. 하지만 그 아이들은 우리가 그들을 얼마나 사랑하는지 알 수 없다. 나는 죽은 사람들을 생각하지만, 글을 쓰는 것은 삶을 위해서다. 세상과 동떨어져서 사랑과 삶에 등을 돌린 채 눈물을 흘리며 슬픈 삶을 사는, 고집스럽게 죽은 자들을 지키며 마치 불꽃의 숲속 같은 기도실의 촛불들 사이에서 스러지는 미치광이인 다벤느와 나의 차이점이 바로 그것이다.

살자, 저항하자, 사랑하자, 그리고 우리의 시간이 다 소진되면 기억하자. 레티시아가 제일 먼저 내려왔다는 것을, 그리고 물밑 진흙이 18세의 아름다움을 더럽혔다는 것을. 우리의 죽음은 그보다 덜 씁쓸하고 덜 무서우리라.

---

*　빅토르 위고의 맏딸로 뱃놀이를 하다 돌풍을 만나 19세의 나이로 익사했다.

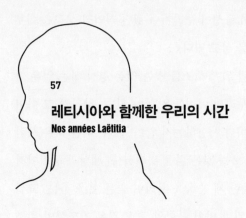

레티시아와 함께한 우리의 시간
Nos années Laëtitia

요즘 들어 내가 하던 조사가 나를 울적하게 했다. 이제 그만 두어야 한다는 신호다. 하지만 그 전에 나를 도와주었던 사람들에게 작별을 고하고 싶다.

나를 만나주겠다고 승낙했던 사람들 가운데 어느 누구도 자신을 내세우지 않았다. 모두가 먼저 자신이 속했던 팀에 경의를 표하며 그 팀이 없었다면 모든 일이 불가능했을 것이라고 밝혔다. 그렇게 함으로써 그들은 증인이라는 말의 정의, 즉 타인들 앞에서 스스로를 지운다는 정의에 부합되었다.

사건들이 있고 한 달 반이 지나 라비올레트 부인이 쓰러졌다. 병가에서 돌아온 그녀는 책상에 앉아 젊은이들, 여러 가족들, 고아원들, 파트너들에게 보내는 열 통가량의 편지를 써서 자신이 떠난다는 사실을 알렸다. 전문 교사로서 12년간 복무한 끝에 그녀는 레츠 지방 도의회의 '청소년 상담원'이 되었다. 그녀는 여러 마을을 찾아다녔고 지역 청소년복지센터La Mission locale*에서 일했으며 청소년들이 사회에 편입될 수 있게끔 연계망을 활성화했다. 그녀는 더 이상 개별 방문 상담을 하지 않는다. 레티시아가 사라진 것이 그녀에게는 상처로 남았다. 그녀는 자신이 알지 못했고, 보지 못했고, 아무것도 할 수 없었다는 것에 대해 엄청난 죄의식에 시달리고 있었다.

그랑 웨스트의 어떤 기자도 그 몇 주를 잊지 못했다. 아이텔레의 장미셸 드 카즈는 아직도 푸른 구멍 연못가에서 본 자비에 롱생의 얼굴을 기억하고 있다. 그는 비행 중이었기 때문에 기자회견에 참석하지는 못하고 저녁에 텔레비전으로 보았다. "영상 중에 눈에 띄는 검사가 한 명 있었어요. 그 사람은 가장 정확한 단어, 가장 어울리는 단어들을 찾아냈어요. 그 사람에게 결코 쉬운 일은 아니었을 겁니다. 나는 그렇게 끔찍한 사건사고는 한 번도 다룬 적이 없었어요."

세 달 후, 알렉상드르 튀르카는 아이 엄마와 네 자녀가 살해된 후 집 아래에 매장된 뒤퐁 드 리고네 사건을 담당하게 되었다. 그 후 낭트 시장이 수상에 임명되었고, 방데 글로브** 대회가 열렸고, 노트르담데랑드 공항 건설 반대 시위가 있었다. 지금 알렉상드르 튀르카는 더 이상 파견직이 아니다. 그녀는 렌에 있는 AFP통신의 편집장이다. 하지만 그녀는 결코 포르닉의 소녀를 잊지 못했다. 웃음기 가득한 눈, 매혹적인 미소, 마지막 작별을 고하는 편지들, 로제르 로, 르 카스포의 헛간, 라보 연못, 젖은 들판에서 냄새를 맡

* 각 지방마다 설치되어 청소년의 진로, 교육, 주거, 건강 등에 관한 문제를 상담하고 해결 방안을 제시하는 복지 기관.
** 1인이 요트로 세계 일주를 해야 하는 극한의 경주.

는 헌병대의 수색견들, 발이 푹 빠질 정도로 쌓인 눈 속에서 얼음장처럼 차가운 이슬비를 맞으며 수색 작업에 참여했던 그날들을.

기자는 자신의 감정을 표현할 기회가 없으므로, 알렉상드르 튀르카를 위해 2011년부터 2015년 사이에 그녀가 작성한 수백 건의 AFP 속보에 들어가지 못했던 이 노래를 내가 대신 읊고자 한다.

대부분의 기자들처럼 나도 이 사연에 감동했고 깊이 빠져들었어.

멜롱을 향한 헌병들의 분노. 그는 레티시아를 욕보이고 그녀가 어디 있는지 말해주지 않아, 그리고 그녀에 대해 음란한 말을 늘어놓는군.

사르코지를 향한 사법관들의 분노. 그는 마찬가지로 품위 없이 그녀의 시신을 두고 선거운동을 하려 하는군.

사법관들을 향한 파트롱의 분노. 파트롱은 시위 중에 마이크를 빼앗아 레티시아의 죽음에 관해 사법관들을 추궁하는군(그렇지만 나중에 역겨움이 내리꽂히리).

시의회 의장의 분노. 그는 사회복지 요원들이 맞닥뜨렸던 그 모든 좌절들보다 이번 일이 더 중하다는 듯 사회복지 요원들의 분노를 표현하는구나.

그래, 추위와 진흙탕 위의 엄청난 분노.

세실 드 올리베이라는 여전히 똑같은 재능과 똑같은 열정으로 일하고 있다. 그는 살인미수로 기소된 모로코 출신의 불법체류자, 사형선고를 받아 42년간 복역한 후 석방된 방데 지방의 늙은 농부, 나이트클럽에서 나오다 강간당한 낭트 지방의 젊은 여자, 마약 밀매로 기소된 세네갈 사람, 야외 수련회 기간에 교사에게 성추행 당한 이야기를 하는 유치원 소녀를 변호했다. 그녀는 일두쌍*에서 시간을 보내며 여행을 자주 다닌다. 알래스카, 스피츠베르겐**, 판사 친구를 만나기 위해 간 카엔***, 비엔날레 참석을 위해 간 베니스("속물들이 득시글거렸지만 수영도 하고 멋진 것들을 많이 보았지요."). 나는 그녀에게 슈베르트의 〈죽음과 소녀Death and the Maiden〉****를 선물 했지만 그녀는 이미 가지고 있었다.

자비에 롱생도 역시 뒤퐁 드 리고네 사건을 담당했다. 그 사건은 그를 무척 힘들게 했다. 아버지가 아들을 함정에 빠뜨려 죽이려 하다니…. 검사장 출신으로 현재 국립 사법학교 총장인 그는 프랑스와 프랑스령 해외 도道의 판사들을 양성하고 나라에 정의가 뿌리내릴 수 있게 노력하며 국제기구와 파트너십을 맺고 있다. 유럽 고문방지위원회의 프랑스 대표이기도 한 그는 곧 렌 상고법원의 법원장으로 취임할 것이다.

뒤퐁 드 리고네 부인과 네 아이를 부검한 사람은 르노 클레망이다. 그때의 일을 기억할 때면 그는 어린 조나단을 떠올릴 때와 마찬가지로 아직도 고통과 충격을 느낀다. 조나단 역시 어린아이였을 뿐 아니라 아직도 살인범을 찾지 못했다. 뛰어난 의사인 르노 클

---

*   브르타뉴 해안에서 20킬로미터 떨어져 있는 섬.
**   노르웨이령 스발바르 제도에서 가장 큰 섬.
***   프랑스령 기아나의 수도.
**** 슈베르트 현악 4중주 14번.

레망은 로다 교수를 대신하여 낭트 법의학수사부 부장이 되었다. 2015년 11월 13일 파리 테러 사건이 일어나고 두 달 뒤에 그를 만났을 때, 그는 프랑스의 모든 영안실이 대량 살상에 대비하도록 하기 위해 파리 법의학 연구소에서 개최하는 회의에 참석할 예정이었다.

앙제 조사반 '대인 살상' 부서에 속한 프란츠 투셰와 그의 동료들은 많이 쉬지 못한다. 강간, 아동 납치, 살인 기도, 살인이 그들의 일상이다. 그로 인해 가정생활을 제대로 이루기 힘들다. 몇 달 동안 일을 하고 피로와 끔찍한 광경들, 그리고 의무를 완수했다는 안도감을 안고 집에 돌아가면, 일상생활의 온갖 자잘한 근심들과 마주치게 된다. 그래도 산다는 게 그런 것이니까 그 일들을 떠맡지만 아내에게 "투덜거리지 마, 아이들이 잠자리에 들었어, 자고 있잖아"라고 말하고 싶다. 그렇지만 남편이 없는 사이에 가족을 이끌어가는 사람은 아내들이다. 그녀들은 대의명분과 함께 남편을 공유하는 데 동의했다. 2년간 앙제 법원 예심부 차장으로 있었던 마르티노 판사는 낭트 지방고등법원으로 돌아가 형벌적용을 담당하게 되었다. 아이러니하게도 그는 멜롱 사건을 담당했던 동료 판사를 대신하여 '낭트 형벌적용판사'가 된 것이다. 그 자리에 있으면서 그는 수감자들을 만나 그들의 사회 복귀 노력을 확인하고 조건부 석방을 허가해주고 있다. 비록 감옥에서 보내는 시간이 많지만 예심판사가 필연적으로 과거를 바라보는 것에 반해 지금 그의 일은 미래를 향한 것이다.

형벌적용판사직을 맡기 며칠 전, 그는 예심판사실 복도에서 예전 서기와 작별 인사를 했다. 그는 절반쯤 비어 있고 짐차에 실어

보낼 상자들로 가득 찬 자신의 사무실, 헌병순찰대원들이 무장한 채 경비를 섰던 사무실, 멜롱이 앉아 자신의 얼굴에 대고 트림을 하던 의자를 다시 보았다. 한쪽 구석에는 폐기해야 할 낡은 서류들 가운데 범죄 분석가가 꼼꼼하게 작성한 2011년 1월의 멜롱의 행적과 행위에 대한 시간표가 굴러다니고 있었다. 그 시간표는 여러 날에 걸쳐 심문을 거듭하고 전문가들이 여러 번 감정한 것이었다. 그것은 가로 4미터 세로 2미터의 커다란 종이로 되어 있어서 조사실 헌병들이 벽에 걸어놓고 검토할 수 있었다. 마르티노 판사는 기념으로 그것을 가져갔다.

최근에 낭트 형벌적용판사로 임명된 모든 판사들과 마찬가지로, 법원장이 환영의 의미로 그를 직접 맞아주었다. 막 부임한 법원장은 마르티노가 좁은 통로 몇 개만 떨어져 있을 뿐인 바로 그곳의 예심부에서 몇 년 동안 근무했다는 사실을 모르고 있었다. 그에게 사정을 알려주어야겠다고 생각한 법원장은 4, 5년 전 발생한 사건으로 인해 법원이 심한 정신적 외상을 입었었노라고 설명했다.

— 끔찍한 사건으로 모든 언론에서 떠들어댔었지요. 한 소녀가 누범자에게 토막 살인을 당했거든요. 사르코지가 판사들을 비난했고 그로 인해 대규모 파업이 시작되었답니다.

마르티노 판사는 잠자코 기다렸다. 생각에 잠긴 듯한 법원장이 결론을 말했다.

— 조깅하던 여자였던 것 같더군요.

마르티노 판사는 아무것도 모르는 사람처럼 자신의 법원으로 돌아왔다. 한 페이지가 넘어가고 있었다. 그는 곧 마흔 살이 된다.

*

프랑크 페레는 〈20분20minutes〉이라는 낭트 지역방송 프로그램
에 나와 딸이 죽은 후 자신이 얼마나 "화가 뻗쳤는지" 이야기했다.

어느 날인가는 계속 울며 벽을 치다가 차를 몰고 루아르 강에 가서
빠져 죽으려고 했어요. 하지만 그 전에 술집을 전전했기 때문에 경
찰에 체포되었지요. 그래서 음주운전으로, 경범죄로 재판에 회부
되었답니다.

현재 그는 예전보다 더 잘 지내고 있다. 그가 사는 소형 아파
트는 레티시아를 추모하는 장대한 능이 되었다. 그는 실종된 어린
이를 찾는 일에 뛰어들었다. 사람들은 텔레비전에 나오는 그를 보
고 거리에서 알아보기도 한다. 이따금 그의 면전에 대고 욕을 하는
사람들도 있다. "딸의 목숨으로 유명해지려는 놈 같으니!" 어떤 면
에서 레티시아의 죽음은 그로 하여금 정체성을 갖게 해주었다. 그
러나 그가 어떤 잘못을 저질렀든 간에 그는 많은 것을 잃었다. 10년
동안의 아동사회부조의 결과, 딸 한 명은 강간당했고 또 한 명은 살
해되었다.

　제시카와 함께 있을 때면 그는 보다 열의를 가지고 주의를
기울인다. 하지만 이름을 착각해 그녀를 레티시아라고 부르기도 한
다. 최근에 그는 제시카에게 레티시아와 이복 여동생 사이에 있는
자신의 모습을 새긴 하트 모양 메달을 선물했다.

2011년 1월의 백색 행진 이후, 몇 가지 발의가 실행에 옮겨졌다. 스테판 페레와 델핀 페레는 〈레티시아 페레를 절대 잊지 맙시다N'oubliez jamais Laëtitia Perrais〉라는 인터넷 사이트를 만들었다.

실비 라르셰는 여전히 우울증을 앓고 있다. 사람들은 그녀에게 상처를 준다. 그런 그녀를 제시카가 보호한다. "아냐, 엄마. 재판에 나갈 필요 없어. 아니, 엄마. 텔레비전 켜지 마." 나는 그녀와는 인터뷰를 하지 못했다. 그녀의 오빠와 변호사가 나를 말렸다. 내 질문이 그녀에게 고통을 줄 거라는 것이었다. 라르셰 부인은 말과 말 사이의 빈 여백으로 남았다.

2014년 크리스마스를 며칠 앞두고 프낙 근처 카페에서 다섯 번째 인터뷰를 할 때─그녀는 따뜻한 코코아를, 나는 차를 시켰지만 나는 차에 입도 대지 않고 식어가도록 그냥 내버려두었다─나는 제시카에게 동생에 대해 가지고 있는 가장 행복한 이미지가 무엇이냐고 물었다. 그녀는 서슴없이 대답했다. "우리가 메디슨 댄스를 배웠던 오후요." 오트사부아에 있는 에르몽 부부의 집 정원이었는데 그 부부의 아들이 시청에서 결혼식을 올리고 난 후인 2007년 7월 7일, 즉 7/7/7이었다. 저녁에 열릴 성대한 무도회를 준비해야 했던 것이다.

메디슨 댄스는 줄지어 추는 춤이다. 앞으로 갔다가 옆으로 몇 걸음 가고, 뒤로 물러났다가 다시 앞으로 가는 식으로 춘다. 레티시아는 드레스를 입고 곱게 화장도 했다. 그녀는 잔디밭에 맨발로 서서 활짝 웃고 있었는데, 날씨도 화창해서 그녀는 행복했다.

내가 파트롱 부인에게서 그 이야기를 확인하고자 했다. 그녀는 말미에 이런 말을 덧붙였다. 제시카와 달리 그날 저녁 레티시아는 춤을 추지 않았다. 그녀는 나타나려고 하지도 않았는데, 사람들이 놀릴까 봐 두려워했다는 것이었다.

— 자, 나가. 아무도 널 보고 있지 않아!

— 추고 싶지 않아요.

그녀는 다른 아이들과 달랐다.

그녀는 이사를 했을 것이다. 운전면허증도 땄을 것이다. 판매원이나, 유치원 보모가 되었을 수도 있다. 제시카와 함께 레스토랑을 열었을 수도 있다. 그러면 한 사람은 주방에서, 또 한 사람은 홀에서 일을 했을 것이다. 그녀는 억척스러운 여자가 됐을 수도 있다. 여행도 했을 것이다. 그녀의 자녀들은 사랑스러운 엄마를 가졌을 것이다. 남편이 그녀를 때리지는 않았을 것이다.

나는 그녀를 혼자 내버려두고 싶지 않다. 이 책이 그녀의 인광燐光, 그녀가 여름날 오후의 허공에 남긴 빛나는 흔적과 웃음이기를 바란다. 그녀의 우아함과 고귀함, 그리고 철자법의 오류, 그녀의 슬픔과 불행, 그리고 페이스북에 남긴 셀카와 지라퐁의 가라오케에서 보냈던 저녁을 이야기하는 말들의 흐름이기를 바란다. 나는 그녀가 자신을 위해, 그리고 우리를 위해 시간의 끝까지 춤을 추고 또추기를 바라며, 유년 시절이 조약돌과 조개껍질이 널린 해변을 햇빛 아래 거니는 것이기를, 푸른 구멍이 사람이 스러지는 곳이거나 사람들이 다리 위에서 잡담을 나눌 때 빠져 죽는 곳이거나 철망 너머로 손가락이 닿는 어둠이 아니라, 의자에 앉아 마음의 평화를 얻은 산책자가 잔잔하고 맑은 물에서 시선을 떼지 못하는 에메랄드빛 호수이기를 바란다. 레티시아가 유언을 담은 편지들 가운데 하나에서 말했듯이, 그리고 그녀가 쓴 시에도 나오듯이, "삶은 그러케 축제다".

그렇다, 그렇게, 삶은 축제다.

고병천, 전 서울 송파경찰서 수사과장 · 범죄학 박사

《레티시아-인간의 종말》에 관해 말하기에 앞서 오래전에 있었던 사건 하나를 이야기할까 한다. 나를 아는 사람들의 대부분은 "지존파 사건을 해결한 형사 반장"으로 나를 기억할 것이다. 젊은 독자들 가운데 '지존파'에 대해 모르는 분도 많을 거라고 생각한다.

1994년 9월, 추석을 3일 앞두고 한 여성으로부터 살인 사건 신고가 들어온다. 범인들에게 납치되었다가 가까스로 탈출하여 평소 알고 지내던 내게 신고를 한 것이다. 그리하여 국내 최초, 국내 최대 살인 범죄 집단이 경찰에 검거되었다.

이들은 "있는 자를 저주한다" "여자는 어머니도 믿지 말라" 등 끔찍한 행동 강령 아래 사람을 납치하여 돈을 빼앗고 살해하는 무서운 범죄 집단이었으며, 아무 이유 없이 지나가는 여성을 납치해 살인 예행연습을 하는 등 인간이기를 포기한 자들이었다.

이 이야기를 먼저 꺼내는 것은 이 엽기적인 사건과 유사한 범죄가 지금도 일어나고 있기에 독자 여러분의 판단을 돕기 위함이다.

《레티시아》에서 나는 레티시아와 지존파 피해 여성의 삶 사이에 닮은 점을 발견할 수 있었다. 한쪽은 극한상황에서 기지를 발휘해 탈출에 성공하고 목숨을 건질 수 있었다는 점을 제외하면 말이다.

18세 소녀 레티시아는 아무런 죄도 없이, 다만 부모의 잘못으로 인해 짧은 평생을 얽매이게 된 결손가정이라는 틀에서 벗어나지 못한 채 안타까운 삶을 마감했다. 죽기 직전까지 희망과 자유를 향한 날갯짓에 한창이던 그녀였다.

우리나라에서 일어나는 강력 범죄의 피해자 가운데 여성의 비율이 85퍼센트에 달한다. 대부분의 범죄 피해자가 여성이라는 이야기다. 범죄, 특히 성범죄는 살인이나 다름없다. 피해자는 육체적으로 유린당하고, 정신적으로 지울 수 없는 트라우마를 안고 살게 된다. 우리는 한 여성에게 일어난 비극과 피해자 가족, 그리고 남겨진 자들의 삶을 《레티시아》에서 살펴볼 수 있다.

레티시아와 나를 연관 지어 읽고 생각해보는 것이 이 책을 접하는 하나의 방법이 될 수도 있을 것이다. 이 사건을 단순한 범죄 사건으로 보기에는 현실적으로 우리와 맞닿아 있는 부분이 크기 때문이다. 범죄는 물론 우리 사회의 모든 모순에 있어서 말이다. 그리고 레티시아는 결국, 언제나 범죄에 노출되어 있는 모든 여성이자, 우리가 아닌가.

범죄는 오늘도 일어나고 있다. 매일 72명의 여성이 성폭력의 피해자가 된다.

범죄는 끝나도 끝난 것이 아니다.

필독을 권한다.

쌍둥이 출산과 상사성

Charlemaine (Christiane), Papiernik (Émile) et al., Le Guide des jumeaux. La conception, la grossesse, l'enfance, Paris, Odile Jacob, 2006.

Garcin (Jérôme), Olivier, Paris, Gallimard, 2011.

Perrot (Jean), Mythe et littérature sous le signe des jumeaux, Paris, PUF, 1976.

Zazzo (René), Le Paradoxe des jumeaux, Paris, Stock, 1984.

유기되고 수용된 아이들

Besson (Geneviève), Au cœur du social départemental, Évreux, département de l'Eure, 2014.

Bowlby (John), Attachement et perte, Paris, PUF, 1978, 3 vol.

David (Myriam), Le Placement familial. De la pratique à la théorie, Paris, Dunod, 2004.

Jablonka (Ivan), Ni père ni mère. Histoire des enfants de l'Assistance publique (1874-1939), Paris, Seuil, coll. 《xxe siècle》, 2006.

Laine (Bernard), Riguet (Alexandra), Enfants en souffrance, la honte. Le livre noir de la protection de l'enfance, Paris, Fayard, 2014.

전문화된 교육 또는 특별 교육

Briand (Jean-Pierre), Chapoulie (Jean-Michel), Les Collèges du peuple. L'enseignement primaire supérieur et le développement de la scolarisation prolongée sous la Troisième République, Paris, CNRS-INRP, 1992.

Cousin (Christian), Enseigner en SEGPA et EREA, Paris, Delagrave, 2003.

Vattier (Guy), Introduction à l'éducation spécialisée, Toulouse, Privat, 1991.

변두리 지역의 청소년

Coulon (Cécile), Les grandes villes n'existent pas, Paris, Seuil-Raconter la vie, 2015.

Didier-Fevre (Catherine), 《Être jeune et habiter les espaces périurbains : la double peine?》, Géo-Regards, no° 6, 2014, p. 35-51.

Mills (Charles Wright), Les Cols blancs. Essai sur les classes moyennes américaines, Paris, Seuil, 1970 (1953).

Moreno Pestana (José Luis), Moral corporal, trastornos alimentarios y clase social, Madrid, CIS, 2010.

Renahy (Nicolas), Les Gars du coin. Enquête sur une jeunesse rurale, Paris, La Découverte, 2005.

대서양 연안의 아치형 지역

Davezies (Laurent), La Crise qui vient. La nouvelle fracture territoriale, Paris, Seuil-La République des idées, 2012.

Données sur l'estuaire de la Loire et panorama aérien, sur www. loire-estuaire.org.

Guilluy (Christophe), La France périphérique. Comment on a sacrifié les classes populaires, Paris, Flammarion, 2014.

《Territoires de Loire-Atlantique. Pays de Retz》, sur www.insee.fr.

여성해방

Bard (Christine), Les Filles de Marianne. Histoire des feminismes, 1914-1940, Paris, Fayard, 1995.

Boigeol (Anne), 《Les femmes et les cours. La difficile mise en œuvre de l'égalite des sexes dans l'accès à la magistrature》, Genèses, vol. 22, no 1, 1996, p. 107-129.

Lejeune (Philippe), Le Moi des demoiselles. Enquête sur le journal de jeune fille, Paris, Seuil, 1993.

Perrot (Michelle), Les Femmes ou les Silences de l'histoire, Paris, Flammarion, 1998.

Rennes (Juliette), Le Mérite et la Nature. Une controverse républicaine: l'accès des femmes aux professions de prestige, 1880-1940, Paris, Fayard, 2007.

레티시아Laëtitia

498

여성에 대한 폭력

Chambonnet (Jean-Yves) et al. 《La violence conjugale : prise en charge en médecine générale》 [en Loire-Atlantique], Revue du praticien de médecine générale, n° 507, 2000, p. 1481-1485.

Henrion (Roger), Les Femmes victimes de violences conjugales. Le rôle des professionnels de santé, Paris, La Documentation française, 2001.

Hirigoyen (Marie-France), Femmes sous emprise. Les ressorts de la violence dans le couple, Paris, Oh! Éditions, 2005.

Jaspard (Maryse) et al., Les Violences envers les femmes en France. Une enquête nationale, Paris, La Documentation francaise, 2003.

Radford (Jill), Russell (Diana), sous la dir., Femicide : The Politics of Woman Killing, New York, Maxwell Macmillan International, 1992.

Vigarello (Georges), Histoire du viol. xvie-xxe siècle, Paris, Seuil, 1998.

범죄와 사건사고

Barthes (Roland), 《Structure du fait divers》, in Essais critiques, Paris, Seuil, 1964.

Bertherat (Bruno), 《Jeanne-Marie Le Manach, une Bretonne à Paris (1875-1876)》, in Gauvard (Claude), Robert (Jean-Louis), Être parisien, Paris, Publications de la Sorbonne, 2004, p. 563-586. Demartini (Anne-Emmanuelle), L'Affaire Lacenaire, Paris, Aubier, 2001.

Hamon (Philippe), 《Fait divers et littérature》, Romantisme, n° 97, 1997, p. 7-16.

Kalifa (Dominique), L'Encre et le Sang. Récits de crimes et societe a la Belle Époque, Paris, Fayard, 1995.

Lever (Maurice), Canards sanglants. Naissance du fait divers, Paris, Fayard, 1993.

Matelly (Jean-Hugues), Gendarmerie et crimes de sang, Paris, L'Harmattan, 2000.

Perrot (Michelle), 《Fait divers et histoire au xixe siècle》, in Les Ombres de l'histoire. Crime et châtiment au xixe siècle, Paris, Flammarion, 2001, p. 271-281.

Plenel (Edwy), 《Les chiens écrasés》, in Un temps de chien, Paris, Stock, 1994, p. 71-105.

사법 정의

Artières (Philippe), 《Les corps en morceaux. Dépeçage criminel et expertise médico-légale a la fin du xixe siècle》, in Stora-Lamarre (Annie), sous la dir., La Cité charnelle du droit, Besançon, Presses universitaires franc-comtoises, 2002, p. 93-107.

Erner (Guillaume), La Société des victimes, Paris, La Découverte, 2006.

Farcy (Jean-Claude), Kalifa (Dominique), Luc (Jean-Noël), sous la dir., L'Enquête judiciaire en Europe au xixe siècle, Acteurs, imaginaires, pratiques, Paris, Créaphis, 2007.

Roux (Céline), La Juge de trente ans, Paris, Seuil-Raconter la vie, 2014.

Secher (Loïc), Dupond-Moretti (Éric), Le Calvaire et le Pardon. Les ravages d'une erreur judiciaire, Paris, Michel Lafon, 2013.

Thiel (Gilbert), Carton (Daniel), Derniers jugements avant liquidation. Trente-cinq ans dans la magistrature, Paris, Albin Michel, 2012.

Walzer (Michael), Sphères de justice. Une défense du pluralisme et de l'égalité, Paris, Seuil, 2013.

형벌과 감옥

Bouagga (Yasmine), 《Le métier de conseiller d'insertion et de probation : dans les coulisses de l'État pénal?》, Sociologie du travail, n° 54, 2012, p. 317-337.

Chauvenet (Antoinette) et al., La Violence carcérale en question, Paris, PUF, 2008.

Dindo (Sarah), Sursis avec mise à l'épreuve. Une analyse des pratiques de probation en France, Paris, Direction de l'administration pénitentiaire, n° 80, 2013.

Ricordeau (Gwénola), 《Enquêter sur l'homosexualité et les violences sexuelles en détention》, Déviance et Société, 2004/2, vol. 28, p. 233-253.

Schnapper (Bernard), 《La récidive, une obsession créatrice au xixe siècle》, in Voies nouvelles en histoire du droit. La justice, la famille, la répression pénale (xvie-xxe siècles), Paris, PUF, 1991, p. 313-351.

Warsmann (Jean-Luc), Les Peines alternatives à la détention, les modalités d'exécution des courtes peines, la préparation des détenus à la sortie de prison, Paris, ministère de la Justice, 2003.

권력과 민주주의

Boucheron (Patrick), Conjurer la peur. Sienne, 1338. Essai sur la force politique des images, Paris, Seuil, 2013.

Cardon (Dominique), La Démocratie Internet. Promesses et limites, Paris, Seuil-La République des idées, 2010.

Gandt (Marie de), Sous la plume. Petite exploration du pouvoir politique, Paris, Robert Laffont, 2013.

Nay (Catherine), L'Impétueux. Tourments, tourmentes, crises et tempêtes, Paris, Grasset, 2012.

Rousseau (Dominique), Le Consulat Sarkozy, Paris, Odile Jacob, 2012.

Tandonnet (Maxime), Au cœur du volcan. Carnets de l'Élysée, 2007-2012, Paris, Flammarion, 2014.

저널리즘

Bourdieu (Pierre), Sur la télévision, suivi de L'Emprise du journalisme, Paris, Liber, 1996.

Kalifa (Dominique) et al., sous la dir., La Civilisation du journal. Histoire culturelle et littéraire de la presse française au xixe siècle, Paris, Nouveau Monde Éditions, 2011.

Muhlmann (Géraldine), Du journalisme en démocratie, Paris, Payot, 2004.

Park (Robert E.), 《Introduction》, in Hughes (Helen McGill), News and the Human Interest Story, Chicago, University of Chicago Press, 1940.

Park (Robert E.), 《News as a Form of Knowledge: A Chapter in the Sociology of Knowledge》, American Journal of Sociology, vol. 45, n° 5, 1940.

앙케트

Boltanski (Luc), Énigmes et complots. Une enquête à propos d'enquêtes, Paris, Gallimard, 2012.

Boucault (Mosco), Un corps sans vie de 19 ans, documentaire, Paris, ZEK-France 3, 2007.

Corbin (Alain), Le Monde retrouvé de Louis-Francois Pinagot. Sur les traces d'un inconnu, 1798-1876, Paris, Flammarion, 1998.

Ginzburg (Carlo), 《Traces. Racines d'un paradigme indiciaire》, in Mythes, emblèmes, traces. Morphologie et histoire, Paris, Flammarion, 1989, p. 139-180.

Jablonka (Ivan), Histoire des grands-parents que je n'ai pas eus. Une enquête, Paris, Seuil, coll. 《La Librairie du xxie siècle》, 2012.

Modiano (Patrick), Dora Bruder, Paris, Gallimard, 1997.

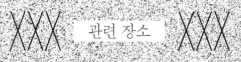

관련 장소

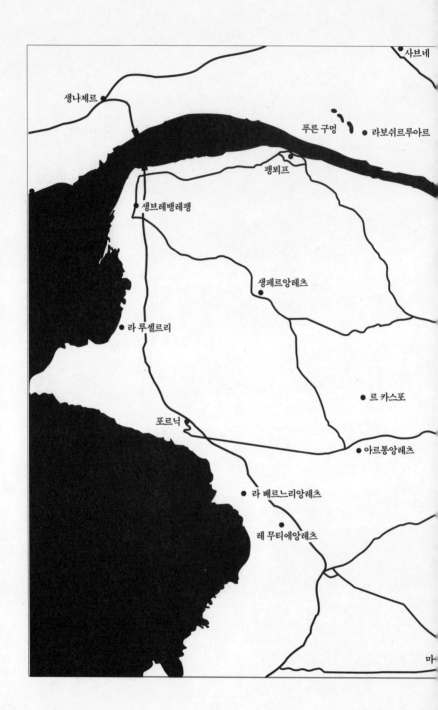

생나제르

사브네

푸른 구멍

라보쉬르루아르

팽뵈프

생브레뱅레팽

생페르앙레츠

라 루셸르리

르 카스포

포르닉

아르통앙레츠

라 베르느리앙레츠

레 무티에앙레츠

마

카르쿠프 ●

생테티엔느드몽뤽 ●

라 프티트 상시브 ●

레 데르발리에르 ●

낭트

루아르 강

쿠에롱 ●

아틀랑티스 ●

말라코프 ●

라 몽타뉴 ●

브리오르 연못

부그네 ● ← 슈비레 다리

포르생페르 ●

베르투 ●

레 소리니에르 ●

생트파잔느

대규모 자연보호지구

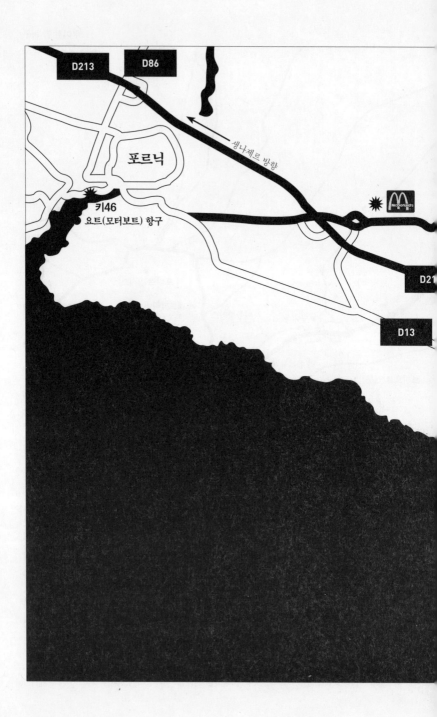

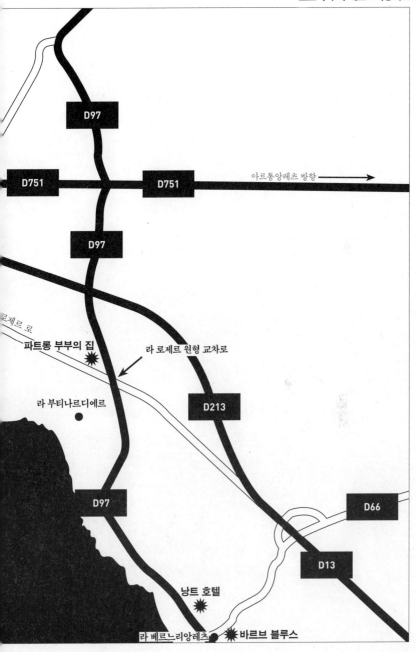

약어 목록

AEMO(개방형교육부조) Assistance éducative en milieu ouvert

AFP(AFP통신) Agence France-Presse

APR(외식전문인력) Agent polyvalent de restauration

BTS(전문기술자격증) Brevet de technicien supérieur

CAP(직업기술 기초자격증) Certificat d'aptitude professionnelle

CIFAM(직업훈련센터) Centre interprofessionnel de formation pour l'artisanat
et les métiers

CLAD(적응반) Classe d'adaptation

CSAJ(청년자립지원계약) Contrat de soutien à l'autonomie des jeunes

DAVC(범죄학적 진단) Diagnostic à visée criminologique

DDASS(지역사회위생국) Direction départmentale des affaires sanitaires et
sociales

FIJAIS(성범죄자 전산데이터베이스) Fichier judiciaire des auteurs d'infractions
sexuelles

GIGN(국립헌병대진압단) Groupe d'intervention de la gendarmerie nationale

INSEE(국립통계청) Institut national de la statistique et des études
économiques

IRCGN(국립헌병대과학수사연구소) Institut de recherche criminelle de la
gendarmerie nationale

IUT(기술전문대학) Institut universitaire de technologie

JAP(형벌적용판사) Juge d'application des peines

OPP(아동 임시보호 명령) Ordonnance de placement provisoire

PSIG(헌병순찰대) Peloton de surveillance et d'intervention de la gendarmerie

SEGPA(일반 및 맞춤형 직업교육과) Section d'enseignement général et

professionnel adapté

SME(집행유예 조건부 보호관찰) Sursis avec mise à l'épreuve

SPIP(사회복귀및보호관찰교정당국) Service pénitentiaire d'insertion et de probation

TGI(지방고등법원) Tribunal de grande instance

UMP(대중운동연합) Union pour un mouvement populaire

가명 목록

사건 당사자들과 전문가들, 조사에 참여하거나 공식 입장을 밝힌 사람들, 시민들과 공개재판에서 증언한 증인들, 언론에 이름이 언급된 이들의 이름은 모두 실명이다. 그 외의 이름은 모두 가명이다.

가엘Gaël

다니엘라Daniela

롤라Lola

루루Loulou

리디아Lydia

마놀라Manola

마리Marie

마우, 마우 씨Maout(M.)

막심Maxime

멜리사Mélissa

멜리스Maelys

베르티에Bertier

아나에Anaé

아르노Arnaud

에르몽 부부, 에르몽 가족 Ermont(M.et Mme)

이반Yvan

제랄드Gérald

제롬Jérôme

제프Jeff

조나단Jonathan

쥐스틴Justine

카, 카 부인Carr(Mme)

클레망틴Clémentine

클레오Cléo

파비앙Fabian

파트릭Patrick

파티마Fatima

차례

레티시아 - 인간의 종말

1판 1쇄 펴냄 2017년 8월 30일
1판 2쇄 펴냄 2017년 9월 25일

지은이 이반 자블론카
옮긴이 김윤진
펴낸이 정혜인 안지미
책임편집 최장욱
디자인 한승연
제작처 공간

펴낸곳 알마 출판사
출판등록 2006년 6월 22일 제406-2006-000044호
주소 우. 03990 서울시 마포구 연남로 1길 8, 4~5층
전화 02.324.3800 판매 02.324.2844 편집
전송 02.324.1144

전자우편 alma@almabook.com
페이스북 /almabooks
트위터 @alma_books
인스타그램 @alma_books

ISBN 979-11-5992-118-6 03300

이 책의 내용을 이용하려면 반드시 저작권자와 알마 출판사의 동의를 받아야 합니다.

이 도서의 국립중앙도서관 출판시도서목록CIP은 서지정보유통지원시스템 홈페이지
http://seoji.nl.go.kr와 국가자료공동목록시스템 http://www.nl.go.kr/kolisnet에서
이용하실 수 있습니다. CIP제어번호: 2017018831

알마는 아이쿱생협과 더불어 협동조합의 가치를 실천하는 출판사입니다.

종이 표지_삼화 CCP 300g/m^2 본문_전주 그린라이트 70g/m^2